反垄断法研究

肖小梅 杨成广 ◎ 著

当代世界出版社
THE CONTEMPORARY WORLD PRESS

图书在版编目（CIP）数据

反垄断法研究/肖小梅，杨成广著. -- 北京：当代世界出版社，2022.10（2023.10重印）
ISBN 978-7-5090-1678-7

Ⅰ.①反… Ⅱ.①肖…②杨… Ⅲ.①反垄断法-研究-中国 Ⅳ.①D922.294.4

中国版本图书馆CIP数据核字（2022）第161583号

书　　名：	反垄断法研究
出品人：	吕　辉
监　　制：	吕　辉
策划编辑：	刘娟娟
责任编辑：	刘娟娟　徐嘉璐
装帧设计：	王昕晔
版式设计：	韩　雪
出版发行：	当代世界出版社
地　　址：	北京市地安门东大街70-9号
邮　　编：	100009
邮　　箱：	ddsjchubanshe@163.com
编务电话：	（010）83907528
发行电话：	（010）83908410（传真）
	13601274970
	18611107149
	13521909533
经　　销：	新华书店
印　　刷：	英格拉姆印刷（固安）有限公司
开　　本：	710毫米×1000毫米　1/16
印　　张：	25
字　　数：	336千字
版　　次：	2022年10月第1版
印　　次：	2023年10月第2次
书　　号：	ISBN 978-7-5090-1678-7
定　　价：	88.00元

如发现印装质量问题，请与承印厂联系调换。
版权所有，翻印必究；未经许可，不得转载！

前　言

市场经济高速发展，垄断与竞争在市场经济中并存。为保护竞争机制有效实施和发挥其应有作用，保障市场经济健康、有序发展，制定并实施好反垄断法是一个非常重要的社会与法律问题。素有"经济宪法"之称的反垄断法，是19世纪末资本主义国家市场经济发展的结果，自1890年美国国会通过《谢尔曼法》后100多年内，世界上实行市场经济体制的国家和地区基本上都制定了具有本国特色的反垄断法律制度。从世界各国反垄断立法来看，反垄断法实体规定大同小异，各国更加注重的是反垄断法实施的制度设计，且各国通常会根据反垄断理论最新发展成果和市场经济发展现状不同对其反垄断立法进行不断修正，以期能够满足该国反垄断法实施的现实需求。

我国1994年开始《反垄断法》的起草工作，从我国经济发展实际情况出发，在研究借鉴外国反垄断法立法有益经验的基础上，经过反复修改论证，前后共历经14年的起草过程，终于在2007年8月30日第十届全国人民代表大会常务委员会第二十九次会议上通过了《中华人民共和国反垄断法》（以下简称《反垄断法》），于2008年8月1日起正式实施。我国《反垄断法》既吸收了各国反垄断立法的有益理念，又结合了我国市场经济发展的阶段性特点，是一部既有国际性，又有其自身特色的社会主义法律。该法案至今已实施10余年，取得了举世瞩目的成绩，基本满足了社会主义市场经济体制发展需要，促进了经济高质量发展，维护了消费者合法权益，实现了高水平对外发展需要等。但从实践来看，仍然存在一些问题，诸如公平竞争机制落实难、行政垄断处罚难、执法透明度低、相关市场界定难等。同时传统反垄断分析思路也难以适应新经济发展需要，垄断规制行为难以落实，反垄断权威性受到挑战。因此，为促进反垄断与时俱进，适应我国市场经济发展需求，2020年1月国家市场监督管理总局发布了《〈中华人民共和国反垄断法〉修订草案（公开征求意见稿）》，向社会公开征求《反垄断法》修订意见。修订草案总结了《反垄断法》实施以来的经验，借鉴了其他司法辖区的先进做法，回应了"强化竞争政策基础地位""落实公平竞争审查制度"以及"加强和改进反垄断和反不正当竞争执法"的现实需求，完善了《反垄断法》的实施机制，进一步明确了法律责任，处罚力度大幅度提升，所修订的许多内容都值得充分肯定，但有些问题仍待进一步研究和完善。2021年10月23日，全国人大常委会又发布了《中华人民共和国反垄断法（修正草案）》，再次向全社会公开征求意见。该草案又正式提出了"安全港"制度，豁免小企业垄断协议，建立经营者集中审查的"停钟"制度，明确纵向垄断协议以排除、限制竞争的效果为构成要件，突出互联网、金融等重点领域的反垄断执法工作，不可滥用数据和算法，新增反垄断公益诉讼制度等。

  法律的修订是一项系统性工程，需集众人之智。本人带领指导的研究生杨成广一起以修法中关注的重点难点问题入手全面梳理近年来众多学者的研究成果并加以分析，以为完善我国反垄断法律体系建设贡献绵薄之力。

肖小梅
2022年3月于北京

目 录

前 言

第一章　竞争政策 / 1
第一节　竞争政策的基础地位 / 3
第二节　竞争政策与产业政策 / 8
第三节　竞争政策与竞争中性 / 13
第四节　其他 / 28

第二章　公平竞争审查机制 / 32
第一节　审查模式 / 36
第二节　优化思路 / 46
第三节　自我审查优化 / 56
第四节　监管优化与激励 / 61
第五节　适用例外 / 66

第三章　垄断协议 / 70
第一节　适用之争 / 72
第二节　横向垄断协议 / 79

第三节　纵向垄断协议 / 84
第四节　轴辐协议 / 99
第五节　豁免协议 / 106
第六节　其他 / 114

第四章　滥用市场支配地位 / 119
第一节　市场支配地位认定 / 121
第二节　滥用市场支配地位行为 / 127
第三节　共同滥用市场支配地位 / 137
第四节　滥用市场支配地位执法 / 143
第五节　相关市场界定理论争议 / 149
第六节　相对优势地位 / 168

第五章　经营者集中 / 177
第一节　申报制度 / 180
第二节　审查制度 / 187
第三节　豁免制度 / 202
第四节　救济制度 / 207
第五节　其他 / 221

第六章　行政性垄断规制 / 225
第一节　指导思想 / 227
第二节　适用范围 / 232
第三节　规制选择 / 235
第四节　审查思路 / 240
第五节　责任设计 / 245

第七章　垄断行为调查 / 257
第一节　理论基础 / 260
第二节　外部调查路径 / 266
第三节　内部调查路径 / 273

第八章　反垄断法实施 / 281
第一节　理论争辩 / 283
第二节　公共实施 / 289
第三节　私人实施 / 294
第四节　公益诉讼 / 309

第九章　相关新领域 / 317
第一节　平台经济 / 320
第二节　数据垄断 / 328
第三节　数据垄断调查 / 336
第四节　算法"黑箱" / 344
第五节　强制"二选一" / 353
第六节　数据型企业并购 / 358
第七节　双边市场 / 364
第八节　共享经济 / 368
第九节　区块链 / 376
第十节　知识产权 / 383

第一章 竞争政策

一个国家的经济政策是以产业政策为主还是以竞争政策优先，是与该国的经济发展阶段相关联的。竞争政策是指为了保护和促进市场竞争而实施的经济政策。一般认为，竞争政策有狭义和广义之分。狭义的竞争政策专指反垄断法，通过具体的法律制度，对排除、限制竞争的行为予以规制；广义的竞争政策则是指一切有利于竞争的政策。由于不同国家的发展阶段和环境不同，为适应经济发展需要，在不同国家和地区的竞争政策所显现的具体内容也存在区别，可能包括放松政府管制、垄断行业改革、政府补贴项目规范，以及贸易自由化等政策措施。从国际经验来看，世界各国和主要的国际组织对竞争政策的内涵没有统一的规定，但均将反垄断法作为竞争政策的核心内容加以规定，同时根据经济发展的实际需要，对竞争政策的内涵解释进行适当扩张。如世界贸易组织（WTO）认为竞争政策由反垄断法及其他促进竞争的措施（如产业规制和私有化政策）组成。经济合作与发展组织（OECD）认为，竞争政策主要包括反垄断立法、执法，以及管制部门自由化改革等内容。联合国贸易和发展会议（UNCTAD）提出竞争政策包括促进市场竞争的消费者保护政策、投资政策、知识产权政策和产业政策，具体工具包括开放市场和清理市场反竞争的政府管制、确立竞争中性原则和减少歧视性补贴，以及开展有效的反垄断执法。

不同类型、不同发展阶段的经济体实施竞争政策的目标、内容具有显著的差异性。对欧美发达国家而言，竞争主体行为较为规范，政府开放了大部分行业管制且较少直接参与资源配置，竞争政策的目标主要是维护正常的市场竞争秩序和提高经济效率，政策内容主要集中于反垄断领域，以反垄断立法、执法作为竞争政策的核心。在发展中国家和经济转型国家，由于经济发展水平和市场化程度较低，市场竞争机制不完善，使得竞争政策的目标多是促进和规范竞争。与发达国家相比，发展中国家和经济转型国家的竞争政策需要解决的问题更复杂，实施更为艰难，普遍实行的是由竞争立法执法，逐步转向广义竞争政策全面推行的渐进过程。而我国现阶段正处于经济转型阶段，影响市场作用发挥的因素主要来自两个方面：一方面是市场本身所导致的排除和限制竞争的垄断行为；另一方面是政府对市场的不当干预，人为破坏有效竞争机制。这些行为妨碍了我国经济的健康发展，需要用好政府的有形之手予以预防和制止。供给侧结构性改革也强调，要通过改革的方法来优化资源配置，调整经济结构，充分发挥劳动力、土地、资本、创新、数据五大要素的作用。我国经济依旧大而不强，经济结构不合理、发展方式粗放、发展动力不足，以及经济放缓、产能过剩、约束趋紧等现实问题很突出，其原因在于创新和竞争不足。推进供给侧结构改革，实现由创新提升竞争力，进而通过竞争促进创新的良好循环，这是我国经济问题的根本解决之道。

我国现有的《反垄断法》（2008年版）[①]中第一章总则部分除规定《反垄断法》的立法目的、适用范围、规制对象、指导思想、反垄断执法机构外，还专门针对两个特殊行业进行了专门规定，即第7条规定的"国有经济占控制地位的关系国民经济命脉和国家安全的行业"和"依法实行专营专卖的行业"对其合法经营的活动进行保护，并为维护消费者的合法权益、促进技术进步对其进行"监管和调控"。第5条、

[①] 本书中的《反垄断法》除特别说明外，都是2008年版的《反垄断法》。

第 6 条是关于《反垄断法》两个具体方面的相关原则的规定，第 8 条、第 11 条则是针对特别对象的原则性规定，第 12 条则是涉及《反垄断法》中"经营者"和"相关市场"两个基本概念的解释。根据已公布的《〈中华人民共和国反垄断法〉修订草案（公开征求意见稿）》（以下简称《修订草案》）和《中华人民共和国反垄断法（修正草案）》（以下简称《修正草案》）来看，均在立法目的条款中新增了"鼓励创新"条款，即反垄断法的立法目的为"预防和制止垄断行为，保护市场公平竞争，鼓励创新，提高经济运行效率，维护消费者利益和社会公共利益，促进社会主义市场经济健康发展"。均在指导思想中新增了有关竞争政策基础地位的条款，即："国家强化竞争政策基础地位，制定和实施与社会主义市场经济相适应的竞争规则，完善宏观调控，健全统一、开放、竞争、有序的市场体系。"总则中新增公平竞争审查制度条款，其立法目的为规范政府和法律法规授权的具有管理公共事务职能的组织，防止其出台排除、限制竞争的政策措施，实施机构为国务院反垄断委员会。同时明确国务院市场监督管理部门依照《反垄断法》规定，负责反垄断执法工作，根据工作需要，可以设立派出机构或授权省、自治区、直辖市人民政府相应的机构，依法负责有关反垄断执法工作，为竞争政策的有效落实予以法律支撑。

第一节 竞争政策的基础地位

2013 年 11 月，十八届三中全会通过《中共中央关于全面深化改革若干重大问题的决定》，该决定高度强调市场机制的重要性及竞争政策在市场经济体制中的基础性作用。2015 年，中共中央、国务院出台《关于推进价格机制改革的若干意见》，明确提出逐步确立竞争政策的基础性地位。"十三五"期间，中国政府高度重视竞争政策的应用，明确了竞争政策的基础性地位，并相继出台《关于在市场体系建设中建立公平竞争审查制度的意见》（国发〔2016〕34 号）、《公平竞争审查制度实施细则（暂行）》等政策法规。在 2018 年年底，中央经济工作会议明确要求"强化竞争政策的基础性地位，创造公平竞争的市场环境"。2019 年年底，党的十九届四中全会提出，强化竞争政策基础地位，落实公平竞争审查制度，加强和改进反垄断和反不正当竞争执法，这标志着我国的竞争政策实施进入新阶段。本次反垄断法修法明确了竞争政策的基础地位，为公平竞争审查制度的落实奠定了法律来源，凸显了竞争政策对市场经济建设的重要性。

有学者认为，以发展动能转换和国家治理现代化为主要特征的新时代，确立竞争政策基础性地位为题中应有之义。确立竞争政策基础性地位，其基本内涵是处理好竞争政策与主要表现为各种产业政策的政府宏观调控的关系，前者遵循市场经济的一般规律，以最大化自由公平竞争环境来优化资源配置；后者作为政府规制经济的重要手段，本身带有弥补市场缺陷和干扰破坏市场竞争的双重属性。随着竞争政策地位上升为基础性地位，产业政策将在挑战中得以优化升级。确立竞争政策基础性地位需要三条法律路径予以保障：一是释宪，二是完善公平竞争审查制度，三是尽快启动《反垄断法》的修订；后两者可以有机结合协力推进竞争政策基础性地位的落实。① 又在其后续文章中认为坚持公平竞争和实现竞争法治始终是我国社会主义市场经济发展和建立现代市场体系的最基本特征和最重要要求，核心是处理好政府干预与市场的竞争关系。据此，可以从宏观和微观两个层面来解读竞争法治的目标和导向：宏观方面，构建统一开放、竞争有序的市场体系是其基本要求，而竞争政策基础地位的确立是实现该要求的应然选择，竞争政策包含竞争优先、竞争中立、谦抑干预和比例原则；微观方面，应着力通过做"减法"（减轻企业的竞争负担）做"加法"（增加企业的竞争机会相结合）的方式，共同保障企业的自由竞争，同时

---

① 孙晋：《新时代确立竞争政策基础性地位的现实意义及其法律实现——兼议〈反垄断法〉的修改》，载《政法论坛》，2019 年第 3 期，第 3—12 页。

注重以竞争法和公平竞争审查制度规制行政性垄断来保障企业公平竞争。①

有学者认为,竞争是创新的源动力,对推动我国经济转型升级具有重要意义,相应地,竞争政策也就成了现代市场经济国家竞争治理的工具选择。我国正逐步确立竞争政策的基础性地位,确立公平竞争审查制度,加强产权保护,倡导公平、公开、公正的市场竞争。持续开展竞争政策宣传的同时,还面临着供给侧结构性改革和创新驱动发展战略对竞争政策实施提出的新要求,保障贸易和投资自由化国际合作的新标准,平衡保护知识产权与促进竞争的新要求,反垄断执法面临新兴行业的挑战等问题。提出要保障竞争政策实施程序的合法性和透明度,建议不要做整体状况评估报告,应该侧重于具体的产业评估,建议从竞争状况评估转为竞争政策评估,从结构分析转向结构和行为分析并举,从产业政策评估转为公平竞争评估。同时,注重竞争政策与创新的协调,注重律所、企业与执法机构间的沟通,注重竞争法人才的培养。为保障供给侧结构性改革中有效实施竞争政策,应促进竞争政策实施的思维转型,如促进市场创新,加快发展、转换动能;优化资源配置,促进产业结构调整;降低企业成本,营造便利营商环境;加快职能转变,更好发挥政府作用等。为保障竞争政策的落实,建议全面实施公平竞争审查制度,进一步强化反垄断执法。②

有学者认为,公平竞争审查制度本质上是以竞争价值作为衡量、评价其他政策的"尺子",要求其他政策应当在符合公平竞争的前提下制定和实施。首先,在政策层面,公平竞争审查制度对应的是竞争政策,对其他政策施加公平竞争的衡量标准,与我们一贯强调的"竞争政策的基础性地位"一脉相承。其次,竞争政策是国家政策的一种,

---

① 孙晋:《习近平关于市场公平竞争重要论述的经济法解读》,载《法学评论》,2020年第1期,第1—13页。
② 金善明:《供给侧结构性改革下的中国竞争政策实施——基于2016中国竞争政策论坛观点梳理与思考》,载《价格理论与实践》,2016年第10期,第53—57页。

属于公共政策范畴，竞争政策的主要目标，甚至唯一目标就是经济效率，所以应当属于经济政策的范畴，不宜说追求国家利益的公共政策应服从竞争政策基础性的要求。申言之，竞争政策基础性地位的判断，包含三层含义：一是追求国家利益的公共政策，可以突破竞争政策基础性地位的限制；二是追求非经济性社会利益的公共政策，原则上应遵守竞争政策的基础性地位，但必要时可以通过限制竞争的方式来实施；三是追求经济利益的各种经济政策，应以竞争政策为底线，严格遵守竞争政策的基础性地位。①

有学者认为，价值规律是市场经济的基本规律，竞争是市场经济的本质要求。改革开放以来，我国竞争政策的演进呈现出清晰的脉络，竞争的作用和地位不断得到强化和提高。从理论逻辑上讲，发挥市场在资源配置中的决定性作用，也就从根本上确立了竞争政策的基础性地位。在现代市场经济中，竞争具有特别重要的价值，它能够驱动资源的不断流动，为消费者提供更多的选择机会，促进机会均等。更为重要的是，竞争能够迫使隐藏信息显现出来，为生产和消费提供有效指引，从而保证经济繁荣和社会充满活力。因此，确立竞争政策的基础性地位，需要深化经济体制改革，而自由进入、确保各类市场主体的平等地位、围绕竞争政策完善政府政策体系是三个关键要素。第一，我国目前的市场进入障碍主要是行政性垄断、行政审批所导致的，因此，消除政府不合理干预行为所形成的市场进入障碍是强化竞争政策基础性地位的第一步，也是关键性的一步。第二，确保各类市场主体的平等地位，健全以公平为原则的产权保护制度，全面依法平等保护民营经济产权，依法严肃查处各类分割民营企业人才流动权益的行为，完善生产要素市场，提高生产要素的流动性，给予各类市场主体平等获取生产要素特别是获取重要生产要素的权利。第三，以竞争政策为中心，完善政府政策体系，政府政策的出台需要经过公平竞争审查。

---

① 焦海涛：《公平竞争审查制度的实施激励》，载《河北法学》，2019年第10期，第107—121页。

需要调整竞争政策与产业政策的关系，政府的政策体系应该围绕竞争政策来建立健全，产业政策应从纵向转向横向。①

综上所述，学界大致形成共识，竞争政策应是市场经济条件下一个国家的基础性经济政策，贯穿于其他经济政策制定和实施的始终，其目的是保障市场竞争不被政府干预经济的行为所扭曲。② 竞争政策基础性地位由政策本身和该政策在国家所有经济政策乃至社会政策中的地位和作用两部分组成：竞争政策一般包括竞争法律法规、有关竞争的规范性文件、竞争执法司法、竞争倡导举措等，以及它们相互之间的关联关系与共振效果。③ 基础性地位表明一国对竞争政策的认识和态度，意味着竞争政策在一个国家的各类经济政策体系中居于基础性和前置性地位——"基础"说明任何经济政策的制定实施都要以竞争政策为衡量标准，在竞争政策基础上制定和实施，并且实施中发现有违竞争的行为应予以矫正；"前置"说明任何经济政策在制定过程中原则上不经竞争评估不得出台实施。为确定我国竞争政策的基础性地位，除加强竞争执法外，有学者还结合我国竞争文化不浓厚的背景，提出了"竞争推进"（也叫"竞争倡导"）的思路，希望借助于竞争执法之外的其他手段（比如竞争宣传、竞争评估和竞争审查等）来推动竞争文化，化解竞争执法的困境。④ 有关竞争文化的理解，我国学者大致

---

① 胡家勇：《确立竞争政策的基础性地位》，载《学习与探索》，2020年第11期，第95—101页。

② 这一观点的代表性学者及其学术观点可参见史际春、赵忠龙：《竞争政策：经验与文本的交织进化》，载《法学研究》，2010年第5期，第104—112页；徐士英：《论我国竞争政策目标的选择》，载吴弘主编：《转变经济发展方式与经济法》，上海：立信会计出版社，2010年版；刘桂清：《反垄断法中的产业政策与竞争政策》，北京：北京大学出版社，2010年版。

③ 一些学者从政治博弈视角把竞争政策看作是生产团体和消费团体之间在政治层面的讨价还价过程。参见应品广：《法治视角下的竞争政策》，北京：法律出版社，2013年版，第48页。

④ 参见徐士英、应品广：《竞争文化的培育和发展——从日本竞争主管机关竞争执法、竞争推进谈起》，载《江苏大学学报（社会科学版）》，2011年第5期，第64—70页，第78页；张占江：《竞争倡导研究》，载《法学研究》，2010年第5期，第113—127页；向立力：《建立中国的竞争推进机制——近现代西方竞争文化在中国的传播》，载《商场现代化》，2011年第4期，第169—170页。

持两种意见：第一，将竞争文化归纳为一种主观认知。如有学者主张竞争文化是对竞争的态度、观念或评价，属于非正式制度的范畴；有学者认为竞争文化指一种对促进和维护竞争之价值的普遍理解与认知。第二，认为竞争文化包括主观认知和制度构造。如有学者提出，可将"竞争文化"概括为关于市场竞争的一系列思想观念、商业规划和法律制度的总称。①

第二节 竞争政策与产业政策

改革开放以来，受限于市场发育程度低及政策惯性等缘故，在很长一段时间内中国实施的是政府主导的选择性产业政策。在推动经济发展与产业结构演进方面，产业政策居于主导、核心地位，而竞争政策往往处于次要、从属的地位。在发展初期，政府主导型的选择性产业政策在推动市场化改革和促进经济及产业发展方面发挥了重要作用。②但随着中国经济的快速发展，选择性产业政策限制竞争、扭曲竞争所带来的不良政策效应日趋显著。尤其是进入"十三五"时期后，中国经济发展进入新常态，优化配置效率、提升经济发展的质量和效率、激励创新成为中国经济发展的重要方面。而公平竞争是优化资源配置、推动效率提升与激励创新的源动力。在这种情形下，传统的选择性产业政策模式已不能适应新经济发展的要求，强化竞争政策并推动产业政策的转型，成为中国进入新发展阶段后，经济高质量发展的必然选择。因而，在"十三五"时期，中国不断强化竞争政策，明确提出确立与强化竞争政策的基础性地位，着手建立公平竞争审查制度，

---

① 参见徐士英等：《竞争法新论》，北京：北京大学出版社，2006年版，第288页；黄勇、江山：《反垄断法实施的文化维度论纲——以竞争文化、诉讼文化与权利文化为中心》，载《江西社会科学》，2008年第7期，第13—18页；李长健、徐海萍：《论析竞争文化与反不正当竞争法律制度》，载《北方论丛》，2007年第4期，第145—149页。

② 江飞涛、李晓萍：《改革开放四十年中国产业政策演进与发展——兼论中国产业政策体系的转型》，载《管理世界》，2018年第10期，第73—85页。

加大了反垄断执法的力度，在建立公平开放、竞争有序的市场环境方面取得积极进展，但仍存在一些突出问题亟待解决。

进入"十四五"时期，中国经济发展面临更加复杂严峻的国内外形势。国际方面，贸易保护主义抬头，国际贸易规则面临重构，发达经济体在高技术领域加强了对中国的封锁。国内方面，经济发展的效率与质量亟待提升，创新能力还不能满足经济高质量发展的需求。应对复杂的形势变化，中国迫切需要提升资源的配置效率，畅通国内大循环，加快推动本土创新能力与技术能力的提升、在更高水平上推动对外开放，而这需要充分发挥市场竞争及竞争政策的基础性作用，并能发挥好产业政策的作用。其实，产业政策与竞争政策的关系及其相对地位是随着工业化进程而不断改变的。在工业化早期，两者之间的冲突会十分尖锐，产业政策往往居于相对强势的地位；随着工业化进程不断推进，产业政策与竞争政策之间的冲突将逐渐消失，竞争政策具有相对强势的地位，产业政策转向"竞争友好"模式，两者之间的关系将逐渐变为互补。[①] 如何协调好产业政策与竞争政策成为当下我国经济改革的关键。

有学者认为，我国产业政策的改革方向是构建竞争友好型产业政策。产业政策公平竞争审查可以保证产业政策尊重市场机制，可以防止产业政策异化并尽可能实现产业政策中性化，可以将产业政策措施对竞争的损害降至最低，是产业政策改革的重要措施之一，契合我国产业政策改革的目标。我国在确立了公平竞争审查进路的基础上，借助于《反垄断法》的有效性实施这一助推力量，遵循比例原则所要求的分析框架进行产业政策公平竞争审查，即分析产业政策目的是否具有正当性，产业政策措施是否可以实现产业政策的目的、是否对市场竞争的损害最小，产业政策目的与竞争损害之间是否达到利益均衡。产业政策公平竞争审查可以预防和减少行政垄断行为，有效抑制产业

---

① M. L. Possas and H. L. Borges, "Competition Policy and Industrial Development", *Initiative for Policy Dialogue Working Paper Series*, 2008.

政策的负面效应，将产业政策对市场竞争的影响维持在必要的、合理的、适度的范围。我国产业政策公平竞争审查的目标并不是要废止产业政策，而是要防止产业政策的滥用及过度适用，促进产业政策的转型与审慎出台，进而预防和减少行政垄断行为的产生。①

有学者联系我国产业政策和竞争政策的争辩，剖析公平竞争审查制度的背景，借鉴间断平衡理论，从制度变迁视角分析我国公平竞争审查制度的形成发展。认为公平竞争审查制度的建立是保证市场在资源配置中起决定性作用、全面深化改革的巨大一步。公平竞争审查制度的出台在实践上标志着产业政策垄断地位彻底一去不复返和竞争政策垄断地位开始构建，即竞争政策是在产业政策的基础上发展起来的。公平竞争审查制度不仅将政府排除、限制竞争的行为置于国家经济运行的整体目标之下，而且把政府对市场的宏观调控置于竞争政策的规制范畴之内。②

有学者认为，"十三五"期间，中国强化了竞争政策的制定与实施，逐步确立了竞争政策的基础性地位，着手建立了公平竞争审查制度。与此同时，反垄断部门进一步细化相关法律法规，加强了反垄断执法工作。但产业政策与竞争政策之间仍存在较为激烈的冲突，并对产业与经济的高质量发展带来诸多不良影响。同时，国际贸易规则的调整、数字经济与平台经济的发展对中国的竞争政策与产业政策的制定实施带来新的约束与挑战。为此，在"十四五"期间应当协调好产业政策与竞争政策的关系。具体而言，应以竞争政策为基础加快推动产业政策的转型，在产业政策与竞争政策的协同互补关系中，竞争政策应居于基础性地位，产业政策要服从于竞争政策。完善公平竞争审查制度，以竞争政策约束产业政策，推动产业政策制定程序与组织机制的再造与公平竞争审查制度的前置。根据数字经济的发展新态势调

---

① 孟雁北:《产业政策公平竞争审查论》，载《法学家》，2018年第2期，第118—134页。
② 虎剑刚:《论我国公平竞争审查制度的完善——基于间断平衡理论》，载《价格理论与实践》，2018年第9期，第43—46页。

整完善竞争政策：一是加强对数字经济中新模式、新业态的研究，鼓励社会各界协同治理；二是规范平台经济产业生态健康发展，营造自由公平的市场竞争环境；三是明晰数字经济中的权责问题，完善法律法规体系，注重对消费者个人隐私权益的保护。①

有学者从具体行业出发（成品油市场），认为随着我国供给侧结构性改革的深入推进，我国的石油、石化垄断企业如今也正处于前所未有的改革进程之中，通过混合所有制企业改革推动，在石油行业的上游和下游环节中引入竞争机制，进一步强化并凸显市场在资源配置中的决定性作用。但我国的成品油市场还存在市场竞争主体的交易对象不可选择性、拒绝供油、价格垄断等问题，主要原因在于竞争政策与产业政策的不协调。为此，一要确立成品油市场中竞争政策的一般优势地位：首先，要在国家层面确立公平竞争审查制度；其次，应当着眼于竞争政策与产业政策的冲突之处；再次，应当具体构建动态的反馈调整机制。二要促成石油产业监管机构与反垄断执法机构之间的执法协调，主要是追求执法价值目标的协调，建立信息共享与信息披露制度。三要灵活安排适用除外框架下的和解制度：首先，应通过竞争政策的制定和完善来进一步明确执行和解制度的实施前提和具体标准，进而明确执行和解制度在成品油市场反垄断执法中的适用前提和具体规则，促进执行和解制度在石油领域的普遍适用；其次，应当明确执行和解制度在《反垄断法》中存在的意义和作用，即为了提升反垄断执法机构的行政执法效率而做出的制度安排。②

综上，竞争政策与产业政策并不是相互矛盾的两个主体，只不过是在不同经济发展阶段上国家所选择的侧重点不同所导致的区别，二者关系的发展趋势是竞争政策逐步成为优先选择。从理论上看，竞争

---

① 江飞涛：《中国竞争政策"十三五"回顾与"十四五"展望——兼论产业政策与竞争政策的协同》，载《财经问题研究》，2021年第5期，第30—39页。

② 丁国峰：《论我国成品油市场之反垄断法规制——从竞争政策与产业政策的关系协调展开》，载《山东社会科学》，2020年第2期，第150—155页。

政策与产业政策在政策目标、理论基础,以及相互作用等方面既有一定的互补性和一致性,但也存在着严重的冲突。第一,无论产业政策还是竞争政策,都是在市场经济体制下政府进行设计的产物。第二,产业政策如果设计和应用得当,能够弥补市场失灵。另外,产业政策与竞争政策在对市场失灵进行弥补的过程中也都有出现政府失灵的可能性,在这方面两种政策也有一定的一致性。第三,产业政策也期望实现合理的竞争,并防止垄断现象的出现,在这一点上,产业政策与竞争政策存在着一定的一致性。但是,产业政策与竞争政策的理论依据是不同的,产业政策在很多情况下是与赶超战略相联系的,而竞争政策的理论基础是市场对资源配置起着优化作用。并且作为政府对经济运行进行调控的公共经济政策,产业政策与竞争政策都将对整个经济系统内所有厂商产生影响,但产业政策与竞争政策的作用对象却有着显著的区别,其实现形式和作用机理存在较大差异。长期以来,中国的产业政策一直居于强势地位,但是其政策效果并不理想,特别是与创新引领经济发展和完善市场竞争机制的要求存在冲突。随着社会主义市场经济的发展,市场在资源配置中发挥决定性作用,竞争政策的地位将更加重要。因此,竞争政策与产业政策协调机制的设计非常关键,在充分发挥竞争政策作用的同时,要处理好竞争政策与产业政策之间的关系。为此,首先要充分发挥好公平竞争审查制度的作用。中国的产业政策绝大多数都是通过国务院各部门和各级地方政府出台的规章、文件和具体政策措施来进行的。只要公平竞争审查制度能够贯彻实施到位,就可以最大限度地消除产业政策与竞争政策的冲突,从而在确定竞争政策优先地位的前提下协调产业政策与竞争政策的关系。其次,可以实行反垄断的负面清单管理模式,在所发布的相关产业政策法律、法规或其他文件中要明确说明不适用于《反垄断法》的情形,并应在相关产业政策发布之前通知反垄断委员会。据此,反垄断和公平竞争审查执法机构可以依据反垄断委员会提供的信息建立反垄断管制的负面清单,避免竞争政策与产业政策在执行上的冲突。最后，完善反垄断豁免的细则，进一步修订完善相关法律法规，更好地发挥反垄断委员会的作用，加强反垄断和公平竞争审查执法机构的衔接，逐步形成一个既有顶层协调机构，又有强有力的执法机构的有机整体。

第三节 竞争政策与竞争中性

竞争中立政策源于澳大利亚的国内经济改革措施。20世纪80年代，澳大利亚为提高生产力，创造新的就业和促进经济增长方式的转变，选择以自由和开放的竞争政策作为国内经济改革的引擎，并由此开始与各州和领地政府进行谈判。1992年，澳大利亚委托Frederick G. Hilmer团队撰写《国家竞争政策审查报告》。该报告指出，澳大利亚的竞争政策应具备六个要素[①]，"竞争中立"位列其中。1994年，澳大利亚政府理事会于霍巴特会议上同意了《国家竞争政策审查报告》中阐述的竞争政策原则。1995年，澳大利亚联邦与各州和领地政府最终达成了《竞争原则协定》。该协定对"竞争中立"作出如下阐述："竞争中立政策的目标是消除从事重大商业活动的公有制实体造成的资源分配扭曲，国有企业不应仅仅因为其公有制而享有任何竞争优势。这些原则只适用于公有制实体的经营活动，不适用于这些实体的非经营、非营利活动。"1996年，澳大利亚发布了《联邦竞争中立政策声明》。该声明不仅对竞争中立的概念进行了再次确认，而且还确立了竞争中立的五项原则[②]，构建了澳大利亚版竞争中立政策的主体框架。最终，澳大利亚通过实行竞争中立政策，从实质上消除了政府所有制优势，显著提高了国有企业的效率，使国有企业的商品价格与资源成本

[①] 六个要素分别为：规制企业的反竞争行为、修改不正当限制竞争的法规、改革公共垄断结构促进竞争、向第三方提供对竞争至关重要的某些设施、限制垄断定价行为、在国有企业和私营企业竞争时促进它们之间的"竞争中立"。

[②] 五项原则：税收中立原则、信贷中立原则、监管中立原则、合理的商业回报率原则、价格反映成本原则。

相匹配，避免了资源分配扭曲，从而确保了澳大利亚的国内经济改革顺利推进。

随着2008年全球金融危机的爆发，西方国家逐步意识到国有企业尤其是发展中国家的国有企业在国际贸易中所发挥的重要作用。因此，为了有效维护本国利益、确保各类企业公平参与竞争，美国、欧盟、经济合作与发展组织（OECD）等国家或国际组织开始在国际层面上大力推广竞争中立政策，并进一步拓展澳大利亚竞争中立政策的具体内涵。2009年以来，在美国和欧盟的支持下，OECD针对竞争中立政策发布了《国有企业和竞争中立原则2009》《澳大利亚的竞争中立和国有企业》《竞争中立和国有企业：挑战和政策选择》等系列报告，对世界各国产生了重要影响。OECD将竞争中立定义为"在经济市场中没有任何实体受到不正当竞争优势或劣势的影响"。OECD在借鉴澳大利亚竞争中立政策五项基本原则的基础上，提出了竞争中立的八项基石：一是精简国有企业的运行方式；二是识别直接成本；三是实现商业回报率；四是合理考量公共服务义务的成本；五是税收中立原则；六是监管中立原则；七是债务与补贴中立原则；八是政府采购中立原则。简言之，OECD版的竞争中立政策只是对澳大利亚版竞争中立政策的具体内容进行了简单延伸，在并未充分考虑不同国家国有企业的特殊性、在市场中的作用，以及其对经济活动影响的情况下，只对竞争中立制度作出了一般性规定。

欧盟则基于区域内各国经济发展现状的不同，在区域内部和国际两个层面实施不同内涵的竞争中立政策。欧盟在其区域内部虽未明确提出"竞争中立"一词，但其在相关立法中无不体现竞争中立的理念，可视为欧盟区域内部的竞争中立政策，其目的在于确保实现欧盟区域内部国有企业和私营企业之间的公平竞争。第一，欧盟在《欧盟运行条约》第106条中明确规定了国有企业应遵守竞争规则。第二，《欧盟运行条约》第107条中严格控制国家援助。在欧盟，国家援助不仅包括注资或赠款，还包括减税或免税、减少社会保障费用和保证。第三，发布"透明度指令"。"透明度指令"要求既有商业活动又有非商业活动的国有企业需要将其账目分开,以证明其预算是如何在商业活动和非商业活动之间进行划分的。除此之外,欧盟还在国际层面推行内涵不同于欧盟区域内部的竞争中立政策,试图将OECD版的竞争中立政策上升为国际贸易的共同行为准则。2012年,欧盟与美国联合发布了《欧盟和美国关于国际投资共同原则的声明》。该声明明确指出,各国政府应努力提高国家影响力对商业企业构成的具体挑战的认识,努力协调应对这些挑战的方法,并强调欧盟和美国支持OECD在"竞争中立"领域的工作。欧盟在区域内部层面实施竞争中立政策主要是将"竞争中立"作为区域内部的治理工具,而其在国际层面倡导的竞争中立政策则是着眼于构建具有共识性的国际贸易规则。

美国在国际贸易谈判中积极输出竞争中立政策。美国并未选择将竞争中立政策引入其国内法律或政策体系之中,而是积极向其他国家和地区输出OECD系列报告中提出的有关竞争中立的要求。第一,美国在与其他国家签订自由贸易协定时普遍设置由对方单方面遵守的竞争中立条款。第二,美国在其《2012美国双边投资条约范本》第2条第2款中直接明确规定由缔约方授权行使任何管理、行政或其他政府权力的国有企业也应遵守缔约方的义务。当需要打压某些国有企业,甚至是一些非国有企业时,将这些企业认定为与该国政府之间存在关联是美国的常用方法。这实际上是将这些企业的行为视为该国的政府行为。第三,美国还曾在跨太平洋伙伴关系协定(TPP)谈判过程中积极倡导竞争中立,企图利用TPP牢牢掌握国际贸易规则的制定权。美国在参与TPP谈判时曾针对国有企业要求其他参与谈判的成员国遵守一系列的要求,如确保国有企业基于商业考量进行商业交易、确保获得补贴的国有企业没有优势也不会削弱美国私营企业的实力、对国有企业和私营企业进行公正监管等,这些要求绝大多数体现的是OECD的研究成果。实际上,美国在国际层面积极输出竞争中立政策,目的在于通过约束其他国家的国有企业,以保障美国自身的国家利益,主导全球贸易体系。

有学者认为，基于解读视角的不同，竞争中性的涵义也有不同，竞争中性具有非常鲜明的实用主义特征，包裹了功利主义的价值诉求。澳大利亚强调国有企业改革；欧盟规定一般性原则，着重于成员国服从统一的竞争规则；美国则致力于将竞争中性推向国际贸易准则。对于我国来说，应当走出所有制误区，认识到竞争中性的价值内核是政府与市场的基本矛盾，其目标在于维护各类主体平等参与市场竞争，摒弃一切妨碍竞争的干扰，凡是导致非中性的因素都应当予以矫正。在政府与市场共同构建的二维象限下，竞争中性应当因循五对矛盾关系实现其进路，解决协调竞争政策与产业政策、国有企业与私营企业平等法律适用、保障大小企业公平竞争、一视同仁内资企业与外资企业、本地企业与外地企业同时发展的问题。最终构建实现竞争中性的三层次制度体系：一是以公平竞争审查制度为主导，明晰公共利益的界定范围，形式公平事项采取原则禁止与例外豁免的做法，除非有法律规定或者确有必要不予例外，对于追求实质公平的政策，审查标准应适度放宽，由"原则禁止+例外豁免"转变为合理性审查；二是竞争法律制度为基石，明确反垄断与反不正当竞争法的核心地位，完善竞争中性的配套制度，保障竞争法规则的公平公正，竞争执法的公平合理；三是促进中小企业帮扶制度发展、推动国有企业改革为辅助。通过上述三项制度协调并举，以实现中国的竞争中性。[①]

一、政府的竞争中性

为了更好发挥政府作用，政府必须强化竞争政策的基础性地位，能够用竞争政策解决的问题就不应有政府干预的介入。首先，市场作为资源配置的最佳手段，在市场机制自身能够有效运转的情况下，政府应充分尊重并利用市场机制，使各类市场主体广泛开展积极竞争，

[①] 张晨颖：《竞争中性的内涵认知与价值实现》，载《比较法研究》，2020年第2期，第160—173页。

从而达到市场机制功能的最大化。其次,市场机制存在着自发性、盲目性等显著缺陷,在市场失灵现象发生时,政府作为社会公共利益的代表者,又肩负着主动维护市场公平竞争的义务,通过国家干预解决市场失灵的问题并保障宏观经济平稳运行。最后,政府在维护市场公平竞争的过程中,也应防止自身滥用行政权力排除、限制竞争,因为政府对市场失灵现象的矫正,并非代替或排斥市场机制的存在,而是在充分尊重并利用市场机制的基础上,对市场机制的合理补充。在风险社会,源自政府公权力的风险带来了一系列的问题和挑战。因此,政府在特殊情况下对市场的干预行为理应受到必要的限制,而竞争中立政策的引入恰好可以起到限制政府不正当、不合理地干预市场的作用,从而可以成为中国规范政府行为的重要工具。

有学者结合相关国家竞争中性政策实施的情况,通过横向对比"澳版"、"OECD 版"和"美版"竞争中性原则在针对市场、强调重点、政府干预及实施成效等方面的异同,并利用商品市场管制(PMR)指标对我国竞争中性效果进行国际比较,发现我国竞争中性原则还未得到深入贯彻,改革步伐远落后于他国。从纵向上来看,我国经济改革与竞争中性具有兼容性,但存在行政垄断、市场准入、隐形补贴等方面的监管非中性现象与法律缺失的异质性因素。因此,提出避免过度干预,激发竞争中性潜能;加强公正监管,累积竞争中性动能;完善法律机制框架,构筑竞争中性势能;发挥各方合力,打造竞争中性智能的监管改革方向的建议。[1]

有学者认为,我国的《反垄断法》存在对政府行为竞争中立规制缺失的问题,经济体制改革呈现出"碎片化"、"冲突化"和"非规范化"现象,其原因在于对《反垄断法》的地位和机理缺乏准确把握,致其在构造和适用上出现了偏差,无法为禁止政府扭曲提供框架支撑。秩序自由主义理论揭示,《反垄断法》不仅因与《宪法》的紧密联系

---

[1] 和军、谢思:《基于竞争中性的政府监管:国际比较与改革方向》,载《湖湘论坛》,2020年3期,第91—101页。

而具有禁止政府扭曲的合法性，而且其对竞争的保护本就涵盖对政府扭曲的禁止，欧盟竞争法的制度构造也充分印证了这一点。中国《反垄断法》一直与《宪法》相疏离，固守行政垄断专门规制的藩篱，极大地限缩了在此方面的作用。因此，必须回归其与《宪法》的联系，以提高权威性，同时完善其一般规制框架，形成专门规制与一般规制相结合的规制体系。建议在直接规制层面，全面评估政府行为对竞争的影响（竞争审查），提出避免或纠正政府扭曲的建议（竞争倡导）；在间接规制层面，追究政府庇护或纵容之下的企业反竞争行为的反垄断责任，排除政府扭曲的影响（竞争执法）。将政府行为纳入《反垄断法》的规制范围，竞争倡导要直接避免或纠正不合理的政府扭曲，竞争执法要间接排除不合理的政府扭曲的影响，最终要使得反垄断审查与《宪法》规定的市场经济体制相适应。[①]

有学者认为，公平竞争审查制度的实施有利于清理违反公平、开放、透明市场规则的政策文件，将对民营经济发展发挥直接促进作用。但目前公平竞争审查制度还存在审查标准中"竞争中立"政策的缺失、审查对象中对存量政策法规有效审查的缺位及审查实施中监督控制机制的弱化等问题。对此提出的建议是：首先，将"竞争中立"政策纳入公平竞争审查制度的基本理念与实施标准中，将竞争中立确定为我国的基本竞争政策，进一步修正和完善公平竞争审查制度的审查标准体系。其次，建立回顾性审查机制，清理限制竞争的政策措施存量，通过在地方立法后评估中增加竞争评估相关内容的形式，替代公平竞争审查制度发挥回顾性审查作用。最后，重塑反垄断主管机构职权，明确其竞争评估与竞争倡导职能，构建公平竞争审查制度的外部控制机制。[②]

[①] 张占江：《政府行为竞争中立制度的构造——以反垄断法框架为基础》，载《法学》，2018年第6期，第80—98页。

[②] 刘大洪、邱隽思：《推动民营经济发展背景下的公平竞争审查制度改进研究》，载《法学论坛》，2019年第2期，第49—55页。

有学者认为，依照竞争中立原则的要求，税收政策应符合"税收中立"的要求，即税收不应干扰和扭曲市场机制的正常运行，不对任何一类市场经济参与主体施加不合理的税收负担或税收优待。当前我国存在高度碎片化的地方税收优惠政策，导致实际税负在各地区间极不平等，扭曲了市场竞争机制，与竞争中立原则的基本精神相违背。因此，应当依托于我国公平竞争审查制度的实施，实现对地方税收优惠政策的整合、清理、改进和修正，消除其中违背竞争中立原则的规范；尔后，以税收优惠统一立法的形式，将税收优惠法律规范的制定权力收归中央，各地仅在中央统一立法授予的裁量幅度内享有税收优惠政策的制定和协调职权，以确保全国统一市场的税制体系均符合竞争中立原则的要求。申言之，其一，应明确竞争中立原则对税制问题的有效统率。我国地方税收优惠政策的法律治理应当遵循"先清理、后重构"的"两步走"框架策略。其二，完善地方税收优惠政策的公平竞争审查。考虑地方税收优惠规范性文件的极度庞杂，各级财税部门有必要依照《管理办法》第44条中有关税收规范性文件集中清理的规定，系统性地开展此项工作，在整合碎片化政策、清理反竞争规定的基础上，真正促成地方税收政策体系的简化和完善。其三，促成我国税收优惠的统一立法。在税收优惠法定主义与竞争中立原则的统一指导下，我国税收优惠的统一立法应当实现如下目标：首先，应当与作为上位法的《宪法》价值相符，这主要是指《宪法》中的税收法定主义要求；其次，又要与同位阶的其他税收法律规范体系相协调，这主要是指要与各部门税法中有关减免税的规定协调统一；最后，税收优惠统一立法自身内部不存在相互矛盾的制度设计。①

简言之，在竞争中性视域下，政府监管失灵需要竞争中性准则的调整，推行公平竞争审查制度也需要以竞争中性原则为基础。因此，在竞争中性视域下，国家应加强立法，提高竞争中性的法律地位。正

---

① 曹胜亮：《我国地方税收优惠政策的检视与法律治理——以竞争中立原则为指引》，载《法商研究》，2020年第5期，第61—74页。

值《反垄断法》修改之际，在其中引入竞争中性政策既是对现实经济发展的有效回应，也是反垄断法长足发展的必须。首先，完善竞争中性的激励机制、定期评估、信息披露及绩效评价，确定对竞争非中性行为的约束方式和惩戒机制，确保不同市场主体公平竞争，维护市场主体权益。将分散在多个文件中的竞争中性原则、竞争非中性行为认定、竞争非中性行为的有效约束机制进行整合优化，形成准入、价格、投资、激励、评估、信息披露、奖惩机制等多维的竞争中性法律法规，从而提高竞争中性的法律地位，有效约束竞争非中性行为。其次，政府应转变理念，保障竞争中性的有序推进。建立市场准入前系列文件竞争中性审查理念，通过审查纠偏修改市场准入过程中的竞争非中性行为；形成市场准入流程竞争中性理念，避免竞争非中性行为对市场准入主体的选择偏倚；构建市场准入后参与主体的公平竞争理念，严厉打击企业之间的产权差异、国别差异、地域差异所带来的歧视性或差异性政策；构建市场退出全流程的竞争中性理念，避免因产权、国别、地域所产生的异质性退出政策。同时，强化监管，有效约束竞争非中性行为。完整的竞争非中性行为监督体系包括政府、企业、社会组织或个人等非利益相关人监督地方政府或监管机构对企业实施的各种行为是否存在竞争非中性。需要建立"以信息公开为前提，以数字化监督为工具，以多主体监督为手段"的有效制衡机制，从而限制竞争非中性行为。先要求各类企业公布财税、补贴、土地等信息，从而为不同主体甄别竞争非中性行为提供数据基础；后建立全国企业信息平台，对不同企业竞争非中性行为进行信息化监督。最后，需要政府做好评价，为竞争非中性提供反馈机制。需要建立竞争中性评价指标体系，并由非利益相关方组成评估机构或第三方对省市县三级政府的竞争中性程度进行评估；建立竞争中性程度评估结果与官员绩效及晋升激励相挂钩的激励机制；通过约谈、巡视、督察等常态化方式，有效约束地方政府行为，从而更好地推进竞争中性，营造公平竞争的营商环境，为中国经济高质量发展提供制度安排。

二、国有企业的竞争中性

国有企业的不平等竞争优势是竞争中立规则要解决的主要问题，因为国有企业破坏了公平的市场竞争环境，不利于市场主体之间的公平竞争，主要原因是国有企业要么是政府直接拥有，要么是能够获得政府的优惠政策。竞争中立规则不仅存在于澳大利亚模式和OECD模式，在新签署的《全面与进步跨太平洋伙伴关系协定》（CPTPP）中，同样有竞争中立规则的确立，该协议的目的就是要营造一个公平的市场竞争环境，让所有市场主体均能在公平的条件下展开竞争。为此，协议要求成员国限制国有企业的活动，让外国企业在国内能够和国有企业一样享有无差别待遇。除禁止对国有企业实行专门的免税外，还要求不得降低产品与服务的价格，禁止国家排斥外国企业与本国企业的优先交易。

国有企业是竞争中立规则的核心议题，但是，目前在国际上还没有关于国有企业的统一标准定义。OECD对国有企业的定义是"占有全部、多数所有权或重要的少数所有权由国家掌握、控制的企业"。世界银行政策研究报告对国有企业的定义是"政府拥有或政府控制的、从产品和服务的销售中创造主要收入的经济实体"。瑞典、芬兰等国则把"凡是国家资本占企业资本的51%以上，国家股东履行所有权的企业"界定为国有企业。CPTPP新架构共识保留了原TPP超过95%的项目，其中包括对国有企业的界定。在TPP中，美国采用《美国-新加坡自由贸易协定》下关于新加坡国有企业的定义，即"商业运营直接或间接为一国政府所有或受其影响的企业"。其中，对所谓"有效影响力"的含义解读比较复杂，它是指政府的表决权在20%以上，即使国家不直接所有，通过国有控股公司或其他国家企业间接所有的表决权，也要加算在内。事实上，不仅在中国有在市场中有巨大的影响力的国有企业，在一些成熟的市场经济国家同样存在着具有优势竞争力的国有企业，这些在能源、金融、通信等领域有国家扶持的国有企业把控着国民经济的命脉。而国有企业的不平等竞争优势正是竞争中立规则要解决的主要问题。

有学者认为，在国内层面，自改革开放以来，国企改革的重心是将国企改造为独立自主的竞争主体。但是，当国企以一个"正常的"竞争者的角色进入市场以后，其在监管、税收、融资等方面的倾斜性政策会对私企产生"挤出效应"。在国际层面，竞争中性成为西方国家继国家安全审查之后限制国企对外投资的新工具。学者认为，在国企改革中引入竞争中性能妥适解决上述"内忧外患"，应考察发达经济体尤其是倚重国企的新兴经济体的经验与教训，坚持以所有制中立为前提，采取嵌入式和渐进式的改革进路，并通过"一带一路"倡议向世界推广中国方案，积极参与竞争中性国际规则的再造。具体路径上，应秉持"入乎其内、出乎其外"的方法论，从国企内部结构优化和外部竞争环境塑造两方面推进竞争中性改革。内部改革优化应坚持以分类改革为中心，建议采用"概括+列举"的方式对公益性国企进行更加细致的界定；外部竞争环境塑造应坚持以反垄断法为基础，在正式制度中体现竞争中性的话语表达，将公平竞争审查制度引入《反垄断法》，完善国企反垄断豁免制度。①

有学者认为，竞争中性政策作为《反垄断法》修订过程中的重要议题之一，其确立关系着社会主义市场经济体制的完善，并且体现着对经济法中市场与政府间关系这一最基本问题的回答。在我国，竞争中性政策主要聚焦于国有企业与民营企业之间的竞争差异，保证政府"对各类所有制企业平等对待"。申言之，竞争中性政策的实现需要保证市场中的各类企业在竞争的过程中，在市场结构、企业行为、经济绩效上不具有不当的竞争优势或劣势，防止不当干预，进而实现各企业之间的公平竞争，提高资源配置效率。具体而言，明确国有企业在市场中应保持适度的市场份额，降低市场进入壁垒，减少政府的不正

---

① 孙瑜晨：《国企改革引入竞争中性的正当性及实现路径——以新兴经济体的实践经验为镜鉴》，载《北方法学》，2019年第6期，第135—146页。

当干预，对国有企业的公共服务行为所产生的成本与正常商业活动成本进行必要的区分，对合理的公共服务行为的成本进行必要的补贴，使国有企业尽可能在竞争中处于一个较为公平的地位。在评价国有企业和民营企业在竞争上的平等性时，应当考察国有企业用于非公共服务等职能的资产，是否获得与市场水平相当的回报率。对国有企业和民营企业债务情况进行必要监管，允许国有企业和民营企业的合理退出。作为一项系统性工程，竞争中性政策的实施需确定合理的适用范围，规制行政垄断，协调公平竞争审查制度的实施。不仅需要确立竞争法律制度的核心地位，同样也需要外商投资法、税法、银行法等其他相关法律的支撑与配合。[①]

有学者认为，《关于在市场体系建设中建立公平竞争审查制度的意见》中所确立的市场公平竞争审查制度，应包括竞争性国企这一市场主体。针对当前我国竞争性国企纵向价格垄断法律责任制度缺失的问题，通过结合首例大型竞争性国企——茅台和五粮液纵向价格垄断案及相关事实，对竞争性国企进行全面、系统性分析。认为当前国企反垄断追责还存在责任主体不明确、责任体系不健全等问题，单独适用民事法律责任无法有效保障相关当事人的权益。一是《反垄断法》本身未规定相关民事责任形式及内容，且违法经营者承担民事责任对应的法律依据不明确；二是适用民事赔偿责任形式内容过于轻薄，无法达到赔偿损失与威慑惩戒的双重效果。近几年，企业纵向价格垄断案件数量不断攀升，当务之急是确认竞争性国企实施垄断行为的反垄断法规制主体地位。又由于过渡时期的国企改革具有一定时效性，而且该阶段对于国企应当采取更为严格的法律监管。因此，应在适用现行责任框架的前提下，构建一般法与时效性特别法相结合的竞争性国企纵向价格垄断法律责任制度。首先，应对达成或实施纵向价格垄断协议的经营者适用不真正连带责任制度，并明确责任分配原则。其次，

[①] 张晨颖、李兆阳：《竞争中性政策的逻辑、构建与本土化实施》，载《河北法学》，2020年第6期，第73—88页。

应对竞争性国企纵向价格垄断协议的主要实施者明确规定其法律责任，即实施者个人也应作为责任承担的对象，在此基础上建立双罚制责任制度。一是丰富责任承担的形式，二是完善"宽恕制度"，完善民事责任相关规定。另外，建议设立私人提起反垄断诉讼制度，补充刑事责任相关规定。①

有学者认为，国企价格垄断不仅损害了市场自由公平竞争，也阻碍了经济效率的提升，更与全面深化经济体制改革及建设统一开放、竞争有序市场体系的发展目标背道而驰。以可竞争市场理论为代表的经济学理论和反垄断法理论的发展与完善，为反垄断法规制该类行为提供了正当性与可行性。我国国企价格垄断的反垄断法规制路径应重点从确定规制的基本原则、确立规制的具体类型及方法这两方面进行建构。申言之，反垄断法对国企价格垄断的规制，应结合国企所在市场的具体条件、环境及特殊性，实行"全面适用＋个别豁免"，以寻求国企"垄断结构状态"与"有效竞争行为"之间的协调均衡，同时再通过"成本效益原则"来具体分析与权衡。根据掠夺性定价、价格歧视、转售价格维持以及固定价格等行为的具体形态、特征、竞争效果来予以分文类别地分析和考察，逐渐形成一套科学、完整、全面有效的规制路径与方法。②

有学者认为，当前正蓬勃展开的新一轮央企合并改革，对一些行业的市场竞争产生巨大影响，并使反垄断主管机构的竞争审查面临着如何协调政府意愿与促进企业提升国际竞争能力的挑战。通常而言，我国的央企合并为行政性合并，多数情况下，企业并不是自由交往、自主"联姻"，系由政府"撮合"，受政府监管，政府意愿起决定性作用。并且总体而言，企业国际竞争力成为一个弱化反垄断审查力度的

---

① 林星阳：《竞争性国企纵向价格垄断法律责任制度的构建》，载《天津大学学报（社会科学版）》，2021年第1期，第88—94页。
② 曾晶：《论国企价格垄断的反垄断法规制路径》，载《湖南科技大学学报（社会科学版）》，2016年第1期，第65—70页。

因素，有利于提升本国企业国际竞争力的大企业并购，各国的竞争审查往往表现得较为宽容，但我国的《反垄断法》却并未提及。因此，为应对挑战，集中审查工作需坚守竞争政策的基础性地位，辩证看待企业规模与国际竞争力的关系，同时通过与当前正在探索的公平竞争审查制度分工合作、竞争执法权与政策协调权分立配置、经营者集中豁免规则完善等，平衡维护市场有效竞争与实现政府产业政策及发展战略的关系。申言之，竞争政策的基础性地位并不意味着其具有绝对的优先性，特殊情况下，基于公共利益最大化，反垄断审查制度也对产业政策、国家战略予以更多关注，甚至在制度框架内对相关合并予以特别豁免。我们应认识到企业合并并不是简单的行政拼凑，在关注央企合并所带来的规模经济、范围经济正面效应的同时，也要充分估量其负面效应。在央企合并审查时，需在严格与宽松间保持平衡，在维护竞争政策的基础性地位、国内市场有效竞争与维护国家利益、社会公共利益之间保持平衡。应全面实施公平竞争审查制度，将央企合并重组政策措施纳入审查范围；改革经营者集中审查体制，竞争执法权与政策协调权分立配置；明确规定反垄断审查中应考虑国际竞争力因素，根据产业特点和经济发展形势适度放宽审查标准；完善公共利益豁免制度，约束经营者集中的例外特批。①

有学者认为中国国企近年来的迅速发展已经引起发达国家的高度警觉，因政府对国企特别优待而形成的竞争中性偏离问题，成为发达国家责难的重要原因。此外，竞争中性作为重要经贸议题在发达国家和OECD模式的推动下呈现国际法化的趋势，中国监管部门已经认识到贯彻落实竞争中性原则的重要意义与紧迫性。通过对发达地区（欧盟）竞争中性政策的研究，发现欧盟竞争法对于参加市场经济活动的主体普遍适用，极少存在豁免情形。对于因国家援助而产生的不正当竞争，如果符合行为主体为政府或公共机构，行为方式是利用国家资

---

① 刘桂清：《"走出去"战略下的央企合并竞争审查：挑战与应对》，载《法律科学（西北政法大学学报）》，2017年第2期，第133—142页。

源对特定经营者或产业实施资助,援助行为使得特定经营者或产品获得不正当竞争优势,政策或措施实施结果扭曲竞争和贸易,并损害欧盟成员国共同利益的特点,援助行为会被叫停,援助资源可能被强制收回。当然,国家援助中也存在豁免情形。因此,在借鉴欧盟竞争中性政策实践的经验基础上,提出我国立法或司法机关应当通过修订《反垄断法》,或者以作出司法解释的方式对国企反竞争行为,特别是行政垄断进行规制,以符合经合组织对监管中立的要求。将政府"援助"行为纳入法制范围,需要在公平竞争审查中建立政府干预措施的事前申报机制及竞争中性审查细则。提高市场监管机构地位以便推进改革,建议在顶层设计上率先构建行政系统内相对独立的终局审查机构,在地方市场监督管理局下设竞争中性科室专门负责竞争中性问题审查,对查处政府援助行为的国家工作人员或部门给予适当激励,以抗衡地方保护主义,对国企不正当竞争优势进行纠偏与控制。在税收、公共采购中落实竞争中性政策,国家税务总局也应当根据民营企业实际纳税能力,调整征收额,使国有企业和民营企业向国家缴税的实际税率相一致。在政府采购相关制度办法实施过程中,应当定期或者适时评估其对全国统一市场和公平竞争的影响,对妨碍统一市场和公平竞争的,要及时修改完善或者予以废止。还应出台向非国有企业特别是小微民营企业倾斜的税收与公共采购政策,以矫正长久以来的市场扭曲。①

简言之,竞争中立政策的实施能够有效促进国有企业与民营企业之间的公平竞争,在优化社会资源配置的同时,提升国有企业自身的经营效益。但目前我国国有企业在经营中仍享受着诸多的不当竞争优势,严重阻碍了市场经济的发展。而竞争中立政策的宗旨是抑制国有企业享有的不当竞争优势,其判断标准在于国有企业是否因其公共部

---

① 沈伟、黄桥立:《竞争中性原则的欧盟实践和经验——兼议对我国国有企业改革的启示》,载《德国研究》,2020年第4期,第111—129页,第190页。

门的性质而获得高于其他私有企业竞争者的"净竞争优势"①，因此，在国有企业的发展中引入竞争中性确有必要。无论是《宪法》自身的制度演进还是党的重要文件的思想发展，从中都可以明显看出，非公有制经济在我国国民经济体系中的地位不断上升，本质上都彰显了《宪法》第6条中关于"多种所有制经济共同发展"的思想。因而，对公有制经济与非公有制经济的关系认定，应向着有利于竞争的角度解释。并且强化竞争机制对提升国有企业的经营效益非常重要，竞争中立政策的实施"不仅仅是对可能处于竞争劣势的私营企业的一种保护，也是促进国有企业改革，增进国有企业活力的一剂良方"②。非公有制经济的稳步发展，也急需我们对竞争中立政策的理性认同。因此，我们可以从以下几方面完善竞争中立政策在国有企业中的适用：第一，严格认定适用主体。一是受竞争中立政策规范的国有企业必须是政府能够基于投资对其产生控制力的企业；二是这种国企既包括中央政府投资设立的企业也包括各级地方政府投资设立的企业。第二，合理界定适用维度，急需从法律层面，至少是行政法规层面对国有经济的"控制力"范围予以明确。对于需要国家控制的行业和领域应尽量限制，且表述应明确具体，不能模糊；即使某个行业确实需要国有经济控制和主导，也应对该行业的各个环节进行细致分析，不能想当然地将其扩大至整个行业；应以动态和发展的眼光进行行业限定。第三，深化政府职能分离。对政府所有权职能和监管及产业政策职能予以分离，应成为国有企业与私有企业之间公平竞争的基本先决条件。应当将国资委的身份回归为国有资产监管者，经营者的职能由国有资本运营公司来承担，以此深化政府职能的分离。③第四，切实防止交叉补

---

① Commonwealth of Australia, *Australian Government Competitive Neutrality Guidelines for Managers*, Canberra, 2004.
② 唐宜红、姚曦：《竞争中立：国际市场新规则》，载《国际贸易》，2013年第3期，第54—59页。
③ 顾功耘、胡改蓉：《国企改革的政府定位及制度重构》，载《现代法学》，2014年第3期，第81—91页。

贴。所谓交叉补贴就是政府对于承担了社会义务的国有企业的补贴超过了其履行社会义务所需的成本，以至于该补贴延伸到了国企的商业活动中。具体到竞争中立政策而言，防止交叉补贴规则也在多个政策目标中得以体现，例如，识别直接成本、商业回报率、合理考量公共服务义务、税收中立、债务中立等。第五，强化透明度。一是国有企业治理的透明。应阐明企业的目标及实现情况，明确说明国有企业享有的对某些法律法规的例外，或在经济活动中享受的来自政府的特权和优惠措施。应对国家和国有企业之间在相互义务、财务援助或风险分担机制上的详细情况作适当披露。二是政府采购程序的透明。应尽快构建系统的政府采购信息公开机制，规范信息披露的时间、内容、方式、程序等，提高采购工作的公开性和透明性。第六，合理豁免。一是该企业的行为目的或功能是为了公共利益，而非某一类或某几类客户的私人利益。二是如果适用竞争机制将会"妨碍"该企业功能的实现。三是由政府负举证责任，证明难以通过弱化对竞争的限制等方式实现该公共服务功能。如反竞争行为满足上述三点要求，则应当得到"豁免"。同时，积极参与有关竞争中立政策的国际谈判，对外国中立制度的接受应符合我国经济发展的特定历史进程。

第四节 其他

有学者认为，以互联网、云计算、物联网、大数据分析方法为代表的数字贸易，不仅严重冲击了传统经营模式，而且对各国政治、经济、社会等方面产生了深刻影响。我国正确审视世界经济最新发展，提出"数字中国""网络强国"战略发展目标，依托以"互联网+"为主的有利于数字经济发展的规制制度和政策，在短期内实现了中国数字贸易升级换代。伴随着法治中国的推进，数字贸易规制相关立法取得了一定进展，但仍存在市场竞争不充分、公平竞争维护力度不足、监管体制不完全适应数字贸易公平竞争发展需要、国内外数字贸易规则对接不准等问题。中国数字贸易发展面临的挑战,归根结底是现有规制制度体系中的原则选择问题。因此,有必要创新现行数字贸易的规制制度,建构以竞争中立为指导原则的竞争导向型监管路径。认为竞争中立在数字贸易政府规制中的指导性作用的确立,既符合世界数字经济时代数字贸易规制价值趋向,又是中国数字贸易持续发展的有效保障。中国竞争中立缓解数字贸易规制的挑战需要关注两方面的内容:一方面是有效缓解数字贸易发展的国外挑战;另一方面是有效规范监管主体执法行为。①

有学者以美欧互诉"民用大飞机补贴案"为参照,认为在国家竞争与商业竞争的交融领域,尤其是在关涉国家安全的战略性产业领域,即使是高度信奉自由市场竞争的法域也并不固守竞争中性的"守夜人"角色。国际市场竞争所产生的效率和福利,既可能普惠全球,也可能具有浓重的民族国家属性和政治利益色彩。而竞争中性的价值取向可能包含世界主义、国家主义两种倾向,关注对象从"国家拥有""国家补贴"发展到"国家扶持"。可以预见,按照此势头发展,任何得到国家直接或间接提供的所谓"不公平"扶持帮助的企业,都可能被标记为竞争中性的重点关注对象,这将对擅长运用微观政策杠杆调控产业和企业发展、参与国际市场竞争的国家构成广泛约束。因此,竞争中性既是一个"国际化"问题,也是一项需要被"中国化"的命题。基于我国基本国情,首先应倡导确立竞争中性豁免适用/"安全港"原则,明确允许在特定、有限、明确的领域内或特定条件下,排除国有企业对竞争中性的适用。其次,发展中国特色竞争中性制度体系,坚持发展原则必须以竞争软法建设为前提,必须研究构建软硬法结合的统摄性法律体系和规范架构,推动竞争软法渊源形式、实施机制、激励机制、保障机制、争议解决机制硬法化。最后,重视对竞争中性国际规制风险的管控制衡机制。一方面,在我国谈判拟议的双边

---

① 孙晋、阿力木江·阿布都克尤木、徐则林:《中国数字贸易规制的现状、挑战及重塑——以竞争中立原则为中心》,载《国外社会科学》,2020年第4期,第45—57页。

和区域贸易协定当中,应适度考虑纳入竞争中性争端磋商条款;另一方面,我国应按照扩大开放的既定方针,以前所未有的坚定信心与决心,大幅放宽市场准入,大力吸纳外商直接投资,增加产品和服务贸易进口,推动实现一些重点国家和地区的产业链条与中国经济的结构性嵌入和深度融合。①

有学者认为,竞争中立规则的提出旨在为国有企业和私营企业创造一个公平的竞争环境,减少市场经济的低效率。澳大利亚竞争中立的法律化实践、CPTPP协议的竞争中立规则和OECD制定的竞争中立规则都表明:竞争中立规则已经具有明显的法律化趋势。竞争中立规则的直接规范对象就是国有企业,以使私营企业和国有企业处于一个公平的竞争环境当中。中国引入竞争中立规则后,应当倒逼国内改革,向国际规则靠拢;引入竞争影响评估机制,确定反垄断委员会为我国竞争中立评估的实施机构;建立完善的法律体系,加强市场监管;完善我国《反垄断法》规制行政性垄断的规定,一方面明确界定"关系国民经济命脉和国家安全的行业"的范围,另一方面对于行政性垄断的法律责任体系要尽快修订与完善。从反垄断立法层面着手,推动竞争中立制度的建立,完善《反垄断法》对行政垄断和国有企业的规制,建立体系统一、独立、专业化的反垄断执法机关;依靠"一带一路"倡议,加快构建多边贸易合作体系。要对竞争中立规则细节和发展走向进行技术层面和战略层面的研究,了解清楚利与弊、危与机,提前做好调整和布局。②

有学者认为,发挥市场在资源配置中的决定性作用和融入多边区域性自由贸易市场的现实需求决定了我国应当引入竞争中立政策,但这也会使我国因此面临政策定位失误而落入国际贸易保护主义陷阱和

---

① 李俊峰:《竞争中性的国际规制演进与中国因应策略——以美欧互诉"民用大飞机补贴案"为参照》,载《上海财经大学学报》,2021年第1期,第138—152页。
② 刘笋、许皓:《竞争中立的规则及其引入》,载《政法论丛》,2018年第5期,第52—64页。

经济阶段性波动的潜在风险。对此，我国引入并实施竞争中立政策必须首先定位准确，即其应当围绕政府促进市场公平竞争主旨展开。除了非市场化领域的政府管理、外商投资的国家安全审查与引入竞争的非对称性扶持外，竞争中立政策要求政府在干预市场过程中必须遵守交易机会中立、经营负担中立、投资回报中立三大行为准则。我国应当通过行政执法、体制改革、竞争倡导等路径贯彻竞争中立政策，按照"先行试点、逐步推广、对外输送"模式推进竞争中立政策的实施。①

有学者认为，电子商务平台经营者实施的非中立行为突破了其本应具有的中立性，平台"私权力"也为该行为的实施提供了可能。非中立行为造成的损害映射出平台中立义务现实中的正当性，理论上平台中立义务也具有合理性，并能与我国竞争法规及竞争政策契合。平台中立义务并不是单纯的民事义务，而代表了一种国家规制手段，它要求平台经营者不得偏袒平台内的任何一方，为他们提供无差别平台服务。在科学有效监管的要求下，必须结合现实状况合理评估平台中立义务的规制效果。为了实现理想状态与实然状态的平衡，应当限缩完全平台中立义务，并从透明度和公平性两个方面对其实施具体要求。应当要求平台经营者在不影响自身经营的情况下解密算法"黑箱"，尤其是涉及非中立行为等关系到平台内经营者及消费者切身利益的事项，应当要求平台经营者不得侵犯平台内经营者的合法权益。②

---

① 丁茂中：《我国竞争中立政策的引入及实施》，载《法学》，2015年第9期，第107—117页。

② 吴楷文：《平台中立义务的可能与限度——从电子商务平台非中立行为的法律规制切入》，载《中国价格监管与反垄断》，2021年第3期，第26—29页。

第二章 公平竞争审查机制

2016年6月，国务院出台《关于在市场体系建设中建立公平竞争审查制度的意见》（以下简称《意见》），提出了建立公平竞争审查制度的总体要求和基本原则，明确了竞争审查对象、审查方式、审查标准等内容，旨在从源头上预防政府权力对市场竞争的不当干预，加强了产权保护，倡导公平、公开、公正的市场竞争。2016年8月，中央深化改革领导小组通过了《关于完善产权制度依法保护产权的意见》，坚持国有企业、民营企业权利平等、机会平等、规则平等，废除对非国有制经济各种形式的不合理规定，消除各种隐形壁垒，保持各种所有制经济依法平等使用生产要素，公平、公开、公正的参与市场竞争，同等受到法律保护，共同维护社会责任。2021年9月，市场监管总局等五部门联合印发了《公平竞争审查制度实施细则》（以下简称《实施细则》），进一步强化公平竞争审查制度的落实。截至2020年年底，共清理各类政策措施文件189万件，废止修订近3万件。各地区、各部门共审查新出台各类政策措施文件85.7万份，对4100余份不符合公平竞争审查标准的文件进行修改调整。① 此次修法将公平竞争审查制度纳入反垄断法审查的范畴，将为国务院自2016年起推动确立的公平

---

① 《中国反垄断执法年度报告（2020）》，http://www.samr.gov.cn/xw/zj/202109/t20210903_334364.html。

竞争审查制度提供更加明确的上位法依据（《修正草案》第5条，国家建立健全公平竞争审查制度。行政机关和法律、法规授权的具有管理公共事务职能的组织在制定涉及市场主体经济活动的规定时，应当进行公平竞争审查），将进一步推进公平竞争审查制度的依法落实，全面规范政府行为对市场竞争的影响。

公平竞争审查和反垄断执法是实施竞争政策的两大工具，共同构建起竞争政策的完备体系，目标已经明确，制度已经建立，关键是狠抓落实，发挥好公平竞争审查和反垄断执法的制度合力，推动确立竞争政策的地位。在明确供给侧结构性改革目标的基础上，改革的实践路径具体包括三个方面：一是矫正要素配置扭曲，实现从要素驱动向创新驱动的转变；二是改革行政管理体制，实现从政府管制向市场机制的转变；三是促进产业转型升级，实现从传统产业向现代产业的转变。在制度设计方面，中国在吸收借鉴了域外经验的同时，也充分考虑了自身国情：第一，在审查对象上，将设计市场主体利益，可能影响市场竞争的所有政策措施纳入审查范围，最大限度发挥制度功能。第二，在审查方式上，采取政策制定机关自我审查与外部监督相结合，既考虑现实可行，也确保客观公正。第三，在审查标准上，从市场进入与退出、商品和要素自由流动、影响生产经营成本及影响生产经营行为等四个方面设置了18项标准，为政府权力划定18个"不得"。第四，强调新旧兼顾，需要严格规范增量，也要有序清理存量，逐步清理和废除现有的妨碍全国统一市场和公平竞争的规定做法，全方位维护公平竞争市场关系。我国学者也结合了中国的基本国情，从不同的角度解读了我国的公平竞争审查机制。

有学者认为，公平竞争涉及整体的市场体系建设和诸多公共政策的协调，甚至关系到《宪法》所确立的市场经济体制，有必要将公平竞争审查制度研究扩展至整个经济法层面，进一步研究该制度的重要基础问题，这有助于其制度完善和有效实施。公平竞争审查制度不仅可以理解为一个狭义的"小制度"，还可以从整体经济法乃至"经济宪法"的层面,将其理解为一个广义的"大制度"。认为公平竞争是建设现代市场体系的内在要求,应在经济政策协调中促进公平竞争,以此解释公平竞争审查制度的经济基础。同时,还应当从整体解释、系统解释的角度,强调公平竞争是《宪法》所确立的市场经济体制的要求,并且从合宪性的角度,其他法律法规也要遵循这一要求,以此揭示公平竞争审查制度的法律基础。在此基础上,应进一步探寻审查主体及其审查权的配置和行使方面存在的问题和解决路径,从而说明将公平竞争审查制度理解为一个"大制度"的重要价值。①

有学者认为,作为国务院文件规定层面的公平竞争审查制度,由于其制度位阶的局限和制度属性的模糊,难免会压抑该制度应有的价值、功能和权威。有必要对公平竞争审查的制度论证进行大力挖掘并揭示其赖以为凭的诸多合法性资源,着力构筑其法理型权威。公平竞争审查法制化是一种可欲的努力,其实体正当性在于公平竞争审查制度的合目的性与合宪性,即公平竞争审查制度合乎市场、社会、国家的整体需要,合乎市场微观个体的需要。基于被审查对象追求自身合法化利益的内在支持的角度来讲,公平竞争审查实际上提供了一个对相关制度进行目标检验、失灵防范、价值调和、优化改良、合法性促进的"反思性论证平台",其意旨无非是要将公平竞争的价值和目标在一定程度上植入相关法规、规章和政府政策的制定和实施中,从而更科学地确立其作用范围,改善其作用方法。其形式根据则在于公平竞争审查制度对内部之正当程序和外部之必要强制的追求,有必要通过内部激励措施和外部监督措施来保障公平竞争审查制度的程序合法化有效实施。申言之,公平竞争审查制度是具有"经济宪法"意义的一项法律制度,它要求所有涉及市场主体经济活动的法规、规章,以及政府政策措施在制定和实施过程中必须将市场竞争的价值纳入考量范围,对其竞争效果进行评估,从而预防和制止不合理的阻碍性条款、

---

① 张守文:《公平竞争审查制度的经济法解析》,载《政治与法律》,2017年第11期,第3—10页。

限制竞争的法规、规章及政府政策措施的出台和存续。①

有学者认为,《反垄断法》是我国经济制度的基石之一,也是我国竞争政策的法律化形式,更是实施竞争政策的直接载体,是《经济法》与《行政法》的外部协同的表现。而公平竞争审查对《反垄断法》的实施起着补充与协调作用,二者是一脉相承又与时俱进的关系。同时,公平竞争审查与行政性准入规制的最终目标是基本一致的,即促进经济社会的可持续发展,但二者的具体目标却不一致,前者为公平,后者为效率,因此可以将其看作行政法体系的内部协调。认为当前的竞争政策体系还存在立法与执法的矛盾,第一个对立存在于日益增长的立法审查需求与编制不足的行政机构合规(法规)部门之间的矛盾,第二个对立存在于权力运行制约和监督体系的加快建设与固有行政审批权力庞大存量之间的矛盾。因此建议,在《经济法》和《行政法》的竞争政策体系内,逐步加大对反垄断执法机构(国家市场监督管理总局及其下属机构)的法律授权。随后,国家还要对《反垄断法》相应内容进行修订和完善,授予执法机构相应权力,对违法的行政性垄断行为进行查处,实现经济法与行政法的协同执法。应尽快列出关于豁免审查的判别标准及竞争审查的"豁免行业",以此为今后的行业监管及行政法律法规提供执法基础。②

有学者认为,竞争法律(反垄断法)的执行一直被视为推动和实现竞争政策的核心途径,但竞争执法对象是市场主体,因此难以应对法律或公共政策本身,即包含不符合竞争政策的情形。我国公平竞争审查制度的法律基础来源于《立法法》中"法律法规的审查、改变和撤销"的规定,来源于《行政许可法》中"行政许可设定条件与评估、修改、废止"的规定,来源于《行政诉讼法》《行政复议法》中

---

① 郝俊淇:《公平竞争审查法制化的逻辑》,载《南海法学》,2018年第1期,第17—28页。
② 陈林:《公平竞争审查、反垄断法与行政性垄断》,载《学术研究》,2019年第1期,第106—113页。

"规范性文件和规章的审查、改变、撤销"的规定,来源于《反不正当竞争法》《反垄断法》中对"滥用行政权力限制竞争行为"的规定。政策基础来源于《关于开展和保护社会主义竞争的暂行规定》《关于禁止在市场经济活动中实行地区封锁的规定》。[①]

有学者认为,公平竞争审查的内容包含《反垄断法》中的行政垄断,但在范围和方法上又有自己的特殊性。尽管只是一个原则性的指导,但相比《反垄断法》,公平竞争审查制度已呈现一定的制度创新特色。首先是规制范围的创新,公平竞争审查的范围扩大到国务院颁布的行政法规、地方性法规。一定意义上,它弥补了《反垄断法》调整权力限制竞争范围上的狭隘。其次是方式(方法)的创新,确定初始审查,增设了审查的保障措施,建立了自我回溯性审查。但同时我国的公平竞争审查还存在程序和实体在监管权力上的矛盾,程序本身的灵活性可能导致结果的形式化,结论表述的规范性不够导致审查的实质性作用降低,可能弱化《反垄断法》中的两种监督程序发挥的作用。认为应建立以"结果"监督"过程"的倒逼机制,确立反垄断执法机构的中心地位,明确行政法规属于适用除外,在条件适宜的时候,完善反垄断执法机构的权力,建立起反垄断执法机构对政策的审查权。[②]

第一节 审查模式

从国际经验来看,对政策措施建立相应的竞争审查或评估制度,已成为成熟市场经济国家的普遍做法。如欧盟建立了国家援助控制制度,对成员国实施的国家援助行为进行严格控制,未经欧盟委员会批准不得实施。韩国、新加坡实行竞争评估制度,各级政府部门要对拟

[①] 向立力:《中国公平竞争审查制度的理论梳理、制度基础与机制完善》,载《法治研究》,2017年第3期,第95—107页。

[②] 刘继峰:《论公平竞争审查制度中的问题与解决》,载《价格理论与实践》,2016年第11期,第31—34页。

订的政策措施进行竞争评估,竞争主管机构有权对有关政策是否限制竞争发表意见并提出整改建议。OECD高度关注公共政策竞争评估问题,2007年发布《竞争评估手册》,倡议各成员国审慎评估公共政策对市场竞争可能产生的不利影响,在确保实现公共政策目标的同时,寻求不损害竞争或对竞争损害限制较小的替代性方案。具体而言,欧盟委员会竞争总司对国家援助采取原则禁止的态度,但并非所有的国家援助都会被禁止,对于一些符合特定条件的国家援助,经审查后可以豁免实施。韩国在评估机制上采取"初步评估+深度评估"的"两步走"的方式,首先由规制机构对照"竞争核对清单"进行初步评估,依情况不同,再由公平交易委员会进行深度评估或审核。新加坡竞争委员会(CCS)一般不会主动对管制政策开展竞争评估,在整个竞争评估体系中,竞争评估委员会更多发挥指导和建议作用。即主要国家和地区的公平竞争审查制度主要有两种模式:一种是积极审查类;另一种是消极审查类,不同的审查模式其实反应的是各国或地区经济发展需求的不同。

根据我国《意见》规定,公平竞争审查的对象较为广泛,凡是涉及市场主体经济活动的政策措施,均要进行公平竞争审查,从形式上看,涉及市场主体活动的规章、规范性文件均需要进行审查;涉及市场主体经济活动的其他政策措施也要进行审查,包括规章、规范性文件以外的其他政策性文件,"一事一议"形式的具体政策措施。而一般内部管理性文件、一般事务性文件、过程性文件、常规性的具体行政行为不需要审查。审查方式主要以自我审查为主,建立内部审查机制,主要有以下四种模式:一是起草机构分别审;二是特定机构统一审;三是起草机构初审与特定机构实质复核相结合;四是起草机构审查与特定机构程序把关相结合。规范审查流程包括以下几个方面:一是严格遵守基本流程开展审查;二是严格履行征求意见程序;三是形成书面的审查结论,这是审查工作取得实效的重要保障。为保障公平竞争审查制度的有效落实,《意见》及《实施细则》明确了工作协调、第三方评估、定期评估清理、监督等保障机制。并且以我国《反垄断法》的修改为契机，推动公平审查制度以适当的方式纳入《反垄断法》中，明晰权责关系，强化法律责任，提升了制度的权威性和约束力，为进一步推进公平审查制度提供法治保障。由此观之，我国的公平竞争审查制度已经初步建立，确立了以自我审查为主的审查模式。

有学者认为，公平竞争审查制度是全面规范政府行为和有效协调政府与市场关系的重大创新性制度安排。公平竞争审查制度作为一个逻辑的整体，内蕴着历史逻辑、价值逻辑、理论逻辑与实践逻辑的辩证统一。公平竞争审查制度作为一项顶层设计，以合目的性为出发点、以合规律性为中心点、以合主体性为落脚点，是公平竞争审查制度生成的历史逻辑。合目的性是公平竞争审查制度历史逻辑的出发点，合规律性是公平竞争审查制度历史逻辑的中心点，合主体性是公平竞争审查制度历史逻辑的落脚点。作为一项制度安排，目的性价值与工具性价值的有机统一是公平竞争审查制度追寻的价值逻辑。保障经济自由，维护经济秩序是公平竞争审查制度内在的目的性价值，促进经济公平，提高经济效率是公平竞争审查制度外现的工具性价值。作为一个制度系统，内部的结构逻辑与相关制度的关系逻辑构成了公平竞争审查制度的理论逻辑。明确公平竞争审查制度的现行结构要素和建立公平竞争审查制度的未来完善要素行为作为内部结构途径，协调好公平竞争审查制度与竞争政策的关系、与《反垄断法》的关系和与《立法法》的关系。作为一个实践指南，以解决问题为中心、以问题意识为思维方式彰显了公平竞争审查制度的实践逻辑。①

有学者认为，我国公平竞争审查制度的审查主体是执法合作框架下的自我审查。其一，政策制定机关对于制定政策的背景、目的和措施更为了解，自我审查可以节约审查成本、提高审查效率，保护市场竞争。其二，政策制定机关在政策制定的过程中，理应有义务和责任

---

① 袁日新：《论公平竞争审查制度的逻辑意蕴》，载《政法论丛》，2018年第5期，第138—149页。

确保相关政策不会对市场竞争造成严重影响或不合理损害，也有义务和责任防止违反公平竞争审查标准的政策措施的出台。执法合作框架下的自我审查机制不会排除社会监督，甚至社会监督是公平竞争审查机制的应有之义。审查对象以"增量政策措施"为主，兼顾对"存量政策措施"的审查。就目前来看，我国公平竞争审查的重点会是新制定的产业政策，同时在必要和条件允许的情况下，逐步对正在实施的产业政策进行竞争评估、审查、清理。审查原则是防止限制竞争的产业政策的制定和实施。我国产业政策公平竞争审查重点关注产业政策为了实现产业发展等社会公共利益目标，是否会对市场竞争造成的不必要、不合理、不适当的限制。公平竞争审查可以以政府补贴措施为有效的突破口，要求制定和实施具有较强的竞争兼容性、补贴力度适当性，并根据产业发展动态变化的补贴政策，甚至为保护市场竞争，可以取消补贴政策。[1]

有学者认为，公平竞争审查制度是竞争政策的重要组成部分，旨在通过预防和规制行政垄断，维护公平竞争的市场秩序，引领竞争中立的全球新经济。公平竞争审查的主要作用是，通过规范价格调控、财政补贴、市场准入标准，以及杜绝不当市场结构控制和歧视性排他性条款，优化政府与市场之间的关系；同时调整旧有秩序，在经济下行压力下激发市场活力。为保证政策落实，需要完善配套的监管机制，保证竞争政策实施，破除限制经济活力的行政桎梏，最终实现经济的持续健康发展。在公平竞争审查制度落实中，需要统一思想，进一步明确竞争政策对经济增长的促进作用，尤其不能将二者对立。[2]

有学者认为，公平竞争审查，旨在依据竞争影响的标准，厘清政府和市场的边界，最大程度减少政府对竞争的扭曲。但理论和实践中经常将其与反垄断法并列或者外化于反垄断法来理解，导致其法律地位被大幅降低，所能发挥的作用极其有限。解决这一问题的关键在于

---

[1] 孟雁北：《产业政策公平竞争审查论》，载《法学家》，2018年第2期，第118—134页。
[2] 叶光亮：《论公平竞争审查》，载《竞争政策研究》，2016年第11期，第55—61页。

澄清反垄断法的制度机理,恢复公平竞争审查作为反垄断法内生制度的地位,在此基础上明确其制度依据、审查标准和方法,以及完善审查后机制,使其真正融入整个反垄断法实施体系。公平竞争审查制度,旨在解决政府不合理扭曲竞争的问题,保障各类市场主体平等地使用生产要素、公平参与市场竞争。它是由竞争主管机构或其他机构通过分析、评价拟订中(或现行)公共政策可能(或已经产生)的竞争影响,提出不妨碍政策目标实现而对竞争损害最小替代方案的制度。认为公平竞争审查制度的依据来自《宪法》和《反垄断法》。审查标准,从抽象上看,审查是看被审查制度安排是否导致特定市场主体获得了非市场化的竞争优势;从价值层面看,竞争审查就是看被审查的公共政策安排是否损害了企业自由竞争与公平竞争;从操作标准上看,基于经验建立的类型化清单,能够提供一种简单、易行的工具;在适用顺序上,一般先是看被审查的公共政策是否存在竞争影响核对清单罗列的情形。如果存在,则继续进行竞争影响分析,如果不存在,则要继续依据抽象标准进行审查,分析落脚点是价值标准。尤其要关注政府行为是否限制了消费者获得足够信息及转换供应商的能力。同时,在复杂的情形下要更加依赖反垄断法上的经济分析方法,选择对竞争"最小限制效果"的规制方案。①

有学者认为,市场经济的法治建设与经济改革的顶层设计,决定了政策制定部门应当是公平竞争审查的首要责任主体,它们可以通过竞争合规机制来积极对自身所实施的内容进行公平竞争审查。上级行政机关对下级行政机关的基础领导地位与上级行政机关对下级行政机关的特别纠错职责,决定了上级行政机关应当是公平竞争审查的次位责任主体,它们可以通过政务报批机制来积极对下级行政机关所实施的内容进行公平竞争审查。各级权力组织对"外"的立法监督职权与上级权力组织对"下"的立法监督职权决定了各级权力组织应当是公

---

① 张占江、戚剑英:《反垄断法体系之内的公平竞争审查制度》,载《竞争政策研究》,2018年第2期,第19—20页。

平竞争审查的补充责任主体，它们可以通过立法监督机制来积极对被监督对象所实施的内容进行公平竞争审查。法律赋予维护竞争秩序的法定职责与社会寄予培育竞争文化的神圣使命，决定了竞争执法机构应当是公平竞争审查的末位责任主体，它们可以通过竞争执法机制与竞争倡导机制来开展公平竞争审查。①

有学者认为，公平竞争审查制度的建立，是我国就市场竞争问题做出的重大顶层制度安排，对于规范政府行为，保障市场公平竞争，促进实现创新驱动发展和经济持续健康发展具有重要意义。认为公平竞争审查制度的规范意旨是要实现公平竞争：一是竞争机会均等；二是竞争规则统一；三是竞争条件平等。从表层看，建立和实施公平竞争审查制度，就是要充分有效地监督与制约政府经济权力的范围、行使和管理，从源头上理顺政府与市场的关系，减少政府对市场机制的不当干预，保障市场在资源配置中起决定性作用，推动资源配置依据市场规则、市场价格、市场竞争实现效益最大化和效率最优化。从深层看，建立和实施公平竞争审查制度，就是要全面深入地促进与保障公民经济权利的确认、维护和实现，从而保障各类市场主体平等使用生产要素、公平参与市场竞争、同等受到法律保护，激发市场活力，提高资源配置效率，推动大众创业、万众创新，促进实现创新驱动发展和经济持续健康发展。从审查目标上看，都是为了规范政府行为，防止出台不合理的排除、限制竞争的公共政策。从审查依据上看，都有明确的上位法依据。从审查标准上看，一般都通过制定"竞争核对清单"来判断公共政策对竞争的消极影响。从审查方法上看，大都运用成本收益分析方法，对公共政策的竞争影响作成本收益分析及竞争影响与其他价值体系之间的成本收益分析，寻求竞争损害最小的替代

---

① 丁茂中：《论公平竞争审查的责任主体》，载《竞争政策研究》，2018年第2期，第25—36页。

方案。①

有学者认为，公平竞争审查是指对拟定中的政府公共政策进行事前审查，防止其不合理地限制市场竞争。部分国家和地区已建立类似的竞争审查或评估制度。提出在借鉴国外经验和考虑我国实际的基础上，建立"以政策制定机关自查为主、反垄断执法机构监督指导为辅"的公平竞争审查制度。具体而言，我国经济领域的公共政策体量巨大且竞争执法资源有限，由政策制定机关自行审查相对现实可行。一是明确法律依据。建议国务院就建立公平竞争审查制度出台专门的意见，明确审查主体、对象、内容、程序、方法和相关责任等事项，为实施公平竞争审查奠定更加坚实的法律基础。二是确定审查对象。应当将中央和地方政府部门制定的、有关经济管理的所有公共政策纳入审查范围，包括行政法规、部门规章、地方政府规章、规范性文件和其他政策性文件等。三是建立"以政策制定机关自查为主、反垄断执法机构监督指导为辅"的审查机制。同时，国务院可考虑出台有关文件，明确赋予反垄断执法机构对公平竞争审查的监督和指导职能。四是强化责任追究和外部监督，强化信息公开，加强反垄断执法，倒逼政府部门重视公平竞争审查，实现事前预防与事后惩处有机结合。②

有学者认为，自我审查是公平竞争审查制度的核心机制，是赋予政策制定机关在法律法规规定的权限范围内有选择余地的一项处置权，其本质是自由裁量权，需要实现"放"与"收"的平衡。认为由于我国当前地方保护主义突出，政策制定机关严重的路径依赖，政绩考核机制的偏差，政绩考核机制的偏差等原因，导致自我审查制度存在以下问题：一是政策制定机关自我审查缺少统一内设审查机构，专业化审查人员配置不足，审查权限分散；二是政策制定机关缺乏严格的程

---

① 袁日新：《公平竞争审查制度的法治进路》，载《社会科学家》，2019年第8期，第126—137页。
② 朱凯：《对我国建立公平竞争审查制度的框架性思考》，载《中国物价》，2015年第8期，第26—29页。

序约束;三是缺少公平竞争审查兼容性规定;四是缺乏配套的内部促进机制,包括惩罚、激励和考核等,造成自我审查责任主体不明确,审查结果可能会久拖不决等。认为自我审查的行为逻辑在于保障审查效果独立性的基础上,兼容自身内部规则和行政伦理,整合已有制度体系,使政策措施满足公平竞争审查制度总体要求,主动消除行政性垄断动机并实现自我遏制。当前自我审查模式缺少明确的实施路径,需从组织机构、审查标准、审查程序、制度整合等方面予以完善。需要实现以下三个方面的转变:一要实现政策制定机关"内部分权",加强外部合作审查;二要强化内部程序约束,细化自我审查标准;三要注重整合现有制度体系,增设自我审查考核指标的建议。[①]

有学者认为,从经济法的维度看,公平竞争审查制度涉及诸多法律制度、经济政策的协调,事关整体市场体系的建设,牵涉各个层级的政府,因而确有必要进一步的考量和安排公平竞争审查制度的审查主体及其审查权的配置与行使。认为可以结合制度经济学的思路,将公共政策和相关法律规范统称为"制度",将"政策制定机关"改为"制度制定机关"。另外,审查主体并非局限于反垄断法的执法主体,而应扩展到其他领域更为广泛的主体,涉及对竞争法之外诸多制度的审查。此外,公平竞争审查在性质上不是司法审查,而是一种广义的立法审查。基于制度保障的需要,应结合审查权的分散行使可能造成的问题,再给国务院反垄断委员会配置一类审查权,使其可作为相对独立的第三方,对公平竞争审查工作进行不定期、不定项的抽查或实地检查,这是对审查的再审查。同时,在审查过程中需要着重审查四个方面,即市场主体的自由进出、商品和要素的自由流动,以及对生产经营成本和生产经营行为的影响。最后,从一般意义的保障公平竞争的角度看,在经济法领域,不仅要关注企业或经营者之间的公平竞争,也应关注中央政府和地方政府对公平竞争的影响,并对政府行为

---

① 郑和园:《公平竞争审查制度中自我审查的理论逻辑及实践路径》,载《价格理论与实践》,2017年第12期,第31—34页。

进行约束和规制。此外，如果对公平竞争的理念再予扩展，则在经济法领域还需关注税收竞争、金融竞争、产业竞争等多种类型的竞争，其中也都涉及公平竞争的问题。①

有学者认为，公平竞争审查制度是政府有意识地对公权力干预市场的能力采取的内部控制机制，它在众多公共政策目标中优先保护市场竞争，基本的方法是政策目标之间的价值对比分析，公平竞争审查制度是专业评估不是法定审查。从域外借鉴来看，公平竞争审查的对象包括法律及其草案、中央政府发布的规范性文件及其草案、地方性法规及其草案、部分判例等。公平竞争审查的主体一般独立于法律和公共政策起草部门。公平竞争审查的启动机制，一般包括立法机关设立专门委员会启动、行政机关设立专门部门先行启动、竞争主管部门依法启动等方式。公平竞争审查制度的一般步骤为：第一，甄别法律的政策目标，分类筛选出重点审查对象；第二，进行限制竞争的制度类别分析；第三，进行限制竞争的影响力分析；第四，寻找替代方案并提出建议。公平竞争审查制度的效果考察，主要有能够丰富竞争政策的载体并提升竞争政策的地位，能够促进一国经济的发展并惠及普通消费者等标准。②

有学者认为，我国建立的公平竞争审查制度的定位，是以自我审查为主要实践路径的行政机关内部决策合法性审查机制，这其实只是依法行政原则在行政权力内部运行机制中的具体展开和实践体现，而非创新之举。公平竞争审查制度实施的文本规范呈现出严重的同质化倾向，且实践模式单一僵化，无法形成有效的外部化约束，预设的制度效果难以期至，确有反思与检讨之必要。在考量现行制度的基础上，应重新审视公平竞争审查机制在经济治理中的地位和作用，适时将其

---

① 张守文：《公平竞争审查制度的经济法解析》，载《政治与法律》，2017年第11期，第3—10页。
② 向立力：《中国公平竞争审查制度的理论梳理、制度基础与机制完善》，载《法治研究》，2017年第3期，第95—107页。

拓展为行政权力运行的外部监督机制，并内化至现行的法律法规等规范性文件制定程序约束机制之中，从整个法治体系层面优化其实践路径并不断完善外在保障机制，从而以最低的治理成本获得最优的竞争效果、营造公平有序的营商环境。①

有学者认为，统一开放、竞争有序的市场体系，是使得市场在资源配置中发挥决定性作用的基础。政府制定的政策措施必须促进和保障公平竞争，但目前我国政府对经济的不合理干预经常排除、限制竞争。公平竞争审查制度从"竞争影响合理性"这一维度规范政府行为，推进依法治国；通过将政府职能限定为"建立所有企业自由、公平竞争的制度环境"，对接国际经贸规则新趋势；通过排除竞争损害，发挥最大化竞争机制的作用，促进经济发展和创新。与此同时，在公平竞争审查制度的实施过程中，需要处理好与反垄断法的关系，以《反垄断法》第五章"禁止行政机关和法律、法规授权的具有管理公共事务职能的组织，滥用行政权力排除、限制竞争的行为和规定"为基础进行细化，以"排除、限制竞争"分析为原则性标准进行构建。实现制度的法治化，明晰公平竞争审查制度的上位法，即《宪法》与《反垄断法》；确定制度的定义、内涵外延、审查的程序、各方的权利义务和法律责任。审视政策制定机关自审的能力、动力和责任，发挥国务院反垄断委员会、竞争执法机构和国务院法制办的作用，确定更精细的审查标准，并引入第三方评估。②

综上所述，作为落实和强化竞争政策基础地位的关键制度，公平竞争审查制度在审查模式、审查标准等方面还存在较多问题，导致审查效果难以落实。关于自我审查模式存在程序"空转"、审查质量堪忧等问题，学界主要存在三种解决思路：一是"自我审查+市场监管部门

---

① 金善明：《公平竞争审查机制的制度检讨及路径优化》，载《法学》，2019年第12期，第3—17页。
② 黄勇、吴白丁、张占江：《竞争政策视野下公平竞争审查制度的实施》，载《价格理论与实践》，2016年第4期，第31—34页。

复核",强调自我审查的基础地位,增强监管部门的依法监督职能。虽能有效规避自我审查的不足,但一定程度上扩大了监管部门的执法权限,增加了成本支出。二是由市场监管部门进行随机抽查,并将抽查结果纳入考核标准。随机抽查虽能有效降低审查成本,但随机抽查属于事后监督,难从根本上消除违法违规政策措施对市场竞争产生的不利影响,另外,随机抽查存在较大偶然性,难以全面保障公平竞争审查制度的落实。三是统一审查模式,由专门的审查机构对本级政策制定机关制定的政策措施进行统一审查,该模式目前已在浙江省衢州市开展试点工作。集中审查虽能有效弥补自我审查的不足,但设立独立的公平竞争审查机构,会削弱市场监管部门在制定竞争政策和强化竞争政策基础地位上的职能。简言之,建立科学而有效的公平竞争审查制度,是加快我国市场经济发展的一项重大举措,也是全面深化改革进程中一项复杂的法治工程。其重要地位决定了任何单一的审查标准或个别环节的单兵突进都难以完全承担起公平竞争审查的历史性重任,只有在整个法律体系框架内进行整体设计、系统推进,把握好各公权力机关间的权力配置,发挥好立法审查、司法审查和行政内部审查各自的优势和功效,才能保证公平竞争审查工作能够得到有效落实。这要求我们必须建立起一种多元复合性的系统审查机制,通过整个制度的全局性建构与协调运转,来推动公平竞争审查制度的彻底激活和长足发展。

第二节 优化思路

我国的公平竞争审查制度建设虽已全面展开,但成效并不显著。从实施广度和深度看,我国公平竞争审查的总体情况是地方"明显"好于部委机关。[①] 就地方层面的公平竞争审查而言,省政府层面普遍较

---

① 万静:《公平竞争审查制度落实情况不平衡》,载《法制日报》,2017年6月14日。

好,省政府所属部门参差不齐、进度不一,发改(物价)、财政、商务、工商、法制部门总体上较好,其他部门很多刚刚建立审查机制、尚未开展审查;市县政府层面总体上处于建机制阶段,实际开展审查的不多。至2018年2月,大多数省份所辖县级行政机关开展公平竞争审查活动的比例在40%以下,只有两个省份超过这个比例。尽管这种局面后来有所改观,但仍不够理想。至2018年年底,全国仍有2%的市级政府和15%的县级政府尚未启动公平竞争审查。① 尽管我国于2019年9月实现了公平竞争审查制度的"国家、省、市、县四级政府全覆盖",但具体实施情况仍不理想。故,国家市场监督管理总局等四部门于2019年年底,又部署新的清理妨碍统一市场和公平竞争的政策措施的工作。② 从实施效果看,我国公平竞争审查制度并未有效阻止违法规章的出台。由于公平竞争审查质量不高,审查过的一些文件中仍含有指定交易、地方保护、干预市场价格、给予特定企业优惠政策等内容。公平竞争审查工作启动后至2018年1月,国家发展改革委公布了48起有关政策措施内容违反公平竞争审查标准的典型案件,但属于政策制定机关自我发现的仅有1起,因被举报发现的15起,反垄断执法机构发现的32起。③ 另一项分析显示,自2016年6月至2018年3月,国家发展改革委公布了59起违反公平竞争政策的政策法规制定案例,其中政策制定机关自我发现的3起,因被举报发现的28起,上级机关审查发现的28起,自我发现的仅占5%。④ 这充分表明,我国公平竞争审查制度运行效果甚微。

国家市场监督管理总局在披露公平竞争审查制度2018年总体落实

---

① 《公平竞争审查制度2018年总体落实情况》,http://www.samr.gov.cn/jjj/gpjzsc/201902/t20190215_282277.html。
② 《国家市场监督管理总局、国家发展改革委、财政部、商务部关于开展妨碍统一市场和公平竞争的政策措施清理工作的通知》,国市监反垄断〔2019〕245号。
③ 陈灿祁、叶蜜:《公平竞争审查制度的优化路径研究》,载《中国价格监管与反垄断》,2018年第2期,第17—21页。
④ 朱静洁:《公平竞争审查制度实施情况的实证研究——以国家发改委公布的59个审查案例为样本》,载《竞争政策研究》,2018年第4期,第121—135页。

情况时再次指出，在已落实的地区，不同部门的工作质量和成效差距较大，存在程序空转、工作形式化问题，遗漏审查问题普遍存在，一些文件经过审查仍然含有排除限制竞争的内容，一些政府部门滥用例外规定，对明显不符合适用条件的政策措施随意适用。① 例如，湖南省大部分市州经信部门就开展电网非统调电源发电数据采集工作，制发的文件缺失按规定进行公平竞争审查的环节，湖南省工商部门不得不发出公平竞争补审行政建议函；② 甘肃省庆阳市西峰区政府印发的《庆阳市西峰城区集中供热管理办法（试行）》未履行公平竞争审查程序就出台，甘肃省发展和改革委员会为此提出了调整相关内容并履行公平竞争审查程序后重新发布的整改建议；③ 广东省卫生计生委等三部门制定印发的《关于进一步明确第二类疫苗配送工作有关要求的通知》违反"不得违法干预实行市场调节价的商品和服务的价格水平"的审查标准，被国家市场监督管理总局督察以补充论证该文件是否适用公平竞争审查例外规定问题，并作为典型案件予以通报。④ 由此观之，我国的公平竞争制度虽全面展开，但取得的成效甚微，除各地区外部环境的影响因素外，公平竞争审查制度本身的制度建设也还存在一定的问题，学界对此也展开了讨论。

有学者认为，我国公平竞争审查制度的目标是实现政府竞争中立，涵括了三大标准——评估政府行为竞争影响的标准，衡量竞争执法、司法适当性的标准，评价我国国有企业改革中的标准。虽取得了一定成就，但由于制度激励机制缺失、责任机制不严和各地 GDP 竞争，导

---

① 《公平竞争审查制度 2018 年总体落实情况》，http://www.samr.gov.cn/jjj/gpjzsc/201902/t20190215_282277.html。
② 谢ााः荣:《以问题为导向、公开解决为目标，积极开展公平竞争审查执法监督工作》，载《中国价格监管与反垄断》，2018 年第 7 期，第 40—43 页。
③ 《甘肃省发展和改革委员会关于建议纠正庆阳市西峰区政府违反公平竞争审查制度及滥用行政权力排除限制竞争等有关行为的函》，甘发改价监函〔2018〕1 号。
④ 国家市场监督管理总局：《2018 年市场监管总局公平竞争审查重点督察发现典型问题通报：五省区相关单位 30 份文件违反公平竞争审查制度》，载《中国市场监管报》，2019 年 1 月 30 日。

致政府及其职能部门主观上不愿进行公平竞争审查;由于对制度的理解不到位和审查能力欠缺等原因导致客观上不能够很好地落实制度。还存在诸如部分地区制度实施进度较慢、审查范围不够全面、审查工作不够规范、存在滥用例外规定等问题。因此,建议加强和改进公平竞争审查制度的实施,鼓励甚至要求政府通过购买服务的方式委托第三方开展评估,评估报告向社会公开征求意见,评估结果向社会公开;推进制度全面覆盖,切实提高审查质量,通过公平竞争审查制度对涉及市场经济运行的各方面政策措施予以审查;将"竞争政策基础性地位"和"公平竞争审查制度"融入反垄断法,实现公平竞争审查制度法治化和反垄断法的优化,从根本上化解公平竞争审查制度和反垄断法各自"单兵作战"谁都不能有效规制行政性垄断的尴尬,确立统一、权威、专业的公平竞争审查机构,保障审查制度的确立和落实。[1]

有学者认为,应当根据公平竞争审查的制度化在体系上的要求来进行优化发展,促进我国公平竞争审查制度的科学健全。首先,我国《意见》系统化地将所有影响市场公平竞争的政府行为纳入有效治理范围,全面性地将治理政府不当干预市场竞争的"阵线"推向前沿化。但同时,我国的公平竞争审查责任主体非常狭隘化,根据权力与责任相统一原则,凡是所有能够影响市场公平竞争的权力部门无论是在理论上还是在实践上都应当成为公平竞争审查的责任主体,这对于行政体系而言尤为重要。审查采用方式比较保守化,从应然角度来讲,除了强化政策制定机关的自我审查以外,还必须科学地推行外部审查机制或者独立的第三方审查机制,通过内外集合的方式来确保公平竞争审查工作得到有效落实。审查实施标准并非周密化,虽非减损但差别性的增益做法都应当被有效限制。审查操作流程基本空白化,应当对公平竞争审查的基本操作流程进行合理规定,至少应当强调各类审查责任主体的程序设置要求。审查评估方法缺失化,审查促进机制过于

---

[1] 孙晋:《新时代确立竞争政策基础性地位的现实意义及其法律实现——兼议〈反垄断法〉的修改》,载《政法论坛》,2019年第3期,第3—12页。

片面化。其次，根据制度设计原理及其实践经验，公平竞争审查制度应当包括公平竞争审查的本体系统、公平竞争审查的运行系统与公平竞争审查的管理系统，它们相互支持才能构成一个有机组合。在横向推进体系拓展的基础上，我国公平竞争审查制度应当着重加强各个系统的纵向深度建设，实现公平竞争审查制度的形式与实质的完整性与完善性。完善要基本达到目标对象的覆盖面提高，责任主体的入席率增加，实施标准的周全性，操作流程的具体化，评估方法的可用性，促进机制的均衡性的目标。①

有学者认为，我国垄断行业规制行为具有存在的必要性，但同时也亟须推进规制改革工作。在我国垄断行业规制改革过程中，构建和实施公平竞争审查制度可以预防垄断行业不当规制行为与行政垄断行为的产生，可以确保垄断行业规制措施对市场竞争的影响是有界限的、适度的、必要的、合理的，可以实现竞争政策与其他经济政策的有机融合，而比例原则也可以成为我国垄断行业实施公平竞争审查制度的分析工具。我国垄断行业规制行为公平竞争审查的目标并不是要废止垄断行业规制政策或措施，而是要防止规制权力的滥用，促进垄断行业规制政策的改革与转型，进而预防和减少行政垄断行为的产生，纠正垄断行业规制部门可能存在的将扭曲市场竞争视为促进行业发展的不正确做法，从而使得垄断行业规制行为的负面效应能够得到有效抑制，使得垄断行业规制措施对市场竞争的影响是有界限的、适度的、必要的，使得竞争政策与其他经济政策实现有机融合。②

有学者认为，公平竞争是市场经济的基本原则，也是优化营商环境的内在要求。受计划经济体制转轨的影响，预防和制止行政性垄断、减少法规政策的不公平导向，成为我国优化营商环境的重点内容。具

---

① 丁茂中：《论我国公平竞争审查制度的建立与健全》，载《竞争政策研究》，2017 年第 2 期，第 33—44 页。
② 孟雁北：《我国垄断行业规制行为之公平竞争审查问题研究》，载《价格理论与实践》，2018 年第 11 期，第 25—29 页。

有事前预防和控制行政性垄断功能的公平竞争审查制度，与世界银行的营商环境评估不仅有目标上的一致性，在具体的制度实践和评价标准中也存在交互性与契合性，因而成为我国营商环境优化的重要实现路径。我国公平竞争审查制度实施以来已取得初步成效，但仍然面临着一些现实困境：一是自我审查模式的成效不彰，存在流于形式、能力不足的问题；二是缺失制度约束与激励机制，致使审查主体的积极性不高。借鉴国外的经验做法，我国公平竞争审查制度可以采用"自我初步审查-第三方深度评估"模式，理顺自我审查与第三方评估的关系。同时，可探索开展公平竞争审查工作考核机制，这既是完善监督和制约机制的重要内容，也是提升审查积极性的有益举措。公平竞争审查工作评估的总指标可分为"公平竞争审查工作机制""公平竞争审查制度实施""公平竞争审查保障措施"三个方面。在此基础上，可细化形成9个一级指标、28个二级指标，进而形成一套体系完备、内容完整的公平竞争审查工作评价机制。[①]

有学者认为，公平竞争审查制度存在实然面向与应然落差的困境，从形式法治上看，我国公平竞争审查制度立宪是法治建设的内在要求和必然逻辑。从实质法治上看，公平竞争审查制度过于强调工具性价值理性，缺乏对目的性价值理性的基本追求，从而导致诸多实践难题。想要发挥公平竞争审查在国家治理中的基础和支撑作用，必须将法治思维嵌入公平竞争审查，关注公平竞争审查的价值理性。应多措并举、整章建制，既强调体系化的法律构建，又重视制度运行的法治保障。具体而言，应将公平竞争审查制度规则设计由国务院转至全国人大，由全国人大及其常委会立法，则具有相对稳定性，不容易朝令夕改，可以保证各个方面的利益预期。公平竞争审查制度改进的基础在于竞争政策的推进与落实，只有真正落实竞争政策的基础性地位，才能确保公平竞争审查的统一性、规范性和有效性，才能更合理、更准确和

[①] 周晨、方翔：《优化营商环境与公平竞争审查的内在逻辑及其制度完善——兼论公平竞争审查工作评价指标体系构建》，载《深圳社会科学》，2021年第1期，第129—138页。

更有效地全面实施公平竞争审查制度。公平竞争审查制度的进位关键在于反垄断执法机构的定位,我国应当逐步从以政策制定机关自我审查为主转向以反垄断执法机构专门独立审查为主的模式,赋予反垄断执法机构应有的执法权力。公平竞争审查制度进阶保障是配套机制的整合与革新,建立确保国家法律和有关公共政策与竞争政策的协调机制,建立进一步明确区分法律责任和政治责任及责任的具体类型的问责机制,建立适当的激励机制,建立可以采取调解、行政复议和行政诉讼等多元化的救济机制。①

有学者认为,当前公平竞争审查制度要转化为法律安排,面临的最大的形式正当性阻碍是过度倚重政策制定机关自我审查的实施方式,应赋予国务院竞争主管机构及其授权的省市级相应机构,针对政府政策措施的直接否决权或责令改正权,以及赋予国务院竞争主管机构针对规章、法规的否决建议权,并且其建议应获得较大的权重。除了对主管干部建立激励性约束以外,对政策制定机关也可以采取类似的激励性约束。可以考虑通过采取结果倒逼行动的方式来巩固公平竞争审查的强制性,即可以将政府政策措施进行公平竞争审查的状况纳入政府部门绩效评估的范围。②

有学者认为,在权力制约和权利保障的价值维度下解析公平竞争审查制度,不仅能为制度构建提供紧密的理论指引,更能为制度未来的发展方向扩展研究进路。公平竞争审查制度的出台,起于规范政府行为、控制政府权力的设计初衷,又将回到保护公民利益、保障公民权利的旨归上。应在竞争审查价值理念的牵引之下,在肯定现行自我审查实践路径的基础之上,实现评估主体多元化的参与结构,形成由内至外的完整监管格局:对内,引入反垄断委员会作为审查复核机构,

---

① 袁日新:《公平竞争审查制度的法治进路》,载《社会科学家》,2019年第8期,第126—137页。
② 郝俊淇:《公平竞争审查法制化的逻辑》,载《南海法学》,2018年第1期,第17—28页。

强化行政机关内部的权力制约机制;对外,保障公民知情权和参与监督权的实现,坐实第三方评估制度并培养良好的竞争文化环境,推动公平竞争审查制度的进一步贯彻执行。①

有学者认为,我国《意见》的规定勾勒出了公平竞争审查制度的雏形,对于起步阶段来说,这些制度措施是极具开创意义,也有很强的操作性。但从长远看,我国《意见》距离完善的公平竞争审查制度尚存在一定的距离,需要作出以下调整:一是公平竞争审查制度的出发点不光是确保行政决策合法化,而应当是确保国家法律和公共政策与竞争政策相协调;二是公平竞争审查的对象主要不是效力层级较低的规范性文件,而应当是一国法律体系中位阶较高、影响较大的法律文件;三是公平竞争审查制度的实施机关不能过于分散,而应当把审查职能逐步向少数专业化部门归并集中。同时,必须将公平竞争审查制度长效化与现行法律政策整合,主要体现在以下五个方面:一是立法机关法律清理审查工作要逐步接纳公平竞争审查标准;二是公平竞争审查要及时与法律、政策制定部门的修改、废止程序相衔接;三是竞争执法部门要建立向有权制定、修改法律政策的机关进行信息反馈的工作机制;四是人民法院、行政复议机关与公平竞争审查机关要有信息共享机制;五是行政审批制度改革工作要向有立法权的人大常委会主导下的行政许可设定审查制度转化。建议尽快扩大公平竞争审查的对象范围,建立起在竞争主管部门深度参与下的外部主体独立审查机制,审查的标准要以实质构成限制竞争的效果为准,多运用综合调查、跟踪观测等手段,不是停留于文义比对。审查工具从定性分析向定量分析过渡,审查节点从事后审查向事中审查过渡,审查效力从政策性审查向法律性审查过渡。②

---

① 张玉洁、李毅:《公平竞争审查制度构建的价值维度与实践进路》,载《学习与实践》,2018年第6期,第12—19页。

② 向立力:《中国公平竞争审查制度的理论梳理、制度基础与机制完善》,载《法治研究》,2017年第3期,第95—107页。

有学者结合我国各省（区、市）推进实施公平竞争审查制度的具体情况及国家发改委通报的48起典型案例，认为公平竞争审查制度作为一项新制度，在制度推进过程中存在着以下问题：一是"自我审查"模式下审查机构的内在动力不足；二是政策制定机关自我审查能力欠缺；三是外部监督不完善的问题。认为内部动力的缺失是审查机关不愿审查或仅进行形式审查的关键原因。将公平竞争审查制度的实施情况纳入政绩考核指标中，落实内部责任追究并完善奖励机制，是激励审查机关推进审查工作积极性与主动性的有效举措。建议落实内部责任追究，完善奖励机制。同时为了弥补行政机关审查能力欠缺的问题，应增强审查标准的可操作性：细化审查标准中的具体内容，明晰审查标准中模糊性概念的具体内涵，明确运用审查标准的具体流程。应当针对政策制定机关未进行公平竞争审查或违反审查标准出台政策措施的行为，制定一套具备可操作性的司法审查模式。①

在我国深化经济体制改革的过程中，地方保护、区域封锁、行业壁垒、企业垄断，以及违规给予优惠政策，或减损市场主体利益等不符合建设全国统一市场和公平竞争的现象仍然存在，可见规范政府行为尤为重要。规范政府行为主要是限制政府权力，限制政府行为中对市场主体独立的生产自主权、经营自主权和消费自主权的妨碍等不规范行为，防止出台排除、限制竞争的政策措施，逐步清理、废除妨碍全国统一市场和公平竞争的规定和做法。"任何现代法治都意味着对国家公共权力的限制，对权力滥用的制约，对公民自由与权利的平等保护。"② 从表层而言，建立和实施公平竞争审查制度，就是要充分监督与制约好政府经济权力的行使和管理，从源头上理顺政府与市场的关系，减少政府对市场机制的不当干预，保障市场在资源配置中起决定性作用，推动资源配置依据市场规则、市场价格、市场竞争实现效益

---

① 陈灿祁、叶蜜：《公平竞争审查制度的优化路径研究》，载《中国价格监管与反垄断》，2018年第2期，第17—21页。

② 张文显等编：《法理学》，北京：高等教育出版社，2011年版，第335页。

最大化和效率最优化。"在全面深化改革和全面推进依法治国背景下制定实施的公平竞争审查制度，对政府经济权力运行进行审查和矫正，是制约政府经济权力的有力保证。"① 从深层而言，建立和实施公平竞争审查制度，就是要全面深入地促进与保障公民经济权利的确认、维护和实现，从而保障各类市场主体平等使用生产要素、公平参与市场竞争、同等受到法律保护，激发市场活力，提高资源配置效率，推动大众创业、万众创新，促进实现创新驱动发展和经济持续健康发展。"在权利本位论观念映照下，公平竞争审查的根本目的是对权利的保障，包含但不限于宪法视野下的经济权利、公平竞争权、消费者权等。"②

"法治代表个人自由的利益，限制国家的强制力量。同时它也使合法的国家强制适合个人自由的结果。"③ 公平竞争审查制度的核心要求是"政府部门在制定涉及市场经济活动的政策措施时，必须严格进行审查，充分评估对市场竞争的影响，防止出台排除、限制竞争的政策措施"④。归纳起来，公平竞争审查制度不仅在形式上要求规范政府行为，防止出台不合理的排除、限制竞争政策措施，而且要求清理、废除妨碍全国统一市场和公平竞争的规定和做法。更重要的诉求是公平竞争审查规则的法治化，推进国家治理体系和治理能力的现代化。不论是审查主体的确定，还是审查范围的明晰，乃至审查标准、审查方式、审查程序和法律责任等规则的设计，都应该于法有据，注重法本身的正当性、合理性和安定性，强调法律的道德性，并通过宪法规定确保各级政府及其工作人员的行政行为受到约束，保护公民基本权利

---

① 王贵：《论我国公平竞争审查制度构建的基准与进路》，载《政治与法律》，2017年第11期，第11—19页。
② 同①。
③ 帕普克编，黄冰源译：《知识、自由与秩序》，北京：中国社会科学出版社，2001年版，第156—157页。
④ 张汉东：《促进统一开放竞争有序的市场体系建设》，载《行政管理改革》，2017年第1期，第38—42页。

不受侵犯。公平竞争审查不仅具有工具性价值，更具有目的性价值；它所维护的不仅有公平和效率，更有自由和秩序。毕竟，一个国家和地区创设公平竞争审查制度的终极目标是为了增进全社会和每个成员的利益，它是一切公平竞争审查制度规范得以产生的条件，也是评价一切公平竞争审查制度体系优劣的终极标准。我们衡量公平竞争审查制度，既要看其增进全社会和每个成员福祉总量的大小与多少，更要看其是否符合公平效率和自由秩序的标准。理想的公平竞争审查制度正是这种兼顾目的性价值与工具性价值、融目的与工具于一体的法律之治。

第三节　自我审查优化

自我审查是公平竞争审查制度的核心机制，是赋予政策制定机关在法律法规规定的权限范围内有选择余地的一项处置权，其本质是自由裁量权，需要实现"放"与"收"的平衡。自我审查的行为逻辑在于保障审查效果独立性基础上，兼容自身内部规则和行政伦理，整合已有制度体系，使政策措施满足公平竞争审查制度总体要求，主动消除行政性垄断动机并实现自我遏制。然而，相比较于西方国家，我国在不具备一般评估制度的前提下，优先设计出了竞争评估制度，造成了制度推进欠缺一系列法律保障机制的局面。在当前竞争执法效果尚待保障、竞争推进尚待加强、竞争文化尚待推广的背景下，从政策制定机关出发，自我审查问题体现在以下几点：第一，政策制定机关自我审查缺少统一内设审查机构，专业化审查人员配置不足，审查权限分散。《意见》虽赋予政策制定机关实质性的审查权力，权力行使不当也可能会变相弱化竞争执法机构的执法权。第二，政策制定机关缺乏严格的程序约束。《意见》中原则性的审查标准和例外规定使政策制定机关拥有极大的自主权，就实际操作而言，出于保障自身利益的消极审查会广泛存在。第三，缺少公平竞争审查兼容性规定，尤其是政策制定机关内部的制度整合与规则衔接。第四，缺乏配套的内部促进机制，包括惩罚、激励和考核等，造成自我审查责任主体不明确，审查结果可能会久拖不决等问题。而且外部监督缺乏必要途径，如《意见》中虽提到的第三方评估，而第三方选择标准却没有明确，社会监督和约束呈不确定性。简言之，《意见》虽确立了政策制定机关自我审查模式，但其审查效果的客观性、公正性和有效性尚待考察。公共选择理论认为，政府也是经济人，存在自利性，也会追逐自身利益的最大化。因此，政策制定机关或出于部门利益，或出于识别和预见能力不足，消极应对、滥用自我审查和欠缺自我审查能力都会造成自我审查困境。当前，我国依然处于经济体制转轨期，行政性垄断会长期延续，构建自我审查机制是一项长期性、系统性、复杂性工程。

有学者认为，构建并完善公平竞争审查，应遵从法制统一、合法行政的原则，合理限制行政机关的立法活动。公平竞争审查制度包含审查与保障两套机制，自我审查是审查机制的核心，外部监督是保障机制的关键。基于合理限制行政主体的立法行为考虑，自我审查不仅应具备实质性功能，还需具有外部监督的程序性意义，两套机制应协同考虑，从而稳步推进公平竞争审查制度建设。因此建议明晰自我审查模式应当具有的法律意义，不论是针对增量政策还是存量政策，都存在自我审查。审查是最主要的工作形式既存在于自我审查制度之中，也存在于公平竞争审查下属的其他制度之中，审查对象包括具有规章制定权的行政主体制定的规章、规范性文件、其他政策措施和行政法规草案、国务院制定的其他政策措施草案、地方性法规草案。审查内容可细分为自我审查的依据和标准。同时，由于自我审查措施制定方法缺少法律法规的严格控制，必须有其他外部的监管机制进行保障，堵住程序缺失之漏洞。建议明确权力机关在公平竞争审查中的法律角色，明确司法机关在公平竞争审查中的法律角色。[①]

[①] 芦加人:《基于规范行政立法行为的公平竞争审查制度完善路径》，载《江汉论坛》，2017年第11期，第118—123页。

有学者认为，公平竞争审查制度是从政策源头上防范行政垄断的顶层性创新，其核心机制是由制定政策措施的行政机构对其自身行为的竞争合规性进行审查。自我审查机制蕴含着因能力缺失而不能审查、因激励扭曲而不愿审查的悖论式困局。打破这一困局的思路，是将特定行政机构竞争合规状况的信息作为主事官员的"政绩"或"劣迹"，纳入干部任免考核的参考因素。为此，应考虑建立一套以全国统一、开放参与、多方互动为特征的，具有集中举报、分散自查、结果反馈、分级督导、统计公示功能的公平竞争审查信息处理机制。具体而言，对内是将中央与地方政府、上级与下级机构、监管主体与市场主体之间的竞争合规信息壁垒打破，使防控行政垄断的工作成为可以被量化的绩效考评因子，制约行政机构的行为。应当考虑运用互联网通信技术，构建全国统一的公平竞争审查信息处理机制，以此向有违规冲动的行政机构提供"真诚"的自我审查的有效激励，使自我审查能力不足的行政机构及时获得必要的指导帮助，督促负有监管督导之权责的机构积极履职。对外应开设专门性的门户网站，或可叫作"全国公平竞争审查政务信息平台"，作为实现上述信息处理机制的物理载体。信息服务平台的运行过程，至少应当包括举报信息的分检派发、审查结论的多级反馈、审查活动的指导协助、信息获取的权限分级、审查信息的统计发布等五个主要部分。①

有学者认为，公平竞争审查是政府有意识地对公权力干预市场经济的能力所采取的内部控制机制，在当前我国行政垄断规制效率较低的现实情况下，将公平竞争审查作为规制行政垄断的补充路径，具有充分的迫切性及有效性。但是，由于我国的公平竞争审查制度才刚刚起步，具体实施机制尚未成熟，存在"自我审查"为主难以保证审查效果，激励机制缺失难保责任主体主动性，以及审查标准、程序概括化导致可操作性较低的问题。因此，建议建立行政垄断的"事前预防"

---

① 李俊峰：《公平竞争审查的困局及其破解》，载《华东政法大学学报》，2017年第1期，第118—128页。

机制，扩充行政垄断的审查对象，关注行政垄断的合理性审查。具体而言，涉及两方面内容：一是建立"自我审查"为辅的审查机制。我国公平竞争审查制度应当建立"竞争主管部门主导，政策制定机关辅助"的审查机制，确立"初步审查+深度审查"的审查模式。二是确立政策制定机关的激励及惩戒机制。我国可以参照澳大利亚的相关经验，针对政策制定机关建立内在化、动态化、长期化的激励机制，提高其参与公平竞争审查的积极性。细化公平竞争审查的具体标准、程序，我国有必要借鉴OECD及英国、新加坡等国制定竞争评估指南的先进经验，通过制定《公平竞争审查指南》细化公平竞争审查标准、明晰具体审查程序。[1]

有学者认为，政府管制会影响市场竞争。随着经济发展和技术进步，各国开始逐步放松或解除管制，政府管制对竞争的影响逐渐减弱。当开始进入高品质管制阶段后，政府管制对竞争的影响将降到最低程度。然而，只要政府管制存在，就会对竞争产生不同程度的影响。竞争评估制度在防范和纠正政府管制对竞争的影响方面发挥了积极的作用，并且逐渐形成了一个比较完整的竞争评估体系。我国目前处于传统管制向现代管制的转型阶段，政府管制对市场竞争的影响还非常大，解决此问题的最有效方案应是建立竞争评估制度，通过竞争评估制衡政府管制，政府管制中也有竞争评估体系。而探索实施竞争评估制度，离不开竞争评估体系的构建，这涉及评估对象的选择、评估内容的确定及评估主体的设置三个核心组成部分。评估对象包括对现行政府管制的竞争评估及拟议（新）政府管制的竞争评估。评估内容包括确立管制政策目标、思索管制政策可能对市场的不利因素类型、分析市场价量所受的冲击等方面，竞争评估的主管机关应根据评估对象的不同而有所不同。[2]

---

[1] 朱静洁：《我国行政性垄断的公平竞争审查规制研究》，载《价格理论与实践》，2017年第6期，第45—48页。

[2] 王健：《政府管制的竞争评估》，载《华东政法大学学报》，2015年第4期，第8—16页。

根据《意见》和《实施细则》的规定,自我审查模式的监督机制主要涵盖两个层面:一是内部监督,包括负责起草政策措施的具体业务机构和同级法制机构之间的机关内部横向监督和部门领导对拟出台政策措施实质把关的机关内部纵向监督;二是外部监督,包括反垄断执法机构事后规制滥用行政权力排除限制竞争行为的执法监督和利害关系人,或者社会公众对拟出台政策措施发表意见的社会监督。从内部监督来说,无论是监督权限和范围,还是监督机关的设置及其权力运作方式,都存在明显不足,始终难以解决政策制定机关规避监督和制约不足的流弊,在某种程度上将会直接导致该制度有流于形式的趋向。从外部监督来说,公平竞争审查是一项专业性、技术性和规范性都很强的工作。"政策制定机关在进行自我审查的过程中难免会有一些疑难问题或者认识不清的问题,特别当一个问题既涉及竞争政策,又涉及产业政策的情况下,或者国家目前仍然存在不同法律制度不协调的情况下,政策制定机关势必需要得到相关组织机构的指导和帮助。"[①] 反垄断执法机构相较于其他政策制定机关,在竞争专业知识上更有优势,并且拥有丰富的反垄断执法经验,对审查标准和例外规定的理解和把握更加准确深入。由此可见,只有明确反垄断执法机构在公平竞争审查中的地位和作用,才能更好地发挥公平竞争审查的制度功能,才能更好地实现公平竞争审查制度的预期目标,才能更好地设计公平竞争审查制度的理想图景。借鉴成熟市场经济国家和地区的先进经验,结合现实国情,我国应当逐步从以政策制定机关自我审查为主转向以反垄断执法机构专门独立审查为主的模式,赋予反垄断执法机构应有的执法权力,使其可以对政策制定机关未进行公平竞争审查或者违反公平竞争审查标准出台的政策措施进行查处,而不只是向政策制定机关或者其上级机关提出停止执行或者调整政策措施的建议。

[①] 王晓晔:《推动公平竞争审查大力遏制行政垄断》,载《竞争法律与政策评论》,2016年第2期,第3—6页。

第四节　监管优化与激励

为保障公平竞争审查制度的有效落实，《意见》及《实施细则》明确了公平竞争制度的监管机制，包括工作协调、第三方评估、定期评估清理、监督问责等方面的内容。2016年12月，国务院批准建立公平竞争审查工作部际联席会议制度，负责统筹协调和监督指导全国公平竞争审查工作，主要职责和作用体现在以下四个方面：一是统筹协调，定期召开会议；二是信息汇总；三是专业指导；四是协调解决争议。在2019年2月，市场监管总局发布了《公平竞争审查第三方评估实施指南》，为政策制定机关在公平竞争审查中引入第三方评估提供了详细指引，主要包括六个方面的内容：一是明确适用阶段和环节，即各个阶段皆可；二是明确评估重点内容，对特定阶段和环节第三方评估的主要内容作出指引；三是明确第三方评估机构的基本条件，为政策制定机关选择第三方机构提供参考；四是明确适用评估程序方法，规范第三方评估工作；五是明确评估结果运用，评价结果作为政策制定机关开展公平竞争审查、评价制度实施成效、制定工作推进方案的重要参考依据；六是明确保障措施，做好第三方评估经费等。并且，政策制定机关对经公平竞争审查出台的政策措施，一般每三年组织一次评估，或者在定期清理规章、规范性文件时一并评估。另外，《意见》对公平竞争审查监督问责制度作了原则性的规定，《实施细则》对投诉举报及处理方式作进一步细化，明确对于涉嫌违反审查标准出台政策举措的，任何单位和个人都可以向政策制定机关反映，也可向其上级机关或者反垄断执法机构举报。

有学者认为，公平竞争审查制度是我国确立竞争政策基础性地位的一项重要举措，是从源头上厘清政府与市场边界，规范政府行为，防止滥用行政权力排除限制竞争的顶层设计。为免自我审查沦为不审查，并使之具有实质意义，需要严格并细化相关审查程序。具体而言：

第一,严格确保公平竞争审查成为政策措施出台前的必经程序,做到审查留痕。第二,建议引入第三方评估制度,弥补政策制定主体专业能力的不足。建立约束自我审查的监督与评估机制,严格审查程序、细化审查标准、确立监督机制与问责机制等,都是弥补自我审查不足、保障自我审查效果的具体措施。在各类措施中,外部监督机制与定期评估机制显得尤其重要。第三,加强竞争主管机构的参与和指导,尤其是反垄断委员会的宏观指导和反垄断执法机构的业务指导,发挥反垄断执法的保障与监督作用,加大对滥用行政权力排除、限制竞争行为的查处力度,加强管制性行业的反垄断法适用。[1]

有学者从监管的价值维度出发,认为公平竞争审查制度源于各级政府对行政立法的合理合法审查,是保障公民各项权利的必然选择。在与各国公平竞争审查制度实践路径比较的基础上,指出我国现阶段的自我审查模式符合我国的基本国情,但仍有不足。为此,在完善自我审查的基础上,应引进外部监督机制。具体而言:在自我审查方面,构建以政策制定机关自我审查为主,反垄断委员会复核评估为辅的两级审查机制;在完善外部监督方面,通过监管状态信息公开、开通违法行为举报渠道、发挥大众传媒的舆论导向作用等方式保障公民的知情权和监督权;通过定期邀请社会第三方评估机构检验政府制定政策法规的方式完善第三方评估制度;培育竞争文化环境,提升公民的竞争意识等。[2]

有学者认为,我国由于缺少必要的专项财政激励,公平竞争审查制度的地方实施在整体上进展非常缓慢。激励理论及其制度化应用的立法为公平竞争审查的激励机制奠定了坚实的基础,无论是理论还是制度都能够支撑国务院对积极开展公平竞争审查工作的责任主体,包

---

[1] 时建中:《强化公平竞争审查制度的若干问题》,载《行政管理改革》,2017年第1期,第43—46页。
[2] 张玉洁、李毅:《公平竞争审查制度构建的价值维度与实践进路》,载《学习与实践》,第12—19页。

括个人和集体进行奖赏的做法。为此,我国应适度借鉴澳大利亚的经验,由国务院设立公平竞争审查的专项奖励资金,通过财政转移支付的方式对积极实施公平竞争审查制度的省级政府进行奖励。奖励资金的设立规模应当遵循以下两个指导原则:一是有效激励原则;二是能够负担原则。具体而言,首先,奖励资金的年度发放以义务主体完成规定的任务为前提,奖励资金的发放时间在总跨度上不宜太窄,应当以5—10年为佳。其次,年度发放的奖金数额根据义务主体的任务完成情况分别对各个基数进行调整后确定。以奖励资金的初始预算总额和确定的总跨度年头为基础,国务院可以根据各个省级行政区域在当前经济发展中的贡献力,结合它们自行统计报告的妨碍市场公平竞争的存量和国务院授权的部门在复核后发现的遗漏存量,来分配它们在合格完成年度任务的条件下分别可以确定直接获得的奖励资金基数。最后,国务院应当指定反垄断委员会负责对义务主体的年度任务完成情况进行评估,评估标准以增量控制的,原则采取形式考核,例外采取实质考核为主。[①]

有学者认为,公平竞争审查制度以事前审查与事后审查相结合并侧重事前审查的方式,将各类主体制定的涉及市场主体经济活动的政策措施,都以公平竞争为标准纳入审查范围。但我国现行的自我审查模式,在实践中可能面临动机悖论与能力悖论两大障碍;公平竞争审查制度的实施也可能遭受其他政策部门的抵制。为此,需要在已有的监督机制之外,建立有效的激励机制。一方面,通过动机激励与能力激励,让政策制定机关既有足够的动力去自我纠错,也有足够的能力去自我审查;另一方面,通过明确公平竞争审查制度的政策定位,处理好竞争政策与其他公共政策的关系,防止过分扩大公平竞争审查制度的适用范围,或抬高其适用标准。具体而言:第一,为激发政策制定机关的自我审查的动力,可以进行财政补助与奖励,将奖励纳入考

[①] 丁茂中:《公平竞争审查的激励机制研究》,载《法学杂志》,2018年第6期,第95—104页。

核体系。第二，为弥补被动模式的不足，建议增加以下两项能力激励措施：一是开展实务培训；二是建立自我审查的审核制。第三，为减轻公平竞争审查制度实施的外部压力，必须建立妥善的政策协调机制，即外部激励机制，明确公平竞争审查制度的适用边界，关键是准确界定公平竞争审查制度的适用范围，以及公平竞争审查的例外与豁免标准。①

有学者认为，公平竞争审查制度作为规制行政机关滥用行政权力排除、限制竞争的制度创新之举，对于清理妨碍市场公平竞争的政策措施、进而激发市场主体的创造力与发展活力具有重要意义。但现阶段，自我审查模式下的公平竞争审查制度存在审查的内部动力不足、审查能力欠缺、外部监督不完善等问题，从而易导致制度的实施流于形式。积极探寻内部激励措施、弥补审查能力欠缺，以及建立具有约束力的外部监督机制，是解决上述问题，推动公平竞争审查制度有效实施的重要路径。具体而言：第一，对内激励审查机构的审查动力，落实内部责任追究，完善奖励机制。增强审查标准的可操作性，细化审查标准中的具体内容，明晰审查标准中模糊性概念的具体内涵，明确运用审查标准的具体流程。第二，对外建立公平竞争审查的司法监督机制，审查主体原则上应当由中级以上法院作为一审管辖法院，案件由行政庭进行审理。审查范围应当包括政策制定机关未进行公平竞争审查或者违反审查标准出台政策措施的规范性文件或者其他政策措施。法院审查标准应当从对政策制定机关行为的实体性审查转移到过程性审查。应当赋予具有利害关系的经营者对政策制定机关未进行公平竞争审查或违反审查标准出台政策措施的行为提请司法审查的权利。必须给予政策制定机关适度的程序裁量空间。②

---

① 焦海涛：《公平竞争审查制度的实施激励》，载《河北法学》，2019年第10期，第107—121页。
② 陈灿祁、叶蜜：《公平竞争审查制度的优化路径研究》，载《中国价格监管与反垄断》，2018年第2期，第17—21页。

有学者总结公平竞争审查取得的成效,随着公平竞争认识的不断深入,反行政垄断工作稳步推进,树立了规范政府行为强化自我约束的典范。认为外部监督机制不完善主要表现为社会监督力量薄弱和执法监督资源分散两个方面。目前,公平竞争审查责任追究主要依赖社会监督,包括向政策制定机关反映或向政策制定机关的上级机关及反垄断执法机构举报两种途径。分析认为,目前我国的公平竞争审查还存在主观审查意愿不足、客观审查能力低下、保障机制不完善、外部监督力量薄弱,以及自我审查能力不足客观上导致审查工作形式化等问题,在此基础上提出应构建公平竞争审查信息服务平台,建设专家、审查报告和政策文件数据库,完善公平竞争审查报告制度,健全主体明确、重点突出、基础牢固的工作机制,提高审查主体的能力。同时,通过对利害关系人、消费者及社会公众知情权的保障和外部监督的实现,第三方评估的有序展开,竞争文化的培育和强化,自下而上地外在激励公平竞争审查制度不断完善,从而既为权利伸张提供现实路径,也达到以权利制约政府干预市场的经济权力的目的。[①]

简言之,竞争政策主要通过市场机制实现优化资源配置、增进市场效率的目的,其政策效果需要在较长时间才能显现。从长期看,竞争政策的实施有利于形成公平竞争的市场环境,从而提高国民经济的配置效率和动态效率。但短期内,特定的竞争政策强化也可能对经济增长产生局部的抑制效应。因此,对于竞争政策核心内容之一的公平竞争审查制度,在"全能政府"的干预下,可能难以落实。为此,有必要进行监管优化和激励制度落实。对于监管优化而言,《意见》确定我国公平竞争审查采用自我审查模式,即"政策制定机关在政策制定过程中,要严格对照审查标准进行自我审查"。针对这一现象,可从两方面予以完善:一方面,强化自我审查,明确责任追究,通过责任倒逼制定机关尽责履行审查义务,可在领导干部政绩考核指标中纳入公

---

① 房立波、赵全新、杜连敬:《我国公平竞争审查的成效、问题与对策研究》,载《价格理论与实践》,2018年第9期,第47—49页。

平竞争审查效果的衡量标准，强化公平竞争审查过程中的透明度；另一方面，通过外部监督强化责任机关的自我审查，保障公众的知情权，及时公开进行审查情况的信息，发挥舆论监督的作用。同时推进第三方评估，设置合理的第三方"实力"标准，规范评估程序。对于激励制度而言，应将公平竞争审查的实施效果纳入政绩考核范围，对卓有成效者给予经济激励，包括财政支持或竞争补偿等。

第五节 适用例外

为减轻审查压力，集中资源和力量处理重大援助案件，欧盟从2001年开始实行国家援助集体豁免制度，对于符合集体豁免条件的国家援助，由成员国自行评估，不需要提交欧盟委员会竞争总司进行审查。而我国国务院2016年6月出台的《关于在市场体系建设中建立公平竞争审查制度的意见》中正式确立了公平竞争审查制度。与《反垄断法》立法类似，《意见》在设置了四大类18项禁止性规定（审查标准）之后，也对四类排除、限制竞争的文件进行了豁免规定。除了第1款第4项的兜底性条款之外，国家安全、社会保障及社会公共利益被确定为豁免的实体标准，并在之后的第2款和第3款分别对政策制定机关的说明义务与定期评估进行了规定。

有学者认为，我国公平竞争审查豁免制度尚需进一步完善。就其应然建构而言，至少应从价值目标、制度构建和程序运行三个层面进行深入探讨。价值目标层面，公平竞争审查制度以竞争秩序作为基本价值，这决定了维护竞争秩序是豁免制度的优先价值选择，而社会公共利益则应是其第二位阶的价值目标。在制度构建层面，以事先控制为主的模式选择和以个案豁免为主的类型选择应成为最主要的内容。在程序运行层面，豁免制度应以防止滥用为总体要求，严格的程序控制则是实现该要求的现实路径，包括启动、审查、批准和监督程序在内的各个环节都应遵循这一具体思路。①

有学者认为,关于公平竞争审查的例外与豁免,我国现行制度主要体现在国务院《意见》的"例外规定"之中,五部门《实施细则》也有"例外规定"一章,内容与国务院《意见》基本一致。认为国家安全比经济效率具有更高地位,国家安全不应由竞争价值来衡量、评判,有关国家安全的政策措施,不应成为公平竞争审查的对象。建议将维护国家安全的政策措施直接作为公平竞争审查制度的"适用除外",即不需进行公平竞争审查。至于扶贫开发、救灾救助等社会保障目的,以及节约能源、保护环境等社会公共利益,原则上应以最为"竞争友好型"的方式去实现。建议纳入公平竞争审查范围并进行豁免分析,豁免分析主要是比例原则测试:在目的正当的基础上,判断手段与目的的相称性。一般看两个方面:一是是否只能以限制竞争的方式才能实现这些目标;二是对竞争的限制是否超过必要限度。②

有学者认为,公平竞争审查例外规定可以使公平竞争审查制度得以兼顾市场公平竞争价值与其他社会价值,可以避免公平竞争审查制度的绝对化,使审查主体在公平竞争审查时拥有一定的自由裁量权。首先,例外规定的适用前提是政策措施虽产生排除、限制竞争效果但属于例外规定的范围,明确公平竞争审查例外规定的范围,准确把握政策措施的实施目的。其次,在适用公平竞争审查例外规定时,应当评估政策措施的竞争影响,正确认识公平竞争审查标准,可以借鉴SCP范式③对竞争影响进行评价,只有能获得最高社会净收益的政策措施,才能在限制竞争的情况下出台。最后,适用例外规定出台的政策措施应当说明适用例外规定的相关情况并在出台后逐年进行评估、调

---

① 孙晋、钟原:《竞争政策视角下我国公平竞争审查豁免制度的应然建构》,载《吉首大学学报(社会科学版)》,2017年第4期,第57—67页。
② 焦海涛:《公平竞争审查制度的实施激励》,载《河北法学》,2019年第10期,第107—121页。
③ "结构-行为-绩效"分析范式,即"Structure-Conduct-Performance",简称"SCP范式"。

整，并接受社会和上级机关的监督。①

有学者认为，在公平竞争审查制度框架下，环保豁免标准的建构不但体现了具有可持续性发展特征的社会公共利益，而且有机契合我国绿色发展战略的要求。但是，由于我国现行环保豁免标准缺乏精细化与明晰化特征，因而政策制定机关在具体实施这一标准时，可能通过滥用该标准的方式掩盖抽象行政垄断行为的违法本质，从而妨碍全国统一市场的建立，维护本机关狭隘的本位利益。为了防范与避免这一潜在危险，我国公平竞争审查制度实施机关有必要厘清我国现行环保豁免标准的基本构造，明晰该标准所涉及的环境概念的内涵与外延，并借鉴域外先进模式进一步修正与优化该标准的具体内容与实施机制，增强该标准参考指标的可量化性与可证明性。申言之，从"环境维护、健康维护、资源利用、环境问题应对"四个维度厘定环保豁免标准可得实施的具体目标与基本前提，避免环保豁免标准在实施过程中的虚化与泛化倾向。在不具有适商性特征的环保社会公共服务领域，确立关于环保政策措施的一般性豁免标准，应当制订关于不具有适商性特征的环保社会公共服务的类型目录，并依据经济、技术、社会的发展状态对该目录进行动态更新，按期对该目录进行删减、增补、修正，从而为政策制定机关提供行为合法性判定指南。制定关于环保豁免标准适用的正面清单与负面清单。②

综上，目前国内学界针对公平竞争审查例外制度的研究取得了一定的成果，主要包括如下三个方面的内容：一是有关公平竞争审查例外制度的规范内涵；二是涉及公平竞争审查例外制度的问题检讨及其相应对策；三是公平竞争审查例外制度的具体适用。我国公平竞争审查制度在规范构造方面采取了"常规+例外"的文本体例，也就是在

---

① 黄彦钦：《公平竞争审查例外规定的适用方法》，载《中国市场监督研究》，2019年第11期，第28—31页。

② 翟巍：《公平竞争审查制度框架下环保豁免标准的阐释与重构》，载《竞争政策研究》，2019年第2期，第15—24页。

常规制度之外引入相应的例外制度。就基本意涵而言，公平竞争审查例外制度是审查主体在实施公平竞争审查过程中，经审查后发现某些政策措施具有排除限制竞争的效果，但是基于法律特别规定的情形考量，而最终允许其得以实施的情形。从制度功能层面来看，显而易见，公平竞争审查例外制度对常规制度不仅产生了限制作用，更为重要的是，其也起到了排除作用，也就是使得常规制度在某些特定情形下无法发挥其应有的法律效力。公平竞争审查例外制度在性质上是特定公共政策合法化的一项制度安排，其涉及立法层面的公共政策合法化、执法层面的公共政策合法化及司法层面的公共政策合法化。其中，立法层面的公共政策合法化属于一种初步意义上的合法化形式，而执法层面与司法层面的合法化则是通过具体个案来确立相关公共政策的合法地位。为此，有必要对公平审查制度的例外适用范围进行限制，采取多种方式规制例外情况的适用。

第三章 垄断协议

垄断协议行为是指两个或两个以上的企业,采取合同、决议、默契或其他形式,共同决定产品或服务的价格,或就产品的销售数量、生产技术标准,以及产品的销售地区、销售对象进行限制,从而排除、限制或妨碍特定市场竞争的行为。① 在我国,《反垄断法》第二章对垄断协议行为进行了专章的规定,形成了我国垄断协议规制制度的基本框架。该章除了在第13条第2款原则规定了垄断协议的定义外,其第13条第1款规定了横向垄断协议的规制制度,第14条规定了纵向垄断协议的规制制度,第15条还采取规定豁免类型的方式明确了垄断协议受到反垄断法豁免的情形,即采取"原则禁止+例外豁免"的处理方式。此外,该法第16条还明确禁止行业协会组织本行业的经营者从事垄断行为。相应的,《反垄断法》在第七章第46条专门规定了垄断协议行为的法律责任。该条第1款规定了达成并实施垄断协议的法律责任,第2款借鉴其他国家和地区的经验规定了宽大制度,第3款也针对行业协会规定了法律责任。

针对《反垄断法》第二章的上述原则性规定,相关的行政规章分别做出了进一步细化的规定,包括2009年5月26日公布的《工商行

---

① 孟雁北:《反垄断法》(第二版),北京:北京大学出版社,2017年版,第96—105页。

政管理机关查处垄断协议、滥用市场支配地位案件程序规定》、2010年12月29日国家发改委公布的《反价格垄断规定》和《反价格垄断行政执法程序规定》，以及2010年12月31日原国家工商行政管理总局公布的《工商行政管理机关禁止垄断协议行为的规定》。在我国反垄断执法机构于2018年实现了"三合一"的重大改革的背景下，2019年7月1日国家市场监督管理总局公布了《禁止垄断协议暂行规定》，自2019年9月1日起实施，并取代了前述的规章，从而在一定程度上实现了我国垄断协议规制制度的统一、细化和优化。可以说，《禁止垄断协议暂行规定》是在《反垄断法》修订前，我国垄断协议规制制度的最新和最重要的发展。就其主要的亮点而言，一是明确反垄断执法平等对待所有经营者和强调统一执法标准的原则，有利于回应各方关切；二是明确认定垄断协议和不构成垄断协议应予考虑的因素，有利于对垄断协议行为的总体把握；三是对典型的垄断协议行为进行了更为明确但又有差别性的规定，有利于对具体垄断协议行为的准确把握；四是重视执法程序规则的细化和完善，有利于保障反垄断执法程序公正目标的实现。

根据2020年市场监管总局发布的《修订草案》来看，在垄断协议的定义条款中删除了原条文中"其他协同行为"的"其他"字样，纠正了原本法律规范文本中存在的逻辑错误，表明"协议"、"决定"以及"协同行为"为并列关系而非种属关系。同时，《意见稿》新增第17条"禁止经营者组织、帮助其他经营者达成垄断协议"，是对现行《反垄断法》的查漏补缺，能够解决实践中对垄断协议帮助行为违法性认定的依据供给不足问题，扩大禁止对象的适用范围。这个新增加的条款可以用来应对轴辐卡特尔行为，这种卡特尔不是作为卡特尔成员直接参与或者在相关市场上活跃，而是协调卡特尔成员的行为。第18条补充说明适用除外的条款中，经营者除证明所达成的垄断协议不会严重限制相关市场的竞争和有利于消费者由此分享所产生的利益外，新增经营者还需证明"所达成的协议是实现相关情形的必要条件"条款，对垄断协议适用条款的适用除外作了更为详细的补充说明。第19条删除"行业协会不得组织本行业的经营者从事本章禁止的垄断行为"中的"本行业"，明确表明行业协会通过市场势力传导效应达成的垄断协议也应受到《反垄断法》的规制，进一步明确了禁止行业协会滥用优势地位。需要说明的是，在2021年《修正草案》中，对垄断协议的条款也进行了大幅调整，如明确轴辐协议的举证责任，相较此前的《修订草案》所规定的"禁止经营者组织、帮助其他经营者达成垄断协议"，《修正草案》提出对于经营者"实质性帮助"其他经营者达成垄断协议的情况下，该经营者需要承担责任。同时新增了"安全港"规则，澄清了转售价格维持的举证责任等。

第一节 适用之争

世界各国对垄断协议称谓各不相同。欧盟将垄断协议称为"限制竞争协议"，德国将垄断协议称为"卡特尔"，日本将垄断协议称为"不正当交易限制"等。虽然称谓各不相同，但其核心框架基本一致。垄断协议的核心是共谋，是经营者之间为获取垄断利益，通过共谋达成协议，排除、限制相关市场的竞争，严重损害消费者利益的行为。垄断协议规制制度在具体模式上大致有两种情况：一是原则规定垄断协议的特征，不对垄断协议的具体类型进行列举，某种行为是否构成垄断协议依照法律规定的构成要件来认定；二是对垄断协议的特征做出原则规定的同时，对典型的垄断协议进行列举，即采取列举加兜底的形式。由于横向的垄断协议和纵向的垄断协议在排除、限制竞争的性质和程度方面存在明显的差异，因此很多国家和地区的反垄断法都对这两种垄断协议分别加以规制。一般说来，反垄断法对横向的垄断协议（狭义上的卡特尔）都给予了非常严格的规制，而对纵向的垄断协议除了对涉及价格限制行为的规制比较严格以外，其余的规定相对比较宽松。

根据我国《反垄断法》第 13 条第 1 款关于禁止具有竞争关系的经营者达成横向垄断协议的规定、第 14 条关于禁止经营者与交易相关人达成纵向垄断协议的规定，以及《禁止垄断协议暂行规定》第 5 条规定："垄断协议是指排除、限制竞争的协议、决定或者其他协同行为。"垄断协议的构成至少应同时满足协议是经营者之间达成的，协议具有排除、限制竞争的目的或效果，达成的行为即构成违法的三项要件。需要补充说明的是，虽然《反垄断法》将垄断协议定义为"排除、限制竞争的协议、决定或者其他协同行为"，但从我国的执法实践和他国的立法实践来看，其他协同行为不是对协议、决定行为的补充和兜底，而是与协议、决定并列的垄断协议形式。与《反垄断法》的规定类似的，还有《欧盟运行条约》第 101 条第 1 款规定，经营者之间的协议、经营者协会的决议及经营者协同一致的行为，凡影响成员国之间贸易，并且具有阻止、限制或扭曲内部市场竞争的目的或效果者，均与内部市场不一致，应受到禁止。① 对于如何理解垄断协议，在司法实践中存在着目的论和效果论之分。目的论认为，只要存在排除、限制竞争的目的，就能构成垄断协议；效果论认为，只有存在排除、限制竞争的效果，才能构成垄断协议。如果说垄断协议本身是危害竞争的一种违法行为，那么，目的论将问题提前——只要存在"可能"即构成违法；效果论将问题推后——只有显现为现实的损害才构成违法。两种不同解释的本质差异在于：目的论将"排除、限制竞争"作为垄断协议的内构要素，效果论将"排除、限制竞争"作为垄断协议的外在结果；目的论解释的行为指向本身违法原则，效果论解释的行为指向合理原则。实践中，目的很难以证据证实，除非当事人自己明确承认。目的的认定往往是推定的。与之不同的是，效果可以以证据证实。这正是目的论者推出结论被不断质疑的主要原因，也是我国学者争议的核心问题之一。

---

① 商务部反垄断局编:《世界主要国家和地区反垄断法律汇编》（上册），北京：中国商务出版社，2013 年版，第 388 页。

有学者认为垄断协议规制制度作为我国《反垄断法》基本实体制度的重要组成部分，其基本的制度框架已经建立起来并在实施十多年来对于维护市场竞争秩序发挥了重要的作用，但也存在概念界定不清的问题。如对横向垄断协议的理解和认定上出现了明显的偏差，在纵向垄断协议的反垄断行政执法与司法具体规则的适用上出现了严重的分歧，涉及轴辐协议时法律适用面临困境等。认为应完善垄断协议的定义和一般条款，具体而言：第一，为避免垄断协议定义条款适用方面的争议，建议将定义条款独立，作为该章的第1条，统领整个第二章，以理顺其逻辑。第二，将垄断协议的定义作为垄断协议的一般条款，缓解二分法所不能涵盖所有的垄断协议行为的问题。第三，增加"目的或者效果"的选择性要件，两者只具备其中一个要件即可认定为垄断协议。第四，建议去掉垄断协议的具体类型中"协议""决定"，或者"其他协同行为"中的"其他"两字，使"协同行为"与"协议""决定"并列，自成一类垄断协议。同时，增加串通招投标的条款。投标者相互之间的串通投标行为属于横向垄断协议的一种形式，而投标者和招标者直接的串通招投标行为属于纵向垄断协议的一种形式。在《反垄断法》中增加规定串通招投标条款，既符合这类行为的性质和国外的普遍做法，也有利于我国反垄断执法机构对此类行为进行统一的查处。另外，新增"安全港"条款①，即属于该条情形的，推定协议不具有排除、限制竞争的效果，不适用《反垄断法》第13条、第14条的兜底情形。

有学者认为，我国《反垄断法》对垄断协议的规制已不再适应现实需求，第13条第2款将垄断协议定义为"排除、限制竞争的协议、决定或者其他协同行为"，这样的定义存在涵盖面过宽的问题。从实际情况看，所有交易在客观上都不同程度地存在排除、限制竞争的效果，因此，这一规定明显有悖于市场经济的客观规律和社会公众的常识。

---

① 反垄断领域的安全港（safe harbor）或者安全区（safe zone）规则，是指反垄断法在规制垄断协议行为的过程中对符合一定条件的限制情形通过立法明确给予的一种推定豁免。

更为关键的是会因此而弱化法律的指引性,这将会影响人们在参与市场资源配置过程中的积极性、决策效率、经营举措、活跃程度等。因此,学者建议将反竞争效果严格限制在实质性范围内,即将垄断协议严格限制在"不合理排除、限制竞争"的范畴内。具体而言,为将垄断行为的核心本质在立法上作一种精确化表述,认为应当将垄断协议定义为"实质性排除、限制竞争的协议、决定或者其他协同行为"。同时,认为《反垄断法》对垄断协议的规制采取的方式是"禁止……达成下列垄断协议",这样的表述意思不明确,导致无法确定《反垄断法》采取的是"本身违法原则"还是"合理原则"。为此,建议以最为精确的表达方式对目标对象明确采用"本身违法原则"。对于引入"本身违法"的特定垄断协议,应当限定于能够明确具体类型化的横向垄断协议,作为兜底条款的"禁止经营者达成、实施其他垄断协议"所涵盖类型的垄断协议包括"中心辐射型"卡特尔则不应纳入。①

有学者认为,我国《反垄断法》中垄断协议的概念存在以下逻辑问题,缺少"邻近的属概念"、概念的划分标准不统一、外延列举未穷尽。这些问题的存在及其所处的位置表明,这个概念只是横向垄断协议的概念,而不是垄断协议的概念。完善垄断协议的概念需要补充"邻近的属概念"。我国台湾地区"公平交易法"第 7 条规定将"契约、协议或其他方式之合意……"视为一种行为。按照我国《反垄断法》第 3 条的规定,垄断协议属于一种垄断行为,"邻近的属概念"就应该是垄断行为。这样,如果继续采取定义性说明的方法,则需要增加"合同"这个内涵,那么,垄断协议的概念大致应该为:垄断协议是指以协议、合同、决定、协同的行为方式排除、限制竞争的垄断行为。在完善垄断协议概念的基础上,相应地,这个概念的位置应该调整到横向垄断协议和纵向垄断协议之前。方法上,可以单独列一条,如列为《反垄断法》第 13 条,将现行法第 13 条排序为第 14 条,依此

---

① 丁茂中:《论规范垄断协议行为的立法完善》,载《政治与法律》,2020 年第 3 期,第 141—150 页。

类推。或者如果单独列一条不符合上述我国立法的习惯，也可以放在垄断协议这章的最后一条。只有这样，垄断协议的概念才能覆盖横向垄断协议和纵向垄断协议。① 随后，该学者又进一步认为，《反垄断法》实施以来对纵向价格垄断协议案的处理越来越明显地呈现出司法与行政规制路径上的二元对立，"海南省物价局处罚裕泰公司案"（以下简称"裕泰公司案"）的再审裁定试图协调并弥合认识上的分歧，但裁定中的解释仍不能为纵向价格垄断协议案件的处理指明清晰的认定路线和确立相对一致的认定模式。事实上，纵向价格垄断协议问题是一个系统性问题，它涉及整个垄断协议制度。问题产生的根源在于垄断协议概念内涵信息的不完整和概念外延划分方法的不恰当，并由此导致原则适用上的错位。垄断协议制度的完善当从概念的完善开始，确定被定义项及其内涵，在此基础上采取概念外延划分的"三分法"，以此分别对应本身违法原则、合理原则和本身合法原则。具体而言，首先，在我国现有的制度基础上改进垄断协议概念。一是与本法的其他部分相互协调，完善概念结构要素的"普遍性"和"特殊性"内容，定义垄断协议时，其"特殊性"应当被描述为"造成或可能造成排除、限制竞争"；二是借鉴俄罗斯《竞争保护法》的定义模式。该法第4条定义的不是垄断协议，而是协议，并进一步定义了纵向协议和横向协议。其次，概念划分从"二分法"走向"三分法"，分为严重限制竞争的协议、限制竞争的协议、不限制竞争的协议。按照危害程度的不同，对三种行为分别适用不同的原则：危害严重的协议适用本身违法原则，建立"黑名单"制度；具有一定危害性的协议适用合理分析原则，建立"灰名单"制度；无危害性的协议适用本身合法原则，建立"白名单"制度。②

有学者认为，由于《反垄断法》对于垄断协议的违法确认原则未

---

① 刘继峰：《试析我国〈反垄断法〉垄断协议概念的形式逻辑问题》，载《北京化工大学学报（社会科学版）》，2012年第4期，第11—15页。
② 刘继峰：《再论垄断协议的概念问题》，载《法学家》，2020年第6期，第147—159页。

作明确规定，我国反垄断实践中对此产生了严重分歧。总体而言，执法机关认为《反垄断法》第二章对垄断协议规定了"禁止+豁免"制度，并把此处的"禁止"理解为"本身违法式禁止"，即第13条、第14条采用本身违法原则，第15条允许被告进行促进竞争效果抗辩。而司法机关则认为，"禁止"应指"合理原则式禁止"，第13条、第14条采用合理原则分析，即垄断协议概念的不清晰，造成了反垄断法适用的冲突。不少学者虽认为应该对某些垄断协议采用合理原则，但以豁免条款项下的平衡否定在垄断协议认定阶段进行平衡分析，关闭对接经济分析的"端口"，则会导致《反垄断法》出现众多"解释困境"。认为采用双层平衡模式可使这些难题迎刃而解：允许在垄断协议认定阶段考察竞争效果间的平衡，视情况采用本身违法或合理原则；把豁免的性质界定为公共政策抗辩，在此阶段以比例原则考察竞争与其他公共政策之间的平衡。①

综上所述，与其说是垄断协议的概念之争，不如说是垄断协议的适用之争。从既有的反垄断执法实践来看，关于垄断协议认定与排除、限制竞争的关联度问题分析，法院认为，垄断协议的认定应要考虑排除、限制竞争的情形，而执法机关对于垄断协议的认定是否要考虑排除、限制竞争情形的态度并不明朗。关于排除、限制竞争的理解，法院认为应产生排除、限制竞争的效果，而执法机关认为应产生排除、限制竞争的目的、效果及不合理地限制了竞争。申言之，即在对垄断协议的认定方式上，法院判定的原则是本身违法原则，而执法机关的判定原则是合理原则，判断的标准通常以垄断协议与排除、限制竞争的关系为核心。由于我国反垄断立法的不完善，导致在司法实践中还存在很大的分歧。

首先，是关于《反垄断法》有关条文设计的问题。我国《反垄断法》将垄断协议定义为"排除、限制竞争的协议、决定或者其他协同

---

① 兰磊：《论我国垄断协议规制的双层平衡模式》，载《清华法学》，2017年第5期，第164—189页。

行为"，按照立法者的意图，"协议""决定""协同行为"三者的关系应该是并列的，在适用关系上并没有先后之分。但在司法实践中，往往把"协同行为"视为兜底条款，在适用上先判断是否适用"协议""决定"，如不适用，一律按"协同行为"兜底。这一方面导致了三者的位次关系混乱，另一方面也使得"协同行为"成为"万金油"般的存在，除了"协议"和"决定"外，其他的垄断协议都可判定为"协同行为"。这样的司法实践并不利于维护法律的权威性，因此，才会有学者建议删除条款中的"其他"一词，避免造成法律条文理解上的误差。

其次，是关于垄断协议认定原则上的讨论，法院本身违法原则的适用与司法机关合理原则的适用导致实践运用中的执法冲突，不利于保障法律的权威性。从各国有关垄断协议的立法情况看，排除、限制竞争在垄断协议的认定中无疑有着举足轻重的作用，这是垄断协议的根本特征或要害所在，而判定原则的选取往往以此为依据。至于何为"排除、限制竞争"，欧盟及其成员国一般理解为"排除、限制竞争目的或效果"。美国《谢尔曼法》第1条虽然仅规定"任何契约、以托拉斯形式或其他形式的联合、共谋，用来限制州际间或与外国之间的贸易或商业，是非法的"，从字面上看不出目的或效果限制竞争的协议是否违法，但据美国的司法实践，即使被告各方未在协议中公开言及固定价格或瓜分市场，法院仍可从协议的目的或效果推断其具有相同的作用，或协议的目的与效果不合理。还有一些国家和地区在垄断协议认定中主要考察的是排除、限制竞争效果。如我国台湾地区"公平交易法"第7条第2款规定，前项所称联合行为，以事业在同一产销阶段之水平联合，足以影响生产、商品交易或服务供需之市场功能者为限。质言之，无论是目的论，还是效果论都有其合理之处。因此，折中学派认为一旦该垄断协议被认定具有排除、限制竞争目的或效果的，都应该予以禁止，但是应根据情况的不同采用本身违法或合理原则。第一，我国《反垄断法》采取了和欧盟同样的立法模式——"原则禁止+例外豁免",依此法律框架,原、被告对于第13条、第14条和第15条项下的最终认定分别承担证明责任,法院则需要分别针对两个阶段做出独立的认定。第二,第15条项下的豁免考察属于竞争政策与其他公共政策的协调问题,考察的是公益豁免。因此,垄断协议的认定应视情况的不同,综合运用本身违法原则和合理原则。正如时任国家发展和改革委员会反垄断局局长许昆林所言,"法律对于横向和纵向垄断协议的普遍违法性已经通过概括禁止的方式予以表达,而其可能具有的合理性则通过豁免的条件体现出来,因而对于法律明确列举的横向和纵向协议行为,只要证明其客观存在便可推定其具有排除限制竞争效果,无须进一步证明协议的排除限制竞争特征,也不一定非要贴上本身违法原则或合理分析原则的标签。"[①]

第二节 横向垄断协议

各国法律对横向垄断协议做出了较为明确的定义。美国《反托拉斯指南》将其定义为:竞争者之间实施的除并购以外的一个或多个协议,以及根据协议进行的设计研发、生产、销售、信息共享和贸易协会等的有关活动。《欧盟运行条约》第101条认为,横向垄断协议是可能影响成员国之间的贸易,并以阻碍、限制或扭曲共同市场内的竞争为目的或有此效果的企业间协议、企业协会的决议和一致行动。中国《反垄断法》第13条第2款认为,横向垄断协议是排除、限制竞争的协议、决定或者其他协同行为。由于这些经营者在经营活动中具有竞争关系,一旦达成协议,形成联盟,既可以直接或间接操控市场结构,也可以排除竞争,影响上下游之间的竞争关系,损坏消费者的合法利益,因此,世界各国都对横向垄断协议进行了严厉地规制。我国《反垄断法》第13条对横向垄断协议作了禁止性规定,第15条作了豁免

[①] 许昆林:《宽大政策适用于纵向垄断协议》,载《中国经济导报》,2013年10月31日,第A03版。

规定，第 16 条禁止行业协会组织本行业经营者从事垄断协议行为，《禁止垄断协议暂行规定》更是详细地规定了相关的规制内容。根据对竞争的影响不同，横向协议可以分为企业联营和卡特尔两类。其规制重心有实质性差异：对明显具有促进竞争与反竞争双重效果的企业联营，重在识别并评估联营活动的效率；而卡特尔对竞争产生的排除、限制效果严重，且几乎难与促进竞争的效果予以消抵，其存在一旦被确认，违法性认定并不成为难题。

有学者从个案出发，通过对"深圳有害生物防治协会垄断案"的分析，发现法院错误地理解了垄断协议的规制方式。在对垄断协议的正当性证明中，法院的判决理由则忽略了横向限制竞争协议成立的市场条件，缺乏对相关重要因素的分析。同时，法院将避免过度竞争作为公共利益的理由亦缺乏合理性。认为横向垄断协议的达成与稳定是协议的前提也是合理性分析的首要问题。而法院对该问题的论证缺少协会对于协议影响、市场结构，以及产品差异性等方面的分析，这实际上会严重影响对案件的判断。通过分析发现法院在审理反垄断案件时，适用了合理原则，导致案件还具有较大的分歧。认为根据我国《反垄断法》的规定，横向垄断协议应被推定违法。在诉讼中，原告只需要证明存在横向垄断协议，而被告要想获得豁免，则需要证明横向垄断协议符合法律规定的诸多"苛刻"条件，难度不逊于原告在滥用市场支配地位案件中胜诉。因此，在进行竞争限制分析时，应综合考量企业的数量、规模、市场是否存在显著的产能过剩、企业的市场退出障碍是否明显，以及行业平均成本、平均利润等情况，这些因素是判断市场竞争是否过度的关键因素。而关于公共利益的判断，事实上在《反垄断法》中公共利益的概念很大程度上是为了实现法律抽象性与具体事实的灵活性之间的平衡。只是在这一过程中对于公共利益的解读不应当恣意而为，否则不仅不能实现个案公正，反而可能背道而驰。①

有学者从"西部L市旅行社横向价格垄断协议案"研究出发，结合反垄断相关理论，分析了相关行为所处的相关市场和构成要件，认为处理横向价格垄断协议行为应重点考虑关于违法所得的确定：违法所得计算的可行性及如何计算。理论上较为认可且实践中比较常见的一种算法是将垄断价格减去竞争价格之差额再乘以协商后交易数量。关于罚款基数的确定：上一年度销售额以何口径及其考虑的相关因素，一要考虑相关市场的因素，二要考虑具体行业额特殊规定。关于罚款比例的确定：在1%—10%之间确定一个具体比例及其考量因素，首先要考虑有无宽大豁免的因素，其次要考虑违法情节性质的因素，再次要考虑有无从重从轻的因素，最后考虑经营者方面需要考量的因素。此外，应该恢复市场竞争机制和秩序，完善市场准入、退出机制，规范行业的收入盈利模式，从多方面解决横向价格垄断协议案件中的定性处理问题。②

有学者认为，相较于纵向垄断协议，横向垄断协议更可能产生竞争危害。纵向垄断协议可能是由于上下游"伙伴"企业的正常"对话"而产生的，其实际效果有可能提升经济效率，从而提高经济福利。而横向垄断协议则不然，尽管有可能通过协议实现促进竞争效果，但更多的目的是实现自身利益最大化。因此，当我们在区分横向垄断协议和纵向垄断协议时，更应该打破传统界定标准——是否位于同一经济层面，关系的界定应针对具体交易而言，取决于在具体的涉案交易或具体的相关市场中二者处于什么关系。并且，横向协议的主体不应局限于不同品牌的经营者，经销同一品牌产品的平行成员之间的横向关系亦可能产生《反垄断法》关切的竞争危害，且品牌间竞争和品牌

---

① 李剑：《横向垄断协议法律适用的误读与澄清——评"深圳有害生物防治协会垄断案"》，载《法学》，2014年第3期，第128—142页。
② 陈达：《横向价格垄断协议案定性处理中的焦点问题分析策略——以西部L市旅行社横向价格垄断协议案为例》，载《价格理论与实践》，2015年第3期，第31—34页。

内竞争的区分也并非绝对,有时可能相互变通。最后,横向协议并非一概本身违法,很多横向协议在产生竞争危害的同时,也可能具有促进竞争效果。因此,应视情况的不同,合理的适用不同的判定规则。在我国二分法的框架下,必须高度谨慎地识别涉案行为的竞争属性,以确定适用正确的法律条文,不宜僵化地采用统一的违法确认原则,以免在"反垄断法形式主义"的泥潭中越陷越深。①

有实务界人士通过对"深圳市有害生物防治协会横向垄断协议纠纷案"的详细分析,认为鉴于经济生活的多样性、多变性和复杂性,以及我国反垄断的实践经验不足,我国《反垄断法》对固定价格等排除和限制竞争行为采取的是"一般禁止,特殊豁免"的立法模式,按照这种制度安排,并非对价格产生影响的所有协定都应认定为本身违法。为达成有益目的的团体和组织进行的一些附随性限制竞争行为也不应再以本身违法原则进行判断,而应综合考虑相关市场、限制竞争行为的目的、市场运作情况等进行判断。对限制竞争行为的司法审查首先应当判断它是否属于"一般禁止"之列,然后才有必要分析它是否属于"特殊豁免"的情形。在对"一般禁止"的规制对象进行分析时,不仅要考虑行为要素,即是否存在《反垄断法》规定的具体行为,而且要考虑效果要素,即被诉行为是否具有排除、限制竞争的效果;而在分析适用"特殊豁免"的情形时,则必须评估其是否基于良性目的。②

还有实务界人士从横向垄断协议的实操情况出发,认为横向垄断案件调查的关键,在于取得经营者之间就价格、产量或市场份额等进行协商达成一致的证据。第一步,要做好外围摸排准备,知悉、掌握行业背景、地域背景、技术背景等相关知识;第二步,要制订好实施

---

① 兰磊:《论横向垄断协议与纵向垄断协议的区分——评上海日进电气诉松下电器等垄断纠纷案》,载《上海交通大学学报(哲学社会科学版)》,2018年第2期,第65—75页。
② 张泽吾:《行业协会横向垄断协议的司法审查——深圳市有害生物防治协会横向垄断协议纠纷案评析》,载《科技与法律》,2013年第1期,第62—66页。

方案,先拟订计划,设定案件调查时间表,次组成精干有力的调查团队,再制定调查询问提纲及证据收集清单,后做好后勤保障;第三步,预判主攻对象,横向垄断协议涉及多方当事人,不同角色的当事人心态不同,预先设定调查对象要因时制宜、因地制宜、因案制宜,不能一概而论;第四步,寻求突破机会,一要"离间策反",二要"威逼利诱";第五步,注重调查询问,一是"单刀直入"法,二是"旁敲侧击"法,三是"云山雾罩法",四是"穷追猛打法";第六步,精心制作笔录,一要"快",二要"准",三要"简",四要"柔";第七步,充分查找证据,查办横向垄断案件,除了通过调查询问取得当事人陈述、证人证言外,以书证为主要证据形式。随着调查手段不断丰富,视听资料、电子数据等,都可以成为重要的补充证据。[①]

综上所述,现阶段我国对横向垄断协议的研究主要集中于横向价格垄断协议的研究,规制对象主要集中于行业协会,通常从个案出发,结合我国《反垄断法》的相关理论,分析个案法律适用中应重点考察的对象。而实务人士更加注重案件查处的法律适用、程序的合法性研究。事实上,我国自《反垄断法》颁布以来,已经处理了很多横向垄断协议案件,形成了一套行之有效的横向协议反垄断审查体系,无论是有关固定或者变更商品价格的"六家大型面板生产商合谋操纵液晶面板价格案"(2013)、"18家聚氯乙烯树脂(PVC)企业达成并实施价格垄断协议案"(2017),还是限制商品的生产数量或者销售数量的"辽宁省建筑材料工业协会组织本行业经营者从事垄断协议案"(2012)、"四川省宜宾市砖瓦协会组织本行业经营者从事垄断协议案"(2013),抑或是其他形式的横向垄断协议案件都受到了反垄断部门的处理,且结果大多使人信服。在处理的过程中,以行业协会组织的横向垄断协议案件最为频繁,也最难处理。通常认为,行业协会是指介于政府、企业之间,商品生产者和经营者之间,并为其服务、咨询、

[①] 李常青、万江、薛强、陈娟:《横向垄断案件的调查处理》,载《中国价格监督检查》,2013年第9期,第23—27页。

沟通、监督、公正、自律的社会中介组织。据《禁止垄断协议暂行规定》第 14 条规定，行业协会是指由同行业经济组织和个人组成，行使行业服务和自律管理职能的各种协会、学会、商会、联合会、促进会等社会团体法人。这一规定明确了行业协会的内涵和外延，即以商会、联合会等名义达成、实施垄断协议的行为，同样适用《反垄断法》。由于行业协会限制竞争行为具有很强的隐蔽性和行业特质，国家制定法难以顾及此中差异，因此，实践中在对行业协会进行横向垄断协议处理时，要注意考察相关市场的关联度，明确行为与排除、限制市场竞争的关系，运用多种方法反复进行验证，以期保证结论的公平合理性。

第三节 纵向垄断协议

纵向垄断协议也称"垂直垄断协议""纵向限制"等，主要是指同一产业中处于上下游关系的经营者之间达成的垄断协议，协议双方不具有直接竞争关系，而是存在交易关系。经济学理论认为，纵向垄断协议具有一定的积极意义，可避免分销商之间"搭便车"损害品牌的整体利益，有利于避免个别经销商因销售不佳而采取大幅降价措施损害品牌的整体销售计划。但与此同时，纵向垄断，特别是限制转售价格的行为可能会对市场产生较大的损害。一是此类协议有助于推动各销售商之间达成横向价格垄断协议，销售商通过生产商制定统一的价格或计算公式，避免相互间的横向竞争；二是此类协议还可能导致上游生产商的价格协同，特别是在市场集中度相对较高的市场内，上游生产商之间更容易互相了解竞争者的定价策略，从而形成协同。我国《反垄断法》第 14 条具体规定了纵向垄断协议的相关规定，《禁止垄断协议暂行规定》又进一步明确了纵向垄断协议的相关内容。但由于《反垄断法》条文规定过于原则化和模糊，没有统一认定标准，导致我国对纵向垄断协议的反垄断行政执法与司法在具体规则适用上出现了严重的分歧。具体而言，一种理解是，由于第 13 条第 2 款对所有垄断协议都明确了排除、限制竞争的性质，所以反垄断执法机构规制这两类协议时，除证明协议存在外，还需要证明具体协议的确排除、限制了竞争；另一种理解是，第13条第2款的规定不过是垄断协议概念的一般性说明，并非对执法中举证责任的配置提出明确要求，综合第14条与第15条来理解，由于这两类行为导致反竞争效果的可能性非常高，因此反垄断执法机构只需证明行为客观存在便可推定其具有反竞争效果。根据最高人民法院驳回海南裕泰公司再审申请（2019）中的规定，明确了执法机关无需具体证明转售价格维持协议"限制、排除竞争"，在查实行为存在后即可推定其构成垄断协议。需要说明的是，《修正草案》将垄断协议的定义从现有的第13条横向垄断协议中移至第二章垄断协议的开篇作为单独一个条款，进一步从体例上明确了不论是横向协议还是纵向协议，具有排除和限制竞争效果都应是其构成垄断协议的前提。且《修正草案》第17条新增了经营者能够证明固定转售价格和限定最低转售价格的纵向垄断协议不具有排除、限制竞争效果的，将不予禁止。该条文表明《反垄断法》下禁止的纵向垄断协议（包括转售价格维持），需要具有排除、限制竞争的效果，但是，对于转售价格维持，应由当事人举证，其所从事的协议不具有排除、限制竞争效果。

一、纵向价格限制

所谓纵向价格限制，是指卖方在向买方出售产品时，对后者将这些产品向第三人转售时的价格进行限制，要求其不得低于卖方所规定的水平。学界也常采用其英文术语的对译，称之为"转售价格维持"。我国《反垄断法》第14条对这一行为类型十分重视，"禁止经营者与交易相对人达成下列垄断协议：（一）固定向第三人转售商品的价格；（二）限定向第三人转售商品的最低价格；（三）国务院反垄断执法机构认定的其他垄断协议。"《禁止垄断协议暂行规定》第12条对《反垄断法》第14条的规定又进一步细化，规定禁止固定向第三人转售商品的价格商品、价格变动幅度、利润水平或者折扣、手续费等其他费用。限制转售价格行为的动机为何？其对市场效率及消费者福利的影响如何？以哈佛学派为代表的"反竞争说"和以芝加哥学派为代表的"促进竞争说"给出了不同的回答。哈佛学派认为，限制转售价格行为的存在具有反竞争的弊端。首先，限制转售价格制度有可能导致有支配地位的零售商借助上游制造企业强制和监督其他零售商遵守一定的转售价格，从而形成事实上的零售商联合。其次，限制转售价格制度有可能强化上游厂商之间的横向联合。最后，限制转售价格制度有可能导致双边垄断。在许多限制转售价格的例子中，往往是制造商和零售商联合起来，增加双方市场力量的结果，因而对消费者不利。芝加哥学派则认为，限制转售价格制度有增进效率的作用。首先，限制转售价格制度有利于特定产业领域的分销商向顾客提供服务，以及产品得到更好的促销。其次，通过限制转售价格的方式，制造商可以要求分销商遵守最低转售价格，使得那些不愿意提供服务的投机分销商不再有搭便车的机会，从而激发分销商提供服务的积极性，这有利于制造商也有利于消费者。[1] 最后，限制转售价格协议保证了转售商品有利可图，这就使得分销商乐于在新的市场进入者产品生命周期的早期去销售或存储这种产品。[2]

有学者认为我国《反垄断法》实施以来，反垄断执法机构和人民法院对于纵向垄断协议采取截然不同的分析思路，争议的核心在于对限制竞争效果是否为独立法律要件的不同理解。"裕泰公司案"作为我国首例纵向垄断协议行政诉讼案，第一次将法院与执法机构的观点分歧直接暴露出来。对于纵向垄断协议的分析框架应当立足于我国《反垄断法》的立法规定，运用解释学的方法可以澄清法律明确列举的纵

---

[1] Barry E. Hawk, "The American (Anti-Trust) Revolution: Lessons for the EEC", *European Competition Law Review*, 2001.
[2] E. 吉尔霍恩、W. E. 科瓦西克：《反垄断法律与经济》（第四版），北京：中国人民大学出版社，2001年版，第297页。

向垄断协议无需再另行将限制竞争要件进行考察等问题。"裕泰公司案"中,二审法院以尊重《反垄断法》规定的态度和详尽的理论分析,对统一行政机关和司法机关观点,以及在类案中采取的分析思路具有积极作用。认为从解释学视角出发,我国《反垄断法》中规定的纵向垄断协议本就属于垄断行为,其内涵已然包含了限制竞争的效果。垄断协议的概念条款重在解释对协议的扩大理解,并不具有法律要件的意义。对于《反垄断法》第14条明确列举的纵向垄断协议行为,适用构成行为即违法的判断规则,并需结合第15条适用除外条款进行综合分析。需明确《反垄断法》第13条第2款的适用范围,具体分析该垄断协议定义条款的法律功能,同时兼顾其他法律条款对"限制竞争效果"的影响。①

有学者认为与其他垄断协议一样,纵向价格限制的反垄断分析也需经过两个步骤:第一个步骤是在垄断协议的认定上,不能只看其对品牌内部竞争所产生的纵向限制,还需证明这种纵向限制有导致社会总产出减少的可能性;第二个步骤是在豁免条件的考察上,需关注其能否产生"激励零售商提供售前服务、促销服务"的效率。在我国已有的纵向价格限制案件的处理中,往往直接将其纵向效果作为认定垄断协议的依据,认为纵向价格限制消除同一品牌内部各经销商之间的价格竞争,由此妨碍消费者得到更低的价格,剥夺经销商的定价自由,因而未能为其处理结果提供正确的论证。结合欧美关于垄断协议认定标准是对其正负效果的比较,而不能只是片面考察其消极效果的理论,提出纵向协议认定为"垄断"协议需要满足必须有可能对品牌之间的竞争产生影响的条件,纵向价格限制构成"垄断"协议的条件需满足该生产商本身须拥有支配地位,该经销商在零售环节拥有支配地位或者若干零售商达成垄断协议,必须有若干家生产商同时采用纵向价格限制,且这些生产商加起来,必须拥有控制市场的力量。其次,再对

---

① 吴佩乘:《反垄断法中纵向垄断协议的解释学澄清——兼评全国首例纵向垄断协议行政诉讼案》,载《知识产权》,2018年第11期,第44—51页。

垄断协议正负效果进行权衡，垄断协议有可能对竞争产生负面影响，是否构成效率须以消费者的体验为准。①

有学者认为，纵向价格垄断协议理论分歧主要表现在垄断协议认定与排除、限制竞争的关联度，对于排除、限制竞争的理解，排除、限制竞争的举证责任，以及垄断协议认定与豁免规定的关系。无论是在经济学逻辑、法律法规，还是竞争政策的语境下分析，纵向价格垄断协议的双重利弊作用不容忽视。因此，对于纵向价格垄断协议的分析，应在形式合理的思维逻辑下阐释本身违法原则，完善现有的立法解释进路，为合理分析原则的规范性提供自由论证的空间。与此同时，数字经济下算法默示共谋的考验仍有待学术与实务不断完善《反垄断法》规制体系的内容框架，促进认定纵向价格垄断协议标准的反思整合。具体而言，首先，修正纵向垄断协议条款，可从表述方式的改造和相关内容的细化两个方面入手，扩大现行法对纵向垄断协议的规制范围。其次，科学建构认定纵向价格垄断协议的分析范式，先对垄断协议进行认定，再对垄断协议的正负竞争效果进行权衡，以竞争政策与公共利益的外部平衡为豁免依据，注意个案特殊因素的有效补充。明晰《反垄断法》的法治内涵，优化反垄断执法环境，分类规范纵向价格垄断协议。②

有学者从国内首起纵向价格垄断协议行政处罚司法审查案（"裕泰公司案"）出发，认为我国的《反垄断法》严格区分了垄断协议的达成和实施，"达成"作为法定的垄断协议的基本判定标准，是在《反垄断法》对"预防垄断行为"和"制止垄断行为"并重的立法目的之下，以及在该法所确立的行政执法为主导的《反垄断法》的实施体制之下，《反垄断法》自我目的化的关键设置。在反垄断行政执法的场域

---

① 许光耀:《纵向价格限制的反垄断法理论与案例考察》，载《政法论丛》，2017年第1期，第3—13页。
② 林琪琪:《纵向价格垄断规制之认定——反垄断法修订思考》，载《中国价格监管与反垄断》，2020年第9期，第52—57页。

中,"预防-制止""达成-实施""目的-效果"之间是一脉相承,相互呼应的。但我国垄断协议的规范结构、实施结构及其认定存在二重属性,司法与行政认定垄断协议存在分歧,且涉及垄断协议的行政执法案件与单个民事主体主张垄断行为造成实际损失的民事案件存在差别,人们不应混淆二者的逻辑,进而混同构成垄断协议的判定标准和承担民事责任的必要条件。根本上,无论我国法院或反垄断执法机构,都应当对《反垄断法》的目标追求、体制构成、制度运作、规范解释等进行充分的反思和理解。唯其如此,我国反垄断法制的统一性和权威性才能得到捍卫。具体而言,"目的限制分析"理应是我国垄断协议的基础性分析模式,而"效果(潜在/现实)限制分析"则是替补性分析模式。明晰"排除、限制竞争"的意涵,认清垄断协议类型法定化的价值,明辨豁免规定属于责任阻却事由而非违法阻却事由,构成垄断协议的判定标准不同于承担民事责任的必要条件。①

有学者认为,《反垄断法》第14条关于纵向垄断协议中的维持转售价格的原则性禁止属于因噎废食的逻辑。虽然具有竞争关系的经营者本身不得采取措施限制对方在价格上的竞争,但是这并不等于品牌供货商就不可以对其经销商在产品销售价格上作出统一安排。一个经销商与一个品牌供货商的合作在性质上是市场竞争的结果,它反映不同品牌在市场销售渠道上的竞争过程。为了维护自身的竞争优势和保护经销产品在市场上的受欢迎程度,经销商必须在不断提高自身经营能力的基础上及时选择更好的经销品牌,因而有可能对其经销商的产品销售价格作出安排。不可否认,维持转售价格在客观上可能被滥用来实施纵向垄断协议,但立法者不应因此就对维持转售价格作出原则性禁止。因此,建议把规制的要点放在防治维持转售价格被滥用的情形上。具体而言,若仍将固定向第三人转售商品的价格和限定向第三人转售商品的最低价格纳入纵向垄断协议的规制范围,则应当对维持

---

① 郝俊淇:《垄断协议构成判定中的"达成"与"实施"——由首起纵向价格垄断协议行政处罚司法审查案引发的思考》,载《法律适用》,2018第2期,第34—40页。

转售价格的规制单独采用"合理原则",并不再重叠性地适用垄断协议的豁免制度。不再将固定向第三人转售商品的价格和限定向第三人转售商品的最低价格纳入纵向垄断协议规制范围之后,应当在充分肯定维持转售价格本身的合理性基础上将规制的重点放在维持转售价格被滥用上。①

有学者认为,2012年强生案后,我国学术界和实务界大多倾向于援引合理原则分析维持转售价格协议,将"排除、限制竞争的效果"作为垄断协议的构成要件。但纵向垄断协议的客观方面体现为两方面:一是以明示或默示的合同形式来限制竞争;二是其对竞争构成实质性的限制。从中国反垄断目前的立法规定看,排除、限制竞争的效果并不是纵向垄断协议的构成要件。其主要理由如下:第一,《反垄断法》第46条规定对垄断协议仅是"达成"而没有"实施",即肯定地说不存在排除、限制竞争的"效果",仅是有排除、限制竞争的"目的"的行为仍然属于垄断协议并进行处罚。第二,《反垄断法》第13条垄断协议的规定本身并不能直接得出此处的"排除、限制竞争"是指具有此等效果,结合第46条的规定解释为"排除、限制竞争的目的"更符合立法本意。因此,建议反垄断不能固守于效果限制的残垒,必须从自己的实际情况出发摆脱茫然失措。行为无价值论和结果无价值论均构成对于反垄断的评价工具。《反垄断法》除了追求竞争价值之外,还追求其他一些价值(目的),包括建立和维护市场经济秩序、保护公平竞争、促进经济效率、促进消费者福利最大化。竞争与这些价值之间的关系是平等价值之间的关系,协调它们之间关系的原则是价值平衡,而非竞争一味地绝对服从其他价值。我国学术界和实务界受到美国法律经济学的影响,加之自身经济活动对于自由竞争本身价值的忽视,唯结果是论,悉数采取合理原则,目的违法遂成为冗余,对于价值规约性置若罔闻,则《反垄断法》就会滑向纯粹的滥用模式,正确

---

① 丁茂中:《论规范垄断协议行为的立法完善》,载《政治与法律》,2020年第3期,第141—150页。

的态度应该是"合其志功而观焉"。①

综上所述,由于实践中具体规则适用的分歧,导致对于纵向价格限制协议这类行为性质的分析认定,在法律评价原则、分析评价要素、举证责任分配上存在很多差异,这样的差异造成了法律适用的冲突。事实上,在反垄断法发展最为发达的美国也存在这样的分歧,美国在反垄断法上赋予各州一定的立法权,丽晶案之后,美国各州对限制转售价格的司法立场出现分化,一些州在州法与判例上遵循丽晶案而采用"合理分析"原则,有些州在州反垄断法中明确规定限制转售价格行为适用"本身违法"原则。受美国法的影响,欧盟实行了所谓的"原则禁止+例外豁免"的原则,而我国现阶段对限制转售价格行为的反垄断规制,更倾向于采用欧盟的模式。上述三种原则各有千秋,对于中国《反垄断法》的适用来说,需结合具体的案例进行分析。因此,从实施反垄断干预的必要性而言,对限制转售价格行为实施反垄断干预,必须是限制转售价格行为明显产生了难以克服、难以抵消的排除或限制竞争效果,而相关市场竞争是否充分、被告市场地位是否强大、被告维持转售价格的动机、维持转售价格的实际效果等四个方面的情况是评价限制最低转售价格行为是否合法的最重要的考虑因素。至于对相关市场竞争是否充分的判断,则应结合案件的具体情况,不仅应考虑市场的集中度,还应考虑涉案产品的替代性、潜在竞争者进入相关市场的难度、下游市场的竞争性等多种影响相关市场竞争程度的因素。对于被告市场地位是否强大,应综合考虑该企业的定价能力,如果一家企业具有很强的定价能力,企业在与购买者的定价谈判中占绝对优势,企业能够从容、自由地定价,而不必追随市场价格,相关市场上其他企业的定价则可能受到该企业定价的影响,那么该企业则应被认为具备了影响市场竞争的很强的市场地位。另有一种情形,如果

---

① 张世明:《结果论与目的论:垄断协议认定的法律原理》,载《政法论丛》,2020年第3期,第3—12页。

企业采取限制最低转售价格后其市场份额并不随之降低甚至上升，也可以说明企业在相关市场具有很强的市场地位。被告企业的行为动机应考虑是否以非效率的方式应对价格竞争，实际效果是否产生难以克服、难以抵消的排除或限制竞争的效果，应综合考虑以限制价格竞争为主的负效果和以促进产品质量或服务提升、促进新产品或新企业进入市场为主的正效果，以增进消费者整体福利为目标进行比较衡量。应主要关注那些对市场竞争产生实质性影响的市场效果，而可以过滤掉那些对市场竞争产生非实质性影响的结果。

二、纵向非价格限制

纵向非价格限制是指上游经营者基于商业的目的，要求或与下游经营者约定非价格交易条件的行为。从经济学的角度来看，纵向非价格限制行为往往具有双重性，同时具有促进及限制竞争的效果，难以通过立法描述全面概括，所以通常认为《反垄断法》第14条规定的国务院反垄断执法机构可以认定的"其他垄断协议"主要是指纵向非价格垄断协议。在实践中，纵向非价格垄断协议主要有四种情况：第一，排他性销售协议。如上游生产商与下游经销商签订协议，承诺在特定区域内只向该经销商供应商品或服务。第二，排他性购买协议。如协议约定下游经销商在特定区域内不从其他生产商处购买此协议所规定的商品。第三，搭售协议。如协议要求购买方必须同时购买另一种产品或者接受另一种服务。第四，选择性交易协议。如经营者根据特定标准选择交易对象。主要表现为搭售、独家交易、地域、客户限制这四种类型。《禁止垄断协议暂行规定》进一步明确了适用《反垄断法》认定纵向非价格垄断协议时需要考虑的因素，同时规定了认定机构为市场监管总局。市场监管总局在认定纵向非价格协议时，应考虑经营者达成、实施协议的事实，市场竞争状况、市场进入、技术进步、消费者和其他经营者的影响等各种因素，综合比较其他对市场竞争的有利影响和不利影响来作出决定。

有学者认为，我国现行《反垄断法》对纵向垄断协议的规定仅直接涉及纵向价格协议，对纵向非价格协议只在第14条的兜底条款中间接体现。因此，某种意义上可以说，目前我国有关纵向非价格垄断协议的规制在整体上处于空白状态。并且，有关纵向非价格协议是市场主体日常运营中大量涉及的协议类型，其合法性判断面临着很大的不确定性。基于此，建议对我国现行《反垄断法》中有关纵向垄断协议的规定进行完善，将两类纵向非价格垄断协议行为新增为原则禁止的行为，即纵向非价格垄断协议中最为普遍的地域限制与客户限制。需要指出的是，本条新增的两类行为仅是原则禁止，并不影响涉案主体依据《反垄断法》第15条规定的相关理由进行个案抗辩，主张个案豁免的权利。①

有学者认为，纵向非价格垄断协议和纵向价格垄断协议相并列，是纵向垄断协议的两种主要形态。纵向非价格垄断协议对竞争的影响并不亚于价格垄断，且常常与价格垄断问题相互交织。现行《反垄断法》在纵向非价格垄断协议方面的疏漏与空白，很难通过对既有条款的伸缩性解释而得以弥补，并使得这种垄断行为在执法实践中很难受到有效的法律规制。《反垄断法》第14条与第17条在法律适用上存在冲突，在一个具体案件中往往可能既存在纵向非价格垄断协议，也存在滥用市场支配地位的行为。一个垄断行为既可以通过垄断协议的形式表现出来，也可以借助滥用市场支配地位的方式得以实施。因此，认为根据反垄断执法的现实需要，结合已经积累的实践探索和经验认识，适时对纵向非价格垄断协议在立法上进行系统化的归纳和梳理，是修订过程中不应回避的一个重大课题，可通过规范性文件对纵向非价格垄断协议进行规制。②

---

① 王先林：《论我国垄断协议规制制度的实施与完善——以〈反垄断法〉修订为视角》，载《安徽大学学报(哲学社会科学版)》，2020年第1期，第109—117页。
② 苗沛霖：《论纵向非价格垄断协议的法律规制》，载《郑州大学学报(哲学社会科学版)》，2019年第6期，第18—23页。

有学者认为，我国《反垄断法》没有明确规定排他交易作为一种独立的违法行为，实践中一概采用滥用市场支配地位模式予以规制。但这一思路并不能涵盖排他协议的复杂类型，从而在本质上消除排他交易的竞争损害，实践也证明会导致性质认定错误、应罚未罚、责任认定不清的问题出现。对此，需要引入纵向协议的规制思路，特别是厘清排他交易与拒绝交易的关系，排他交易与后续违法行为的关系，区分排他协议在产业链交易中的层次、地位、作用，在交易相对人相互关系、上下游市场结构双重嵌套模式下判断排他协议的违法性。申言之，首先，作为一种纵向协议，排他交易是一种真实意思表示的合意。这种真实意思强调缔约意愿是自由、不受胁迫的，如果有证据证明是迫于相对方的市场力量、供需关系被迫签订的排他协议，则不能被认为是合意。其次，排他协议本身并不必然违法。无论适用哪一路径，都应当采用合理原则进行判断。此时要进一步考虑案涉产品市场的竞争结构，排他协议对相关市场的竞争影响不同，不能一概而论。再次，纵向协议与滥用市场支配地位的竞合处理。在这种模式下，排他协议是企业取得或维持市场支配地位的工具和手段，第一种思路是制止滥用行为，第二种思路是认定排他协议违法。最后，排他协议违法性的核心考量要点是对买方下游市场的排斥效果，既包括广度，也包括深度。具体包括案涉产品的可替代性、排他协议的期限、地域范围、累积效应等。[①]

有学者认为，纵向非价格限制典型表现为搭售、独家交易、地域及客户限制这四种类型，由于纵向非价格限制行为会对市场竞争有双重影响，应运用合理原则对其违法性展开论证。具体而言，分析搭售行为时，应考虑实行搭售的经营者在搭售产品市场是否具有相当的市场力量、搭售产品市场的经营者是否被限制竞争、搭售行为是否会增进社会福利等因素。分析独家交易时，应考虑实施独家交易的经营者

---

① 张晨颖：《排他交易反垄断规制的结构性反思》，载《法律适用》，2020年第7期，第93—104页。

是否具有相当的市场力量、独家交易所造成的市场封锁程度大小、独家交易是否会增进品牌间的竞争、独家交易是否会增进社会福利效果等因素。分析地域及客户限制时，应考虑上下游经营者是否具有相当的市场力量、品牌内竞争的减少对市场竞争的影响程度、地域及客户限制是否增进社会福利效果等因素。构建违法性认定统一框架，在统一分析框架下，审查个案中不同的产业与市场条件等事实所隐含的正面促进竞争及反面限制竞争效果，尝试将市场力量、封锁-排除市场的效果、是否促进垄断协议的形成、效率抗辩及目的等作为共同的违法因素进行审查，依序对个案展开违法审查。①

有学者认为排他性交易作为一种跨类型化行为，在《反垄断法》框架下面临适法难题：纵向协议兜底条款的可适用性及其与禁止滥用市场支配地位条款的关系。我国在实务中一概采用禁止滥用市场支配地位的条款规范排他性交易，高门槛与事后性使得单一路径模式不足以防范潜在的反竞争风险。为此，可借鉴外国先进的管制经验。美国和欧盟均采用垄断协议和滥用市场支配地位双重路径规范排他性交易，不同路径的分析框架虽有差异，但却殊途同归。因此，我国可借鉴外国对排他性交易的双重反垄断规制路径，将排他性交易纳入纵向垄断协议的列举性规定。滥用市场支配地位的"高门槛+弱效果审查"与纵向协议的"低门槛+强效果审查"互为补充，同时，在合意、竞合关系认定上加以完善与协调，保证豁免或抗辩、法律责任的一致性，形成逻辑周延的规制路径体系。具体而言，第一，《反垄断法》第14条项下明确列举排他性交易/限定交易行为，在表述上可与第17条相呼应。第二，在相关指南或行政法规中进一步明晰适用《反垄断法》第14条的分析框架。可借鉴欧盟以市场力量为标准确立纵向非价格垄断协议的"安全港"制度，在指南中采用概括性语言提示市场力量的重要性。第三，在纵向协议的分析框架中，认定排他性交易应以"实

---

① 李青：《纵向非价格限制违法性认定的统一框架——基于经济分析的进路》，载《南海法学》，2019年第3期，第29—36页。

质性市场封锁"为核心,结合累积效果、合同期限、市场壁垒等因素进行全面分析。第四,在具体认定反竞争效果时,以"排他性交易是否维持市场支配地位"为判断基准,同时参照纵向协议的考量因素。第五,保障两制度的豁免/抗辩规则保持价值取向一致,将第17条的"正当理由"解释为效率抗辩和客观合理性抗辩,第15条的措辞修改为"有利于……"的效果型表述。同时,在条例或指南中可以进一步细化排他性交易可能出现的抗辩情形。第六,有必要依据经营者与交易相对人的客观参与程度和主观状态作类型化区分,以保证各路径责任主体认定的一致性,根据相对人主观上的意愿、实施的行为、市场力量等各方面的因素确定在具体罚则上的处罚,通常同时适用两制度时择一正常量罚即可。①

有学者认为,在我国现行《反垄断法》框架下,对纵向非价格垄断协议的规制只能依靠《反垄断法》第14条的兜底条款或者滥用市场支配地位制度进行规制。这种分解规制的模式容易造成法律适用障碍与冲突,不足以解决纵向非价格垄断协议的竞争风险。难题的形成原因在于,《反垄断法》第14条未对纵向非价格垄断协议予以列举,兜底条款的适用则面临各种理论障碍与现实难题,适用兜底条款容易遭到行为人的抗辩,不符合通常的法律规范适用方式。并且适用兜底条款对执法机构的能力要求较高,人为地制造了法律适用障碍,还可能引起法律适用的误解和混乱。第17条确立的滥用市场支配地位制度又具有较高的适用门槛。可行的改进路径是对纵向垄断协议条款进行修正:通过增加列举与语言改造,扩大现行法对纵向非价格垄断协议的规制范围。具体而言,需要特别关注下列纵向地域与客户限制:一是交叉供货禁令,二是被动销售禁令。扩大兜底条款适用的主体范围,将《反垄断法》第13条、第14条的表述方式,"国务院反垄断执法机构认定的其他垄断协议"改为"法律、行政法规规定的或者国务院反

---

① 张晨颖、李希梁:《双重路径下排他性交易的反垄断规制》,载《知识产权》,2021年第4期,第17—33页。

垄断执法机构、有管辖权的人民法院认定的其他垄断协议";借鉴欧盟做法,以"安全港"和核心限制为标准,确立纵向非价格垄断协议推定豁免与个案豁免相结合的规制模式。①

有学者认为,纵向非价格限制是市场竞争中的常见形式,但主要法域的法律实施对现实回应缺乏有效性和连贯性,中国《反垄断法》亦未对其作出明文规定而使法律实施处于不确定状态。首先,比较分析欧盟法和美国法就纵向非价格限制的规制发展出来的逻辑与经验类型,可以确立:以品牌内竞争限制为起点从而影响品牌间竞争的经销限制,应为纵向非价格限制反垄断规制的规范类型。其次,对其实施反垄断规制的进路,应以"品牌内-品牌间"竞争为分析主轴,考察规制的结构性因素和规制区间,分析反竞争影响与层次、确认效率及其促进竞争转化。最后,至关重要的是,要明确纵向垄断协议作为独立规范类型的内在逻辑、形成区别于横向垄断协议和滥用市场支配地位的分析方法。在此基础上,应当区分既有的纵向非价格限制规制方式的三个层次。第一,品类管理、进场费有相当的促进竞争影响,而反竞争影响的程度和范围尚不明显。其在中国法下的规制模式,有待于《反垄断法》与其他法律的协调确定。第二,搭售和排他性购买(交易)已经在《反垄断法》第17条滥用市场支配项下予以规制,不应也不宜在第14条纵向垄断协议项下对此重复规制。第三,真正亟待规范化的纵向垄断协议,是包括排他性分销或供应、选择性分销、特许经营在内的排他性经销安排。正确的方法是剥离当前非价格限制的繁复经验外壳,回归其排他性经销协议的纯粹逻辑内核,以"品牌内-品牌间"竞争分析的框架评估这一组经销限制的反竞争与促进竞争影响。②

---

① 焦海涛:《纵向非价格垄断协议的反垄断法规制:困境与出路》,载《现代法学》,2019年第4期,第123—139页。
② 江山:《论纵向非价格限制的反垄断规制》,载《法律科学(西北政法大学学报)》,2020年第1期,第131—143页。

综上所述，现阶段我国对于纵向非价格限制的讨论主要集中于是否应该在《反垄断法》条文中明确规定纵向非价格限制垄断协议的概念，以及如何对其进行规制两方面。支持立法者认为纵向非价格是市场中复杂的垄断协议类型，单依靠"兜底性"立法，难保其合法性判断的确定性，建议引入具体类型的纵向非价格垄断协议。反对者认为纵向非价格垄断协议类型丰富，立法难以涵盖其全部内容，建议完善兜底条款的适用，而在国家市场监管总局发布的《修订草案》中，也主张不改变纵向垄断协议兜底条款的现状。但在反垄断执法机构合并前国家发改委价监局发布的《关于汽车业的反垄断指南》（征求意见稿）中，曾主张对三类典型的纵向非价格限制行为进行规制。由此观之，如何对纵向非价格限制进行规制仍然存在着较大的分歧。鉴于在实践中已经出现大量有关纵向非价格限制的案例，但执法机构却难以适用《反垄断法》对其进行规制的窘境，我国可在《反垄断法》第14条中增列典型的纵向非价格限制的违法行为类型，明确对纵向非价格限制的规制态度。事实上，日本已在《关于流通与交易习惯的反垄断法指南》中明确了对纵向非价格限制的规制内容，将纵向非价格限制的类型分为限制与自己的竞争者的交易、限制销售地域、限制销售业者的客户、选择性分销、限制零售商的销售方法、搭售六类。将纵向非价格限制的实质违法要件分为两类：一类是不应仅根据行为类型而判定该行为违法，而是应根据具体情况，尤其是实施该行为的经营者的市场地位等，在产生市场封锁效果或产生价格维持效果等阻碍公平竞争的情况下，判断该行为是否违法；另一类是通常会阻碍公平竞争，不论实施该行为的经营者的市场地位如何，原则上都有可能阻碍公平竞争。日本相关的立法值得我国借鉴，可制定专门的反垄断法指南，在指南中明确将"是否排除、限制竞争"作为纵向非价格限制行为违法性的判断标准，并详细列举纵向非价格限制各个行为类型的分析思路，具体阐明纵向非价格限制中的哪些行为会妨碍公平、自由的竞争并违反了《反垄断法》，以防止经营者及行业协会违反《反垄断法》

行为的发生，帮助经营者及行业协会开展适当的活动。

第四节 轴辐协议

我国《反垄断法》实施十余年来，反垄断执法机构和司法机关办理了大量涉嫌垄断行为的案件，在国际上树立了和欧美并列的第三大反垄断辖区的形象。但是，《反垄断法》实施也暴露出我国制度层面存在的问题，第十三届全国人大常委会已经将《反垄断法》的修订列入立法工作计划。2020年1月，国家市场监督管理总局公布的《修订草案》中增设了一条关于帮助型垄断协议规制的条文，有学者认为这即是学界讨论的轴辐协议（hub and spoke conspiracy）规制。《修订草案》第17条规定："禁止经营者组织、帮助具有竞争关系的经营者达成垄断协议。"该条款概括出轴辐协议特有的横纵交叉的混合型垄断协议特征，体现了立法起草部门的创新性和前瞻性。事实上，轴辐协议的概念最早源于美国，且不限于反垄断法领域。在1946年的Kotteakos案中，联邦最高法院第一次使用了轴辐的比喻。在反垄断法领域，轴辐协议的最早先例一般被认为是1939年的美国轴辐协议第一案——"州际巡回放映公司案"（Interstate Circuit）。在该案后，这类独特的协议安排在反垄断法实践中多次被提及，最终在美国联邦贸易委员会（FTC）1998年处理的玩具反斗城（Toys "R" Us）案明确使用了轴辐协议的概念。其后，在Dickson案（2002）、Pepsi Co.案（2002）、Howard Hess案（2010）、苹果电子书案（2015）、Guitar Center案中也相继出现了其概念，轴辐协议逐渐被学界所认可，并重视起来。从法学视角来看，轴辐协议就是通过一组维持转售价格的纵向协议，实现在上下两个市场上都能够避免竞争的合谋协议，是一种涵盖横向协议和纵向协议的混合型垄断协议。我国目前关于轴辐协议的研究尚不够深入，对轴辐协议的违法性判断和规制立场也存在很大争议。需要说明的是，《修正草案》查漏补缺，明确轴幅协议下的责任认定，提出对于经营者"实质性帮助"其他经营者达成垄断协议的情况下，该经营者需要承担责任。此外，《修正草案》也再次明确了组织、帮助达成垄断协议的法律责任，即如果经营者违反了该条规定，将同样适用对于达成垄断协议者的责任规定。

有学者认为，轴辐协议也被称为"轮轴协议""中心辐射协议"，它是横向与纵向垄断协议中间的一种特殊形态，也是经营者规避法律而产生的一种更加隐蔽的垄断协议形式。轴辐协议大致可以界定为：以特定主体为中心，多个具有竞争关系的主体之间达成的限制产品的价格、数量、销售地域等条件的垄断协议形式。轴辐协议实质上是具有竞争关系的企业通过与一个居间方的沟通而最终达成的横向垄断。从行为外观上看，轴辐协议包括两类垄断协议：一类是由某个处于产业链中心的经营者同与它不具有竞争关系的多个经营者达成的纵向协议；另一类则是由上述多个经营者之间达成的横向协议。在我国垄断协议纵横二分法的情况下，轴辐协议往往游离于《反垄断法》规制之外，因此需要在《反垄断法》中增加相应的条款。具体可表述为：禁止具有竞争关系的经营者或者其他主体通过与其共同的上游或者下游经营者分别签订相同协议或者相互交换信息等方式，变相达成垄断协议。①

有学者认为《反垄断法》通过第 13 条第 1 款和第 14 条将垄断协议分为横向垄断协议与纵向垄断协议两个类型，并分别进行规制，这样的规定存在划分过于简单化的问题。根据实践来看，还有一种典型代表"中心辐射型"卡特尔，并不属于二分法的任意一种。"中心辐射型"卡特尔，也称"轮轴式"（hub-and-spoke）卡特尔、"枢纽"卡特尔，迄今尚未有明确的定义。它是横向垄断协议和纵向垄断协议中间的一种特殊形态，也是当事人规避法律而产生的一种更加隐蔽的垄断协议形式。对于"中心辐射型"卡特尔这类垄断协议而言，《反垄断法》就垄断协议所作的分类规定明显缺乏周密性。因此，建议集

---

① 王先林：《论我国垄断协议规制制度的实施与完善——以〈反垄断法〉修订为视角》，载《安徽大学学报（哲学社会科学版）》，2020 年第 1 期，第 109—117 页。

中增设一个科学的兜底条款。具体而言，第一，删除《反垄断法》第13条、第14条规制横向垄断协议和纵向垄断协议条款中存在的"国务院反垄断执法机构认定的其他垄断协议"兜底款项，将这两方面的其他潜在情形和"中心辐射型"卡特尔这类的垄断协议统一交由新设的兜底条款进行概括规制。第二，该新设的兜底条款在内容上应当表述为"禁止经营者达成、实施其他垄断协议"。第三，该新设的兜底条款应放在《反垄断法》"垄断协议"章内（紧接在第14条之后），不宜放在《反垄断法》"总则"章内。①

有学者认为，"中心辐射型"卡特尔是兼具纵向垄断协议和横向垄断协议双重性的一种特殊垄断协议形式。纵向关系是它借以规避风险的"隐身衣"——纵向协议一般适用合理原则。因"中心"是下游主体，被"辐射"的范围为不同品牌的竞争者，故本质上，它属于横向垄断协议。由此决定了它适用本身违法原则、无须考察市场力量、可以适用宽大政策等。结合我国现行法律制度，这种协议可以依据协同行为的认定标准来对待，即要求行为一致性和意思联络。主张在适用的法律原则上，"中心辐射型"卡特尔只是卡特尔的一种变形而已，需从结果上而不是外观上把握其性质。故对此应当适用本身违法原则。在认定标准的把握上，通过认定《反垄断法》第13条中"协同行为"的方法来认定辐缘合谋，并设定了两个法律要件：一是辐条竞争者的行为具有一致性，即所有纵向协议涉及的交易条件基本相同；二是辐条竞争者之间具有一定的意思联络，即辐条竞争者应当意识到与轴心经营者签署协议对于所有的成员都是有利的。在法律责任上，由于下游主体的中心地位，责任主体既包括"中心"，也包括被"辐射"了的上游主体。②

---

① 丁茂中：《论规范垄断协议行为的立法完善》，载《政治与法律》，2020年第3期，第141—150页。
② 刘继峰：《"中心辐射型"卡特尔认定中的问题》，载《价格理论与实践》，2016年第6期，第33—36页。

有学者认为，横向垄断协议和纵向垄断协议的法定划分是我国垄断协议规制制度的重要内容，但以二者协议主体位置关系不同作为绝对区分标准，将使垄断协议二分法无力应对横纵交错的轴辐协议。我国垄断协议的认定实际上具有公法性处理和私法性救济的二重属性。然而，由于《反垄断法》有关垄断协议的实体规范较为原则和抽象，加之行政执法和司法裁判对法律规定的不同理解和不同的管理关注，垄断协议认定的二重属性很可能演变成反垄断执法机构和法院在垄断协议的构成判断、认定思路、法律适用结果等方面的分歧甚至对立，进而冲击反垄断法规范逻辑的一致性和权威性，并且给经营者带来《反垄断法》的合规难题。因此，应以竞争危害性的实质标准作为垄断协议违法认定的实质要件，同时摒除横纵向协议事实认定互不联系的旧思维定式，形成横纵向协议事实认定具有联系性的执法思维，以应对具有纵向协议形式但实际产生横向垄断效果的轴辐协议中复杂事实的认定。实质标准的回归和转变事实认定思维是解决垄断协议二分法无力规制轴辐协议问题的有效进路，但仍需在反垄断执法中不断累积经验。①

有学者从垄断协议的二分法出发，认为横向垄断协议与纵向垄断协议之间的区分不能形式化，由于在两者之间可能存在灰色地带，横向和纵向协议这种简单划分并不能涵盖所有的垄断协议行为，也不能反映所有垄断行为表象上体现出的违法行为性质。轴辐协议便是一种游离在横向垄断协议、纵向垄断协议之外的新型垄断协议，它有自身独特的结构、性质与认定方法。认为轴辐协议呈现为若干相互平行的纵向协议与一个横向协议的组合结构，其中纵向协议是明协议，横向协议是暗协议，因此轴辐协议的证明重心在于后者。因此，对于轴辐协议的认定应当区别于一般的垄断协议行为。需要对垄断协议禁止规则予以再造，增加能够涵摄轴辐协议的一般条款。对于轴辐协议的认

---

① 丁国民等：《垄断协议二分法的现实困境与因应策略——以轴辐协议为视角》，载《东北农业大学学报（社会科学版）》，2019年第5期，第39—46页。

定当采用排除、限制竞争的实质性认定标准,对轴辐协议的分析依照外观成立、实质性违法、豁免适用渐次展开。①

有学者认为,目前学界所提出的轴辐协议的定义及构成要件存在诸多不严谨之处,与已经类型化的垄断行为甚至合法行为存在严重交叉。基于《反垄断法》的立法目的及国外的相关实践,认为轴辐协议虽然同时涉及横向协议与纵向协议,但从竞争效果出发应当将其视为横向协议。但与当然违法的横向垄断协议相比,轴辐协议的构成应当包含两个额外要件:一为横向竞争者之间的合谋;二为纵向经营者积极促进横向合谋的形成。申言之,轴辐协议应当具有两类主体及两类协议,两类主体分别为上下游企业,两类协议是多个纵向协议(均为明示的)和横向协议(主要是默示的)。因此,在对轴辐协议进行分析时,原则上应当以本身违法的分析方法来处理,但从构成要件可知轴辐协议的认定需要对市场条件进行深入分析,因此实质上属于合理原则的范畴。当涉及本身违法的纵向协议时就没有必要使用轴辐协议这个概念,可以按照本身违法原则来处理,反垄断执法机构可以对所有的经营者(无论是核心经营者还是辐条竞争者)直接进行处罚,而无需引入轴辐协议这个概念。②

有学者将轴辐协议称为"组织帮助型垄断协议",认为在修法时导入组织帮助型协议规制具有理论必要性和实践可行性,但应当处理好其与横向垄断协议、纵向垄断协议、行业协会组织实施垄断协议,以及滥用市场支配地位规制的关系,明确其分析框架和违法认定标准,发挥我国在国际竞争法律发展中的引领作用。申言之,组织帮助型垄断协议和传统的横向、纵向垄断协议的不同之处在于其同时包含多个明面上的纵向协议和一个潜在的横向协议,组成一组双层、双向的混

---

① 张晨颖:《垄断协议二分法检讨与禁止规则再造——从轴辐协议谈起》,载《法商研究》,2018年第2期,第102—113页。
② 侯利阳:《轴辐协议的违法性辨析》,载《中外法学》,2019年第6期,第1598—1616页。

合型垄断协议。就此而言，组织帮助型垄断协议的构成应当具备三个核心条件：第一，轴心经营者和辐条经营者之间存在一组排除限制竞争的纵向协议。第二，辐条经营者之间具有一个潜在的横向垄断协议（辐缘合谋）。第三，轴心经营者对于潜在横向垄断协议的达成和实施发挥了组织或帮助的作用。对组织帮助型垄断协议的违法性判断，需要结合其在上下游市场产生的排除限制竞争效果，进行经济分析和综合评估。组织帮助型垄断协议规制的适用，并不必然要求轴心经营者具有市场支配地位，关键在于其是否组织或帮助促成了横向合谋协议，产生了排除限制竞争效果和造成消费者福利损失。如果组织帮助型垄断协议促成核心限制行为，应当适用本身违法原则。如果组织帮助型垄断协议促成了核心限制行为之外的行为，或者轴心经营者所在领域存在有效竞争，则应适用合理分析原则进行判断。[①]

综上所述，现阶段学界对轴辐协议研究的重心主要集中于两方面：一方面是轴辐协议的分类，即有没有必要单独在二分法外确定轴辐协议。绝大多数的学者都认为轴辐协议是特殊的横向垄断协议，因此，没必要将其单独规制。事实上，自美国联邦最高法院在1977年Sylvania案中将垄断协议区分为横纵两种之后，这种二分法在美国甚至世界上被广为接受，并逐渐形成了对横向垄断协议主要适用本身违法原则、对纵向垄断协议主要适用合理原则的反垄断法分析方法。但轴辐协议的出现打破了这种分类，它将横纵关系混为一体的属性使我们很难依据当事人间的关系来判断该协议的性质。美国大多数学者将轴辐协议视为横向协议，纵向关系只是达成横向协议的手段。[②] 在法律适用上，如

[①] 戴龙：《论组织帮助型垄断协议的规制——兼议我国〈反垄断法〉的修订》，载《法学评论》，2021年第1期，第105—114页。

[②] Harrington Jr. and Joseph E., "How Do Hub-and-Spoke Cartels Operate? Lessons from Nine Case Studies", https://ssrn.com/abstract = 3238244; Elizabeth Prewitt and Greta Fails, "Indirect Information Exchanges to Hub-and-Spoke Cartels: Enforcement and Litigation Trends in the United States and Europe", *Competition Law & Policy Debate*, Vol. 1, No. 2, 2015.

果辐条之间的横向共谋是本身违法的，则整个轴辐协议都是本身违法的。① 也有学者认为轴辐协议是一个纵向协议与横向协议的混合物，对这两种协议应当分别予以法律适用——轴心与辐条之间的纵向协议任何情况下都应视为纵向协议，适用合理原则；如果辐条之间形成横向共谋，则对该限制适用本身违法原则。② 但从实际来看，轴辐协议不等于导致横向限制竞争效果的纵向协议，轴辐协议也不宜视为横向协议与纵向协议的简单相加，轴心可能不是经营者，这时它和辐条之间不存在纵向协议的关系；即便轴心是经营者，但如果其和辐条之间是代理关系，也不能认定纵向协议的存在，且轮缘经营者之间也实际上存在一个横向的共谋。因此，应将其视为游离于横向协议和纵向协议之外的第三类垄断协议。

另一方面的研究则主要集中于对轴辐协议的违法行为的认定研究，但应当注意到，由于目前学界所提出的轴辐协议的定义及构成要件存在诸多不严谨之处，与已经类型化的垄断行为甚至合法行为存在严重交叉。基于《反垄断法》的立法目的及国外的相关实践，轴辐协议虽然同时涉及横向协议与纵向协议，但对其进行竞争影响分析时，应当将其视为横向协议；但与当然违法的横向垄断协议相比，轴辐协议的构成应当包含两个额外要件：一为横向竞争者之间的合谋；二为纵向经营者积极促进横向合谋的形成。申言之，轴辐协议是一种特殊的横向协议，其特殊性在于此类协议涉及一个与所有的横向竞争者都发生交易关系的纵向主体。因此，轴辐协议应当存在两类法律主体及两种法律关系。两类主体是核心经营者与辐条竞争者。两种法律关系一为核心经营者与辐条竞争者之间的纵向协议，二为辐条竞争者之间的横向合谋。在涉及轴辐协议的案件中，比较明确的事实往往是轴心经营

---

① Barak Orbach, "Hub-and-Spoke Conspiracies", http://ssrn.com/abstract=2765476.
② Erin Garrity, "A New Chapter in Antitrust Law: The Second Circuit's Decision in United States v. Apple Determines Hub-and-Spoke Conspiracy Per Se Illegal", *Boston College Law Review*, Vol. 57, No. 6, 2016, p. 91.

者与辐条竞争者之间的纵向协议。这类协议通常内容公开，反垄断执法机构比较容易获取证据对之进行证明。因此，对于这一类案件的处理往往直接依靠本身违法原则进行处理，而对其他案件则可考虑运用合理原则进行处理。一般而言，轴辐协议是由轴心经营者所发起的，其主观目的上不仅有形成纵向限制或联合的故意，还有促成外围经营者间接共谋以实现排挤对手、操纵价格、划分市场等限制或排除竞争的故意，因此对于轴心经营者的处罚力度应当参照相应处罚标准从重处罚；如果链条上的外围经营者是受轴心经营者胁迫而作出相应市场行为的，可以从轻处罚。当然若是积极配合轴心经营者的纵向限制或联合行为的，不得从轻处罚。在具体执法过程中，执法机关可以参考相关的纵向垄断协议和横向垄断协议的具体处罚数额，决定类似市场竞争中中心辐射型垄断协议的处罚数额。

第五节　豁免协议

豁免是指排除适用反垄断法的情形。豁免制度是利益衡量的结果，从经济效果上对排除、限制竞争行为的性质和影响进行利益比较，在"利大于弊"时排除适用反垄断法的禁止性规定。一般世界各国多从维护社会公共利益的需要、协调竞争政策与产业政策冲突的需要、增强对垄断协议规制灵活性的需要等多方面规制豁免制度的相关内容。我国《反垄断法》规定了七种情形将可能得到豁免：第一，为改进技术、研究开发新产品的。第二，为提高产品质量、降低成本、增进效率，统一产品规格、标准或者实行专业化分工的。第三，为提高中小经营者经营效率，增强中小经营者竞争力的。第四，为实现节约能源、保护环境、救灾救助等社会公共利益的。第五，因经济不景气，为缓解销售量严重下降或者生产明显过剩的。第六，为保障对外贸易和对外经济合作中的正当利益的。第七，法律和国务院规定的其他情形。归纳总结起来大致有四种：第一，有利于产品生产和销售或促进经济与技术进步。第二，使消费者公平分享由此产生的利益。第三，达成纵向价格垄断协议是必不可少的限制。第四，实施者不至于有能力消除竞争、严重阻碍市场竞争。

需要说明的是《反垄断法》规定的第1—5项的情形，经营者还需证明所达成的协议不会严重限制相关市场的竞争，并且能够使消费者分享由此产生的利益。我国《反垄断法》第7条、第55条、第56条不仅适用于垄断协议的豁免，也适用于经营者集中和滥用市场支配地位等的豁免。而第15条则是专门适用于垄断协议豁免的规定。《禁止垄断协议暂行规定》则进一步明确了可以豁免的情形和程序，确立了我国《反垄断法》相关规定为个案豁免，使得《反垄断法》中的豁免规定具有了可操作性，也更有利于保护经营者的合法权利，认为反垄断执法机构在认定垄断协议的豁免时，应当考虑以下四点：一是协议实现该豁免情形的具体形式和效果；二是协议与实现豁免情形之间的因果关系；三是协议是否是实现该豁免情形的必要条件；四是其他可以证明协议属于相关豁免情形的因素。在认定消费者能否分享协议产生的利益时，应当考虑消费者是否因协议的达成、实施在商品的价格、质量、种类等方面获利。可以说，我国已经构建了初步的垄断协议豁免体系。但是，这个体系仍然存在范围不够科学、规范可操作性差、对于竞争政策和产业政策协调不足等方面的缺陷，需要予以完善。我国《反垄断法》中仅在第7条对某些自然垄断行业和国家垄断行业、第15条对于特殊垄断协议领域、第55条对于知识产权领域和第56条对于农业规定了豁免适用，对于其他行业则没有明确规定，这有待未来立法的完善。且现行垄断协议豁免制度的可操作性并不强，如第15条第2款提出豁免的经营者需证明"所达成的协议不会严重限制相关市场的竞争，并且能够使消费者分享由此产生的利益"，但对何谓"严重"，《反垄断法》及相关配套规章并没有制定出一套确实可行的标准，需要在今后通过实施细则或相关指南进一步予以明确。

需要强调的是，《修正草案》首次从立法层面规定了垄断协议的

"安全港"制度（第19条规定）：经营者能够证明其相关市场的市场份额低于国务院反垄断执法机构规定的标准的，不适用本法第16条（横向垄断协议）、第17条（纵向垄断协议）、第18条（组织其他经营者达成垄断协议或提供实质性帮助）的规定，但有证据证明经营者达成的协议排除、限制竞争的除外。形成了"禁止+豁免+安全港"三线并行的垄断协议规制新格局，这无疑将为企业开展业务提供了更大的确定性。在垄断协议语境下，"安全港"规则是指当达成垄断协议的经营者能够证明其在相关市场的市场份额低于反垄断执法机构规定的标准时，其实施的垄断协议行为由于产生的反竞争影响较小甚至可忽略不计因而能够免于监管约束。若经营者在相关市场中的市场份额并不显著，其实施的垄断行为排除、限制竞争的效果也十分有限，则这类行为通常没有通过反垄断执法工具进行规制的必要性。但值得注意的是，即使符合相应的市场份额标准，如果有证据证明经营者达成的协议排除、限制竞争的（达到一定程度），相关协议仍将被认定为垄断协议。因此，是否任何类型垄断协议都能基于安全港规则而豁免反垄断责任，尚待观察。不过"安全港"条款的设立，有利于在执法资源有限的情况下做到"抓大放小"，并为中小经营者提供行为合法性的预期，明确合规边界，降低合规成本，能够优化执法资源，节约司法资源。

有学者认为我国目前的垄断协议豁免制度存在以下三个方面的问题：第一，以"目的"为要件进行豁免，经营者申请豁免时，只需证明达成协议的目的属于这些情形，就可获得豁免，缺乏证明协议产生的实际"效果"；第二，存在"出口卡特尔"豁免的情形，对中国出口企业实际上没有帮助，且这一规则也并非国际反垄断法的发展趋势；第三，现行条文对于豁免的要件中，并没有提及涉嫌违法的协议对于豁免情形涉及的积极效果的必要性的问题。因此，建议：一是在具体豁免情形中，将"为……的"措辞方式调整为"有利于……"，也就是将"目的表述"调整为"效果表述"，豁免机制实际上是在协议产生的"反竞争效果"与条文所列的"其他积极效果"之间所作的权衡取舍。实质是要看相关协议是否产生积极效果，这些积极效果使得法律可以"容忍"协议造成的反竞争效果。二是删除现行豁免情形之一的"为保障对外贸易和对外经济合作中的正当利益的"，即删除所谓的"出口卡特尔"豁免情形。三是增加"只有达成协议才能实现第一项至第五项的效果"这一豁免的证明要件，体现了协议对于豁免情形实际经济效果的"必要性"这一要件。①

有学者借鉴欧盟卡特尔的适用规则和豁免规定，比较《欧盟运行条约》第101（3）条规定的限制竞争四个豁免构成要件与中国豁免制度三个构成要件间的差异发现，与欧盟法律规定四要件相比，我国法律缺乏"对于限制竞争必不可少"要件；对限制竞争的程度要求也不同，我国只要求"不会严重限制相关市场的竞争"，欧盟则要求"排除相关市场竞争"。由此得出结论，欧盟法院仍然是倾向于对于任何具有竞争影响的协议适用豁免规定的，均应允许当事人对于假设违法行为提出理由抗辩。而从我国现今的立法规定、立法理由抑或是司法解释、实践分析来看，均无法得出我国已规定了"本身违法规则"的结论。建议我国应借鉴欧盟规定，可以在执法机构颁布的执法指南中对于横向垄断协议进行目的限制和效果限制的划分，从而将法律明文规定的禁止类型协议列入目的限制，且可以随经济发展情况变化，将那些尚未出现却具有目的限制的协议归入此目的限制。至于欧盟限制竞争豁免规定，我国总体上也可借鉴，制定较为明确的指南，在对经济目标与非经济目标进行权衡时，应掌握相应的平衡点，不致使竞争法的经济本性发生异位变化，使其承担不应肩负的任务。对于我国没有规定限制竞争是效率获得的必要条件问题，基于我国的特殊国情，暂时没有必要规定必要条件，待时机成熟之际，可将其规定为豁免条件，

---

① 王先林：《论我国垄断协议规制制度的实施与完善——以〈反垄断法〉修订为视角》，载《安徽大学学报（哲学社会科学版）》，2020年第1期，第109—117页。

保障竞争价值的有效实施。①

有学者认为《反垄断法》第15条通过"类型列举+要件补充"的形式对垄断协议的豁免制度作规定的方式存在应对机制不全的问题。以深圳市有害生物防治协会一案为例，认为在政府指导下定价或政府定价的行为，可能导致行业协会难以摆脱涉嫌横向垄断协议的嫌疑。即便可以援用《反垄断法》第15条的有关规定，也不能自动得到豁免，还需反垄断执法机构进行认定。这就意味着深圳市有害生物防治协会的此类做法始终都处于可能因构成横向垄断协议而被行政处罚的风险之下，即使其在实质上属于履行价格自律职能的合理"护法"举措。因此，建议通过采用法定豁免模式或者适用除外制度进行合理补充。具体而言，在未来较长的一段时间内，只宜根据特定的需要对垄断协议有限地适用法定豁免。较为合适的做法就是由《反垄断法》直接在垄断协议的豁免制度中单独增设条款对行业协会履行价格自律职能作出明确规定。第一，行业协会依据我国《价格法》采取措施维护政府定价或者政府指导价的做法不适用垄断协议的禁止规范。第二，行业协会无需另外证明这类做法不会严重限制相关市场的竞争和能够使消费者分享由此产生的利益。第三，除非反垄断执法机构有证据能够证明行业协议所采取的价格自律措施超出政府定价或者政府指导价的规制范围，否则就自动推定其符合要求。如果不拘泥于在垄断协议的豁免制度内解决这个问题，则可以采用《反垄断法》的适用除外制度。《反垄断法》可以增加如下规定："行业组织依据《中华人民共和国价格法》实施价格自律的行为，不适用本法；行业组织滥用价格自律，实质性排除、限制竞争的行为，适用本法。"②

有学者认为在我国的《反垄断法》执法中，第15条垄断协议的豁

---

① 刘廷涛：《欧盟卡特尔适用规则及豁免规定对中国之启示》，载《东方法学》，2015年第3期，第134—144页。
② 丁茂中：《论规范垄断协议行为的立法完善》，载《政治与法律》，2020年第3期，第141—150页。

免制度难以落地,自执法以来,依第 15 条规定予以豁免而不予处罚的案件一件都没有。执法程序制度的缺失是造成这一现象的重要原因,增设垄断协议豁免执法程序制度应当成为《反垄断法》修订的主要内容之一。我国可以分集体豁免和个案豁免两个路径,申请、审查和决定三大环节,设计垄断协议豁免执法程序。以垄断协议的达成作为逻辑起点,启动环节,根据集体豁免和个案豁免启动机制的不同规定申请的不同时间点,集体豁免申请的提出不能在实施后而应当是达成后、实施前。审查环节,程序设计以保障信息充分性、提高审查专业性为制度的追求,具体而言:保障信息充分性的制度设计,确认垄断协议和豁免申请意愿,完善依审查判断的信息需求制定对申请者提交材料的要求,同时根据个案特点激励申请人提交辅助材料。增进判断专业性的程序性要求,进行组织听证,邀请相关专家和部门领导人就该垄断协议的豁免和其他问题提供意见。决定环节,程序设计以保障决定的实施和对决定的救济为制度的追求。借鉴经营者集中审查制度,可以设定附条件豁免,解决利大于弊但不显著的垄断协议豁免中的这一困难。同时,为减轻执法压力,可以设立附加定期报告的制度。还要防范可能存在豁免申请中的欺骗和对豁免人员的寻租。在作出豁免决定后,赋予申请人救济的权利,是一种有效的制约,有必要设立撤销制度。[①]

有学者认为,我国《反垄断法》第 15 条规定了经营者适用豁免制度需满足的六种情形及两个必要证明条件,但因文本表述抽象且尚无有效法律法规予以细化,致使对豁免制度的认识不一致,在实务中的应用方式也不统一。学者认为,《反垄断法》第 15 条第 2 款中"不会严重限制市场的竞争"这一条件未在实务中得到真正的运用。在执法层面,提及豁免条款的案例占总数比重较低——约为 20%,并且少有经营者主动主张适用豁免条款并给出有说服力的证明。在司法层面,

---

① 肖江平:《我国垄断协议豁免执法程序的制度设计——基于〈反垄断法〉修订的分析》,载《华东政法大学学报》,2020 年第 2 期,第 50—63 页。

出现"用美国的内核填充欧盟的框架"这一奇特现象，几乎架空了第15条豁免条款的适用，更未见对于豁免条件系统、清晰的论述。对于"不会严重限制相关市场的竞争"这一核心条件的证明，无论执法、司法机关还是经营者都未给予应有的回应：几乎没有对这一核心条件进行论证。因此，学者认为，应对"不会严重限制相关市场的竞争"条件作深刻理解，"不会严重限制相关市场的竞争"这一条件意在给"市场容忍度"设置最低底线，即可以容忍基于正当目的而造成的排除限制竞争效果，但此种限制一定在"严重警戒线"之下。在总结有关国家立法经验的基础上，可以"三阶论"来细化上述标准及认定思路，即市场份额、市场准入、维持效率的可能性。市场份额是从消费者的数量上体现出来的；市场准入难易程度直接决定消费选择的可能性；效率影响消费选择的现实性。着眼于制度的可操作性，限制相关市场的竞争"严重"与否，既需要"量"的标尺，也需要质的规定性。①

有学者认为，企业间环境协议是实现特定环境目标的有效手段，但也存在限制竞争的风险。《反垄断法》规制企业间环境协议必须协调好环境目标与竞争目标的冲突。基于经济、法律与环境间的内在关联，以及环境保护的基础性地位，《反垄断法》的实施应当整合环境保护的需求。为此，一方面需要对满足特定条件的环境协议排除禁止性规定的适用；另一方面要利用豁免规则，将环境收益纳入效率抗辩的范围之内。在判断是否给予环境协议豁免时，可以对环境协议的目标、其中包含的限制行为的性质、是否促进了经济效率及其对消费者的影响，以及限制竞争的程度是否合乎比例原则等内容作出审查。我国《反垄断法》第15条也规定了环境协议豁免制度，但在豁免标准与豁免条件的设定上，既没有充分考虑环境收益的特殊性，也没有施加比例原则的限制。认为企业间环境协议等有利于环境保护的行为能否在反垄断法上得到豁免，一般需要从以下几个方面综合判断：目标要求是对

---

① 刘继峰、孙蕾蕾：《论严重限制相关市场竞争的适用标准——基于〈反垄断法〉第15条规定展开的研究》，载《价格理论与实践》，2019年第6期，第39—45页，第128页。

"伪装卡特尔"的识别，性质认定是对限制竞争行为的确认，效果分析是基于经济效率的判断，效率指向是以消费者的公平分享为标准，程度控制必须达到比例原则的要求。① 其实，在其先前的研究中，已经对"绿色豁免"制度有所涉及，只不过是将环境效益纳入社会政策目标中，认为现代反垄断法在追求经济效率的同时，也应兼顾环境保护和文化多样性保护等社会政策目标。豁免制度是解决利益冲突的主要手段之一。反垄断法主要通过效率抗辩与附属限制理论两条路径来解决社会政策目标的豁免问题。效率抗辩主要适用于能够直接带来经济效率或可以转化为经济效率的社会政策目标豁免；那些难以或不能转化为经济效率的社会政策目标，可以借助附属限制理论寻求豁免。而我国《反垄断法》中的垄断协议豁免制度，混淆了经济性利益与非经济性利益，统一适用效率抗辩的分析思路，不利于社会政策目标的实现。反垄断立法存在词不达意的悖论，从《反垄断法》条文整体上看，"社会公共利益"仅只能作狭义理解，违反立法目的，建议直接在立法目的条款中删除"社会公共利益"的表述。认为《反垄断法》第15条将经济性豁免（直接追求经济效率的垄断行为豁免）与社会性豁免同等对待，确立了相同的定量分析框架，这是不合理的。事实上，对于第15条第4项规定的社会公共利益，不宜完全进行定量分析。建议借鉴第28条的分析框架，对社会公共利益作狭义界定，并设置必要的豁免标准，引入比例原则，贯穿整个豁免程序。②

综上所述，现阶段学界对于豁免制度的研究主要集中于豁免标准的研究，主流观点包括"效率抗辩说""公共利益说""集体利益说""消费者权益说"等。但总体上来看，豁免标准的研究仍以利益衡量为标准，只不过从不同的角度论证了对排除、限制竞争的行为适用《反

---

① 焦海涛:《环境保护与反垄断法绿色豁免制度》,载《法律科学（西北政法大学学报）》,2019年第3期,第107—121页。
② 焦海涛:《社会政策目标的反垄断法豁免标准》,载《法学评论》,2017年第4期,第124—138页。

垄断法》除外时应具体考虑的相关利益。其实，各国设立反垄断豁免制度的立法目的，一方面在于灵活运用《反垄断法》，体现《反垄断法》的灵活性与市场复杂性的较好结合；另一方面也是为了保护公共利益的需要，需要说明的是，这里的公共利益是一个概指的范畴，既包含多数人的利益，也包含社会经济发展必需的利益。而关于具体实施标准的研究，主要集中于"严重限制相关市场竞争"标准和"消费者能够分享由此产生的利益"研究，即什么样的限制才能称得上是严重限制？这里的"消费者"具体应包括哪些群体？审查豁免时，应坚持什么原则？整体而言，学界普遍认为豁免制度的适用应坚持合理原则，采取具体列举式与抽象规则相结合的方式以弥补抽象规定的不足。对于"严重限制相关市场竞争"的标准，则需要综合考虑其他竞争者进入难易程度、控制市场的能力等因素。而对于这里"消费者"所蕴含的概念，则主张进行扩大解释，包括相关市场中的生产者、批发商、销售商及最终消费者，进行利益衡量时，应综合考虑各方的相关利益。并且在特殊的行业中，可综合运用灵活的方式，进行反垄断豁免申报，如在航运产业中，既可主张集体豁免，也可主张个体豁免，运用合理原则对涉案企业的反竞争效果和能够带来的利益进行价值比较。

第六节　其他

有学者认为，纵向协议并不符合垄断协议的构成要件，竞争者互相构成对方提高价格的阻碍，因此它们有动机达成协议，消除彼此间的竞争，从而共同形成提高价格的能力。这决定了垄断协议必定发生在竞争者之间，因而垄断协议只会是横向的。垄断协议是当事人双方"排除、限制竞争"的意思表示一致，但纵向协议经常是一方当事人强加的，只反映着单方意思。在《反垄断法》上，单方行为不适用垄断协议的规定，而应适用支配地位滥用行为的规定（假如行为人拥有支配地位的话）；如果行为人并无支配地位，则《反垄断法》不予管辖。

垄断协议是限制竞争的协议，但纵向协议的当事人互为交易相对人，双方之间并无竞争关系，它只会限制一方当事人与第三人的竞争。因此，并不存在什么"纵向垄断协议"，所有垄断协议都是横向的。此外，纵向协议有可能构成支配地位滥用行为，也不能局限于垄断协议的分析框架。认为《反垄断法》第14条的视野始终局限于纵向协议当事双方的内部关系，发生了根本性的方向偏差，既弄错了行为的性质，也找错了当事人，在修订时是应当删除的。①

有学者认为，除《反垄断法》原则禁止的各类协议类型外，市场上还存在大量其他类型的协议形式，这些协议理论上仍面临《反垄断法》第13条、第14条兜底条款的威慑。为进一步提升市场预期，建议新增"安全港"条款，即属于该条情形的，推定协议不具有排除、限制竞争的效果，不适用《反垄断法》第13条、第14条的兜底情形，从而便于市场主体自我审核，降低法律风险，提升市场预期。具体而言，参照一些国家的相关做法，首先，考虑到横向协议与纵向协议的反竞争性不同，需要区分横向协议和纵向协议分别规定适用的市场份额标准，对横向协议以20%的市场份额作为判断标准，对纵向协议以30%的市场份额作为适用标准；其次，考虑到有时经营者在相关市场的份额难以获得，或者市场份额不能准确反映经营者的市场地位，需要设计出此时的替代性判断标准，即在相关市场上除协议各方控制的商品或者技术外，存在四个或者四个以上能够以合理成本得到的由其他经营者独立控制的具有替代关系的商品或者技术。②

有学者认为，传统的逆向选择模型将低质量格式条款的生成归因于需求端的认知缺陷，逆向选择模型着眼于以经营者和消费者为最小单位的零和博弈。在该模型下，格式合同市场从不排除或限制竞争，

---

① 许光耀：《反垄断法前沿问题的研究进展》，载《价格理论与实践》，2020年第1期，第52—56页。
② 王先林：《论我国垄断协议规制制度的实施与完善——以《反垄断法》修订为视角》，载《安徽大学学报(哲学社会科学版)》，2020年第1期，第109—117页。

只是经营者不约而同地受到需求端关于质量的错误导向。而共谋模型将低质量维持原因解释为供给端的共谋,为《反垄断法》的介入提供了依据。格式条款标准化的横向垄断协议认定应满足《反垄断法》第13条规定的形式要件与效果要件,采用一般举证规则作为分析模式,由原告证明其"协议、决定或协同行为"形式及反竞争效果。形式要件以"形式与反竞争效果的尽可能耦合"为逻辑起点,应基于市场力的持久性与显著性标准加以重构。反竞争效果要件以对竞争的实质限制为标准,参照美国法实践,可通过质量或交易自由限制路径证成,最终均应落实于对其竞争限制的识别。①

有学者认为,当经营者实施的是维持转售价格以外的行为时,仅仅依据《反垄断法》第14条第3项的规定,我们通常难以对之进行精确的定性。若要精确适用纵向垄断协议的兜底条款,就必须另外结合垄断协议的定义条款,而这必将产生诸多的逻辑分裂问题。即便采取实用主义的态度忽视潜在的逻辑分裂问题,结合垄断协议的定义条款来适用纵向垄断协议的兜底条款依旧面临更为棘手的法律问题。而且就国内外的实践情况来看,目前可以借鉴的成熟经验非常有限,我们很难进行精确的范围缩减与目标定位。因此,在《反垄断法》必须存有类似兜底条款的情况下,反垄断执法对此应当最大限度地秉持"谦抑性"。即使是确实需要依法进行规制适用,也应当在通过发布指南对此作出非常明确的指引前提下才适宜进行个案查办。②

有学者认为第三方支付作为一个新兴的行业,需要有公平自由的市场竞争秩序保障其发展。但目前第三方支付行业中出现的垄断协议损害了正常的市场竞争机制,限制了消费者的权利,需要进行反垄断法规制。第一,第三方支付行业中的垄断协议有别于传统垄断协议,

---

① 王俣璇:《格式条款标准化的垄断协议认定》,载《法学论坛》,2020年第3期,第108—118页。
② 丁茂中:《纵向垄断协议兜底条款的适用困境及其出路》,载《竞争政策研究》,2019年第2期,第5—14页。

即便是横向垄断协议，不一定会损害社会福利，也有可能会促进经济效率。第三方支付行业《反垄断法》规制中必须全面考虑垄断协议对市场效率的影响，用合理原则进行灵活分析。第二，在联合抵制行为中应重点规制银行卡组织对第三方支付企业的联合抵制行为和商业银行联合抵制第三方支付企业的协同行为。第三，对第三方支付企业联合制定标准的行为规制可借鉴欧盟的立法模式，从制定过程、市场进入、标准滥用等方面考察支付标准化是否有限制竞争的效果。一要考察支付标准的制定过程是否开放、公平；二要对标准制定后的市场进入进行评估；三要考察是否允许开发新的标准，还要对支付标准的滥用行为予以关注。第四，在纵向垄断协议中应重点规制第三方支付纵向一体化模式下的独家交易行为。第三方支付纵向一体化是其中一个重要的商业模式，母子公司之间垄断协议的认定，也应该区分母子公司是否存在独立性。第三方支付市场中存在的独家交易协议，排斥了现有的市场竞争者，同时也阻碍了新的市场进入。①

有学者认为专利独家许可是专利权人在实施专利技术时基于技术控制、后续管理、品牌信誉等，将专利技术在一定期限和一定地域范围内只许可给特定经营者的营销型商业安排，其对竞争产生双重效应。专利独家许可能在短时间内以较小的成本完成专利技术的产业化，产生规模经济效应，在整体上促进社会技术创新，但具有竞争关系的专利权人与被许可人之间的独家许可及拥有市场支配地位的专利技术的独家许可会危及市场竞争秩序。因此，有必要在《反垄断法》层面明确专利独家许可违法性的构成要件，为《反垄断法》规制专利独家许可行为提供理论支持。具体而言，对于构成垄断协议的专利独家许可，应当在明确行为类型的基础上，综合考虑各种相关因素，以本身违法原则和合理原则判定其是否违法。适用本身违法原则直接认定专利独家许可行为违法的情形包括许可协议实际上是为了固定价格、限制产

---

① 杨利华：《第三方支付行业垄断协议的法律规制》，载《兰州财经大学学报》，2019年第5期，第107—115页。

量或者划分市场的行为,或者通过一系列独家许可行为,使处于不同地域市场的平行竞争者之间实际上为实现固定价格、限制产量、划分市场等目的而形成轴辐型垄断协议时,也可适用本身违法原则直接判定此类行为违法。适用合理原则判定专利独家许可行为违法的路径要考察专利独家许可的结果、判断专利独家许可所涉市场的竞争状况、分析专利独家许可协议签订者的主观目的、评定专利独家许可协议当事人的市场力量、排除法定的垄断协议豁免情形。[①]

[①] 宁立志、杨妮娜:《专利独家许可的反垄断法分析》,载《中州学刊》,2019年第4期,第45—51页。

第四章 滥用市场支配地位

市场支配地位是特定于《反垄断法》的规范概念，它不单是滥用市场支配地位制度的基本要件，同时也可以嵌入垄断协议制度与经营者集中审查制度的规范环节。按照我国《反垄断法》第17条第2款的规定，所谓"市场支配地位"，是指经营者在相关市场内具有能够控制商品价格、数量或者其他交易条件，或者能够影响，甚至阻碍其他经营者进入相关市场能力的市场地位。第18条则要求在认定经营者具有市场支配地位时，应当综合考虑以下因素：一是该经营者在相关市场的市场份额，以及相关市场的竞争状况；二是该经营者控制销售市场或者原材料采购市场的能力；三是该经营者的财力和技术条件；四是其他经营者对该经营者在交易上的依赖程度；五是其他经营者进入相关市场的难易程度；六是与认定该经营者市场支配地位有关的其他因素。同时，《反垄断法》第19条还规定了以市场份额为依据的市场支配地位推定条款，即一个经营者在相关市场的市场份额达到二分之一的；两个经营者在相关市场的市场份额合计达到三分之二的；三个经营者在相关市场的市场份额合计达到四分之三的，可以被推定为具有市场支配地位。而世界各辖区反垄断法对市场支配地位的称谓有很多，如"垄断力""市场支配力""垄断状态"等，其内涵大致相同。

竞争法学界在区分和界定滥用市场支配地位行为时，通常根据行为目的、对象、竞争损害程度的不同,将其区分为排他性滥用(Exclusionary Abuse)和剥削性滥用(Exploitative Abuse)。① 所谓排他性滥用是指具有市场支配地位的经营者通过从市场中封锁、排除现实的或潜在的竞争者来维持、强化市场支配地位的行为;剥削性滥用是指具有市场支配地位的经营者利用自己的市场支配地位,通过设定在有效竞争的条件下不可能维持的价格或者其他交易条件,来侵害交易相对方利益的行为。② 区分排他性滥用与剥削性滥用的意义主要在于两类行为具有不同的违法性判断基准。认定排他性滥用的时候,考虑的重点在于行为人和与之有竞争关系的竞争者之间的关系,通常表现为一种横向的平行竞争关系。排他性滥用行为的典型表现形式包括掠夺性定价、独家交易、限定交易、搭售等;而认定剥削性滥用的时候,考虑的重点在于行为人和与之有依赖关系的交易相对方之间的关系,通常可限定为一种纵向的供给或需求关系,即行为人的得利及交易相对方利益的损失。③

根据《修订草案》,此次《反垄断法》修订的一大亮点便是在第三章滥用市场支配地位条款中新增了对于互联网领域经营者市场支配地位认定的额外考量因素,"认定互联网领域经营者具有市场支配地位还应当考虑网络效应、规模经济、锁定效应、掌握和处理相关数据的能力等因素",更加与时俱进,满足现实反垄断审查的需要。对于"差别待遇"的滥用市场支配地位行为,删除了对交易相对人"条件相同"的要求(第20条),而在2019年7月1日发布的《禁止滥用市场支配地位暂行规定》则对"条件相同"进行了明确和定义。其后颁布

---

① "滥用市场支配地位"违法类型在欧盟法上的分类,除了上述两类外,意大利卡梅里诺大学欧盟法教授佩斯(Lorenzo Federico Pace)还提出了第三种分类,即"歧视性滥用市场支配地位"类型。参见 Lorenzo Federico Pace, *European Antitrust Law: Prohibitions, Merger Control and Procedures*, Cheltenham: Edward Elgar, 2007, pp. 152-153。但是,欧盟委员会认为这种分类并不是很重要,各类违法滥用行为之间存在密切关联,有时甚至可以联合使用。参见 D. G. Goyder, *EC Competition Law 4th*, Oxford: Oxford University Press, 2003, p. 283。
② 王先林:《竞争法学》(第二版),北京:中国人民大学出版社,2015年版,第219页。
③ 权五乘、李元雨:《公平交易法与规制产业》,京畿道:法文社,2007年版,第74页。

的《修正草案》则进一步强调关注数据、算法、技术、资本优势，以及平台规则的竞争影响。

第一节 市场支配地位认定

尽管市场支配地位是《反垄断法》中最为基础的概念，但对于如何界定市场支配地位却存在不同的认识。相关定义包含了从竞争性价格、边际成本到控制市场整体产出的能力等多个角度。认定经营者实施滥用市场支配地位的行为一般包括五个步骤：一是界定相关市场；二是认定是否具有市场支配地位；三是认定是否存在滥用行为；四是进行竞争损害分析；五是正当理由分析。我国《反垄断法》第18条规定了认定市场支配地位时应当考虑的因素，第19条规定了推定市场支配地位时应当考虑的因素。需要说明的是，认定与推定市场支配地位在承担举证责任方面存在不同。执法机构认定经营者具有市场支配地位，执法机构负有举证责任，而被推定具有市场支配地位的经营者负有举证责任证明其不具有市场支配地位。如果被推定者不提出反证或者反证不能成立，则推定成立。学界对于我国《反垄断法》立法体例的安排，实践中市场支配地位的认定和推定还存在较大争议。

有学者认为市场支配地位是特定于《反垄断法》的规范概念，但它通常被等同于实质性市场势力的经济学概念。我国《反垄断法》第17条第2款对市场支配地位的定义，实际是在传递实质性市场势力的经济学含义，不仅没有体现法律概念应有的规范特质，也没有能给市场支配地位的认定提供可资操作的一般性指引。基于市场支配地位的价值意蕴、规范目的、所反映经济现象的根本特征，实质性市场势力的定义缺陷、作用的异质性，以及市场支配地位与实质性市场势力所涉制度在外延上的差异等理由，有必要对两个概念加以区分。认为市场支配地位的概念应建立在以下三项规范要素或定义要点之上：一是"强大的经济实力"；二是"不受充分有效的竞争约束"；三是"能够阻碍相关市场的公平、有效竞争",建议将市场支配地位定义为单个经营者或者两个以上经营者组成的整体,具备强大的经济实力,不受充分有效的竞争约束,并且能够妨碍相关市场的公平、有效竞争的市场地位。该定义涵盖了评估市场支配地位的三方面操作指引,符合我国《反垄断法》第17条第2款的修改需要,有利于激活该款的裁判功能和指引功能,使其担负起评估市场支配地位之"一般条款"的角色。① 在其后续研究中,又进一步论证了滥用市场支配地位与排除、限制竞争的关系,认为尽管学界存在不同认识,但二者应当是可分离的。不涉及排除、限制竞争而直接减损消费者利益的剥削性滥用行为,可以构成独立的"滥用"类别。承认剥削性滥用禁止制度的独立性,不仅与我国反垄断执法实践的立场相符,而且具备了《反垄断法》中的价值依托和补充规制功能。从价值层面看,禁止剥削性滥用有利于保护公平正义和消费者利益;从功能层面看,《反垄断法》禁止不公平高价等剥削性滥用行为,有助于《反垄断法》对某些"错漏案件"和"缺口案件"进行补充规制。基于此,有必要对《反垄断法》第6条作出修改或变通解释。具体而言,一是在《反垄断法》修订时,对第6条作出修改,增加"也不得损害消费者利益"的表述,即修改为"具有市场支配地位的经营者,不得滥用市场支配地位,排除、限制竞争,也不得损害消费者利益";二是对《反垄断法》第6条"排除、限制竞争"的表述作出变通解释。可以考虑在相关反垄断指南中,作出如下执法政策声明:《反垄断法》禁止经营者滥用市场支配地位,其基本关注在于经营者的行为是否排除、限制竞争,因而排他性滥用行为属于反垄断执法的优先和重点对象。但是,经营者滥用市场支配地位,存在未排除、限制竞争而直接损害消费者利益的情形。在必要和

---

① 郝俊淇:《市场支配地位与实质性市场势力之辨析——兼及〈反垄断法〉第17条第2款的修改》,载《当代法学》,2020年第3期,第141—150页。

适当的情况下,该等行为也属于反垄断执法的对象。①

有学者认为,现行《反垄断法》滥用市场支配地位的行为规范所作的规定存在立法宗旨的体现方式不协调的问题。根据第1条的规定,我国《反垄断法》的立法宗旨应当有四个,即保护市场公平竞争、提高经济运行效率、维护消费者利益和维护社会公共利益。保护市场公平竞争是实现提高经济运行效率、维护消费者利益、维护社会公共利益的基本方式,后者的实现主要依赖于前者,但是在个别情况下也会为了后者而不同程度地直接牺牲前者。但是滥用市场支配地位所禁止的行为,除了兜底条款外,现行《反垄断法》第17条第1款具体列举的六种做法所涉及的经营行为在对市场公平竞争的影响上存在很大差异。有些行为无论面对的交易相对人是经营者还是消费者,都会直接影响市场公平竞争。有些行为无论面对的交易相对人是经营者还是消费者,其在严格意义上都不会直接影响市场公共竞争。这样的规定与立法宗旨的体现不相协调,因此,建议通过系统化的法律修订来彻底解决。具体而言,对于所涉及的经营行为本身固然会对市场公平竞争产生影响的,则采用现行《反垄断法》对应项下的立法表述,包括掠夺性定价和搭售;对于所涉及的经营行为本身会因交易对象的身份属性差异而对市场公平竞争产生不同影响的,则必须明确交易相对人必须是经营者这个要件,包括拒绝交易、限定交易、差别待遇和附加不合理的交易条件;对于所涉及的经营行为本身固然不会对市场公平竞争产生影响的,则将其从现行《反垄断法》下直接移除,这应当包括超高定价和超低定价。②

有学者认为,我国《反垄断法》从结构法来认定市场支配地位,依赖于市场份额推定与市场因素的综合考虑。仔细分析《反垄断法》

---

① 郝俊淇:《滥用市场支配地位与排除、限制竞争的可分性》,载《中国市场监管研究》,2020年第6期,第39—42页。
② 丁茂中:《论滥用市场支配地位行为规范的立法完善》,载《经贸法律评论》,2020年第2期,第120—134页。

第18条列举的五种因素就会发现，这些因素基本可以归为对同一相关市场中现有竞争者、潜在竞争者所施加的限制，并没有包含上下游企业之间的抗衡性力量。这使得市场份额因素占据了绝对的"支配地位"，而在对其他因素需要综合考虑时，则在很大程度上忽略了抗衡力量的限制作用。在具体市场因素分析中，因为忽视抗衡力量所产生的制约作用，导致标准必要专利持有人事实上被自动认定具有市场支配地位。因此，学者建议从抗衡力量的角度分析标准必要专利市场的市场支配地位。具体而言，对抗衡力量因素的考虑不仅将理论视角从卖方转换到了买方，而且关注到上下游企业相互之间的利益依赖及相互制约，因而能够更为全面地分析和认定市场支配地位。抗衡力量有多种来源，具体到标准必要专利许可而言，交易的相对重要性、交易规模带来的成本节省，以及专利的公开性产生的纠纷成本都是重要的考量因素。认为需要通过法律解释、具体案件适用中对《反垄断法》第18条兜底条款的扩充予以解决。①

有学者认为，法律对一定行为的规制往往是建立在相关法益保护基础上的，以法益保护观对剥削性滥用市场支配地位行为的分析框架进行建构。从《反垄断法》的立法目标出发，在其价值目标和具体目标的分析框架中引出规制剥削性滥用行为所保护法益的层次性和结构性，目的在于为执法机关认定剥削性滥用行为以及为垄断经营者提出抗辩理由提供相应的分析框架，使之固定并保持相对稳定，形成分析该类问题的固定模式和结构，对于提高行政处罚决定书说理的逻辑性和保持行政行为的稳定性具有积极意义。反垄断案件本身保护法益的多元性和复杂性要求不能完全将剥削性和妨碍性滥用市场支配地位的行为完全割裂开，一个典型性的妨碍性滥用市场支配地位的行为，在其传导过程中，同样会产生对消费者的剥削性的效果。《反垄断法》的基本价值目标包括预防、制止垄断行为是《反垄断法》的直接目的，

---

① 李剑：《市场支配地位认定、标准必要专利与抗衡力量》，载《法学评论》，2018年第2期，第54—65页。

保护市场公平竞争是客观要求，提高经济运行效率是客观效果，促进社会主义市场经济健康发展是必然结果这四方面，根本目标则是维护消费者利益和社会公共利益。因此，对剥削性滥用市场支配地位行为法益保护的第一层面应是购买者和消费者的利益，第二层面则是判断该垄断经营者的行为是否对竞争及经济运行效率产生不利影响。垄断经营者提出的"正当理由"抗辩也应该基于这两方面的内容进行抗辩。[①]

有学者认为，司法实践中认定滥用市场支配地位行为已经形成了较为固定的思维模式，但是某些关键性问题仍需要更深入的研究和思考。界定相关市场时，定性分析方法（替代分析法）和定量分析方法（假定垄断者测试法）需要更合理的解释和操作方式，灵活运用我国民事诉讼中的主张和举证规则，将被动选择和主动选择结合起来确定作为替代商品的"标靶"，丰富比对目标商品和替代商品时应考虑的"未来"因素；而涉知识产权案件、涉行业协会等特殊主体案件中市场支配地位的特殊性，进一步印证了"市场份额在判定市场支配地位时作用相对弱化"的观点；行为导致限制竞争的结果虽然是认定滥用市场支配地位行为的必要要件，但个案中可通过要求被告证明"合理理由"的存在，减轻原告的举证责任。申言之，从法律文义出发进行解释，确定滥用市场支配地位的行为虽然仍应以"证明排除、限制竞争的结果"为必要要件，但《反垄断法》第17条中规定的垄断定价、掠夺定价、拒绝交易等，其本身就是影响市场竞争的情节较严重、性质较恶劣的行为，足以推定产生排除、限制竞争的结果，从行为的违法性角度，如能在司法中证明具有支配地位的市场经营者在相关同一市场中有上述行为发生，即可认定为滥用，以及被认定为违反《反垄断法》的行为。除非被告有"合理的理由"进行抗辩，反证其行为不足

---

① 冯意：《以法益保护观构建剥削性滥用市场支配地位行为的分析框架》，载《中国价格监管与反垄断》，2019年第10期，第20—26页。

以认定为存在"排除、限制竞争的结果"的结果,否则即认定为滥用。①

就市场支配地位的判断标准而言,理论界截至目前一共提出了三种标准,即市场绩效标准、市场行为标准和市场结构标准。它们各有其长处,也存在不足。仔细对照立法条款,现行《反垄断法》似乎想将这三种判断标准全部吸纳。最为明显的是,现行《反垄断法》第19条完全按照市场结构标准来进行设计的。虽然此举在理论上确实有助于取长补短,但是实际效果似乎并不理想。使得在市场支配地位判断标准上的立法明显缺乏内在的统一性,现行《反垄断法》在市场支配地位判断标准上的立法亦未能完全就此作出有效的层次安排。这样的认定方式容易遭到利害关系人的反对或者异议,而且往往也会招致不同的批评或者质疑,这也是学界争议不断的原因所在。从整体而言,滥用市场支配地位的各个具体行为无论是在构成要件的形式上还是在实质上都会存在一些差异。例如在合理性分析上,搭售可能考虑的基础性因素是所涉经营行为是否影响市场公平竞争,并据此选择性地进一步考虑是否存有提高经济运行效率或者维护消费者利益或者维护社会公共利益的更高抗辩事由,而超高定价可能考虑的关键性因素就是所涉经营行为是否损害消费者利益。从个案来看,这种局面完全可能出现在同一具体行为上,譬如差别待遇。除非反垄断执法机构将面向消费终端的所有差别待遇均视为具有正当理由的经营行为,否则就无可避免地将会产生此类问题。因此,与其在身份属性上追求科学,还不如在行为评估上进行优化。一方面,虽然立法在主观上试图对市场支配地位的法律认定作出周全表述,以尽量减少经营者的潜在负担;但是立法在客观上却带来了很大的不确定性,导致经营者在竞争合规过程中往往难以对此作出有效判断。另一方面,无论是从形式上还是

---

① 刘贵祥:《滥用市场支配地位理论的司法考量》,载《中国法学》,2016年第5期,第260—280页。

从实质上，现行《反垄断法》第 17 条第 2 款和第 18 条的内容都意味着对特定行为的外部影响及其合理性的分析上进行不同程度的综合考量，并且这个环节的安排越为完善就越能够精确地反映出经营者所实施的行为对市场竞争产生的影响性质。所以，我们以有效完善《反垄断法》滥用市场支配地位的合理性抗辩作为前提基础，立法放弃之前对市场支配地位的认定标准所尝试采取的完美主义，改为在最大程度上提高市场支配地位的法律认定的确定性。

第二节 滥用市场支配地位行为

我国《反垄断法》第 17 条第 1 款规定了六种典型的滥用市场支配地位的行为，并通过兜底条款规定了国务院反垄断执法机构可以认定其他滥用市场支配地位行为。《反垄断法》的上述规定充分借鉴了国际经验，并在执法中积累了一定的经验和做法，下面将对学界还有争议的一些行为作简要介绍。

一、搭售

我国《反垄断法》第 17 条第 1 款第 5 项规定了搭售的反垄断规制。搭售的核心问题是经营者将在一个相关商品市场上的支配地位，延伸到另一个商品市场，通过搭售影响了另一个市场的公平竞争。《禁止滥用市场支配地位暂行规定》（以下简称《暂行规定》）进一步细化了《反垄断法》的规定，第 18 条明确了搭售是指违背交易惯例、消费习惯或者无视商品的功能，将不同商品捆绑销售或者组合销售。判断是否构成搭售，主要考虑搭售品和被搭售品通常情况下是一起销售还是分开销售。当然，搭售行为也有可能具有正当理由，主要考虑四个方面的内容：一是否符合正当的行业习惯和交易习惯；二是否满足产品安全要求所必须；三是否为实现特定技术所必须；四能够证明行为具有正当性的其他理由。在执法实践中，经营者在具体案件中，可能提出其他证明其行为具有正当性的标准的理由：一是要有证据，属于可证明的事实；二是要充分说明理由的正当性，特别是采取相关措施缺乏其他可替代方案。关于正当理由的证明标准，实践中还未有统一的标准，学界也就此展开了讨论：

有学者认为，现行《反垄断法》第17条第1款第5项的规定，即对"没有正当理由搭售商品，或者在交易时附加其他不合理的交易条件"的禁止性规定可以为规制以非价格方式侵害消费者利益行为提供法律依据，在我国的司法实务中，已经出现了对以非价格手段剥削消费者的行为的违法性进行判断的案例。然而，遗憾的是，在我国的司法实务当中尚未形成对此类行为违法性判断的一般性基准。鉴此，在我国法律实践中可以考虑借鉴韩国经验，在阐释一般性的违法性判断基准的同时，细化"显著性"和"不当性"的内容，即前述我国《暂行规定》第14条中的"明显"和"不公平"的内容和指标。譬如，对"显著性"的判断要综合考虑商品或服务的性质，行为发生的时间、次数与持续期间，被侵害消费者的范围，相似市场上其他经营者的交易条件，交易条件变更前后市场支配经营者的成本变动程度，相关商品或服务的价格与经济价值之间的差异等。对"不当性"存在与否的判断，应当具体考虑行为的目的是否在于追求过度的垄断利润、行为的性质、行为的持续期间、市场结构和特征等。在此基础上，再结合进一步的个案分析，为规范具有市场支配地位的经营者的剥削性滥用行为提供指引，提高法律适用的可预见性和稳定性。①

有学者认为，"无正当理由"是反垄断法滥用市场支配地位中的一项认定条件，然而其模糊性和难以准确适用的特点，使得司法实践中正当理由判定缺少论述理由、缺乏标准、适用逻辑不清；各种学说观点只给出各有侧重的价值判断，缺乏具有可操作性的明确标准。市场竞争的复杂性决定了只从法律抽象的角度分析垄断问题远远不够，结

---

① 陈兵、赵青:《我国剥削性滥用行为违法性判定基准审视——以非价格型剥削性滥用为视角》，载《上海大学学报(社会科学版)》，2020年第3期，第68—80页。

合法学与经济学视角,正当理由认定的参考因素及其逻辑应是:首先,正当理由的讨论前提是行为可能产生限制竞争的效果;其次,此前提下企业的行为可以增加消费者的长期福利,则企业的行为具有正当理由;最后,如果企业行为可能损害消费者的长期福利,而企业举证这是市场环境等约束条件下理性企业经营的必然要求,则也应当认为具有正当理由,即正当理由的判断应以长期消费者福利为原则,经营者必然要求为例外。[①]

有学者认为,搭售传统上属于"本身违法"行为。虽然随着经济和科学技术的不断发展,搭售有了合同搭售、捆绑折扣和技术性搭售之分,搭售违法判断标准也日趋复杂,但合同搭售"本身违法"仍是美国、欧盟普遍接受的标准,而在欧盟,捆绑折扣、技术性搭售也被视为"准本身违法"。而我国《反垄断法》取法于美欧,但与美欧相比,其对搭售的规制并不完善,搭售规制实践也存在明显的反差,我国搭售的规制立法采用单一的"合理标准",导致反垄断执法机构未能像美国、欧盟、俄罗斯、印度等国外同行那样对微软、谷歌等软件巨头的捆绑行为进行有效规制。且《反垄断法》第17条第1款第5项对非法搭售的构成要件规定得非常模糊,可操作性不强。因此,建议:首先,以公平价值为首要价值重构搭售违法判断标准,删除第5项的"没有正当理由"要件,将其修改为"禁止具有市场支配地位的经营者将两种或两种以上之独立产品强制或低价捆绑销售"。其次,将消费者需求作为独立产品判断标准,消费者需求标准不仅具有普适性,而且高度契合《反垄断法》的公平价值目标。再次,对搭售违法判断标准予以完善,规定合同搭售、技术性搭售构成"准本身违法",明确捆绑折扣的违法判断标准,细化其中的成本价格要件,对其进行合理性分析。最后,删除《反垄断法》第17条第1款第5项规定的后半句。认为第5项规定用"或者"一词将构成要件不同的违法行为并列在一

[①] 侯珊珊:《滥用市场支配地位"正当理由"的参考因素研究?》,载《兰州财经大学学报》,2017年第3期,第101—108页。

起与第 17 条先列举具体违法行为再兜底补漏的整体表达逻辑不符，"其他"一词干扰人们对搭售违法判断标准的理解和搭售规制法的正确适用。①

有学者认为，在互联网行业中，互联网企业实现搭售的难度大大降低，互联网行业中集合了多个功能的新产品在推广与面向社会的过程中也较为容易悄无声息地实现搭售过程。并且判别互联网企业是否构成搭售的难度也在不断增加，无法依据传统产品的功能对互联网产品进行划分。同时，互联网行业中，企业搭售行为具有普遍性、强制性及隐蔽性，通过免费客户端获取用户，不断改进产品提升用户的黏合度，在获得利润来源的同时不断地利用现有客户端捆绑新产品进行销售。其兼具积极和消极两方面影响：一方面，双边平台企业采取搭售策略，不仅可以使得自身的利润增加，而且还能够提高平台两边用户的效用，进而导致社会整体福利水平的提高；另一方面，互联网企业的任意搭售行为也会损害行业创新。因此，有必要对"奇虎 360 诉腾讯垄断案"（以下简称"3Q 案"）进行分析，在此基础上，提出互联网行业的反垄断和创新保护需要新思路，引入类似于商业方法专利的短期保护，着重企业行为对创新和消费者福利的影响。例如，由于商业模式创新是互联网创新的重要组成部分，可以考虑结合赋予半年至一年的短期商业模式专利保护促进互联网行业的创新，技术专利保护期也应相应缩短。这样既可以鼓励发明，使得创新小企业可以凭借先发优势快速发展，也不至于因专利期太长而阻碍竞争。就反垄断而言，应充分认知互联网企业市场支配地位的易变性，在分析传统滥用市场支配地位行为时，要着重分析行为对创新的影响、对消费者利益的影响，以及考虑企业发展的现实需求。不仅仅关注行为的表象，更需要关注行为的内在影响。②

---

① 郑鹏程：《论搭售的违法判断标准》，载《中国法学》，2019 年第 2 期，第 183—201 页。
② 仲春：《互联网搭售行为的规制初探——以"奇虎 360"诉"腾讯"垄断案为例》，载《科技与法律》，2012 年第 4 期，第 83—87 页。

有学者认为，杠杆理论是《反垄断法》分析搭售行为的传统理论，主张通过搭售，企业可将其在结卖品市场上的市场支配力传导到搭卖品市场。但杠杆理论所主张的传导效果其实很难从现实案例中得到证明，而通过搭售对购买者进行价格歧视才是企业实施搭售的主要目的。通过对杠杆理论和价格歧视进行全面分析，认为通过实证研究，搭售行为并没有想当然的为经营者获得额外的垄断利润。企业实施搭售的主要目的是通过搭售对购买者进行价格歧视，但价格歧视并不必然违法。而通过搭售进行价格歧视的行为，在很多情况下并不会损害竞争和消费者福利，仅在搭卖品市场竞争程度不高，且通过搭售显著排除竞争、限制市场准入的情况下，才应受到《反垄断法》的处罚。因此，我们应当认识到搭售和直接价格歧视之间虽相互联系，却各自独立，亦在《反垄断法》下适用不同的分析方法。并且，搭售行为可能存在的反竞争效果，最可能出现在限制搭卖品的市场准入、排挤竞争对手的情形，因此，反垄断竞争分析应重点关注这方面的内容。建议《反垄断法》的执法者应将企业通过搭售进行价格歧视的合理性纳入考量的范畴，明晰企业实施搭售的目的，适用合理原则对搭售产生的促进和损害竞争的双重效果进行全面评估。此外，搭售是否会显著地排除搭卖品市场的竞争也并非一个能简单回答的问题，它需要反垄断执法者基于个案对相关市场的竞争状况进行全面而综合的分析。①

综上所述，现阶段针对搭售行为的研究主要集中于搭售行为违法标准的判断，即搭售行为是否合理。关于搭售行为的后果是否会产生较好的社会效益，芝加哥学派认为厂商的搭售行为可以降低交易成本，更好地满足消费者的偏好。在大多数情况下垄断厂商无法通过搭售行为从其他市场中获得额外的利润，而只能获得一个市场中的垄断利润，即"单一垄断利润理论"。后芝加哥学派则认为搭售可能服务于排斥竞争、危害消费者福利的策略性动机，"单一垄断利润理论"仅仅在特定

---

① 蔡婧萌：《论搭售行为的反垄断法分析——对杠杆理论的质疑和对价格歧视的新认识》，载《中国社会科学院研究生院学报》，2019年第4期，第71—79页。

条件下才能成立。虽然不同学派、学者对搭售提出不同的理论解释，但不同的搭售理论事实上对应着不同的前提条件，且之间并无本质冲突。不过我们应当明白，各方对搭售规则的共识仅仅在于搭售规则中引入更多对个案具体情况的考察，以及仅把"搭售者具有一定的市场力量并对消费者实施强制"的存在作为搭售违法行为证明的必要前提。法院、执法机构与理论界并未对如何识别搭售的违法性与合理性达成共识。这一方面源于各方反垄断规制目标的差异，另一方面则源于各方对如何识别搭售对竞争与福利的净影响存在不同看法。

与传统的单边企业搭售行为的后果有所不同，双边市场中平台厂商的搭售行为会产生网络效应，在圈定效应不会对社会福利产生影响的情况下，有可能增进社会福利水平，但在竞争性平台厂商具有效率优势等条件下，搭售产生的圈定效应则可能导致社会福利水平的降低。而交叉网络外部性的作用放大了平台厂商搭售行为的杠杆作用，搭售不仅能巩固基本品垄断平台厂商的垄断地位，而且还能通过搭售将市场势力延伸到另一边市场，同时获得另一边市场中用户剩余。因此，在对平台厂商的搭售行为进行反垄断调查时不应只关注圈定效应，更应该高度重视网络效应。在现有的搭售反垄断案中尚没有法庭认为搭售行为产生的网络效应足够大，以至于可以增进社会福利水平。在欧盟"微软搭售播放器案"中，法庭认为效率抗辩应该有实质性的证据，而这一证据的举证责任在被告一方，如果没有实质性的证据法庭就会认为"公平的竞争机制本身会创造价值，因为它可以产生效率，并营造一个鼓励创新的氛围"，而搭售会造成竞争扭曲，因此对社会是不利的。在美国"微软搭售IE浏览器案"中，法庭也对这一问题持怀疑态度，认为吸引程序开发商按照微软应用程序接口开发软件，仅仅是维持其垄断的手段，而不是为了提高效率，搭售对整个社会福利而言是不利的。这些判断并不能作为忽略网络效应的理由，在评判平台厂商的搭售行为时应高度重视搭售产生的网络效应。并且，在综合考虑误判引致的损失及规制成本的情况下，判断搭售行为的违法性标准更应当适用合理原则。搭售几乎可以和市场支配地位滥用中的所有形态都发生交叉,包括拒绝交易、超高定价等,因此,对搭售行为的分析回归到"排除、限制竞争"上,反而有利于对问题的解决。随着经济学理论研究的深入,搭售本身的合理性也得到越来越多的认可,注重对搭售在竞争上的效果进行全面分析成为主流。因为不管是通过综合考虑需求、功能、习惯、销售方式还是效率标准最终认定构成了搭售,也未必成为反垄断法意义上的违法搭售,必须还要分析各种限制竞争的效果与促进竞争的效果——在中国《反垄断法》下则是考虑"正当理由"。

二、忠诚折扣

忠诚折扣,又称为"附条件的折扣",是指经营者以交易相对人在一定时期内累计的商品交易数量、交易金额、交易份额为条件或根据其他忠诚度表现而给予的折扣。由上述定义可知,忠诚折扣一般包括数量折扣和市场份额折扣,前者以买方同意购买一定数量的商品为前提,后者则以买方承诺购买一定比例的商品为前提。欧盟委员会早在2008年的《关于委员会适用欧共体条约第82条查处支配企业滥用排挤行为的执法重点指南》中即对忠诚折扣的分类提出了权威观点。按照该指南,忠诚折扣可分为单一产品折扣和复合产品折扣/捆绑折扣,增量折扣和追溯折扣,个性化目标折扣和标准化目标折扣。忠诚折扣具有诱导效应。与一般的增量折扣不同,追溯累计折扣存在一种特殊现象,即总支付陡降,当买方采购量达到规定折扣的阈值临界点时,其如果增加采购量,结果是可以支出更少的对价。所以,当客户采购量接近阈值时,为了以更低的总价获得更多的产品,即使没有被强制交易,往往也会"自愿"选择加大采购量以获得折扣。目标折扣则通过给予特定客户特定采购比例或采购数量的优惠,激励客户尽可能多地购买商品。忠诚折扣协议则同样具有强制的排他性要求。具有市场支配地位的企业通常在不可竞争部分需求领域具有优势地位,并进一步通过忠诚折扣的安排，锁定交易机会，将其影响力延伸到可竞争部分需求的市场中。交易相对人为了与其达成原有订购量的合同约定，不得不附带性地接受对方提出的折扣安排。之后为了节约成本，遵守约定、加大交易量、获得折扣往往是可接受的理性选择。一般而言，折扣在正常的商事交往中较为常见，它有利于降低买方采购成本、实现卖方薄利多销，从而刺激市场交易，并可以促进市场竞争，符合消费者的利益需求，不会受到法律的否定性评价。但是，在特定的市场条件下，具有市场支配地位的经营者实施忠诚折扣，就有可能产生排除、限制竞争的效果，应当将该行为纳入《反垄断法》的规制范围之中。不过，在我国现行反垄断法体系中，如何认定滥用市场支配地位实施忠诚折扣的行为性质并对此加以处罚，学界和实务界目前尚未达成共识。

有学者认为，滥用市场支配地位实施忠诚折扣的行为逐渐受到我国反垄断执法机构的关注和规制。在2016年的利乐折扣案中，利乐公司的忠诚折扣行为被首次作为"国务院反垄断执法机构认定的其他滥用市场支配地位的行为"受到处罚。在2019年的伊士曼折扣案中，伊士曼公司的忠诚折扣行为被作为"没有正当理由，限定交易相对人只能与其进行交易"的行为加以处罚。认为在我国现行反垄断法的体系中，通过合理的法律解释，忠诚折扣行为可以被推定为"限定交易、掠夺性定价或者差别待遇行为"，而无需成为一种新型的独立的滥用市场支配地位行为，也没有必要单独为其构建一套新的反垄断法分析框架。具体而言，在我国的反垄断法体系中早有有关忠诚折扣的规定，可见于已废止的《反价格垄断规定》《工商行政管理机关禁止滥用市场支配地位行为规定》，且2019年施行的《禁止滥用市场支配地位行为暂行规定》中第17条第2款和第19条的规定可以涵盖忠诚折扣的相关内容，可以根据具体情况的不同将其判定为限定交易或者实行差别待遇行为。且在忠诚折扣的协议中，当折扣幅度较大，使得在一定阈值时产品的售价低于其成本时，则有可能构成掠夺性定价。因此，根据具体情况的不同,可以将忠诚折扣判定为限定交易、掠夺性定价或者实行差别待遇,可以分别直接适用限定交易、掠夺性定价或者差别待遇的分析框架。①

有学者认为,忠诚折扣是卖方为激励买方购买特定数量或比例的商品而提供折让的一种定价机制,具有稳定卖方商品销量、降低买方采购成本、加剧同业竞争的积极作用,但也可能产生市场封锁效应并具有反垄断法意义上的违法性。认为利乐折扣案的结论缺乏充分的数据和理据支持,但与欧盟传统的形式主义判定范式相吻合。美国的效果主义范式重视合理性分析,但对竞争执法资源的消耗较大。我国对忠诚折扣违法性的判定,应以反竞争效果的经济学分析为基础,通过程序法规则和实体法标准的类型化设置,实现形式主义与效果主义的灵活统一。具体而言,主张对忠诚折扣的垄断违法性采取一种"结构主义"的判定范式,这一范式主要由以下四方面组成:第一,中立主义的价值预判。对忠诚折扣采取中立执法(司法)、个案研判的慎重立场,不予适用"本身违法"规则,直接认定或推定忠诚折扣违法。第二,类型化的行政执法原则。行政机关对非支配地位企业的忠诚折扣行为适用"消极执法原则",对支配地位企业适用"合理分析原则",保障行政相对人行使"处罚前申辩权",维护程序正义原则。第三,类型化的举证责任配置。民事诉讼程序方面,如果被告不具有支配地位,原告应承担证明忠诚折扣具有显著反竞争效果的举证责任;被告为支配地位企业的,原告初步证明忠诚折扣具有反竞争效果即可,而后由被告承担反证责任。第四,简化的反竞争效果分析。为提高案件处理效率,控制法律实施成本,我国执法、司法机关可考虑简化经济分析所需。考虑的因素重点关注和综合考量相关市场的封锁程度、下游市

---

① 孙晋、万召宗、徐则林:《滥用市场支配地位实施"忠诚折扣"行为的性质——以利乐案和伊士曼案为例》,载《中国市场监管研究》,2020年第11期,第25—30页。

场的成本与竞争、终端消费者间接获得的福利三方面。①

有学者以"英特尔忠诚折扣垄断案"为分析场景，剖析了忠诚折扣的竞争损害理论，通过对比分析掠夺性定价和独家交易的经济学逻辑，发现忠诚折扣与独家交易应同属于提高对手成本的范畴。一般情况下，忠诚折扣有利于促进竞争，增加消费者福利，但具有市场支配地位的企业采用忠诚折扣则可能会损害竞争。在评估给定企业忠诚折扣的竞争效应时，执法机构需要综合分析忠诚折扣在促进竞争和限制竞争两方面的影响。而掠夺性定价分析框架和相应的同等效率竞争对手测试适合完全将竞争对手排除在市场之外的忠诚折扣定价行为，而提高竞争对手成本分析框架则比较适合局部排挤竞争对手的情形。因此，忠诚折扣应采用独家交易的分析框架。而且，由于价格低于成本既不是忠诚折扣的充分条件也不是必要条件，忠诚折扣应该采用更加合理的同等效率竞争者测试，而非价格成本测试。②

2016年11月9日，国家工商总局公布了对利乐国际股份有限公司、利乐中国有限公司、利乐包装（昆山）有限公司、利乐折扣包装（佛山）有限公司、利乐包装（北京）有限公司和利乐包装（呼和浩特）有限公司（以下统称为"利乐公司"）的《行政处罚决定书》（工商竞争案字〔2016〕1号）。利乐折扣案的《决定书》正面回应了在竞争法学界颇具争议的忠诚折扣问题。国家工商总局认定忠诚折扣"可以促进竞争，有利于消费者"，但"产生明显反竞争效果时，应当予以规制"，在理论上是严密的，也契合于反垄断学界和其他司法管辖区的主流观点。由此，正面地拉开了我国关于忠诚折扣的讨论。一般情况下，企业忠诚折扣的行为并不会影响到市场正常的竞争秩序，但当具有市场支配地位的企业滥用忠诚折扣时，会提高竞争对手的交易

---

① 李俊峰：《"忠诚折扣"的垄断违法性判定——以利乐公司行政处罚案为材料》，载《当代法学》，2019年第2期，第82—92页。
② 刘雅甜、林平、吴绪亮：《忠诚折扣的反垄断经济分析》，载《经济与管理研究》，2019年第2期，第70—81页。

成本，增加市场进入壁垒，造成市场封锁，损害公平竞争；对下游消费者，在消费者获得短期低价好处之后，具有市场支配地位的经营者通过折扣行为锁定市场后，必然会在利益的驱使下回升价格，弥补自己前期的利益损失，从而损害消费者利益；对经济市场，优势地位经营者的忠诚折扣行为给市场带来的反竞争影响是整体性和实质性的。为此，有必要加强对忠诚折扣行为的辨析。对忠诚折扣行为的性质确定可以从两个维度进行。第一维度主要分析忠诚折扣行为是否违法。忠诚折扣违法行为应当满足以下条件：第一，行为主体应当具有市场支配地位，并且滥用该优势地位实施忠诚折扣行为。第二，该行为对消费者具有忠诚诱导效应。第三，该行为对现有或潜在的市场竞争具有排除或限制的消极影响。第四，行为主体实施忠诚折扣行为没有正当合理的抗辩事由。第二维度主要是对忠诚折扣行为特征侧重点的分析。对低于成本的折扣价格排斥竞争的，可以定性为掠夺性定价下的忠诚折扣行为；对非低于成本价格价但锁定消费者，具有高度诱导性的排他性折扣行为，可以定性为具有独家交易性质的忠诚折扣行为。执法机构在对忠诚折扣行为进行认定时宜采取合理原则，以效果审查为核心，辅之以形式审查。先审查相关市场的封锁程度，关注下游市场的成本和竞争，考察最终消费者获益情况，后关注该行为是否具有正当合理的抗辩事由。

第三节 共同滥用市场支配地位

司法实践中，1988年的意大利"平板玻璃案"[①]首次提出和应用共同市场支配地位的概念，欧盟委员会认为："寡头垄断市场中的若干经营者，不受市场竞争压力影响而享有一定程度的独立性，尤其是独立于市场中其他经营者实施经营行为，从而阻碍市场的有效竞争。"这

---

① 欧盟委员会于1988年作出处罚决定，欧洲法院于1992年作出判决。

一概念在法院诉讼中被欧洲法院认可并得到进一步发展,即:"两个或以上的独立经营者在相关市场通过某种经济联系(economic links)联合起来,共同占据市场主导地位……一种可能的情形是若干经营者通过协议或许可而取得共同技术主导权,使这些经营者拥有独立于其竞争者、交易相对方和终端消费者的经营能力。"① 在此后的反垄断实践过程中,欧盟各级法院及执法机构继承和发展了"共同市场支配地位"的概念,并逐渐从行为因素、结构因素两方面探索出"经济联系"与"对市场的经济分析"这两条相互关联的分析路径。一条是证明经营者之间存在"经济联系",从而证明经营者能够像一个共同实体那样实施共同行为,对市场进行共同支配;另一条是通过"对市场的经济分析",证明经营者所处的市场具有寡头垄断的结构特征,保证经营者能够实施与维持一致行为,从而获得共同市场支配地位,即共同市场支配地位是欧洲竞争法的一个特色制度,但是在法律规范文件中并没有给予明确的概念,共同市场支配地位及其滥用的认定标准来源于法院的判决,并得以不断发展。

其实,"共同市场支配地位"是一个中性概念,是一种市场状态,不具有违法性,从支配力性质上讲与单独市场支配地位并无区别。但是,基于该等特殊市场地位,无论是具有共同市场支配地位,还是单独市场支配地位,经营者均负有不作为义务,不实施某些行为,以区别于市场上的普通竞争者。譬如在没有正当理由的情况下不得搭售或者拒绝交易,而在充分竞争的市场上不具有市场支配地位的经营者从事此类行为并不构成违法,即只有当支配地位被滥用时,其行为才会受到反垄断法的规制。而随着新经济模式的快速发展,导致经营行为愈发复杂。特别是随着互联网、数字化的时代勃兴,经营者的违法手段更加隐秘,譬如在算法、人工智能背景下,经营者更加容易捕捉竞争对手的交易价格等信息,寡头经营者之间相互监督经营行为更加便

---

① Societa Italiana Vetro Sp A and Others v. Commission, the Court of First Instance (First Chamber), European Court Report 1992 II-01403, p. 1548.

捷、隐秘,以价格为代表的经营行为交互、纠错,可以在瞬间完成,使得经营者的试错风险和成本大大降低。由此,客观现实对反垄断执法、司法提出更高的要求。在这种情形下,构建"共同市场支配地位"制度势在必行。

有学者通过对经济学家寡头垄断理论的分析,认为在寡头垄断市场中,即使经营者之间没有横向协议,依然可能发生平行行为;如果某一经营者提价,其他经营者有可能跟随提价,即寡头之间形成一致的市场行为;质疑这种一致行为可靠性的原因在于寡头依赖关系,即对无协议基础的"相互依赖"的确信程度。为解决寡头市场中的垄断问题,我国《反垄断法》提供了"滥用共同市场支配地位"的路径,但法律规定有缺陷并导致实践中难以适用或错误适用。美国的"协同行为"路径、欧盟的"共同市场支配地位"路径理论和法律实践均表明这种认定思路是行之有效的,但其难点在于如何通过间接证据证明市场寡头不具合理性的一致性行为不是由于客观市场结构造成的,而是基于主观意图,因此具有可责性。分析美国、欧盟的执法、司法案例,通过各自演进过程论证其内在逻辑,发现两种路径殊途同归。而在我国反垄断语境下,共同市场支配地位制度能够实现对寡头更加全面的规制,是连接垄断协议、滥用市场支配地位、经营者集中控制这三种制度的中枢,从支配力性质上讲与单独市场支配地位并无区别,对新兴行业规制具有特殊意义。我国反垄断执法认定共同市场支配地位时应该将结构、行为因素并举。认定共同市场支配地位的关键一步,是根据《反垄断法》第19条的规定,考察多个经营者的市场份额,并作出其是否拥有共同市场支配地位的法律推定。认为认定共同市场支配地位的总体思路,在没有合谋证据的情况下,应通过对内和对外两个视角来判断是否构成滥用共同市场支配地位,对内而言判断其行为是否具有共同性,即寡头之间是否像一个整体一样行事;对外而言则要判断这个整体在相关市场上是否具有支配力,即他们的行为是否可以不考虑其他竞争者、上下游交易相对人、消费者的反应,或者说他们的反应不足为虑。要认定寡头经营者在市场上构成一个整体,可以通过寡头垄断的市场结构、产品同质化程度、相关商品市场的透明度等外观证据加以推定;判断整体性的行为因素,可通过经营者行为的一致性,经营者之间的协调机制,竞争者、交易相对人、消费者的被动性等方面进行考量。①

  有学者认为共同滥用市场支配地位是一种特殊的垄断行为,适用《反垄断法》对其加以规制具有必要性,认为单独滥用市场地位行为与共同滥用市场支配地位的行为在行为主体数量、市场力量要求、违法构成要件等方面存在不同。在涉及共同滥用市场支配地位行为的规制领域,当前我国《反垄断法》的私人实施陷于阻滞状态,私人主体在提起涉及共同滥用市场支配地位诉讼时面临重重阻力;公共实施则呈现出雏形初立局面,在认识论维度上,个案在数量上显得"势单力孤",但具体案件的出现表明共同滥用市场支配地位问题由以往纯粹的理论探讨对象转变到具体实践之中。而完善共同滥用市场支配地位行为的反垄断规制,一方面需要进一步明晰针对这一行为的违法认定标准,以确立其规制前提。可借鉴欧盟的相关规定,欧盟通过"Airtours案"确立了构成共同市场支配地位的三项必要条件:第一,寡占支配市场中的任一成员必须有能力知晓其他成员之行为,从而监督他们是否遵循共同策略。第二,默示协调行为已经在市场上持续了较长时间。第三,竞争者与消费者中当前及今后之预期行为不会危及共同策略预期的结果。但在借鉴的同时,还应当将归属某一企业集团的母子公司之间实施滥用市场支配地位之情形予以明确排除,协调处理好制度引入与我国《反垄断法》相关规定之间的契合性问题;此外,应当构建起与之相关的互补型反垄断法实施机制,从而有效发挥不同实施路径的各自优势,较为理想的反垄断实施机制应当是"行政执法主导+民事

---

① 张晨颖:《共同市场支配地位的理论基础与规则构造》,载《中国法学》,2020年第2期,第108—128页。

跟随诉讼补充"。①

有学者认为，共同市场支配地位是我国《反垄断法》中的一个重要概念，由第19条以三个基于市场份额的法律推定而被明确规定，只是在提出共同市场支配地位概念后，该条既未解释何为共同市场支配地位，也未提供任何明确的分析方法，这在很大程度上导致共同市场支配地位法律规定相对不确定之窘境。理论与实践的空白亟待填补，尽管经济学有关寡头垄断经济学的相关理论及以非合作博弈论为基础剖析共同市场支配地位损害竞争的理论模型向我们成功展示了共同市场支配地位损害竞争的可能性，但无法阐释这种可能性的成立要件。基于对欧美执法经验的比较分析，可得出以高透明度、制约机制、无外部对抗力量等三要件为核心构建适合我国国情的法律分析框架的结论。具体而言：首先，对《反垄断法》第19条的重新解读，共同市场支配地位产生于寡头垄断市场，但寡头垄断并不必然导致共同市场支配地位。其还必须同时满足如下要求：一是寡头企业的力量联结起来可以具有支配市场能力；二是主体之间在行为方面具有高度一致性；三是执行共同政策的行为在时间上应当具有一定的持续性。对此，应在《反垄断法》共同市场支配地位和协同效应的分析中引入欧盟的三要件模式②。其次，结合经营者集中案件中的共同市场支配地位的具体应用，构建三大法律要件：一是高市场透明度造就寡头垄断者共同提价的可能性；二是制约机制产生共同提价的可行性；三是无外部对抗能力加强寡头垄断的稳定性分析共同市场支配地位。③

有学者认为，在数字经济条件下，算法不仅加剧了传统的寡头垄断问题，而且简化了共同市场支配地位的构成要件。因此，将共同市

---

① 黄军：《共同滥用市场支配地位行为的反垄断规制》，载《竞争政策研究》，2019年第3期，第51—62页。
② 该模式是指相关市场具有较高的透明度，寡头垄断者之间存在制约机制，其他竞争者或交易相对方没有能力对抗寡头垄断者的提价行为。
③ 侯利阳：《共同市场支配地位法律分析框架的建构》，载《法学》，2018年第1期，第141—155页。

场支配地位制度拓展适用于算法默示共谋具有必要性和可行性。该制度能够预防共同市场支配地位的形成，破解认定垄断协议在证明要求上的障碍，制止卡特尔的"第二阶段行为"，具有难以替代的制度价值。我国应适时修改《反垄断法》第19条关于推定共同市场支配地位相关规定的不足。因此，应在揭示数字经济条件下，算法默示共谋助推寡头市场共同市场支配地位的形成机制的基础上，解构共同市场支配地位与算法默示共谋之间的显著相关性，进而为共同市场支配地位制度调整算法默示共谋构建适当的路径。具体而言，我国《反垄断法》第19条规定还存在下列不足或缺陷：第一，该规定忽视了寡头市场的复杂性，过度简化了共同市场支配地位的成立条件；第二，该规定在举证责任的分配上严重失衡；第三，"不应当推定该经营者具有市场支配地位"的表述不够准确。而共同市场支配地位的核心构成要件包括：第一，具有协调的动机，比如具备共同利益，或者协调能够带来可观的未来收益；第二，存在反复的相互作用或高频互动，以便于达成和维持一致的共同策略；第三，存在较高的市场透明度，以便于监测和惩戒背离行为；第四，缺乏充分有效的竞争约束，即能够对抗来自竞争者、供应商、客户及消费者的外部力量。因此，应对《反垄断法》第19条进行如下修改：第一，增加"共同实体"或"整体"的分析概念；第二，修改"不应当推定该经营者具有市场支配地位"的不准确表述。此外，为进一步夯实其制度基础，避免解释上的疑义和分歧，可借鉴《欧盟运行条约》的相关表述，将第17条修改为："禁止具有市场支配地位的一个或者多个经营者从事下列滥用市场支配地位的行为：……"①

综上所述，滥用共同市场支配地位构成要件主要包含两个问题：具有共同市场支配地位与滥用行为。一般来说，具有共同市场支配地位并非违法，只要没有实施滥用行为，就无需承担相应的责任。因此，

---

① 时建中：《共同市场支配地位制度拓展适用于算法默示共谋研究》，载《中国法学》，2020年第2期，第89—107页。

在司法实践中认定滥用共同市场支配地位首先需要认定共同市场支配地位。其实，关于滥用市场支配地位的法律规范或是法律原则都能适用于滥用共同市场支配地位的认定，但是共同支配地位与单独占有支配地位还是存在差异的，滥用共同支配地位之所以限制竞争在于其协同效应不同于单独滥用市场力量的单方效应，如何判断协同双方或多方的意识联络成为判断滥用共同市场支配地位的难题。但需要说明的是，共同滥用市场支配地位行为指的是若干企业联合起来，形成共同占有市场支配地位的关系，然后以共同的行为滥用这种地位限制竞争。但是滥用共同市场支配地位的行为并不要求全体成员共同做出，一个成员的单方行为也可能构成滥用共同市场支配地位，只要该滥用行为利用了全体成员的共同市场支配地位。

从本质层面来看，这一垄断行为的特殊之处在很大程度上表现为特定市场结构——寡占市场背景下相关企业依凭整体形成的优势力量实施的平行行为。尽管在形式上似乎是企业有意识地参与了一个共同"计划"，但实际上它却是企业出于自身利益考量而采取的理性行为。所以尽管设计滥用共同支配地位的初衷是为了解决没有达到适用垄断协议的证明标准而将其作为兜底适用，但是无论是以经济联系还是以市场结构作为认定标准，对滥用共同市场支配地位的认定同样需要证明意识联络的存在。因为寡占市场结构中企业之间的合作行为并不一定均应被认定为共同滥用市场支配地位，其还必须同时满足如下要求：一是这些企业联合起来的力量必须达到具有支配市场地位的能力；二是这些企业之间应该具有较强的意识联络，即行为应表现出高度的一致性；三是这样的共同行为应该已经持续一定的时间段。

第四节　滥用市场支配地位执法

从反垄断法的立法逻辑和公众的期望来看，规制滥用市场支配地位的行为始终是我国《反垄断法》的核心任务，它对企业的日常经营和市场的健康发展都有着非常深远的影响。自我国2008年《反垄断法》颁布实施以来,虽取得了举世瞩目的成绩,但对于如何认定滥用市场支配地位的行为,进而规制这一行为,学界和实务界仍还存在较大争议,司法实践中的具体执法也还存在较大问题。如竞争分析在滥用市场支配地位案件中时有时无,如"内蒙古广播电视网络集团有限公司锡林郭勒分公司附加不合理交易条件案""重庆燃气集团股份有限公司附加不合理交易条件案""宿迁正源自来水有限公司限定交易案"等。基于此类问题,学者们也从司法实践的实际出发,对滥用市场支配地位的问题进行了有益探索。

有学者通过研究我国12年的反垄断执法实践,以滥用市场支配地位违法案件的执法为例,发现在这10年间反垄断执法力度和效度明显增强,公用企业成为滥用市场支配地位案件的高发主体,公共品供给及服务领域是滥用市场支配地位案件的高发区,占比高达近60%,其中反垄断执法构成了对该领域限制、排除竞争行为的主要规制方式和矫正手段;反垄断执法力量发展不均衡,执法效果差异较大;反垄断执法透明度不高,执法效率较低。具体到滥用市场支配地位类型案件,大部分案件从立案到作出并发布执法公告的时间通常为一年至一年半,有些案件的时间则更长;以"锦标赛式"的权力经济模式严重制约了统一的竞争经济发展,实质性阻碍了反垄断执法向纵深推进。因此,结合国情,建议从加大健康竞争文化培育力度和积极传播竞争执法理念出发,在优化执法队伍,提升执法专业化与精细化的同时,加快《反垄断法》修订,进一步明确和完善执法依据,建立"预防+事中事后"的审慎执法模式,将竞争政策导入修法之中。通过在《反垄断法》中建立事先审查机制,逐步树立竞争政策在市场经济运行中的基础地位,切实有效释放竞争机制的强动能。[1]

有学者认为,根据我国《反垄断法》第17条规定,对滥用市场支

---

[1] 陈兵:《我国反垄断执法十年回顾与展望——以规制滥用市场支配地位案件为例的解说》,载《学术论坛》,2018年第6期,第1—12页。

配地位行为的法律认定需要进行合理性分析。但是无论是滥用市场支配地位的立法本身还是竞争执法机构发布的实施细则都没有对差别待遇的合理性分析标准作出细化指引。认为根据市场规制法则的基本原理,差别待遇的合理性分析应当按照终端性、间接性、客观性、保护性四个阶梯形的考察视角逐次进行逻辑展开。具体而言,首先,差别待遇的合理性分析标准应当考虑终端性问题,即所涉的经营行为是否直接指向消费者。如果是,那么原则上基本推定其具有合理性;如果否,那么原则上初步推定其没有合理性。其次,差别待遇的合理性分析标准应当考虑间接性问题,即针对经营者所涉的经营行为所产生的外部影响是否属于间接传导。如果是,那么最终认定其具有合理性;如果否,那么原则上进一步推定其没有合理性。再次,差别待遇的合理性分析标准应当考虑客观性问题,即针对经营者所涉经营行为所产生的外部影响是否属于人为所致。如果是,那么原则上进一步推定其没有合理性;如果否,那么最终认定其具有合理性。最后,差别待遇的合理性分析标准接下来应当考虑保护性问题,即针对经营者所涉的经营行为是否属于特别照顾中小企业的善意之举。如果是,那么最终认定其具有合理性;如果否,那么就最终认定其没有合理性。[①]

有学者认为,虽然《反垄断法》对具有市场支配地位的经营者设立了特殊的法律义务,但是这些法律义务的承担并不是无条件的。只有它们不能就自己所实施的经营行为提出合理的抗辩事由时,其所作所为才会被认定构成滥用市场支配地位。从第17条第1款的具体条文来看,现行《反垄断法》对滥用市场支配地位的立法也是采用了合理原则,但是在抗辩事由的具体表述上,立法目前采取的做法并非完全一致。就形式而言,第17条第1款的规定并未采用本身违法原则;就内容而言,第17条第1款规定的使用使得它们所对应的经营行为在性质认定上必须与合理性分析挂钩。但是,上述立法表述各自可以包含

[①] 丁茂中:《论差别待遇的合理性分析标准》,载《上海对外经贸大学学报》,2018年第5期,第40—52页。

的抗辩内容彼此存在不同程度的差异,如就"不公平的"与"没有正当理由"而言,后者的范围明显要比前者的范围宽泛得多。在实质上使得滥用市场支配地位的合理性抗辩在标准上存在不统一,从而导致不同行为之间出现竞争规制不公现象,不同程度地影响立法的科学性。因此,建议将其单一化。具体就"不公平的""没有正当理由""不合理的"在实质上使得滥用市场支配地位的合理性抗辩在标准上存在不统一问题而言,立法只要统一使用三者当中的任何一个就可以解决目前所存在的问题。应当对"没有正当理由"进行立法表述,它在合理性抗辩上至少应当包括以下四个事由:第一,为了保证产品质量和安全的;第二,为了维护品牌形象或者提高服务水平的;第三,代工协议履行;第四,涉及知识产权保护。[①]

有学者认为,资源性公用事业垄断问题在我国一直为社会所关注,需要注意到的是资源性公用事业的可替代性弱、外部性较强、事关国计民生,如果遵循《反垄断法》的思维,促进自由、开放的竞争,将会产生比垄断更不可接受的结果。因此,在对资源性公用事业进行反垄断规制时,须考虑到在市场竞争与产业安全、效率、公平、价格及产品质量等诸方面之间的平衡。申言之,在对资源性公用事业进行反垄断规制时,应加强对资源性公用事业经营者的反垄断执法;应在产业法层面进一步促进产业政策和竞争政策的融合;在价格法层面丰富政府指导价的内涵,平衡好价格规制与产品质量和安全等之间的外部关系;在社会法和财税法层面,重点是在资源性公用事业改革特别是价格改革过程中,通过转移支付、财政补贴和价格调节基金等方式对弱势区域、产业和群体给予补贴和救助。具体而言,应当允许资源性公用事业的结构性垄断,但不得以此损害竞争秩序。并且尽可能使公用事业经营者的市场支配地位合理化,是规制其滥用的预防性手段和首要步骤。然后,对公用事业经营者尤其是因自然垄断而具有强势地

---

① 丁茂中:《论滥用市场支配地位行为规范的立法完善》,载《经贸法律评论》,2020年第2期,第120—134页。

位的，给予严格的监管；同时适用《反垄断法》中有关滥用市场支配地位的规则。需要明确的是，资源性公用事业经营者滥用市场支配地位的主要形式有两种：一是滥用因基础网络的自然垄断属性而产生的市场支配地位；二是违反互联互通义务产生的市场支配地位，对其进行规制需要通过我国《反垄断法》及其执法机构按照市场经济法治的要求，凭借我国《反垄断法》的政策性、灵活性特点和反垄断法执法机构的公正、自由裁量，在与相关公用事业专门立法和主管部门或监管机构的配合下，对资源性公用事业经营者的各种滥用市场支配地位行为予以有效、合理规制。[1]

有学者认为，效率抗辩是《反垄断法》第17条规制滥用市场支配地位的重要规则。但效率概念的模糊与争议导致对效率抗辩很难形成共识。而类型化方法具备连接价值与事实，发现"事物本质"的功能，因而对于效率概念的解释具备独特的方法论意义。首先，类型化方法有利于围绕效率价值进行概念解释，进而衍生出配置效率、生产效率及动态效率等具体类型。其次，类型化方法有利于梳理包含或体现效率因素的法律事实。从反垄断法语境和法律适用的角度讲，还应当将上述三种效率类型解释为消费者福利、社会总福利及创新。最后，类型化方法旨在发现效率的本质。因此，效率概念的解释应当围绕"福利改进"这一核心展开，并在价值与事实的连接中呈现出相应类型。即虽然在不同的理论框架下，或者在不同的制度背景下，对效率的解释还存在争议，但实际上这些争议都能够反映效率的内在品格，也即一种效果标准下的"福利改进"。因而作为一种类型研究的效率概念，其内涵必然要归结到经营者行为（事物）的根本"意义"（本质）上来。毫无疑问，效率代表了产出和配置，也基本包办了福利改进所能表达的概念。将配置、生产及动态三类内涵纳入效率概念并不会出错，也即经营者从这三个方面提出行为效率抗辩，只能增加其说服力而不

---

[1] 史际春：《资源性公用事业反垄断法律问题研究》，载《政治与法律》，2015年第8期，第2—10页。

是减少。①

有实务界人士认为,在司法实践中认定滥用市场支配地位的行为已经形成了较为固定的思维模式,即先界定相关市场的范围,再确认被告是否具有市场支配地位,后确认被告是否滥用市场支配地位,最后进行竞争效果分析。但是在某些关键性问题上仍需要进行更深入地研究和思考。

首先,应精确界定相关市场的科学方法。替代分析方法仍是反垄断审查中最为常用、也是非常有效的一种界定市场的方法,因此应灵活运用。一是在选择作为分析对象的替代商品时,灵活运用我国民事诉讼中的主张和举证规则,将被动选择和主动选择结合起来确定作为替代商品的"标靶"。裁判者除了对当事人主张的替代商品一一审查分析外,还可以以职权主义的思路主动选择替代商品,而不再拘泥于当事人的主张。二是丰富比对目标商品和替代商品时应考虑的"未来"因素,同时对商品特性的分析元素也应更加多样化。灵活运用定量分析方法,在假定垄断者测试法(SSNIP)适用局限时,可以通过假定以价格以外的因素(如产品质量)作为变量完成假定垄断者测试。且现阶段法院在审判中使用假定垄断者测试方法界定相关市场有一定的操作难度,选择使用时也可以尝试利用委托专业机构的专门研究报告,以充实的数据对案件事实的认定提供参考。

其次,在进行相关市场界定时,应相对弱化市场份额在判定市场支配地位时的作用,可以综合考虑市场的基本状况和特征,其他经营者进入市场的壁垒,经营者控制市场的能力等因素。在处理涉及知识产权案件中判定市场支配地位时,应特殊对待,不再受传统市场份额等理论的限制,当确定相关同一市场后,首要的任务是寻找知识产权的权利人而非市场份额最大的经营者。但是一旦知识产权失效,如超

---

① 杨文明:《基于类型化方法的"效率"解释——以〈反垄断法〉第17条为素材》,载《法律方法》,第21卷,第291—305页。

过法律规定的保护期间，知识进入公有领域，以知识垄断为核心的相关同一市场将演变成以载体为核心的市场，那么对于市场支配地位的判断将回归传统的以市场份额为主要考量对象的判断方式。对于行业协会来说，其仍可以作为反垄断民事诉讼中的适格被告。第一，应审查协会或其他组织是否构成行使行政权的行政行为，若排除行政垄断的情况，方能进入民事案件的审查程序。第二，对于有部分行政管理职能的组织，因行政管理职能产生的特别优势地位，当其同时作为市场的经营者身份出现时，可以通过对其身份、组织性质、行政权力与经营商品的相关性来确定是否构成支配性的市场地位。第三，对滥用市场支配地位行为作竞争分析时，仍应以"证明排除、限制竞争的结果"为必要要件：一是对于市场支配地位经营者实施的非典型的滥用行为，是否构成滥用，应结合"排除、限制竞争的结果"加以判断；二是在纵向垄断案件中，原、被告所属市场之间的"相关"关系，必须结合"排除、限制竞争的结果"加以判断；三是在判断经营者因滥用市场支配地位行为而是否应当承担民事责任问题上，排除、限制竞争的结果是对原告主张因被告的滥用行为造成损失承担损害赔偿的民事责任的重要佐证之一。

第五节 相关市场界定理论争议

相关市场并非反垄断法产生之初就自然具备的，而是在随后的执法过程中逐步发展起来的概念。相关市场产生的主要原因是现代反垄断法基础理论的重大变革，即不再将垄断行为与违法性后果进行简单的直接关联，而是通过分析垄断行为对于市场竞争的损害程度来判断其违法性。相关市场界定是《反垄断法》有效实施、维护市场竞争的前提条件之一，判定经营者是否实施了排除、限制竞争的行为，通常应当以界定相关市场为基础。我国《反垄断法》第12条规定了相关市场的概念，即相关市场是指经营者在一定时期内就特定商品或服务进行竞争的商品范围和地域范围。这里涉及两个方面的基本因素,即商品(往往也称为"产品")和地域,相应地分别构成相关商品市场和相关地域市场。相关商品市场是指根据商品的特性、价格及其使用目的等因素可以相互替代的一组或者一类商品所构成的市场。相关地域市场是指相关经营者供给或者消费者购买相关商品的地域范围,并且这一地域内的竞争条件基本一致。在这里,商品和地域只是界定相关市场过程中的两个维度,并非两个独立的市场,其意味着在确定一个具体案件的相关市场时,必须从不同的角度出发进行界定,这时界定出的相关市场才更加符合实际。此外,在相关市场的界定中有时还需要考虑相关时间市场,由于相关时间市场在很多情况下可以融入相关商品市场的界定之中,即在界定相关商品市场时应当考虑时间因素,特别是在涉及具有知识产权的商品时,因此可不将其作为一个单独的问题。

  各国反垄断法在实践中对于相关市场的界定也主要是围绕着相关商品市场和相关地域市场这两个基本方面展开的。相关市场的界定是反垄断法实施的一项基础性复杂工作,作为现代反垄断法律制度发源地的美国一直对这个领域进行不懈的探索。在从 1890 年开始至 1982 年的将近 100 年的发展历程中,美国法院在早期的反垄断案件审判中先后提出了多种界定相关市场的方法和理论,包括同质产品认定法、需求替代认定法、附属市场理论、商品群理论和供给替代认定法。美国反托拉斯成文法中虽然有界定"相关市场"的概括性规定,但没有相关市场的定义性表述,也没有使用过"相关市场"这一概念。在美国反托拉斯判例法中,最早使用"相关市场"这一术语的是美国最高法院于 1948 年对哥伦比亚钢铁公司案的判决。在 1956 年美国诉杜邦公司案件中,美国法院首次使用需求替代法对该案件的相关市场作了更为宽泛的界定。但是,直至此时,"相关市场"的界定依然很不明确,没有统一的界定标准和明确的界定方法。而在 2010 年,美国司法部与联邦贸易委员会发布了新的《横向合并指南》,宣称"执法部门的分析不需要从市场界定开始",此举引起了世界各地企业、律师乃至反垄断执法机关的误会,以为所有的反垄断案件都无需界定"相关市场",少数学者借此机会提出要废除反垄断法中的"相关市场"界定。

一、适用之争

在实践中,"相关市场"的界定对整个案件的最终裁决产生决定性影响的示例是非常多的,它们主要集中在两大类型的案件中:第一类,企业涉嫌滥用市场支配地位的案件。这个方面的典型案例就是1956年美国政府指控杜邦公司垄断玻璃纸生产一案。[①] 第二类,经营者集中案件。但是,由于市场经济的快速发展,相关市场的界定理论难以适用新经济领域,使得学界与实务界针对当下反垄断法中相关市场界定的地位与作用发生了分歧,支持者认为相关市场界定是反垄断执法的首要步骤,我们不能因相关市场难以界定而忽略其作用;反对者则以美国2010年《横向合并指南》为依据,提出相关市场界定对于反垄断法的实施并不是必需的。反对者的观点又可以进一步划分:第一,进行模糊化处理。有些双边市场,如互联网平台,技术进步快,市场不断变化,边界难以划清,这时候在非合并案件中,可以适度降低相关市场界定的精确度要求,进行适度的模糊化处理,为创新可能带来的产品预留适当的空间。第二,弱化相关市场界定的作用。在双边市场中,市场份额仅能够为市场支配地位认定提供有限指引,市场集中度与市场竞争程度的相关性也并非很明确,如有其他更加直接的方法能够更合理地评估企业的市场势力时,应该弱化相关市场界定、市场份额和市场集中度在反垄断分析中的作用。但也有人担心此举"势必会导致反垄断法实施的扩大"。第三,绕开相关市场界定,使用直接证据。认为在许多情况下用市场份额表示市场势力存在严重问题,这种问题在双边市场中更加明显。产业组织理论显示均衡价格和市场份额之间存

---

① United States v. Du Pont & Co., 351 U.S. 377(1956).

在正向关系,但是这种关系在双边市场中的一边并不明确。所以可以使用更加直接的证据来判断企业是否具有市场势力,只要直接证据能够提供足够的信息,绕开相关市场界定就不会影响合并评估。甚至有人认为,在双边市场不均衡定价策略下,免费市场服务不属于《反垄断法》意义上的相关市场。① 这些争论产生的原因实质上缘于理解视角的不同:有人从垄断行为的违法构成要件视角出发,有人则是从识别竞争者、确定法律责任的视角出发。从不同角度讨论相关市场界定的地位与作用,结论肯定不一样。单从违法构成要件的视角讨论,则"并非所有的垄断案件都须界定相关市场"这种观点是有道理的,因为"本身违法"案件无须进行相关市场界定,至少无须首先对相关市场进行界定。但如果从竞争分析的全过程考察,则"所有的垄断案件都须界定相关市场"这种观点也是成立的,因为对竞争者的识别,甚至对垄断案件的描述必然将涉及"相关市场"这一概念。下面,就有关观点进行阐释:

有学者认为,相关市场界定是《反垄断法》实施中的关键环节与重要步骤,在《反垄断法》的实施中具有非常广泛的作用。对相关市场界定的历史与现状进行全面梳理和分析,发现相关市场界定不仅有助于反垄断执法机关和司法机关明确涉案企业的竞争关系、竞争市场参与者、评估市场力,而且有助于反垄断执法机关筛选案件、陈述案情,有助于反垄断执法机关提高办案效率。②

有学者认为,界定相关市场作为测度市场份额和间接认定市场支配地位的基础,在涉及滥用行为案件的竞争分析中起着全方位的作用。尽管界定市场不可避免地存在着不确定性和不够精准的问题,但是通过直接证据认定市场势力在实践中的问题更大。除了测度市场份额和认定市场支配地位,界定市场在滥用行为认定过程中也是一个必不可

---

① Kinderstart. com, LLC. v. Google, inc. Case No. C 06-2057JF(RS).
② 刘长云、郑鹏程:《论相关市场界定在反垄断法中的地位和作用》,载《财经理论与实践》,2016年第6期,第136—141页。

少的前提条件。因此,界定市场在滥用行为案件的竞争分析中不仅是第一步,而且是关键一步。为了科学地界定市场和合理地进行竞争分析,滥用行为案件的市场界定应当特别关注"玻璃纸谬误"、双边市场及创新市场等各种问题。①

有学者从最优证据搜索视角来思考相关市场界定的问题,认为在经营者集中案件当中,界定相关市场的必要性可能较小。尤其是在通过 UPP 分析等方法可以对未来的竞争格局进行判断时,相关市场是否被精确界定就更可能不那么重要了。相比之下,在滥用市场支配地位案件当中,界定相关市场所能带来的收益就可能较高,而其成本则相对较低,权衡成本收益可知,界定相关市场可能仍然是一个需要重视的关键环节。②

有学者从证据证明的视角出发,认为相关市场界定是反垄断诉讼中的重要环节是决定案件成败的关键因素。作为反垄断诉讼的重要证据,相关市场界定需要政府文件、行业资料、被告文件、客户证据、专家证言等证明力各不一样的其他证据来证明。该学者认为,在反垄断诉讼的实践中,相关市场界定方面的举证情况大致有四种:第一,没有界定相关市场;第二,界定了相关市场,但不完整,譬如只界定了产品市场而没有界定地理市场,或相反;第三,对相关市场进行了完整的界定,但不正确;第四,界定的相关市场既完整又正确。完全不对相关市场进行界定的案件很少,界定了相关市场,但不完整的情况也不多,较为普遍的是后两种情况。而证明责任一般由提出反垄断诉讼的原告来承担,但本身违法案件与行政诉讼案件应实行举证责任倒置。相关市场界定的证明标准依案件性质而定,民事诉讼案件一般

---

① 王晓晔:《论相关市场界定在滥用行为案件中的地位和作用》,载《现代法学》,2018 年第 5 期,第 57—69 页。
② 陈永伟:《平台条件下的相关市场界定:若干关键问题和一个统一分析流程》,载《竞争政策研究》,2020 年第 3 期,第 5—17 页。

采用说服标准,行政诉讼案件一般采用明显错误标准。① 其在后续研究中,又进一步阐述相关市场的界定是反垄断实施中的手段而非目的。相关市场界定方法的主观性使实践中的相关市场界定出现了结果导向现象,即先决定结果,再根据既定的结果决定相关市场的大小。结果导向性相关市场界定使相关市场界定从一个前置性、价值中立、纯粹的技术问题变成结论性的、事关是非的、复杂的法律问题。为了防范结果导向性相关市场界定损害企业的利益、消费者利益和社会公共利益,在法律上应当要求相关市场界定必须坚持透明度原则、保护消费者利益原则,从需求替代而非供给替代的角度,及最小市场原则来界定相关市场。②

综上所述,就我国目前的情况来看,一般情况下,相关市场的界定仍是进行竞争分析的前提和基础。当然,并不是任何一个反垄断案件都需要界定相关市场的。一些西方国家的法院和反垄断执法机构在实践中发展出了"本身违法原则"和"合理原则"作为其基本的竞争政策分析工具。对于适用本身违法原则的行为,如固定价格、限制产量、分割市场等联合限制竞争行为,其本身的反竞争性质非常明显,法律对此也有明文禁止规定,该种行为一经被认定成立即可判定为非法,无需再考虑其动机、手段,以及对市场竞争影响的大小,因而相关市场的界定也就失去了意义。而对于适用合理原则的行为,其是否实质上限制竞争和构成违法,需要通过对企业的动机、行为方式,以及对市场竞争的影响后果加以慎重考察后才能做出判断,因而需要界定相关市场。由于在《反垄断法》的实施中,适用本身违法原则的是少数,在大多数场合还是适用合理原则的,因而对大多数案件来说,界定相关市场是必不可少的前提性工作。在进行相关市场界定时,有

---

① 郑鹏程:《反垄断诉讼相关市场界定证据规则研究》,载《湖南社会科学》,2016年第1期,第55—60页。

② 郑鹏程:《反垄断相关市场界定的结果导向及其法律规制》,载《政治与法律》,2016年第4期,第14—23页。

些案件只需要界定一个相关市场，而另一些案件可能需要界定出两个市场甚至多个市场。一般说来，在对滥用市场支配地位行为进行分析时只需界定一个相关市场，但在涉及搭售的案件中，在分析企业行为是否构成搭售及搭售的合理性时，需要界定出两个相关市场：一是界定出相关的搭售商品市场，以此认定涉嫌搭售企业在该市场上是否具有支配地位；二是界定相关的被搭售商品市场，以认定搭售行为对于搭卖品市场竞争影响的程度，进而判断搭售是否违法。在联合限制竞争（垄断协议）行为中，横向限制即在生产或销售过程中处于同一阶段的经营者之间的限制竞争行为只需要界定一个相关市场，而纵向限制即处于不同生产经营阶段的经营者之间的限制竞争行为，由于当事人之间并不存在着直接的竞争关系，其主要目的是排除或限制协议以外的第三者参与竞争，一般也需要对两个市场加以界定：一是界定出产品的制造商或供应商所在的相关市场（上游市场）；二是界定出产品的批发商或零售商所在的相关市场（下游市场）。类似地，在企业结合（经营者集中）行为中，对于横向的企业结合行为往往只需界定一个相关市场，但对于纵向的和混合的结合行为一般则须界定出两个或两个以上相关市场。

还需要说明的是，相关市场界定的宽严标准往往会因所针对的行为的具体类型不同而有所不同。例如，从有关国家和地区执法机构的做法和法院的裁决来看，在分析企业合并（经营者集中的一种主要形式）行为中所划定的相关市场，通常要比分析企业实施滥用市场支配地位行为时所划定的市场要狭窄些。这是因为，企业合并行为中一般包含着比现实的垄断行为还要强的限制竞争的危险性，其直接导致市场上竞争者数量的减少，因此对企业合并的规制是在其现实的垄断行为发生之前采取的具有预防效果的控制措施；而且，企业合并行为一经批准，往往不可推倒重来，或者虽然可以但成本太高，执法机构在审查时往往更加谨慎，适用的执法尺度也就更加严格一些。

二、相关市场的界定路径

我国《反垄断法》第 12 条第 2 款的原则大致勾画出了相关市场的范围和意义，而国务院反垄断委员会 2009 年发布的《关于相关市场界定的指南》则进一步明确了相关市场的作用、含义和界定的依据。长期以来，反垄断实务部门与理论界一致认为，相关市场界定只是帮助事实裁定者发现事实真相即市场力量的一种手段，而不是目的本身，换言之，其与《反垄断法》的价值目标无涉。人们提出的界定相关市场的方法（标准）大致可以分为定性分析法与定量分析法两类。定性方法主要基于消费者和生产者的认知来界定相关市场。这种方法具有简单、直观、成本较低的特点，因此成为反垄断执法机构界定相关市场的主要方法。定量方法则需要依赖大量的市场数据进行模拟的经济学分析。这种方法更为客观，也能够较为准确地界定相关市场的具体边界。但是，定量方法一则比较复杂，二则成本较高，因此在反垄断执法实践中主要起到辅助性作用。其中定性分析方法包括合理可替代分析法、需求交叉弹性分析法、子市场方法、产品组合方法等，定量分析方法包括假想垄断者测试法（HMT）、临界损失分析方法（Critical Loss Analysis）、自然实验法等。

有学者借鉴外国的理论实践，认为相关市场界定是竞争法的核心概念。过窄地界定相关市场通常会发引发以不存在竞争为特征的市场支配地位的出现（《反限制竞争法》第 18 条与《垂直豁免条例》第 3 条），并进一步导致经营者集中的禁止（《欧盟并购条例》第 2 条与《反限制竞争法》第 36 条）。过宽地界定相关市场则可能会产生具有市场支配地位的经营者滥用其地位的行为（《欧盟运行条例》第 102 条与《反限制竞争法》第 19 条、第 20 条），以及经营者集中逃脱经营者集中控制的结果。通常所采用的需求替代性分析方法在界定相关产品市场的实践中越来越沦为没有有效指导价值的空洞公式。使用需求可替代性方法引起的市场划分过分细化进而容易被认定为市场支配地位的后果；为避免这种后果，供给替代性的方法在经营者集中控制领域中的适用应当逐渐加强。然而，在何时采用仅仅根据现实竞争压力进行估算的需求替代性分析方法，何时根据需求可转换灵活性而将潜在竞争压力作为主要方法的问题上，卡特尔机关依然不甚清晰。基于上述方法在实践中存在着过强的法律不确定性缺陷，认为，经营者的经营计划书有助于相关市场的界定。经营者经营计划书通常正确地表明，是否以及在多大范围内经营者市场行为空间的限制不仅仅与具有竞争关系的产品的当下竞争压力有关，也与紧密贴近市场并有着迅速供给转换速度能力的经营者的潜在的竞争的压力有关。[1]

有学者认为，随着信息通信技术和数字数据技术的广泛应用与深度融合，市场行为、生产组织结构，以及具体商业模式发生了颠覆性变化，动态竞争、跨界竞争及数据竞争等竞争形式成为互联网市场竞争的主要特征。在互联网市场下准入基准发生了变化，不再成为限制潜在经营者进入市场的屏障，市场结构对竞争效果的影响逐渐弱化，多边市场和跨界市场上的竞争日益激烈，创新成为市场竞争的关键要素。动态竞争下竞争新模式和新方法能有效增强竞争活力和效率，但是在双边或多边市场结构及交互传导效应、用户锁定效应下，互联网市场从早期的低门槛准入和去中心化运行逐渐向数据资源高度中心化和组织行为聚合化转向，导致以超级平台竞争为表征的固化竞争成为互联网市场发展的趋态，使市场竞争样态及相关竞争行为的违法构成的识别与认定日益复杂化。因此，受互联网市场双边性或多边性特征并叠加互联网商品功能的复合性影响，现有界定相关市场的方法都显露出一定的局限性，难以有效应对互联网市场固化趋态下相关市场界定的难题。为此，在界定相关商品市场时，需牢牢把握消费者需求在相应商品核心功能上的反馈，以此作为界定相关市场的基准。在互联网竞争案件中经营者相关地域市场的界定需要参考多种要素，其中用

---

[1] 弗兰茨·尤根·翟克、金枫梁：《告别需求可替代性的相关市场界定方法：经营计划书作为界定产品相关市场的方法》，载《竞争政策研究》，2018年第3期，第55—69页。

户语言偏好、使用习惯、文化传统，以及政府的互联网管制措施等诸因素都会影响互联网相关地域市场的界定。在相关时间市场的界定中，可采取合理预期原则①，在对互联网相关时间市场进行合理预期时，要注重商品生命周期、知识产权期限、创新周期等因素的相互作用，同时各因素之间应综合评估，对不同类型的商品的各个因素也要有所侧重。②

有学者认为，相关市场界定旨在帮助评估受诉行为的反竞争效果，必须保证界定的市场与受诉行为"相关"才能实现这一目的。由于每个经营者都在多个环节从事交易，可能在不同交易关系中致生不同类型的竞争损害，因此不能孤立地界定相关市场，而必须围绕损害理论展开。损害理论是将本案事实涵摄于法律规则之下的陈述，有助于揭示所诉垄断行为发生于哪个交易环节，澄清本案中受诉行为损害竞争的发生机制，从而正确确定候选市场。我国大量司法判例表明，法院往往以与所诉行为无关的市场作为候选市场，市场界定分析在不同环节、不同视角之间游移，造成整个分析过程的混乱。唯有在各个诉讼阶段有意识地将市场界定与损害理论相联系，方可实现相关市场界定的价值。具体而言，相关市场界定是测度市场势力的方法之一，界定相关市场和考察市场势力并非目的，而是服务于竞争效果分析。为此，应考察界定市场与受诉行为的"相关性"，待考察事项决定了候选市场的选取，决定了相关市场界定的分析起点，决定了相关市场界定的具体标准，忽视行为多样性将会导致相关市场界定缺乏相关性，损害理论瑕疵也会导致相关市场界定缺乏相关性。为此，在界定相关市场前必须初步澄清原告的损害理论是什么，必须在起诉状撰写、诉讼程序、判决书起草等阶段有意识地将界定相关市场的工作与受诉损害理论相联系。第一，在起诉状（包括行政执法调查启动文件）撰写方面，原

---

① 该原则是指在相关时间市场界中，以长远发展原则为基础，依据现阶段的市场竞争情况对时间范围作出合理预期，从而确定及分析现在及未来一个时间段内的市场竞争情况。

② 陈兵：《互联网市场固化趋态的竞争法响应》，载《汉江论坛》，2020年第3期，第122—130页。

告（执法机关）应该清晰地指出被诉行为是什么，发生于哪个交易市场和环节，在本案中如何导致了市场竞争损害。第二，以诉讼程序的筛选机制剔除不具有法律或事实充分性的诉讼主张——不成立的损害理论。第三，在撰写判决书时，法院在分析相关市场之前，同样应该清晰地列明原告的损害理论，以此引出候选市场，继而才能有针对性地过渡到界定相关市场。①

有学者则结合我国《关于相关市场界定的指南》（以下简称《指南》），指出中国反垄断相关市场的界定工作已经达到了较高水平，但目前还存在应当界定相关市场的案件没有界定相关市场、先确定案件结果再界定相关市场、相关市场界定透明度不高等缺陷。认为《指南》本身的性质不明确，对市场界定的地位与作用的说明似是而非，将供给替代与需求替代等同有悖于《反垄断法》的基本价值目标，对假想垄断者测试法的解释模糊不清，《指南》的叙事角度错乱。为了克服这些缺陷，反垄断执法机构应进一步完善《指南》的内容，明确其法律性质与效力、厘清市场界定在反垄断执法中的地位与作用、限制供给替代方法在相关市场界定中的使用、统一《指南》的叙事角度等，以增加相关市场界定的透明度。建议在《指南》第1条末增加一款："本指南所描述的是国务院反垄断执法机构界定相关市场的原则、方法与思路，它不影响人民法院对相关市场概念作出自己的解释。"将《指南》第2条第2款的最后一句改成"反垄断执法机构将根据不同案情在竞争分析的不同阶段对相关市场进行界定"。删除《指南》第4条第2款第2句、第6条、第8条第2款。在《指南》第四章增加一个对临界损失分析进行说明的条款作为第12条，规定：当所需数据可以获得时，执法部门也会考虑进行一项临界损失分析，去评估这些数据在多大程度上支持通过假想垄断者测试得出的结论。建议用第一人称"执法部门"对《指南》的叙事脉络进行重新梳理，用"可能""会"等

---

① 兰磊：《反〈反垄断法〉上的"不相关"市场界定》，载《中外法学》，2017年第6期，第1647—1676页。

表示可能性的词汇替代"可以""应"这些表示许可、命令的词汇。①

(一)相关地域市场

相关地域市场是指需求者获取具有较为紧密替代关系的商品的地理区域,这些地域表现出较强的竞争关系,在反垄断执法中可以作为经营者进行竞争的地域范围,在相关商品市场的界定中,只考察了涉案商品的横向联系,而相关地域市场则是将涉案商品作地理分割,目的是考察一定区域内特定商品的竞争关系,依据是考察商品的空间替代性。在欧盟《欧共体竞争法中界定相关市场的公告》中将相关地域市场界定为"相关事业发生商品或服务的供给和需求的区域,该区域内的竞争条件充分同质,据此可以将该区域与邻近区域区分开来",强调的是市场间的竞争条件必须充分同质。而在美国《司法部与联邦贸易委员会横向合并指南》中则将相关地域市场界定为"在该地域内,如果假定的垄断者作为相关商品现在和将来唯一的生产者有利可图地强加一个至少数目不大但有意义且非暂时性的涨价,其他地域的商品销售条件保持不变"。从文意上看,似乎欧盟和美国在市场界定上存在很大区别,其实自1997年《欧共体竞争法关于相关市场界定的公告》明确采用与美国相同的SSNIP后,欧盟和美国在相关地域市场界定的实际效果基本一致,只不过在相关商品市场、创新市场界定等方面还存在一定细微的差距。

从需求替代的角度来看,我国《指南》则列举了三个因素来从需求替代的角度界定相关地域市场。第一个因素为"商品的运输成本和运输特征"。决定相关地域市场最为重要的因素为涉案商品的运输成本。一般说来,体积越大、运输成本越高且价值越低的商品其地域范围越小;而体积越小、运输成本越低并且自身价格偏高的商品相关地

---

① 郑鹏程、刘长云:《我国反垄断相关市场界定执法实践检讨与反思——兼论〈关于相关市场界定的指南〉的不足与完善》,载《中南大学学报(社会科学版)》,2016年第5期,第46—51页。

域市场就比较大。第二个因素为"地域间的贸易壁垒"。地域间的贸易壁垒，尤其是各国海关及不同法律法规的存在，往往可以将相关地域市场界定为某个国家。比如，我国最高人民法院在"3Q案"中就认为由于我国特殊的电信业务管理法律法规的存在，使即时通信软件的地域市场为我国大陆地区。第三个因素为"托底条款"，不过《指南》特别列出了两个因素：一是"特定区域需求者偏好"。语言一般是分析该因素时所主要考虑的情形。比如，在"3Q案"中原告奇虎公司就在一审的时候提出，由于语言方面的原因大陆用户更倾向于使用中文版本的即时通信软件，因此主张将相关地域市场界定为中国大陆；不过，一审法院广东省高级人民法院没有接受这个主张。二是"商品运进和运出该地域的数量"。欧盟委员会曾经在"意大利福莱特玻璃案"中以该因素作为主要依据来界定相关地域市场。在该案中欧盟委员会必须分析玻璃产品的相关地域市场是意大利还是也包括周围几个欧洲国家。欧盟委员会认为，在意大利80%以上的玻璃都是来自意大利本土的生产商，因此将该案的相关地域市场界定为意大利。但是，这种观点最终被欧盟初审法院驳回。不过，欧盟委员会的分析方法确实可以完美地解释该因素的应用。

从供给替代的角度来看，一般考虑的因素包括：其他地域的经营者对商品价格等竞争因素的变化作出反应的证据；其他地域的经营者供应或销售相关商品的即时性和可行性，如将订单转向其他地域经营者的转换成本等。我国最高人民法院在"3Q案"中从供给替代角度具体分析了相关地域市场。在该案中，最高人民法院所要审查的问题是境外的即时通信软件与国内的即时通信软件是否存在替代关系；如果有的话，那么就应当将即时通信软件的相关地域市场界定为全球。但是最高人民法院经过分析发现，即时通信软件属于增值电信业务，其经营者必须取得相关电信监管部门的经营许可证，并需要满足一系列的形式要件。因此，处于境外的即时通信软件一般不会因为大陆境内的相同产品的小幅度价格降低而选择进入我国境内。此外，境外即时通信服务经营者在较短的时间内（如一年）进入中国大陆地区但发展到足以制约境内经营者的规模存在较大困难。境外即时通信服务经营者需要通过合资方式建立企业、满足一系列许可条件并取得相应的行政许可，这在相当程度上延缓了境外经营者的进入时间。最后，最高人民法院认为涉案的相关地域市场应为中国大陆地区市场。

综上所述，在界定相关地域市场时，需要考虑贸易壁垒、消费者的便利、运输费用、服务成本、商品特性、消费者偏好及语言风俗习惯等因素的影响，确定的相关地域市场范围可大可小，可能是某个地区、省市，也可能是全国，还可能跨过国界进入国际市场。例如，在食品业、零售业、服装业等与日常消费息息相关的行业，地域市场通常界定为地域性的市场；在涉及技术密集型的商品，尤其是在某些寡头垄断的行业，地域市场通常被界定为全球市场。

需要说明的是，在界定地理市场的理论中，威廉·兰德斯和理查德·波斯纳提出的转移理论是具有广泛影响力的。该理论认为，如果一个异地的经销商在本地市场有一些产品销售，那么在计算本地经销商的销售总量时，该经销商所有的销售（无论是否在本地市场发生）应当被视为其中的一部分。[①] 兰德斯和波斯纳的理由是，异地经销商已证明其在本地市场销售的能力，因此也可以很容易地通过转移其他市场的销售来增大在本地市场的销售量。该理论主要用来强调国际竞争。受该理论影响的地理市场界定将变得较为广阔，并使得反垄断执行变得相对宽松。阿里达-特纳法和转移理论非常近似。该方法也包括将在本国市场有销售行为的外国销售者的销售总量计入市场销售总量中，区别在于附条件地将一些销售排除。该理论认为，如果某产品在某国同时存在进出口行为，那么该外国生产者的销售总量不应被计入相关地理市场中；如果某产品加上运输和关税价格后超过了本国产品价格，也不应被计入。有学者提出的运输数据方法在反垄断案件中得到了广

---

① William M. Landes and Richard A. Posner, "Market Power in Antitrust Cases", *Harvard Law Review*, Vol. 94, Issue 5, 1981, pp. 937–996.

泛的应用。该方法通过货物运输的起点和终点来确定地理市场，过去和现在的运输数据都作为市场界定的证据。① 他们认为，划分地理市场最为简单的标准是它与其他区域间的贸易数量。如果两个地区构成相关市场，那么这两个地区区域内会存在大规模的产品运输；如果两地很少有产品运输，表明它们是相互独立的，或者说不属于同一相关市场。美国反托拉斯经济学权威、麻省理工学院教授查德·施马兰茨认为，过去市场定义问题是一切案件的核心。在兼并案中，市场定义的核心地位并没有改变；在反垄断案中，虽然市场定义问题仍然重要，但与以前相比，重要性已有所下降。②

（二）相关商品市场

相关商品市场是根据商品的特性、用途及价格等因素，由需求者认为具有较为紧密替代关系的一组或一类商品所构成的市场。这些商品表现出较强的竞争关系，在反垄断执法中可以作为经营者进行竞争的商品范围。相关商品市场界定范围的大小，对确定竞争者的市场份额影响很大。例如。在1956年美国政府诉杜邦公司垄断玻璃纸一案中，美国司法部认为相关商品市场仅为玻璃纸市场，而该公司在玻璃纸市场中具有75%的市场份额；但美国最高法院认为，玻璃纸是包装材料的一种，包装材料构成相关商品市场，杜邦公司在包装材料市场中的份额不足20%，因此美国司法部因此败诉。而在商品市场的界定中，多以替代分析法为主，包括需求替代和供给替代。

需求替代也即需求者（或者消费者）所认为的替代性商品或者区域。需求替代对于竞争的影响最为直接。如果涉案产品的价格提高，又或质量下降，消费者可以直接去购买他们认为可以替代的商品，从

---

① Kenneth G. Elzinga and Thomas F. Hogarty, *The Problem of Geographic Market Delineation in Antimerger Suits*, 18 Antitrust Bull, 45, 1973.

② 廖理、汪韧、陈璐:《探求智慧之旅——哈佛、麻省理工著名经济学家访谈录》，北京:北京大学出版社,2002年版,第294页。

而给予涉案经营者最为直接的竞争限制。在实践中，反垄断执法机构往往通过调研的方式来确定需求替代，比如向行业人员、消费者、专家等发放调查问卷。分析需求替代的考量因素大体上可以分为两类：第一类可以统称为"交易习惯"；第二类则可以统称为"交易特征"。对于需求替代，我国《指南》提供了四个因素以供分析：第一个因素为"商品的外形、特性、质量和技术特点等总体特征和用途"。这个特征是消费者对于市场类似商品进行比较时所考虑的主要因素，也是区分甲商品与乙商品的主要特征。第二个因素为"商品之间的价格差异"。一般情况下，特征用途相似的商品其价格也大致处于同一区间。但是，在某些情况下相似商品却会因价格差异而被消费者认为不具有替代性，最为典型的便是飞机上的经济舱与商务舱之分。在分析商品之间价格差异的时候，往往没有客观的、可测量的标准存在，因此在实践中，反垄断执法机构往往采取个案分析的策略。第三个因素为"商品的销售渠道"。同一种商品或者替代商品销售渠道的不同一般不会影响消费者对于替代性的认知。但是，在特殊情况下，销售渠道的不同也会影响需求替代，最为典型的例子便是商品一手市场与二手市场之分。第四个因素为"托底条款"，但《指南》也列举了三个具体的因素：一是"需求者偏好或需求者对商品的依赖程度"；二是"可能阻碍大量需求者转向某些紧密替代商品的障碍、风险和成本"；三是"存在区别定价"的行为。

依据《指南》第 6 条的定义，"供给替代是根据其他经营者改造生产设施的投入、承担的风险、进入目标市场的时间等因素，从经营者的角度确定不同商品之间的替代程度"。简单来说，需求替代是从消费者的角度来分析不同商品的替代性；而供给替代则是从供给者的角度来分析不同商品的替代性。这主要是因为经营者也会受到生产类似但还没有直接代替性的产品的竞争压力。若其随意提价，则这些生产商可以很容易地通过转产来提供具有直接替代性的商品，从而维持市场中的竞争价格。不过，在绝大多数的情形中，生产者所认为的具有替代性的商品与消费者所认为的具有替代性的商品不会有本质的区别。从供给替代考虑相关商品市场时，可以考虑下列因素但不仅限于以下几方面：一是其他经营者对商品价格等竞争因素的变化作出反应的证据；二是其他经营者的生产流程和工艺、转产的难易程度、转产后提供商品的市场竞争力、营销渠道等，任何因素在界定相关商品市场时的作用都不是绝对的，可以根据个案情况的不同有所侧重。

在经营者竞争的市场范围不够清晰或不易确定时，可以按照SSNIP的分析思路来界定相关的商品市场。1982年，美国司法部在《横向合并指南》中提出了一套新的相关市场界定方法，即SSNIP测试法。根据该指南规定，反托拉斯执法机关在对相关市场进行界定时，应当将"只须简单地变换其生产及设备就可供给相应的商品的供给者"纳入相关市场范畴；在相关市场的具体界定上，该指南采用了"5%测定法"（Five-Percent Test），即假定存在着某个垄断的供给者，假设该供给者将其所供给商品的价格提高5%，然后讨论在这种情况下一年之内是否存在着一些需求以其他商品作为替代的可能性。为了便于分析商品间的替代可能性，该指南还特别地列举了若干必须考虑的因素，例如：来自需求者的关于该商品是否是替代品的基本认识；经过数年在商品的价格变动趋势上的相似点和相异点；商品间在顾客的使用方法、外观设计、物理结构及其他技术特征等方面的相似点或相异点；来自供给者的关于该商品是否是替代品的基本认识。1984年美国司法部发布的《横向合并指南》在相关市场界定方面主要是对"相关价格"作了进一步补充规定，但是没有对价格上涨幅度作调整。1992年、1997年，美国司法部和联邦贸易委员会联合重新发布了《横向合并指南》。在该新指南中，司法部和联邦贸易委员会特别强调了两种情形下的SSNIP测试法的应用，即价格歧视和非价格歧视。[①]

英国公平交易局则在2004年发布的《相关市场界定——理解竞争

---

① FTC&DOJ, Horizontal Merger Guidelines, 1.0 section.

法》① 中规定：相关市场的界定通常是从建立最具有替代的产品或者产品群开始的，那些替代产品是对涉案产品供给者的最有效约束。为了确立哪些产品具有足够的替代性，当局通常采用 SSNIP 测试法。该测试法的本质目的是建立一个最小范围的产品群和地理区域，在该地理区域内掌控产品供给的垄断者能够成功实施一个超过竞争状态下的价格水平行为。如果假定的垄断者无法成功的实施上述涨价行为，则相关产品市场需要进一步放大；如果假定的垄断者成功实施了上述涨价行为，则相关产品市场应当窄于当前假定的市场范畴。对于假定垄断者所实施的涨价幅度，英国同样采用"数额不大但很重要且非临时性涨价"，一般是 5%—10%。

加拿大竞争局在 2004 年发布的《并购执行指南》② 中规定：相关市场一般是指至少包括涉案企业一种产品的最小的一个产品群和一个最小的地区，在该地区，假定的垄断者能够成功实施和维持一个超过竞争水平的"数额不大但很重要且非临时性涨价"。相关市场的界定分析一般是从涉案企业的每个产品开始，分析结果取决于在一个地区控制整个产品群的假定垄断者在其他产品销售条件保持不变的情况下，是否能够实施一个 5%幅度的涨价行为。如果涨价行为导致大部分消费者转向购买其他产品而使得假定的垄断者没有获得更多利润，则目前初步假定的相关市场比较窄，需要把相邻更具有替代性的产品纳入进来重新界定，直到假定的垄断者能够因为价格上涨 5%而获得更多利润为止，此时的产品群就是该案的相关产品市场范围。

欧盟在 1997 年发布的《关于为欧洲共同体竞争法界定相关市场的委员会通知》③ 第 15 段和第 17 段规定：作为确定的方法之一，我们可以做这样的一个思维实验，假设很小且非临时性的价格上涨，估计消费者对这个涨价幅度会有什么样的反应。出于操作与实用的目的，市

---

① OFT, Market Definition—Understanding Competition Law, 2.5—2.10 section.
② CCB, Merger Enforcement Guidelines, 3.4, 3.5.
③ 许光耀编：《欧共体竞争立法》，武汉：武汉大学出版社，2006 年版，第 423—424 页。

场界定主要关注价格，更确切地说，集中在当相对价格发生不大且相对持久上涨时所引起的需求替代。需要回答的是，假如所考察的产品和地区，相对价格发生了数目不大但是持久性的上涨，消费者是否很容易获得替代产品或者转向其他地区的供应商。如果这种替代使得供应商失去了很多的销售数量而导致其涨价行为是无利可图的，则这些其他替代产品和地区应当包括在相关市场范围之内，直到在最后所确定的产品及其地区中，在相对价格发生了数目不大但是持久性的上涨时（5%—10%），供应商仍然能够赢利。

由此可知，SSNIP测试法是一种有效的反复测试过程，一般分为四个步骤：第一，确定最初的候选市场，通常情况下仅包括与并购有关的产品及其密切替代品。第二，假定整个候选市场的产品处于假设垄断者的控制之下，确定垄断者提价（幅度一般在5%—10%）后会出现的情况。第三，如果有足够多的消费者因涨价而转向了其他替代品时，涨价本身无利可图，则表明其他替代品对候选市场中的产品构成了足够大的竞争压力，可以认为候选市场太过狭窄，未能将密切替代品都包括进去，需要增加次优替代品。在得到一个更大的候选市场之后，重复以上步骤。第四，当大部分消费者面对这个小幅且显著的非暂时性涨价而不再转向购买其他替代品，从而使得假设垄断者涨价变得有利可图时，停止检验，这时得到的市场就是反垄断机构所需要确定的相关市场。但通过实践和理论的检验，我们也发现SSNIP测试法也具有一定的局限性，其不适用于差异化商品、不适用于免费商品、不适用于以非价格为主要竞争力的商品、不适用于具有双边市场特性的商品。[①] 因此，为保证个案的公平，建议在具体案件中综合运用相关经济学的知识，多方面、多角度的界定相关市场的范畴。

界定相关市场的方法不是唯一的，在反垄断实践中，根据实际情况的不同，可以使用不同的方法。界定相关市场时，可以给予商品的

[①] 丁春燕：《论我国反垄断法适用中关于"相关市场"确定方法的完善——兼论SSNIP方法界定网络相关市场的局限性》，载《政治与法律》，2015年第3期，第89—99页。

特征、用途、价格等因素进行需求替代分析，必要时进行供给替代分析；在经营者范围不够清晰或不明确时，可以按照 SSNIP 的分析思路来界定相关市场。除以上界定相关市场的一般方法外，还可以根据不同的实际需要使用价格关联法、因果关系检验法、临界损失法、集群市场法等界定方法。无论使用何种方法界定相关市场，都要始终把握商品满足消费者需求的基本属性并以此作为对相关市场界定过程中出现偏差时进行校正的依据。

第六节　相对优势地位

　　相对优势地位是相对于市场支配地位而言的，《反垄断法》对关于滥用市场支配地位的规制已经具有一套完整的理论学说，但对于相对优势地位的引入还存在争议。通常而言，《反垄断法》中的相对优势地位是指在市场交易中，市场主体相对于交易相对人而言处于优势地位，交易相对人不仅依赖于优势主体，而且没有其他可合理期待的可能性转向，优势主体不仅能够控制选择交易相对人，而且可以单方决定交易主要内容。和市场支配地位相比较，相对优势地位的核心在于"相对"二字，是指在特殊情况下，经营者相对于平时具有市场支配地位。"相对优势地位"概念并不在意经营者是否具有"市场支配地位"这一结构性要素，更突出经营者本身具有某种相对于他人的交易或经济优势地位。引入"相对优势地位"概念是对日本、韩国竞争法的借鉴，其相关立法主要针对大型零售商，尤其是大型超级市场欺负中小生产商的情况。比如向对方收取上架费或采用其他剥削方式，而后者无力对抗，只能接受。从法理上讲，这种利用市场力量的方式应当受到禁止，但似乎又无法适用《反垄断法》，因为这种地位好像还不足以构成《反垄断法》意义上的支配地位。因而，需要引入"相对优势地位"这个概念。

　　根据世界各国的立法，滥用相对优势地位至少可以有三种规制方法:一是针对与市场竞争关系密切的问题,通过《反垄断法》中禁止滥用市场支配地位的规定予以解决;二是针对明显不影响市场竞争的不公平交易行为,可以通过合同法或者侵权法来解决;三是如果确有必要在某个领域保护某些经营者的特殊利益,可以通过制定特别法来解决某些不公平交易问题。我国曾在 2016 年修订《反不正当竞争法》时,在《征求意见稿》的第 6 条中增加了关于相对优势地位的规定[①],但最终法案却删除了相关规定。此次我国《反垄断法》的修订,关于相对优势地位的争论也引起了反垄断法学界的关注。

有学者认为,在市场交易中,交易方滥用优势地位会阻碍市场公平竞争的发展,虽未达到排除、限制相关市场竞争的垄断行为后果程度,但已达到排除、限制交易相对方自由经营决策,抑制市场主体自由竞争机能发挥的程度。因此应对其进行规制。从定量分析来看,滥用优势地位行为的构成要件包括:主体要求交易方具有优势地位,行为要件要求实施了有违竞争秩序的不正当行为,结果要求达到阻碍了市场的自由竞争秩序。从类型化分析来看,滥用优势地位包括交易方滥用优势地位要求交易相对方为其提供经济利益、附加不合理交易条件、接受不利益、差别待遇、拒绝交易、限定交易等。需要注意的是,使交易相对方处于交易条件上的不利益构成违法,须以交易方无正当理由为前提。从本质上看,滥用优势地位行为是一种侵害市场自由竞争基础的反竞争行为。该行为的判断,除考虑交易方之间的相对性、依赖性外,还需考虑依赖性产生的原因即交易方的市场地位、转向其他竞争者的可能性。该判断方法以交易当事人之间的关系为直接视角,但需要进行市场结构的要素分析。同时,滥用优势地位的不当行为也应当从是否阻害市场竞争的角度进行划分和认定,考量行为的广泛性

[①] 《征求意见稿》第 6 条规定:"经营者不得利用相对优势地位,实施下列不公平交易行为:(一)没有正当理由,限定交易相对方的交易对象;(二)没有正当理由,限定交易相对方购买其指定的商品;(三)没有正当理由,限定交易相对方与其他经营者的交易条件;(四)滥收费用或者不合理地要求交易相对方提供其他经济利益;(五)附加其他不合理的交易条件。"

和不利益程度。因滥用优势地位行为"侵害市场自由竞争的基础"的行为属性使然,且其违法判定方法符合《反垄断法》的分析范式,有助于预防滥用市场支配行为发生,所以应当将其纳入《反垄断法》规制。[①]

有学者认为,相对优势地位是不同于市场支配地位的一种全新理论。其不仅在力量对比、考察因素、适用方法、界定标准等方面与市场支配地位理论存在显著差异,而且就现实影响而言,相对优势地位更容易产生微观化的市场效应。若按传统观念将其滥用行为纳入《反垄断法》的调整范畴,则既与域外反垄断立法的"结构主义"范式和"行为主义"范式相冲突,也与我国现阶段反垄断立法的"谦抑性"特征相违背。相比较而言,反不正当竞争法在静态机理中展示出的"维护公平竞争"的独立价值品格及在动态运行上呈现出的"从个体到整体"的利益保护路径,更契合规制滥用相对优势地位的内在逻辑。申言之,相对优势地位与市场支配地位是"量"的不同导致"质"的区分,市场支配地位衔接的是整个相关市场,相对优势地位关乎的只是交易相对方,故二者滥用所造成的后果大相径庭。市场支配地位的滥用,对整个市场经济的破坏是直接的、毁灭性的。而相对优势地位滥用,往往只是侵害微观个体利益,或间接作用于市场秩序,这种波浪式能量的传递相对容易被市场的自我调节所消除。从保护对象来看,滥用相对优势地位行为侵犯的是公平竞争,而非自由竞争;从利益保护路径来看,滥用相对优势地位行为,往往是直接针对个体造成侵害后,将交易间的不利影响逐步扩散至公平竞争市场,进而影响竞争秩序。而这些恰好是反不正当竞争法所规制的内容,因此,应将其纳入反不正当竞争法的规制中。[②]

[①] 王玉辉:《滥用优势地位行为的违法性判定与规制路径》,载《当代法学》,2021年第1期,第106—116页。

[②] 龙俊:《滥用相对优势地位的反不正当竞争法规制原理》,载《法律科学(西北政法大学学报)》,2017年第5期,第48—59页。

有学者从市场势力的视角对反垄断法学中的相对优势地位这一概念进行了详尽阐释，市场势力包括卖方市场势力（也称"卖方势力"）和买方市场势力（也称"买方势力"）。相对优势地位中的买方市场势力是指在供需双方的交易中，需求方（买方）处于优势地位，具有市场势力，而供应方处于依赖地位，需求方作为优势主体拥有对交易主要内容单方决定权的情形。买方势力形成的原因很复杂，企业合并、企业规模、供应商的依赖性、消费者偏好、零售业的进入壁垒、供给弹性小等因素都可能成为买方势力形成的原因。并且买方势力的社会效应具有双重性：一方面能促进供应商提高效率和节约成本，降低商品的零售价格，提高消费者福利；另一方面又可能造成对中小零售商的挤出效应，阻碍零售行业发展，提高供应商市场的集中度，提高供应商的道德风险，减损产品多样性。相对优势地位中的卖方市场势力是指在供需双方的交易中，供应方（卖方）处于优势地位，具有市场势力，而需求方处于依赖地位，供应方作为优势主体拥有对交易主要内容的单方决定权的情形。市场集中度、市场份额、产品差异化、需求弹性、企业的合作行为、市场进入壁垒等都是卖方势力的一般来源。而相对优势地位中卖方势力影响可以避免双重加价，减少零售商之间的竞争。[1]

有学者从我国近年来各地发生的因小区居民强烈认为提供物业服务的经营者收取的车位租金过高而形成的规模民事纠纷出发，认为以私力保护的民法、消费者权益保护法、合同法等缺乏实质性的执法权限，难以直接提供强有力的帮助。因此，很多专业人士纷纷将视野聚集到现行《反垄断法》上，但由于现行《反垄断法》有关超高定价的禁止性规定存在严格的适用前提，即所涉的经营者必须具有市场支配地位。如果推定提供物业服务的经营者具有市场支配地位，就意味着现行《反垄断法》包容性地采纳了相对优势地位理论。单纯从法律条

---

[1] 郭学兰：《反垄断法中相对优势地位释义——以市场势力为视角》，载《价格理论与实践》，2014年第11期，第27—30页。

文上来看，立法似乎并未对此推定作出明确的禁止，但如果允许这一推定，又会降低滥用市场支配地位的法律适用门槛。因此，认为《反垄断法》不应引入相对优势地位理论。但不可否认的是，现行《反垄断法》的规定确实存在模糊之处，必须从形式和实质上全面加以完善。以市场结构标准为基础，加上明确具体的有限修正，就可以有效确保在关于滥用市场支配地位的反垄断立法上不会再有此类问题。反垄断法必须明确考察不仅仅是两个特定的主体之间的具体关系，而必须基于目标对象与不特定的主体之间在整体上的关系，亦即，市场支配地位聚焦于目标对象对多数市场主体的力量程度，相对优势着重于特定两者之间的力量比较。①

  有学者通过对德国《反限制竞争法》的研究，认为德国法把相对优势地位细分为相对交易优势地位和相对市场优势地位两种类型，并且把规制滥用上述两种相对优势地位行为的制度都放到反垄断法（《反限制竞争法》）中，其目的都是为了强调保护中小企业。因此，在我国竞争法体系的完善过程中，可以借鉴德国的理论，先对相对优势地位进行细分，然后再根据《反垄断法》和《反不正当竞争法》的立法目的和规制体系要求，把滥用相对交易优势地位行为的规制纳入反不正当竞争法体系，而将滥用相对市场优势地位行为的规制纳入反垄断法体系。申言之，通过对德国法中禁止滥用相对交易优势地位行为的规制制度研究可知，相对交易优势地位的产生和认定主要基于依赖性理论。基于依赖性产生的相对交易优势地位虽然可能被滥用，但这样的滥用行为更多情况下是损害处于纵向关系的交易相对方或者最终消费者，更多地涉及局部个体竞争行为自由的保护，而非对竞争秩序作为一种整体的损害。因此，将滥用相对交易优势地位的行为规制纳入反不正当竞争法的规制体系更能符合竞争法体系内部的功能分野。相对市场优势地位与市场支配地位更为类似，都以结构性要素为规制前

---

① 丁茂中：《论滥用市场支配地位行为规范的立法完善》，载《经贸法律评论》，2020年第2期，第120—134页。

提，因此，将其纳入反垄断法体系更为合理，但应注意限制其适用范围。①

有学者认为，随着我国互联网企业日渐平台化、规模化与经营领域多元化，某些互联网平台滥用其相对于上下游企业或终端消费者的竞争优势，实施强制不兼容类型的新型不正当竞争行为（具体表现为"二选一"等手段），且近来有愈演愈烈之势。由于理论研究成果不足，相关规制部门监管此类新型不正当竞争行为显得束手束脚、力有不逮。因此，有必要对此类行为进行系统的法理探析和精细的类型化分析。由于互联网滥用相对优势地位行为具有诸多有别于滥用市场支配地位行为的特质，对该行为认定的范式应有所更新，其中依赖性认定是关键；认定重点应置于对相关主体间依赖性及滥用行为的考察上。申言之，首先，不应拘泥于对优势主体具体是处于买方还是卖方一侧的考量。其次，可将依赖主体对优势主体的依赖性细分为：对名牌产品（或为使商品种类完备形成）的依赖性，因物资短缺的依赖性，因主体间长期契约或合作形成的依赖性，对优势购买力量的依赖性，对有利店址、商业圈或特定时段的依赖性，对关键设施或特定用途资产的依赖性，对人力资本的依赖性，其他依赖性等八类。再次，依赖性的判定标准则可依循逐层递进分析法，以依赖主体欠缺足够且可期待的转向可能性为评判准绳，具体细化为（依赖主体缺乏）选择的可能性、足够或充分性与合理性三个依次深入的步骤，后一步骤的启动均以前一条件的成就为前提，但具体每步的满足条件均需严格限定。鉴于我国现行法律尚不完善，宜采用以《反不正当竞争法》为主、《电子商务法》等相关行业监管法为辅的规制方法，而且要在将该行为定性为不正当竞争行为的基础上，考察互联网迥异于传统领域的诸多全新特质，多维度完善相关法律法规，统合协调好不同条文间的关系，

---

① 袁嘉：《德国滥用相对优势地位行为规制研究——相对交易优势地位与相对市场优势地位的区分》，载《法治研究》，2016年第5期，第123—131页。

以使规制效果最优化。①

综上所述,我国学界关于相对优势地位的研究主要集中于两方面:第一方面是关于是否有必要对相对优势地位进行规制。尽管相对优势地位规制理论在实践中已经得到运用,但围绕该理论的争议却从未停息。支持者认为,即使未达到市场支配地位的程度,但是拥有相对优势地位的一方仍然处于对交易相对人的经营活动造成一定影响的地位。如果拥有该相对优势地位的一方利用其地位约束交易相对人的意愿,使交易相对人购入其不愿购买的商品,或单方面设定或变更不利于交易相对人的交易条件,以及干预交易相对人对职员的任命,致使交易相对人除遭受不公平交易条件之外,还将处于不利的地位,而滥用优势地位的经营者则通过获取不当利益而处于更优地位。最终,这不仅妨碍了公平交易秩序,而且侵害自由竞争,应当视为不公平交易行为受到规制。②我国也有学者认为,即使市场主体拥有的不是市场支配地位而是相对经济优势地位,这种经济优势仍然有可能被滥用,而传统的民商法在交易自由与自愿谨慎的指导下是很难对这种滥用行为进行规制的,如果滥用经济优势地位行为损害了实质的公平正义而市场机制本身又无法对其进行制约时,政府公权力的介入就存在了可能性和现实需要。③滥用相对优势地位行为的否定性评判获得共识,正是由于它所具有的社会危害性,有损于市场公平竞争的秩序,法律才加以规制,目的就在于矫正由于经济力量明显失衡而导致的交易和竞争机制破损的后果。

反对者则认为,以结构为基础的反垄断规制方法是从宏观的角度来看待市场的问题。相对优势地位滥用理论会成为单纯保护竞争者的理论,而不是针对保护竞争的理论。在脱离了《反垄断法》结构性要

---

① 曹阳:《互联网滥用相对优势地位行为的认定及其法律规制——强制不兼容的类型化视角》,载《江西社会科学》,2019年第8期,第174—183页。
② 权五乘著,崔吉子译:《韩国经济法》,北京:北京大学出版社,2009年版,第211页。
③ 孟雁北:《滥用相对经济优势地位行为的反垄断法研究》,载《法学家》,2004年第6期,第82—88页。

素之后,相对优势地位滥用理论会不适当地扩展《反垄断法》的适用范围,造成对经济的过多干预,破坏市场机制的资源分配效率;会因为将视角从宏观的经济竞争结构转向微观的个体竞争者的得失,使《反垄断法》的目标从保护竞争秩序转变为保护竞争者;同时,在很多适用相对优势地位滥用理论的案例中,传统反垄断法理论框架仍然具有很好的解释力,此时新增具有争议的理论完全没有必要。①

第二方面则是关于如何规制相对优势地位的问题,即应当把其纳入《反垄断法》规制还是纳入《反不正当竞争法》规制。其实关于滥用相对优势地位的规制,一直颇具争议。早在《反垄断法》立法过程中,就有很多学者撰文提出了支持与反对意见,并延至当下。支持纳入《反垄断法》规制的学者认为相对优势地位与《反垄断法》中支配地位的概念并无本质差异,相对优势地位只是支配地位的表现形式之一。因此,《反垄断法》足以进行有效的规制。② 反对者则认为,"相对优势地位"概念并不在意经营者是否具有"市场支配地位"这一结构性要素,更加突出的是经营者本身具有某种相对于他人的交易或经济优势地位。认为滥用相对优势地位规制的法益目的在于,通过国家机关的介入,对流通领域中的显失公平的交易行为和不正当竞争行为进行规制,纠正具有市场依赖关系的交易双方的不公平交易地位,保护处于弱势地位的经营者的市场交易和公平竞争权益。因此,应将其纳入《反不正当竞争法》的规制范畴。③ 还有学者认为,可以借鉴德国的竞争法体例,将相对优势地位细分为相对交易优势地位和相对市场优势地位两种类型,把滥用相对交易优势地位行为的规制纳入反不正当竞争法体系,而将滥用相对市场优势地位行为的规制纳入反垄断

---

① 李剑:《论结构性要素在我国〈反垄断法〉中的基础地位——相对优势地位滥用理论之否定》,载《政治与法律》,2009年第10期,第121—129页。
② 许光耀:《"相对优势地位"与"市场支配地位"的法理辨析——对〈反不正当竞争法(征求意见稿)〉第6条的不同阐释》,载《价格理论与实践》,2016年第5期,第43—45页。
③ 戴龙:《滥用相对优势地位的法律规制研究——兼议〈反不正当竞争法(修订草案送审稿)〉第6条的修改》,载《中国政法大学学报》,2017年第2期,第146—158页。

法体系。①

　　需要说明的是,尽管《反不正当竞争法》和《反垄断法》都是保护市场竞争秩序的法律制度,但它们二者在立法目的方面存在显著不同。《反不正当竞争法》主要是反对经营者出于竞争的目的,违反市场交易中的诚实信用原则和公认的商业道德,通过不正当手段攫取他人的竞争优势,保护的法益主要是善意经营者的利益。而《反垄断法》则从维护市场的竞争性出发,目的是使交易对手和消费者在市场上有选择商品的权利,维护的是市场正常的竞争秩序。因此,从这个层面来看,滥用相对优势地位的既可能违反《反不正当竞争法》,也可能违反《反垄断法》的相关规定,应从具体的案情出发,以侵害的法益为对象进行划分,适用不同的竞争制度。鉴于相对优势地位和滥用相对优势地位存在很多不确定因素,期待一部法律包括《反不正当竞争法》或《反垄断法》进行全面规制的难度比较大,应综合运用我国的法律制度对其规制,细化相对优势地位法律适用条件及违法标准等要素。

---

① 袁嘉:《德国滥用相对优势地位行为规制研究——相对交易优势地位与相对市场优势地位的区分》,载《法治研究》,2016年第5期,第123—131页。

第五章 经营者集中

对于经营者集中行为,各个国家和地区使用的概念并不一致,我国《反垄断法》采用了"经营者集中"的概念。除此之外,在其他司法辖区如德国采用"企业并购",日本采用"企业结合",欧盟同时采用"合并"和"经营者集中"等。但上诉概念所指的现象基本一致,即我国《反垄断法》第20条规定的三种经营者集中的情形:经营者合并,经营者通过取得其他经营者的股份、资产,以及通过合同等方式取得其他经营者的控制权,或者能够对其他经营者施加决定性影响的情形。经营者集中是市场经济活动中时常发生的现象。各国反垄断法都对经营者集中实行了必要的控制,以有效防止可能产生的不利影响。控制的主要手段是通过事前或者事后申报制度,由反垄断执法机构对相关交易进行审查,决定是否允许经营者集中。

控制权是经营者集中反垄断法律规制的核心概念。控制权是指经营者对其他经营者的生产经营活动或者重大经营决策具有或者可能具有决定性影响的权利或状态。根据我国《关于经营者集中申报的指导意见》,控制权包括单独控制权和共同控制权,直接控制权和间接控制权。判断经营者是否取得控制权,集中协议和其他经营者的章程是重要的判断依据,但不是唯一依据。虽然从集中协议和章程中无法判断取得控制权,但由于股权分散等原因,实际上该经营者也获得了控制权。经营者还可能通过交易取得其他经营者的控制权。而欧盟竞争法将控制分为积极控制和消极控制，单独控制和共同控制，直接控制和间接控制。① 控制权的变化可能在以下几种情形中发生：第一，从单独控制变为共同控制，目标经营者变为合营企业，构成经营者集中。第二，从共同控制变为单独控制，在持有控制权的股东退出合营企业导致变成单独控制时，构成经营者集中。第三，共同控制权的变化，持有控制权的股东变化、股东主体数量增加均会构成经营者集中。不同法律对控制的认定路径不同，上市公司无实际控制人并不等于有关股东无反垄断法意义上的控制权，目标公司财务报表也不能证明对其有控制权。反垄断法意义上的控制权需根据个案情况综合判断。我国应当立足于现行规定的解释，结合成熟法域的反垄断法经验，从适用模式、规制对象和竞争效果评估三个层面缕析，建构企业联营经营者集中法律规制的理性模式。

从已公布的《修订草案》来看，第23条进一步明确了经营者集中取得控制权的概念，所谓控制权是指"经营者直接或者间接，单独或者共同对其他经营者的生产经营活动或者其他重大决策具有或者可能具有决定性影响的权利或者实际状态"。此外，确定了反垄断执法机构根据经济发展水平不时调整申报标准，进一步与国际接轨；明确了国务院反垄断执法机构可以调查和处理未达申报标准但可能具有排除、限制竞争的经营者集中案件，对于经营者集中的交易方提出了更高的反垄断合规要求（第24条）。同时，此次修改的一大亮点便是引入了经营者集中审查时限的"停钟"制度（第30条），将主管机构在执法实践中已经实际运用的方式制度化，为《反垄断法》的具体实施提供立法支持。明确了对未达到经营者集中申报标准的处理办法，第34条规定，未达申报标准的经营者集中，经调查具有或者可能具有排除、限制竞争效果的，国务院反垄断执法机构可以按照本法第32条、第33

---

① 《欧盟委员会关于第139/2004号理事会条例项下经营者集中控制管辖汇总的通告》，第59—73段。

条规定作出处理决定。经营者已经实施集中的，国务院反垄断执法机构还可以责令停止实施集中、限期处分股份或者资产、限期转让营业，以及采取其他必要救济措施恢复到集中前的状态。同时扩大了经营者集中涉及国家安全的范围，《修订草案》将进行国家安全审查的对象由"对外资并购境内企业或者以其他方式参与经营者集中"改为"经营者集中涉及国家安全的"，扩大了国家安全审查的对象。

而《修正草案》则在《修订草案》的基础上，进一步强化了经营者集中的"调查权"，第26条第2款规定，对于未达申报标准、但有证据证明具有或可能具有排除、限制竞争效果的经营者集中，国务院反垄断执法机构应当依法进行调查。第37条强调要加强对民生、金融、科技、媒体等领域的经营者集中审查，在立法层面突出对特殊行业的关注。虽然此前相关的部门规章对此也有规定，如《国务院关于经营者集中申报标准的规定》《经营者集中审查暂行规定》等，但是将该调查权从行政法规、部门规章规定上升到法律规定层面，无异于进一步彰显经营者集中审查趋严的执法立场。此外，《修正草案》第32条在现有经营者集中审查时限的基础上引入"停钟"条款，具体包括三种情形："未按规定提交文件、资料，导致审查工作无法进行"、"出现有重大影响的新情况、新事实"和"对附加限制性条件进一步评估，且经营者同意"。按照目前的经营者集中审查规则，申报一经立案则审查时限起算，即便存在客观原因（如草案所规定的上述情形）也不中止，实践中可能会使得一些案件的审查本来可以在上一阶段结案而延长至下一阶段，或因为无法在180天的审查时限内结案，可能需要当事方撤回申报，重新提交审查申请。"停钟"制度无疑增加了经营者集中审查时限的弹性，避免僵化适用审限要求所带来的不必要的程序性操作（例如撤回再申报）。同时，通过明确"停表"制度适用情形，也从一定程度上避免了审查时限过分延长导致行政程序缺乏确定性。

第一节　申报制度

在市场经济条件下，经营者集中是一把"双刃剑"。一方面，适度的经营者集中有利于发挥规模经济的作用，提高经营者的竞争能力；另一方面，经营者的过度集中又会产生或加强其市场支配地位，并通过滥用其市场支配地位来限制竞争，导致市场配置资源的效率降低。在各国的经济发展过程中，尤其是工业化的初期，由于经济的发展水平所限，大力发展企业规模经济成为当务之急，对于经营者集中的弊端认识不足，使得各国反垄断法关于经营者集中方面的限制相对处于薄弱的地位。但是随着规模经济的不断发展，许多经营者集中已经在实质上获得了垄断地位。在高额利润的驱动下，通过经营者集中来获取垄断利益、限制竞争，已经越来越成为发展规模经济的"潜规则"，经营者集中所带来的各种弊端日渐凸显。在这种背景下，各国逐渐开始重视对经营者集中（尤其是大企业之间的集中）的法律规制。依据经营者集中主体的不同，可将经营者集中分为横向集中、纵向集中和混合集中三类。横向集中会直接减少竞争者的数目、改变市场结构，提高市场集中度，对市场竞争状况的影响较为直接。纵向集中存在与上下游关系的经营者之间的集中，将原有市场上的产品交易关系变为企业内部关系。混合集中是指既不存在横向集中，也不存在纵向集中的经营者之间的集中，主要存在于相邻互补关系的市场，如眼镜片制造商与眼镜框制造商之间的集中就属于混合集中。当前规制经营者集中申报制度的模式主要有三种：一是事前申报模式，如美国、中国、欧盟等；二是事后申报模式，符合申报标准的集中必须在集中后的法定期限内向反垄断执法机构进行申报并获得批准，如印度尼西亚等；三是自愿申报，经营者集中并不以反垄断执法机构的批准为条件，如英国等。

一、域外申报实践

美国申报实践。美国控制经营者集中的主要法律依据是 1890 年《谢尔曼法》、1914 年的《克莱顿法》、1950 年的《赛勒-凯弗维尔法》和 1976 年的《哈特-斯科特-罗迪诺反托拉斯法修正案》。而在 1968 年，美国司法部颁布了第一部合并指南，内容涉及横向合并和非横向合并，后历经五次修订，每次修订都总结了当时的执法经验，解决当时最紧迫的社会问题。美国《克莱顿法》第 7 条和第 8 条表明，经营者集中包含以下四种行为模式：一是取得其他企业的股票或资产的行为，如果该取得实质上对全国任何区域某一产品减少竞争或该项合并的目的是形成垄断。二是公司间的合并行为。三是兼任管理职务的行为。根据《克莱顿法》第 8 条，若两家公司的资产超过 1000 万美元，并且高级管理人员或董事在这两家公司同时任职可能损害竞争时，该行为被禁止。四是企业间的合营行为。但 1914 年的《克莱顿法》禁止集中的形式不包括买卖实物资产，只包括买卖股票。《克莱顿法》第 7 条于 1950 年被国会修订，增加了买卖股票以外的资产作为禁止集中的形式。美国的经营者集中制度有以下几个特点：第一，强制的事前申报，并设定了申报标准。符合申报标准的集中在实施前必须向反垄断执法机构申报并取得批准，对于没有达到申报标准的，并不强制要求申报，但是如果该项合并产生限制、排除竞争的后果，反垄断执法机构可以对其事后审查。第二，注重横向合并的规制。1968 年颁布的合并指南虽规定了横向合并和非横向合并，但规制的内容仍以横向合并为主。1992 年修订的指南首次由美国司法部和联邦贸易委员会联合发布，其内容只涉及横向合并。2019 年 8 月，两个机构又联合发布了修订后的《横向合并指南》。且实践中大部分的经营者集中审查案件都是针对横向合并，对于纵向集中和混合集中的案件，则较少干预。第三，由结构主义向行为主义的转变。美国早期注重维持市场结构，对经营者集中采取严格的管制态势，但随着市场经济的逐渐发展，美国的反垄断法更加注重垄断行为的分析，即由关注垄断状态转变为关注行为主体的垄断行为，对经营者集中的审查更加注重分析竞争行为对市场竞争的影响，经营者集中的规制也较之前变得宽松。

欧盟申报实践。在制定专门的企业合并控制规定之前，欧共体适用《欧共体条约》第81条、第82条来规制经营者集中。欧共体在1989年12月通过了《关于企业集中控制的（EEC）第4064/89号理事会条例》，正式确立了经营者集中的专项规制规定。在2004年又修订通过了《关于企业集中控制的第139/2004号理事会条例》，此条例与《欧共体条约》第81条、第82条和《欧盟运行条约》第101条、第102条构成了欧盟规定经营者集中审查规制的三大支柱。据欧盟139/2004号条例第3条的规定，经营者集中的表现形式有：一是企业的支配权因企业或企业的独立分支之间的合并而长期改变；二是通过签订合同、买卖资产或者其他方法，已经取得企业控制权的自然人，以直接或间接的方式取得其他企业的支配权，进而长期改变企业的支配权；三是通过签订合同、买卖资产或者其他方法，企业直接或间接地取得其他企业的支配权，进而长期改变公司的支配权。欧盟控制企业合并条例的主要内容有：一是其适用范围仅适用于欧盟境内成员国的跨区域合并，其他的合并仍适用于成员国自己的法律规定；二是仅当一个企业取得另一个企业的控制权时，才是条例规定的企业合并；三是企业合并后有可能导致该企业获得或者加强该企业在全欧盟市场的市场支配地位时，欧盟委员会才会进行干预，对于一般的企业合并，欧盟委员会并不会主动干预；四是规定了企业合并采取事先的申报制度，并且规定了欧委会和成员国的管辖范围。

德国申报实践。德国对经营者集中规制呈现出不断强化的趋势。1973年德国对1957年《反对限制竞争法》进行修订时才引入了经营者集中的相关概念，规定了经营者集中的概念、标准、控制程序、法律救济等。1995年进行的第六次修订则实现了与欧盟竞争法的协调统一，修订后的法律将企业合并的申报程序由事先申报和事后登记两种制度并存改为事先申报制度,扩大了经营者集中事先申报的范围,在总体上提高了申报的销售额标准。而在2017年修订的《反对限制竞争法》则针对数字经济的特征,在现有的经营者集中申报标准体系中增设"交易额标准"以弥补销售额标准的不足。按照交易额条款的规定,原本营业额达不到现有申报标准的,如果交易额达到四亿欧元,经营者就可能有申报义务。据《反对限制竞争法》第23条规定,经营者集中的范围非常宽广,包括所有可以取得企业支配权的行为,具体包括合并、取得财产或股份、订立合同、管理人员重合、其他方式等。德国的经营者集中规制有以下特点:第一,标准相对宽严相济,对于中小企业之间的经营者集中除横向集中外,其他类型的经营者集中基本不干预,而对于可能产生或者加强市场支配地位的经营者集中进行重点的干预。第二,以行为要件为主要的判断标准,以"严重损害竞争"作为经营者集中规制判断的标准。对于横向集中,主要依据市场份额作为判断标准。对于非横向集中,主要依据是否会产生反竞争效果作为判断依据。

二、中国申报制度

我国《反垄断法》规定了经营者集中事前的申报制度,规定经营者集中达到国务院规定的申报标准的,经营者应当事先向国务院反垄断执法机构申报,未申报不得集中。根据《关于经营者集中申报的指导意见》,申报人应当在集中协议后,集中实施前向国家市场监督管理总局申报,以公开要约方式收购上市公司的,已公告的要约收购报告书可视同为已签署的集中协议。我国的经营者集中申报标准以营业额为主,《国务院关于经营者集中申报标准的规定》对其进行了详细规定。尽管按照该规定未达到申报标准的,但按照规定程序收集的事实和证据表明该经营者集中具有或者可能具有排除、限制竞争效果的,国务院反垄断执法机构应当依法进行调查。为了提高审查效率,便利经营者申报,执法机构又出台了《关于经营者集中简易案件适用标准的暂行规定》，设立了简易案件申报程序。同时，根据《未依法申报经营者集中调查处理暂行办法》的规定，市场监管总局负责未依法申报经营者集中的调查处理工作，但可根据工作需要，委托省级市场监管部门协助调查本地区内的未依法申报的经营者集中。

有学者认为，经营者集中申报标准的实施是在法定标准与执法自由裁量权的有机融合中动态实现的，当法定标准对实际案件涵摄不足时，执法机构应在自由裁量范围内主动发起调查。目前，法定标准与自由裁量权的行使存在断裂：一方面，以营业额为依据的定量申报方式存在灵活性不足、不精确且在实质上损害竞争等弊端，尤其是忽视产业经济特征、知识产权、技术创新等不可量化的因素对企业市场地位的影响，无法对网络经济领域的经营者集中作出有效识别；另一方面，自由裁量权未受到充分约束，存在滥用与怠政风险，执法行为不能有效回应市场主体的利益关切。建议以"营业额与盖然性市场份额结合的一般申报标准——符合具体产业特征的特殊申报标准——可问责的执法自由裁量行为"来优化申报标准实施机制：以营业额与盖然性市场份额标准相结合改造法定申报标准；通过制定专门申报指南满足网络经济等特殊产业的申报要求；将不可量化因素引入申报标准体系，通过自由裁量权规范行使推动申报标准有效运行；同时，加强程序控制和引入问责制强化内部控制，防范自由裁量权的滥用与怠政，并在外部建立司法监督机制。①

有学者认为，申报前商谈是经济领域自发生成的非正式、非法定、无法律约束力的程序性制度，广泛运用于经营者集中反垄断审查的实践，事实上已成为经营者集中反垄断审查体系的第一个阶段，具有促进执法机构与申报人合作互惠、提高反垄断审查效率与透明度、增进反垄断审查可预测性的制度价值。申报前商谈将实体性规则与程序性规则融为一体，具有自足性，申报前商谈的程序性规则包括经营者申

---

① 徐瑞阳：《论经营者集中申报标准实施机制的完善》，载《法学家》，2016年第6期，第146—161页。

请及预约、商谈会议、非正式指导意见，以及配套的简易程序制度等。申报前商谈的实体性规则包括确认商谈制度的合法性与法律性质，明晰启动主体及商谈资料范围，确认商谈机构及其主要义务，规划商谈会议的主要内容等方面。但同样其也带有公开性缺失、法律性质与信赖保护、观点锁定等局限，需要不断完善。因此，建议：第一，关于公开性问题的完善，应当适度公开商谈内容，主要是保护利害关系人等公共利益，可借鉴日本的相关做法。一是商谈申请者根据商谈指导意见对集中计划进行修改的内容，以及为不产生限制竞争效果而采取的措施，应导入正式申报环节的申报材料之中；二是商谈的内容和答复，除涉及企业机密部分之外，要毫无保留地公布；三是在公正交易委员会的年度报告等当中，将申报前商谈的相应情况的概要予以公开，以增加透明度。第二，关于信赖保护问题的完善，可借鉴美国的做法，即在反垄断行为民事处罚时，将商谈内容及申请者对执法者指导意见的信赖程度作为减轻处罚的因素，以谋求利益的平衡，防止商谈中执法者的机会主义行为。同时也需要申请者审慎对待指导意见。第三，关于其他问题的完善。关于商谈会引起执法机构警觉的问题，一般是要求商谈申请者或其代理律师在商谈之前充分权衡商谈利弊，进而作出抉择。关于商谈观点的锁定问题，借鉴美国，建议申请者代理律师审慎考虑商谈的问题、本方观点及提交的材料等内容。[①]

有学者认为，我国的经营者集中审查制度诞生于实体经济时代，在应对互联网领域未依法申报行为的监管过程中其不足与乏力开始显露。从我国反垄断执法实践来看，对未依法申报经营者集中的反垄断执法并不活跃，尤其是在技术高速发展、市场竞争日益活跃的互联网领域，执法机构查处的未依法申报经营者集中案件仅在少数。究其原因，是由于我国以营业额为单一量化指标作为互联网领域的经营者集中申报标准，难以适用；以"罚款"及"采取措施恢复到集中前状

---

① 张东：《经营者集中申报前商谈制度比较研究》，载《比较法研究》，2013年第5期，第103—112页。

态"的惩罚措施难以起到威慑作用,导致经营者集中申报制度形同虚设;且对经营者的特殊结构集中难以获得反垄断审查(VIE 架构①)。为此,应从申报标准、惩处力度、审查态度,以及权力实施四个方面寻找合适的解决方案。解决方案为:对申报标准的补正——在营业额申报标准基础上附加交易额标准,对惩处力度的补正——依据营业额比例提高对未依法申报的处罚力度,对特殊结构经营者集中审查困境的补正——明确对互联网领域,对执法机构权力实施的补正——充分发挥及适度行使自由裁量权。互联网领域独特的商业特征和盈利模式、申报制度量化标准的静态特点,以及相关政策态度的模糊导致互联网领域的经营者集中申报难以落实,通过设置统一的申报标准进行普遍适用的方式更能避免行业间标准不一及新经济下因行业间的互相渗透而带来的行业界限模糊等问题。②

我国经营者集中申报标准以营业额为主,根据《经营者集中申报办法》第 4 条规定,营业额包括相关经营者上一会计年度内销售产品和提供服务所获得的收入,扣除相关税金及其附加。在中国境内的营业额是指经营者提供产品或服务的买方所在地在中国境内,包括经营者从中国之外的国家或地区向中国的进口,但不包括其从中国出口的产品或服务。需要说明的是,对于经营者营业额的计算有几种特殊情况需要明确:一是如果参与集中的经营者之间或者参与集中的经营者与未参与集中的经营者之间存在共同控制的其他经营者,参与集中的经营者的营业额应当包括被共同控制的经营者与第三方经营者之间的营业额,且只能计算一次。二是如果参与集中的经营者之间存在有共同控制的第三方经营者,则参与集中的所有经营者的营业额总和不应包括被共同控制的第三方经营者与任何一个控制第三方经营者的参与

---

① VIE 架构也称"可变利益实体""协议控制",是指境外上市公司通过在境内设立全资子公司并以协议的方式控制其实际业务和财务的架构。
② 陈肖盈:《互联网领域未依法申报经营者集中的执法困境及其解决方案》,载《中国社会科学院研究生院学报》,2020 年第 1 期,第 46—52 页。

集中的经营者,或与后者有控制关系的经营者之间发生的营业额。三是在一项经营者集中中,如果涉及收购一个或多个经营者的一部分时,对于卖方来说,只用计算集中所涉及的营业额;相同经营者在两年内多次实施的未达到申报标准的经营者集中,应视为一次集中交易,以最后一次交易的时间起算,该经营者集中的营业额计算应当将多次集中的营业额合并计算。

经营者集中申报的义务人根据《经营者集中申报办法》和《关于经营者集中申报的指导意见》,通过合并方式实施的经营者集中,申报义务人是参与合并的各方经营者;其他方式的经营者集中由取得控制权的经营者进行申报,其他经营者予以配合。如果在一个案件中存在两个或两个以上的申报义务人时,可以约定由其中一个经营者进行申报,也可以共同申报。约定由一个经营者进行申报而未申报的,其他义务经营者不因约定而减免其未依法申报的法律责任,其他义务经营者有义务监督约定经营者的申报义务。关于申报文件资料的提交,我国《反垄断法》第23条有详细规定,其中尤其需对经营者集中对相关市场竞争状况影响的说明和市场进入分析需要作重点说明。通常而言,对相关市场竞争状况影响的说明包括但不限于以下几点:一是相关市场界定及理由;二是相关市场的基本情况;三是集中对市场结构的影响;四是就其与相关市场上下游主要企业交易的一个基本情况说明,并提供相应的联系方式。市场进入分析说明包括但不限于:一是进入相关市场在事实与法律等方面的障碍;二是因知识产权而产生的限制;三是相关产品规模经济的重要性说明;四是潜在市场竞争和可能的市场进入说明;五是列举近几年相关市场上的重大市场进入或退出的情况说明。

第二节 审查制度

经营者集中申报和审查的目的是预防集中对市场竞争产生具有或

者可能具有排除、限制竞争的效果。因此，科学地分析和评估集中的竞争影响是经营者集中审查的关键。我国《反垄断法》第27条和《关于评估经营者集中竞争影响的暂行规定》对竞争分析的考虑因素作了明确规定，主要包含以下五方面内容：第一，参与集中的经营者对市场的控制能力及在相关市场中所占的市场份额。第二，相关市场的市场集中度。第三，经营者集中对技术进步和市场进入的影响程度。第四，经营者集中对消费者和其他有关经营者的影响。第五，兜底条款，即国务院反垄断执法机构认为应当考虑的影响市场竞争的其他考虑因素。

需要说明的是，市场份额又称市场占有率，是经营者各项指标占市场总量的比例，常见的指标包括销售额、销售量、产量、产能、中标项目数等。市场份额并非判断经营者市场控制力的唯一标准因素，通常还会根据实际状况的不同综合考虑：参与竞争的经营者竞争关系的紧密程度、相关市场上其他经营者的产能，以及竞争者和参与集中的经营者之间竞争关系的紧密程度、参与集中的经营者的客户转换供应商的能力、买方力量、参与集中经营者在技术和研发方面的优势和力量等。而市场集中度是对相关市场竞争结构的描述，体现相关市场经营者的集中程度。衡量集中度主要有两种指标：一是赫芬达尔-赫希曼指数（HHI指数），即相关市场每个经营者市场份额的平方之和；二是行业前N家企业的联合市场份额（CRn指数），即相关市场前N家经营者市场份额之和。一般认为，相对于CRn指数，HHI指数赋予市场份额更高的经营者以更高的权重，能够更加准确地反映出市场的竞争结构，因而被广泛地采用。据美国司法部2010年《横向合并指南》的规定，HHI指数低于1500的市场通常为低集中市场，一般认为不具有反竞争效果，无须进一步分析；HHI指数为1500—2500的市场为中度集中市场，HHI指数高于2500的市场通常为高度集中市场。集中后的市场除仍属于低集中市场的，仍应作竞争分析。集中前后HHI指数增幅小于100点的，一般不具有反竞争效果，无须进一步分析；集中前后HHI指数增幅大于100点，且集中后的相关市场成为中度集中市场的，则可能产生竞争影响，需要详细审查；集中前后HHI指数增幅在100—200点，且集中后的相关市场成为高度集中市场的，则可能产生竞争影响，需要详细审查；集中前后HHI指数增幅大于200点，且集中后的相关市场成为高度集中市场的，则推定集中加强市场支配力量，除非存在相反证据。[①]

行为主义和结构主义是国外经营者集中审查标准的反垄断制度的法律模式。结构主义模式属于哈佛学派，注重对经营者的垄断状态的判断，即判断市场份额的多少及是否达到对市场有支配力的程度，属于"行为+结果"型判断。德国的"市场支配性地位"标准属于结构主义规制模式。行为主义规制模式属于芝加哥学派，注重判断经营者的经营管理或其他行为有没有减少或妨碍市场竞争，属于行为型判断。美国的"实质性减少竞争"标准和欧盟的"严重妨碍有效竞争标准"就属于行为主义规制模式。我国反垄断执法机构根据集中的具体情况对《反垄断法》第27条规定的因素进行考虑，其最终目的是评估经营者集中是否可能会对相关市场竞争产生损害。《关于评估经营者集中竞争影响的暂行规定》第4条第1款和第2款规定对其进行了详细规定，竞争审查的标准首先应考察集中是否产生或加强了某一经营者单独排除、限制竞争的能力、动机及其可能性；当所涉及的相关市场中有少数几家经营者时，还应考察集中是否会产生或加强了相关经营者共同排除、限制竞争的能力、动机及其可能性，即学界所称的单边效应和协调效应。

单边效应是指经营者集中行为产生或加强了某一经营者单独排除、限制竞争的能力、动机及其可能性。对于单边效应，美国和欧盟都极其关注。欧盟《横向合并指南》指出了判断经营者集中是否会产生显著单边效应时可考虑的一些因素：一是合并企业的市场份额及其增加

[①] 美国司法部、联邦贸易委员会：《横向合并指南》，2010年8月19日发布，第5.3条。

量；二是合并企业是否为紧密的竞争者；三是客户转换供应商的难易程度；四是价格提高后，竞争者的产品供应是否呈正相关；五是合并后的企业是否有能力阻止竞争者扩大规模；六是合并是否会消除市场的竞争。① 协调效应是指集中行为产生或加强了市场上相关经营者共同排除、限制竞争的能力、动机及其可能性。欧盟《横向合并指南》指出，协调行为要想持续进行，一般需满足以下三个条件：一是参与协调的企业能够遵守协调条款，并可进行监督；二是存在一定程度的处罚机制，使得企业不敢轻易背叛；三是未参与协调的竞争者及消费者的反应，未超出协调行为所预期的结果。② 当然，还有一些因素也可能影响协调机制的发展，这也是审查结果所必须考虑的客观因素，如非协调企业具有在短时间内对协调行为作出反应的能力、创新市场的独特竞争环境、市场结构的影响等。此外，美国《横向合并指南》还指出企业的过往行为，如曾经参与过共谋或具有共谋的动机，在其他市场上曾经发生过类似的并购并最终引起协调效应的，应特别注意，这些均有可能被引作可能产生协调效应的依据。③

有学者认为，经营者集中竞争评估工作是一项充满不确定性和挑战性的工作，我国《反垄断法》施行10年以来，集中案例公告表明竞争评估工作存在审查因素应用的逐步完善化与不连贯性并存、经济学分析的多样化适用与说理性不足的问题，认为改进后的波特"五力模型"较好地说明了竞争评估审查因素之间的关系，为完善竞争评估分析提供思路：我国经营者集中竞争评估可以市场集中度的测量为开端性审查因素，以在位竞争分析为关键性审查因素，以市场进入分析为抵消性审查因素，以非竞争政策考查为补充性审查因素。具体而言，第一，对所涉产业涉及的范围和市场结构进行描述，这是利用波特"五力模型"对经营者集中竞争评估进行分析的前提和基础。第二，对

---

① 欧盟：《横向合并指南》(2004/C 31/03)，第27—38段。
② 同①，第44—48段。
③ 美国司法部、联邦贸易委员会：《横向合并指南》，2010年8月19日发布，第7条。

产业中在位竞争进行分析,这是将波特"五力模型"中的供应商价格谈判能力、现有竞争对手间的竞争、客户谈判能力和替代威胁四种竞争作用力有机结合形成的考虑因素,克服波特"五力模型"竞争力因素之间缺乏互动性的弱点,力图从动态发展的角度观测产业竞争状态。第三,对所涉产业的市场进入情况进行分析。第四,分析政府因素在竞争评估中的作用。具体而言,第一,把市场集中度测量作为开端性审查因素。明确市场集中度仅为开端性审查因素,合理设定测量方法临界值和变化值。第二,在位竞争分析作为关键性的审查因素,理解以协调效应理论、单边效应理论和封锁效应理论为主要内容的竞争约束理论内容对于完善集中在位竞争分析有重要的作用。一是注重竞争约束理论适用的灵活性;二是建构规范的竞争约束理论分析框架;三是把市场进入分析作为抵消性审查因素。谨慎界定相关市场,区分制度性进入障碍和经济性进入障碍,认真识别经营者集中所处行业的创新特点。第三,非竞争政策考查作为补充性审查因素。明确非竞争政策因素适用的产业范围,以比例原则的应用保证非竞争政策适用的适当性,与竞争政策实现有效协调。①

有学者认为,经营者集中申报制度旨在预先发现潜在影响正常市场秩序的风险,并筛选出相关合并事件予以实质审查。我国的申报标准采用营业额作为统计依据,然而单一标准或导致不能及时发现风险,而事后的审查与处断措施既会使企业成本提高又对市场效率释放了负效应。因此,引入市场份额标准构建多元化可选择性的申报标准成为破题路径。由于申报前阶段对于效率的要求,此处的市场份额统计和精确程度都应体现较实质审查的特殊性。另外因为行业的特殊性,在具体制定市场份额标准时也要考虑相关行业的差异性。申言之,在制度层面的宏观设想应当是实现怎样的多元化标准,从制度内容上,将市场份额作为评估依据引进经营者集中申报标准与原有的营业额标准

---

① 王继荣:《我国经营者集中竞争评估审查因素的改造及完善路径:以波特"五力模型"为基础》,载《当代法学》,2019年第4期,第118—125页。

构成"或"的关系，集中的经营者达到任何一条标准都将负有主动申报的义务。同时也不应当排斥新的标准的引入。在实施层面应当保障市场份额标准实施程序，区分市场份额界定的行业特性，针对不同行业的特点划定具体的认定标准；申报前市场份额的统计应注重效率性，此处的市场份额统计没必要做到后续实质认定时的科学精准，因为这一市场份额要有企业自己去判断，从而确定自身是否负有主动申报的义务，所以从减轻企业负担与提高效率的角度来说，这一判断过程应当在对于潜在市场威胁形成心理确信的基础上相应简化；申报前市场份额统计应由政府确认资质的专业化机构负责。①

有学者认为，尽管我国的反垄断经营者集中审查已经取得了很大的进步，但还存在一些问题，如集中审查中的非竞争因素、案件审查注重经济分析、执法的独立性不足、执法资源不足和《反垄断法》本身还有很多待完善的问题等，认为应当有效解释"取得控制权"等概念，虽不一定要一个刚性的规定，但如果有了这方面明确的规定，执法机关就可以对那些虽然达到申报标准但没有取得控制权的集中采取快速审查机制；量化市场集中度，可以学习美国和欧盟反垄断执法的经验，即通过量化了的HHI指数说明市场集中度及其对市场竞争的影响，以便提高反垄断执法的透明度，提高参与并购的企业对案件后果的可预期性；明确豁免的几种情况，为了提高执法透明度，执法机关应当通过指南或者指导意见对"社会公共利益""经济效率""濒临破产的企业""抵消性买方力量"等概念作出解释；对违法行为加大处罚，加大对违法集中的制裁力度，以提高《反垄断法》的权威性和提高经营者的守法意识。②

有学者认为，正确界定"控制"对我国《反垄断法》规制经营者

---

① 林森相、卢晴川：《以效率价值主导的经营者集中申报标准重构——以滴滴出行与Uber中国合并为切入点》，载《东南大学学报（哲学社会科学版）》，2017年第S2期，第51—56页。
② 王晓晔：《我国反垄断法中的经营者集中控制：成就与挑战》，载《法学评论》，2017年第2期，第11—25页。

集中具有重大现实意义,但我国始终没有对"控制"进行任何界定和说明,这不仅不利于经营者进行集中事前申报,增加了其申报难度和负担,也不利于我国反垄断执法机构有效控制经营者集中行为。认为"控制"是指一个或多个经营者通过各种方式或手段在法律上或事实上,能单独或共同对其他经营者的经营管理活动或决策,以及竞争策略或方针,施加决定性影响或显著重大影响的情形。虽然我国《反垄断法》在关于经营者集中的规定里也提到了"控制"这个词,但它既没有对"控制"进行界定,也没有明确"控制"与"经营者合并"的关系,更没有确立"控制"的评价标准。因此,建议完善相关的规定,认为"控制"是"经营者合并"的有效拓补,通过这种拓补,《反垄断法》才有可能最大限度地规制经营者集中行为的反竞争效果,确保市场有效竞争的顺利开展;"决定性影响"是"控制"的先决条件。"控制"与"决定性影响"不能完全等同,并且在《反垄断法》上,并不是所有对其他经营者施加"决定性影响"的行为,都由经营者集中控制制度来调整;确定"控制"的评价标准。考察对经营者行为的"决定性影响",应首先根据法律法规所规定的各种因素,来判定是否存在"控制",只有当这些因素都无法判定时,才应诉诸事实上的因素。考察对经营者行为施加"决定性影响"的可能性,要证明经营者存在控制权,只需证明它有实施控制权的可能性即可,而不需要证明它是否实际实施了该控制权。①

有学者认为,我国的经营者集中审查标准存在整体性的设计缺陷,具体表现为基本控制标准缺乏足够的法律指引性、修正控制标准涉嫌背离立法宗旨、整个控制标准无法满足所有需求;附加条件存在基础性的表述欠缺,具体表现为条文过于原则使得其容易产生误导且要点不全;执法公开存在结构性的约束不足,具体表现为未要求无条件批准的案件也必须向社会公布。因此,建议借鉴美国与俄罗斯的相应审

---

① 曾晶:《以"控制"弥补"经营者合并"的缺陷——兼论以"控制"为标准构建反垄断法"经营者集中"的审查制度》,载《政治与法律》,2014年第3期,第118—129页。

查标准并严控抗辩事项和裁量权限，对经营者集中所实施的审查包括竞争审查、国家安全审查及其他类型的审查在原则上应当尽量由一个部门负责；明确对附加条件的动议主体及时间等作出具体规定，最佳做法还是将附加限制性条件的动议主体笼统地限定在经营者范围即可；降格要求无条件批准的经营者集中案件也必须向社会公布，附条件批准的信息公开应当在之前具体承担此项反垄断执法职能的商务部反垄断局自愿公开的信息基础上要求增加对基本事实的合理披露。①

防止经营者集中活动对市场竞争效率的潜在危害，是各国反垄断立法、执法的主要目标，结构性和行为性救济就是对这类行为的主要干预方式。在原有反垄断执法机关和权力分置的背景下，商务部的反垄断局专门负责"经营者集中"审查和救济工作，2008年至2016年，该局立案和审查了1700多件兼并申请案件，其中的27件被"附加条件"通过，2件被停止实施，超过95%的兼并申请被无条件通过。而在2018年反垄断执法机构合并后的几年间，市场监督局也通过了大量的经营者集中审查工作，2019年已初步实现简易案件基本在初步审查阶段内审结。实践中虽取得了很大的成绩，但关于经营者集中审查标准的争议仍时有发生。"具有或者可能具有排除、限制竞争效果"是我国《反垄断法》规定的集中实质审查标准。此标准虽然关注的是经营者集中行为对市场竞争的影响，而不是单纯的市场结构，但这样的规定仍然欠缺合理性。因为任何企业并购活动都对相关市场的竞争存在一定的限制性影响，我国审查标准的规定使得任何经营者集中的案件都有可能受到禁止。目前，各国对经营者集中控制的实体标准出现了趋同化，欧盟创设了"严重妨碍有效竞争"标准，使之能够有效地对所有的潜在反竞争情形予以监管，并缩小与美国"实质性减少竞争"标准的差距。我国应借鉴欧美等反垄断大国的先进经验，在立法中明确规定，经营者集中具有实质性地减少有效竞争（或严重妨碍有效竞

---

① 丁茂中：《论我国经营者集中控制制度的立法完善》，载《法商研究》，2020年第2期，第31—43页。

争）或者具有实质性减少有效竞争（或严重妨碍有效竞争）可能性的，国务院反垄断主管机构应当作出禁止集中的决定。并且，应当完善集中审查标准的认定因素。首先，认定因素需要规定具体的量化标准和量化方法，使得相关立法具有指引性、操作性。如国外通用的 HHI 指数，我国并没有具体的规则指引；再如，从市场份额角度分析是否实质性减少竞争，许多国家的竞争法将 35% 作为"安全港"标准，我国是否有必要将其引入还有待考虑。其次，认定因素有待于规定具体的指标。比如，从集中对市场进入、技术进步的影响角度分析是否实质性减少竞争，《反垄断法》可以规定两个参数——参与集中的行业之固定成本或沉没成本的高低和是否在技术上取得优势或独占地位。

一、竞争因素

有学者认为，取得控制权是认定产生经营者集中的核心，但是反垄断制度尚缺乏一个关于控制权的明确规定。因此法律上应当对可施加支配性影响的股份提出一个量化标准。如果有了这样的规定，执法机关可对那些达到申报标准但没有取得控制权的集中采取快速审查机制，这不仅可以减轻企业申报的负担，而且还可以减轻反垄断执法机关的负担，有利于提高执法效率。经营者集中的审查因素包括市场集中度，依据 HHI 指数确定的市场集中度为分析横向并购的竞争影响提供了一个重要的方法。但我国却没有明确的量化标准指导执法机关的执法活动，因此应明确量化标准指导执法活动。经营者集中的审查因素还包括考虑集中"对国民经济发展的影响"，由于"国民经济发展"是一个宽泛的概念，人们经常质疑这个条款可能为国有大企业间的并购开绿灯，立法者从而有必要对这个条款作出细则性的规定。[①]

有学者认为，结合欧美的反垄断法实践，企业联营经营者集中规

---

① 王晓晔:《我国反垄断执法 10 年:成就与挑战》，载《政法论坛》，2018 年第 5 期，第 128—137 页。

制的竞争影响评估应着重考虑以下的内容。第一,市场界定与集中度。可以界定相关市场,对相关市场之中的参与者进行确认,并计算市场集中的程度,从而对市场的状况有一个整体的认识。第二,对市场进入的影响。较低的进入壁垒可以消解企业联营造成实质性反竞争影响的可能性。第三,寡头行为。应当对企业联营形成之后的市场条件进行考察,分析是不是在该等市场条件下更容易达成共谋、并且发现对共谋的背离,并且惩罚背离共谋的行为。第四,单边反竞争行为。企业联营即使没有造成促进成功协调之可能性的结果,也可能由于提升了市场参与者提价的能力而减弱竞争。第五,效率权衡。竞争者构成的企业联营也可能产生能够使消费者收益的效率。第六,非横向协调。非横向的协调包括两种:一种是潜在竞争者之间的协调,另一种是纵向的协调。就前者而言,在一个集中度高的行业内,如果企业联营排除了重要的潜在进入者的竞争,那么这种协调就要受到审查。就后者而言,如果纵向协调是的对价格的监控和信息的收集更加容易,对破坏协调的企业的发现和惩罚也就更加容易,那么也就更易于促进共谋,从而要受到审查。[①]

有学者认为,为防止经营者集中产生排除、限制市场竞争的效果,世界上绝大多数司法辖区都要求达到申报标准的经营者集中事先进行反垄断申报,经反垄断执法机构批准后方可实施。除取得资产所有权和经营者合并以外,在取得股权及类似权益的情形下,原本相互独立的市场竞争力量之间是否发生集中的判断标准相对模糊,界定拟议交易是否属于经营者集中存在较大的不确定性,我国的经营者集中反垄断立法和执法也面临如何消除这种不确定性的问题。考察各司法辖区的解决之道,发现不同界定模式背后有不同的法律传统、现行法律体系和执法机制等背景和原因。我国《反垄断法》没有规定"取得对其他经营者的控制权"或者"能够对其他经营者施加决定性影响"的判

[①] 江山、黄勇:《论中国企业联营的经营者集中控制》,载《法学杂志》,2012年第10期,第144—149页。

断标准，无法直接通过某种客观、明确并可以量化的具体指标来进行判断，建议我国应以《反垄断法》第 20 条为基础，通过《反垄断法》的配套立法对"控制权"和"施加决定性影响"作出混合模式的阐释，根据执法经验和数据统计界定取得"施加决定性影响"的最低量化标准，在该标准之上的收购适用美国的推定模式，直接推定其取得"控制权或者能够对其他经营者施加决定性影响"；在该标准之下的收购则适用欧盟的认定模式，根据法律规定的因素和个案具体情况综合判断是否取得"控制权或者能够对其他经营者施加决定性影响"。还可以在"施加决定性影响"的最低量化标准之下，参照美国的做法，规定不会取得"施加决定性影响"的最高量化标准，在该量化标准之下的收购，推定其不会取得"控制权或者能够对其他经营者施加决定性影响"。通过这样的判断标准增强法律实施的确定性，提高执法效率，降低申报成本，节约执法资源。[①]

有学者认为，经营者构成集中与否，重在控制权是否发生变化，因而界定"控制"是考察经营者集中竞争效果的首要步骤。但我国至今仍未建立起一整套"控制"界定规则，这不利于经营者集中规制的实践。尽管经营者取得"控制"的方式很多，但整体说来，经营者集中《反垄断法》规制中的"控制"主要分为两大类，即单独控制和共同控制。无论界定哪种"控制"，都应考虑对经营者行为的决定性影响和对经营者行为施加决定性影响的可能性。经营者集中的根本特征是导致控制权发生变化，或者相关经营者发生持续性结构变化。就"控制"界定而言，在基本概念和分析思路上，欧盟的做法遵循了一般经济规律，其自身特殊性较少。因此，建议我国应借鉴欧盟有关"控制"界定的经验与做法，并结合本土具体实际情况，摸索出一条契合我国国情的"控制"界定路径，并促进《反垄断法》的执法与知识增长。具体而言，判定是否存在控制的依据如下：一是法律上的因素，二是

---

① 叶军：《经营者集中法律界定模式研究》，载《中国法学》，2015 年第 5 期，第 223—247 页。

事实上的因素。应首先根据法律法规所规定的各种因素来判定是否存在"控制",只有当无法依据这些因素加以判定时,才会诉诸事实上的因素。持股人拥有股份数量的多少是我们考察的起点,判断其拥有控制权的关键在于它能否拥有被控制经营者决策机构的多数投票权,进而能够决定其竞争战略和基本决策。"控制"的变化条件:一是集中或取得对其他企业的控制权;二是集中后原有控制权发生变化,即考虑单独控制与共同控制相互转化,集中前后均是共同控制、拆分、资产置换及连续交易中控制权的变化,公共部门中的控制权变化等问题。①

有学者认为,协调效应是反垄断法之重要理论和实践问题,2017年9月8日商务部发布《经营者集中审查办法(修订草案征求意见稿)》,但没有对协调效应及其认定作出规定。经营者集中不批准的情形包括共同市场支配地位或协调效应的市场形态。认定构成共同市场支配的要素包括反复的相互作用,达到协调的参考点(价格、产出、市场份额),折现因子,可信的惩罚机制,监督背离协调行为的市场透明度,协调的结果不会被外部竞争者打败,并购和协调效果之间存在因果联系。认为确定共同参与经营者集中或协调效应的步骤应当包括:确定调查的协调理论,评估是否协调效应在并购前市场重复发生,以企业属性标准和市场标准确定寡头数量,适用协调效应测试。达成协调的考察标准包括企业属性标准和市场标准,应完善考察标准的考虑要素。具体而言,企业属性标准包括企业数量依赖市场占比的关系、企业的对称性关系、产能过剩与库存的关系和市场参与者之间的结构性关联关系四方面。协调均衡的市场标准包括:市场准入壁垒过低会导致新进入企业从协调行为中获取较高收益,扰乱、阻却或消除协调效应。考察需求与供给两侧的集中度是否相称,考虑替代产品和转换

---

① 曾晶:《经营者集中反垄断法规制的"控制"界定》,载《现代法学》,2014年第2期,第99—108页。

成本,买方势力制约小,容易出现协调效应。①

有学者认为,反垄断法分析单边效果的方法有两种:一是直接分析方法,即仿真模型分析法,它可以直接确定经营者集中的单边效果;二是间接分析方法,即先界定相关市场,再计算市场份额来确定市场结构,然后再看经营者集中将对该市场结构产生何种影响,以确定经营者集中的单边效果,这就是所谓的"市场结构模型分析法"。仿真模型分析法可基于需求系统直接评估经营者集中的单边效果,但也受到假定条件、分析参数及模型建构不能反映所有情况的制约,同时也潜在的排除了非价格竞争因素的作用。市场结构模型分析法着重从市场集中度与市场份额的变化来分析单边效果,但囿于 HHI 测试本身的不精准性,其结论也难以紧密契合市场的现实情况,而且市场份额和市场集中度的计算也容易出现偏差,尤其是在面对不同产品市场时。新的 SIEC 测试分析法(Significantly Imped Effective Competition,严重妨碍有效竞争标准)② 是对前两者的发展,其大量采纳计量经济学的分析方法与研究成果,在一定程度上弥补了前两者的不足,但同时又过于依赖计量经济学的数据,后者在实践中往往难以准确获得。鉴于市场的变化性和复杂性,应视具体情况,综合运用上述方法来准确评估经营者集中的单边效果。③

二、非竞争因素

经营者集中产生的影响是深远的,它不仅影响经营者本身,还会对市场结构、产业组织,乃至国家、社会产生巨大影响。因此,系统、

---

① 马爱平:《共同市场支配之协调效应——〈经营者集中审查办法(草案)〉完善建议》,载《理论与现代化》,2019 年第 4 期,第 96—104 页。
② SIEC 分析法主要来源于欧盟的司法实践,是相关市场界定理论的新发展。这一方法将经营者集中的重点,从关注集中后的市场竞争结构,直接转移到了经营者集中单边竞争效果的考察,从而使反垄断法能更有效地控制经营者集中的负面竞争影响。
③ 曾晶:《论经营者集中单边效果分析方法及发展》,载《竞争政策研究》,2016 年第 1 期,第 23—33 页。

全面地分析经营者集中行为显得十分重要。目前，对审查中的竞争因素考察无论是理论研究还是法律规定，抑或是实践都是比较全面的，但对非竞争因素的研究与规定却寥寥无几，成了经营者集中审查中的短板问题。

有学者认为，由于各国反垄断法因其不同的国情和历史阶段而确立了差异程度不同的宗旨和目标，非竞争因素在实现不同反垄断宗旨和目标的反垄断法体系中的地位也不尽相同。中国《反垄断法》不同层次的条款允许考虑非竞争因素，规制目的的多元化、规制手段的多样化、强调通过集中提高经营者竞争力、明确规定了集中审查应当考虑非竞争性因素、非竞争因素在集中审查评估规则中居于主要地位，不同层次的条款确立了中国经营者集中非竞争因素审查的必要性。考虑非竞争因素不是中国经营者集中立法执法的专利，特别是外国公司对本国重要行业企业进行并购时，都难免会考虑竞争因素之外的因素。因此，对于中国的非竞争因素审查而言，可以借鉴外国先进的审理思路，认为非竞争因素主要在于促成可能被禁止的集中而不是否决集中，即这些非竞争因素不能否决一项竞争评估没有问题的集中，但是可以许可一项竞争评估有问题的集中。同时，以非竞争因素否决经营者集中是其他制度的职责，这种否决不是在反垄断审查程序中，不是以反垄断审查的名义做出，而是应当在其他审查程序中，由其他部门以另外名义做出。最后，健全和完善非竞争因素采信程序，需要反垄断执法机构在审查过程中征求监管部门的意见，提高审查提高透明度、监管意见需要有监管法律法规的依据、协调不同审查机制之间的关系。①

有学者认为，非竞争政策与竞争政策并非水火不容的关系，就一国经济发展而言，二者的终极目的是相同的，即促进经济的稳健发展。因此，对于经营者集中当中的非竞争因素的审查，首先应明确非竞争政策因素适用的产业范围，应当包括国家确认的战略性产业、具有寡

---

① 孔玲、田军：《浅析非竞争因素在经营者集中反垄断审查中的法律地位》，载《法律适用》，2013年第4期，第100—103页。

头竞争特点的产业和我国在国际市场竞争中不具有竞争优势的产业等。其次，明晰非竞争政策因素在竞争评估中的应用。分析经营者集中对消费者福利和国民经济发展的影响为非竞争政策的适用提供了合理的适用空间，而在审查过程中借鉴和贯彻比例原则能够较好地实现非竞争政策的有效补充目的。应考察非竞争政策因素和竞争政策因素的关系，非竞争政策因素的适用要保证对竞争政策实施的最小介入和最小侵害，保证非竞争政策的应用只是竞争政策的有效补充。①

非竞争因素是一个非常宽广且不断发展的概念，难以通过具体条文进行概括，只能通过一些共性特征进行简单归纳。尽管我国《反垄断法》已经确认了经营者集中非竞争因素的审查，如《反垄断法》第27条列明了经营者集中审查应考虑"经营者集中对技术进步的影响、经营者集中对消费者和其他有关经营者的影响、经营者集中对国民经济发展的影响"三项非竞争因素，在实务中集中企业也可能会通过第6项兜底条款将"其他因素"作为效率抗辩而提出，但必须得到国务院反垄断执法机构的认可。《反垄断法》第28条也规定了"经营者能够证明该集中对竞争产生的有利影响明显大于不利影响，或者符合社会公共利益的，可以不予禁止"，但没有确定"有利大于不利"的标准、没有对"社会公共利益"的具体内容作出说明，其实际效用并不大。法律规定上的空白也使得司法实践中非竞争因素的考量沦为一纸空谈。对此而言，可以完善经营者集中非竞争因素的考量。需要注意区分反垄断审查与国家安全审查，衔接好二者之间的有效互动。细化社会公共利益，包括节约能源、保护环境、灾难救助、提高产品质量、保障就业、媒体多样性与言论自由、引进技术、提高国家竞争力等，不同类别的公共利益衡量的因素也各不相同。增强效率抗辩的可操作性，明确效率抗辩的评价标准，以价格因素、消费者福利权衡比重；明确效率抗辩的效率类型，基于效率对象的不同，可将效率分为配置

---

① 王继荣:《我国经营者集中竞争评估审查因素的改造及完善路径：以波特"五力模型"为基础》，载《当代法学》，2019年第4期，第118—125页。

效率、生产效率、动态效率和交易效率。提高非竞争因素审查的公众可参与性与透明性，完善听证制度，健全公开制度。

第三节　豁免制度

反垄断法的豁免制度，是指基于社会经济发展和公共利益的考量，反垄断法实施主体经权衡对特定市场主体或领域决定不适用反垄断法的一项特殊制度安排。这与在立法之初就已经规定某特殊主体（如公益性国企）或特定行为（如知识产权人合法行权）不适用反垄断法即适用除外制度有所不同。两者的实质区别在于，对于适用除外情形，不适用反垄断法；而豁免则正是适用反垄断法的结果。我国《反垄断法》并没有关于经营者集中的豁免制度，只是在第 28 条中通过但书形式规定可以不予禁止的情形。从其规定的内容来看，虽然其属于对豁免事由的规定，但是这一规定存在过于简单、类型化不足的缺陷，隐含了过度限制经营者集中的价值取向。"国务院反垄断执法机构可以做出对经营者集中不予禁止的决定"，表明禁止是原则，不禁止是例外。这不仅抑制了经营者的积极性，不利于发挥经营者集中的积极功能，而且与各国实施的经营者集中规制的"整体宽容与局部严厉"相左。

有学者从"南车和北车并购案"出发，认为在经营者集中的反垄断审查中，为了经济效益和社会公共利益，对特定的可能排除、限制竞争的经营者集中给予反垄断豁免具有其合理性。但维护公平竞争秩序是《反垄断法》的根本目标，其他目标的实现不应该对竞争造成严重损害，否则就不应该豁免。经营者集中的反垄断审查不仅应符合经济上的合理性，还应遵守《反垄断法》的相关规定和程序正义。基于产业政策的反垄断豁免可能会损害国内市场竞争秩序，有待商榷。建议在审查过程中，应注意以下四点：第一，"经营者集中对竞争产生的有利影响"是指集中使相关市场上竞争环境改变，市场竞争更公平。而不是指通过合并使集中者市场结构改变或能力改善获得优势地位提高竞争力。第二,应充分考虑"效率抗辩原则"在实践中对维护企业经营自主权及合并对行业发展的意义,避免滥用反垄断审查侵犯企业经营自由权。第三,在审查过程中,应优先保护竞争秩序,合理兼顾产业政策,减少或避免政府对市场机制的干预,确保公平竞争。第四,应防止因社会公共利益的认定具有不确定性被滥用。①

有学者认为,企业并购具有消极与积极的双面属性。基于这种特征,在反垄断的基本价值取向下需要同时关照并购的积极因素与效应,并在反垄断的法律框架内合理设计或划定一定的弹性空间,以实现消极一端的损害最小化及积极一端的效益最大化。为此,首先,应进一步明确"有利影响"的标准内涵,"有利影响"的内容至少包括市场进入、技术进步(效率)、买方力量及濒临破产企业等几方面,关键在于明确"明显大于"的含义,即主张抗辩事由的积极效果足以抵消并购可能产生的限制竞争性的不利效果或者至少不会比并购前的市场竞争状况差,而与此同时,必须建立与之配套的证据制度。其次,进一步明确"公共利益"的标准内涵:其一,公共利益是"有利影响"构成之外的其他内容;其二,并购豁免中的"公共利益"应与《反垄断法》第15条对社会公共利益的关注一致。最后,完善《关于评估经营者集中竞争影响的暂行规定》:其一,应补充买方力量、破产企业、社会公共利益抗辩规则的适用原理;其二,应明确效率、破产企业抗辩、社会公共利益规则的适用条件。同时,加强程序性控制,倚重内设的经济分析专业机构,尊重有关政府机构或公共组织的意见表达权,建立程序保障机制。②

有学者认为,在许多国家,公共利益都是反竞争经营者集中赖以通过主管机构竞争审查的重要辩护理由,具体辩护路径有两条:一是

---

① 董成惠:《经营者集中反垄断审查的豁免标准与实施机制——兼评南车北车并购案》,载《天津法学》,2017年第3期,第70—76页。
② 李华武:《我国并购反垄断豁免的实体规则体系:理论阐释与实证研究》,载《湖北社会科学》,2019年第3期,第80—87页。

视公共利益为集中的效率体现,通过效率抗辩实现公共利益辩护;二是将公共利益作为效率之外的直接豁免因素,效率抗辩是竞争评估的组成部分,竞争评估的结论是集中应予禁止时,再考虑公共利益豁免。由于公共利益与效率抗辩制度存在内在冲突,我国不应采行第一种做法,而宜将公共利益直接作为一种豁免因素。然而公共利益豁免本质上是一种"政策之治",极易成为纯粹的政治干预工具,特别是可能引致主管机构非理性行使豁免裁量权,因此应从明确公共利益事项范围、健全公共利益认定的程序机制、设定利益衡量的基点准则、建立豁免权的分立体制方面建构公共利益豁免制度体系。具体而言,首先,公共利益界定需具体化和法定化,在实施细则中要列举典型且比较稳定的公共利益事项,涉及环境与资源保护、能源供应安全、国防军事安全和增强国际竞争能力四个方面的内容,设置一个有限制条件的兜底条款,比如"国务院反垄断委员会经法定程序认定的其他公共利益事项"。其次,完善公共利益判断和认定的程序机制,给予利害关系人表达意见、主张异议的平台,如听证制度、公众评论制度、信息公开制度等,执法机关应当说明执法理由。再次,设定主管机构利益衡量的底线准则,基于均衡原则和合理原则的内在要求,主管机构豁免反竞争的企业集中,应该遵循"所得"必须大于"所失"和"所失"应尽可能最小化,特别是不能突破基本底线的原则。最后,确立豁免权分立配置,将豁免权授予一个特定机构给予专门豁免有助于在个案中协调、平衡竞争政策与其他经济社会政策的关系。[①] 其实,在该学者早期的研究中就认为我国《反垄断法》中没有区分"适用除外"和"适用豁免"这两个概念,而是统一当作适用除外制度对待,这就抹杀了两种制度之间的区别。在一般情况下,由于约定俗成,不仔细区分"适用除外"与"适用豁免"的区别是可以的,但就发挥该制度协调产业政策与竞争政策冲突的功能而言,正确厘清二者的区别对完善相关立

---

① 刘桂清:《反竞争经营者集中的公共利益辩护:路径选择与制度建构》,载《政法论坛》,2016年第5期,第124—135页。

法及反垄断机构进行科学执法是非常必要的。因此,建议明确区分"适用除外"与"适用豁免"两种制度类型,并且卡特尔豁免宜采用"事后审查为主、事前审查为辅"模式,增加监督性的规定。同时,应对经营者集中控制豁免制度的立法技术作出一定修改,对第27条和第28条的内容从顺序上作出调整是必要的。首先列举审查经营者集中案件应考虑的影响竞争的内在因素,并规定具有实质性排除、限制竞争后果的集中应禁止;然后再规定,审查案件还必须考虑一些影响竞争的外在因素,符合豁免条件的可准予集中。[1]

综上,经营者集中有利有弊。通常而言,集中后的企业能够在垄断市场上产生一个强有力的竞争者。在独立的或少数寡头垄断的市场中,经营者集中后的企业通过与原来市场上处于垄断地位的企业进行竞争,可以改善市场原来的无竞争状态,刺激市场经济的活力,推动社会经济的发展,其积极影响远远大于消极影响,因此,这类集中理应得到豁免。如果市场没有或只有很低的进入障碍,市场外的企业很容易进入市场,那么集中后的经营者即使占了很大的市场份额甚至取得了市场支配地位,此种经营者集中也是可以允许的。因为在潜在竞争存在的条件下,经营者集中不可能产生或者强化市场势力,取得了市场势力的企业也不可能随意滥用这种势力。

从美国和德国的反垄断法及司法实践来看,即使某一经营者集中可能会产生或加强市场支配地位,但因存在着一些积极的因素,因而对该经营者集中并不会绝对地禁止。这些积极的因素主要包括以下几个方面。第一,改善市场竞争条件。这是德国法的规定。从实践来看,以此为由获得豁免的企业并购主要有下述情形:一是占市场支配地位的大企业取得其他市场上的小企业;二是在独占的或者少寡头垄断的市场上,一个新进入市场的强有力的竞争者可以被视为推动竞争的新生力量,从而可以改善市场的竞争状况;三是占市场支配地位的一个

---

[1] 刘桂清:《反垄断法如何兼容产业政策——适用除外与适用豁免制度的政策协调机制分析》,载《学术论坛》,2010年第3期,第145—151页。

大企业取得同一市场上一个市场份额非常小的竞争者；四是占市场支配地位的企业兼并濒临破产的企业。第二，潜在的市场进入。这是美国司法部1982年企业并购指南所确立的一个豁免某些企业并购的重要理论。这一理论认为，如果一个企业并购后，市场没有或只有很低的进入障碍，那么这个并购便有可能获得豁免。因为在市场没有或只有很低的进入障碍的情形下，由于市场外的企业与市场内的企业存在着一种潜在的竞争关系，故并购后的企业即使占有较大的市场份额甚至是取得市场支配地位，它也不可能通过联合或独占的手段随意抬高产品的价格。1992年并购指南对此作了进一步规定，即仅当满足了及时性、可能性和充分性三个条件的潜在市场进入才能被视为遏制市场势力的力量，从而也才能成为豁免的理由。尽管从我国市场来看，目前市场进入障碍（更多的是行政障碍）普遍存在，从而可能会导致上述规定形同虚设，但从长远来看，随着政治体制改革的深化，经济市场化的提高，这一规定也将发挥其积极作用，因而该规定非常有必要。第三，整体经济和社会公共利益。这主要源于德国法的规定。它一般指下述三种情形：一是并购有利于提高企业的生产效率；二是并购有利于推动企业的技术进步；三是并购有利于提高企业在国际市场的竞争力。不过从实践来看，以上述理由在德国获得的企业并购是很少的。尽管如此，还是遭到德国理论界的不少批评，其中的一个重要理由是企业的规模与生产效率的提高、科学技术的进步，以及企业国际竞争力的提高并不是成正比例关系。不过，从反垄断法具有较大的政策性和灵活性的角度考虑，法律上将之予以规定，以更好地应付不断变化的现实，我认为也是可以的。第四，中小企业的并购。从经济学的角度看，中小企业的并购不但不会损害竞争，相反，还有可能促进竞争。正是基于此，德国《反对限制竞争法》第24条第8款规定了对中小规模的企业的并购不予干预的三种情况。就我国而言，对中小企业并购在一定程度上的豁免也是非常必要的，因为长期以来，无论是在财政上、政策上还是法律上对中小企业的发展均未给予足够的重视，使得我国中小企业难以长足发展，规模经济水平普遍不高，这在实际上并不利于一个既定市场的充分有效地进行竞争。所以对中小企业并购予以一定豁免，以促进中小企业的发展，有着其深远的意义。第五，破产公司原则。根据美国法院的判例和司法部1968年的合并指南，破产公司原则是可使大企业的合并得到豁免的主要辩护理由。如果企业能够证明参与并购的一方企业即将破产，合并将不受干预。在现阶段，我国国有企业处于转型期，出现一定数量的破产企业在所难免，而企业合并和集中将是减少这种损失的最好方式之一，如果一味严格地执行经营者集中的控制标准，势必将对国有经济和整体市场经济造成损失。这些豁免原则，在今后应进行适应国情的调整后融入我国的《反垄断法》体系中。

值得注意的是，一段时间以来，外资企业在我国的兼并现象愈演愈烈，在我国目前整体经济发展水平还不高的情况下，合理利用外资固然能促进我国的经济发展，但是外资企业以控制为目的并购我国企业甚至是效益好的企业，就应该引起高度重视。因为这可能会形成经济垄断，甚至威胁国家经济安全。为此，《反垄断法》应当对此予以合理的控制，采用比较严格的豁免政策。

第四节 救济制度

竞争执法机关在审查并准许经营者实施集中的同时，可能采取某些救济措施。所谓救济措施是指由经营者提出、经执法机关认可和接受的，消除集中可能产生的反竞争效果的解决方案。旨在通过对经营者施加某些作为或不作为义务，对集中施加某些限制性条件，实现对相关市场竞争结构或竞争关系的调整，以便"削减集中当事人的市场势力，并为恢复因集中而可能产生或加强市场支配地位而扭曲的有效竞争创造条件"。学界惯于将经营者集中救济措施分为结构救济和行为救济两种基本类型。一般认为，结构救济是对市场竞争结构实施的一次性调整,包括剥离参与集中的经营者的部分业务、资产、股权等;行为救济是对集中后的经营者施加的持续性义务,包括开放网络或其他关键设施等。如果一项经营者集中将会导致相关市场的竞争结构发生变化,从而具有或者可能具有排除、限制竞争的效果,那么反垄断执法机构可能倾向于采用严厉的结构性救济,使经营者将相应的资产、股权、业务剥离出去,以便在市场上产生一个新的竞争实体或者加强现存实体的竞争力量,从而使相关市场的结构恢复到集中前的竞争状态和水平。这种救济类型被形象地比喻为"外科手术式的"矫正措施。"结构性救济直接解决竞争损害,产生永久的结构变化。结构性救济的永久性和及时性通常被认为易于确保产生一个新的独立的竞争实体或者加强现存实体的竞争力量。随后,这些救济要求相对有限的监督,并且通常是节省成本的。"① 结构性救济具有简单、明确并且易于监督等优点,但其设计、实施和监督也具有不可忽视的缺陷。结构性救济设计的关联性不大、匹配性不强、不够细致性等特点导致结构性救济实施的风险。而行为性救济则具有条件设计不断创新且具有开放性的特点,但行为性救济措施主要针对集中实施后可能发生的反竞争行为或效果设计,表现为禁止或限制集中后经营者的商业行为,这些禁止或限制通常与经营者的商业利益相悖,且存在界定模糊、履行期限较长、需持续监督,容易引发过度干预、道德风险和腐败俘获等问题。从实践来看,我国相关规定中主要涉及开放网络或平台基础设施、许可关键技术、终止排他性协议等形式。欧盟委员会2008年的《合并救济通知》主要强调结构性救济,对行为性救济只在"其他救济"项下介绍了"开放式救济"和"变更长期排他性合同"。美国司法部2011年《合并救济指南》则主要从行为性条件的具体表现形式,如对防火墙条款、透明度条款等进行了列举和分析。针对我国经营者集中救济形式的选择,学界也展开了一场大讨论。

---

① Ariel Ezrachi, "Behavioral Remedies in EC Merger Control——Scope and Limitations", *World Competition*, Vol. 29, No. 3, 2006, pp. 459-479.

有学者认为，近年来反垄断界一直热议结构条件和行为条件孰优孰劣。以美国为首的偏好结构条件并引领各国立法执法的状况已遭诟病，并且美国已从结构条件优先转向问题导向的平等适用，法国、澳大利亚等也曾大量适用行为救济。事实上，两者各具利弊，都是解决反竞争问题的有效工具。执法机构应跳出结构和行为非此即彼的局限，从解决反竞争问题的角度，从更广阔的视角评估禁止、无条件批准、附条件批准等解决方案。结合中国多适用行为条件的历史，建议立法上完善行为条件的类型、多层次监督、复审和纠纷快速解决机制；执法上增强行为条件的针对性、有效性和可操作性，控制监管成本，考虑平行审查。具体而言，设计救济措施、评估解决方案应跳出是"结构"还是"行为"的两难困境，从解决竞争问题和效率损失的角度评估成本收益，打开视角选择解决方案。首先，全面考虑可能的解决方案：方案一，禁止经营者集中。尽管结构救济可能是最佳方案，结构救济不可行时，行为救济可能是理想选择，但任何救济都有无法完全解决竞争问题的风险，因此在很多情况下禁止是最令人满意的选择。方案二，无条件批准集中。适用情形包括：一是挑战集中的成本和无条件批准的负面效果相仿；二是反竞争影响和集中取得的效率实际发生的或然性；三是执法机构确信有竞争问题，但决定禁止依据不足或败诉风险过高。方案三，附条件批准经营者集中。其次，完善行为救济制度及其适用，第一，立法上不断确认适用成熟的行为条件。第二，完善行为条件的多层次监督制度。第三，完善定期不定期复审制度。第四，建立纠纷快速解决机制。执法中要慎用行为条件：一是增强行为条件的针对性和有效性；二是预估行为条件的实操性和监管成本；三是有效规避行为条件的固有缺陷；四是考虑全球范围内的平行审查。[1]

有学者基于国际经营者集中救济的执法情况，认为当今世界已形

---

[1] 叶军：《经营者集中反垄断控制限制性条件的比较分析和选择适用》，载《中外法学》，2019年第4期，第1095—1119页。

成以美国为总源头、欧盟为主要支脉、由逾百个国家平行参与的经营者集中全球审查机制,其决策话语权掌握在拖沓、严苛和有制裁力的少数国家手中,由此产生的"湮没"和"搭便车"效应对各国的集中救济执法兼有利弊。认为中国的经营者集中救济决策当然不应脱离对竞争与效率问题的关注,但在现实当中,可能更多地受到两方面因素的左右:一是国际方面。在涉及中国境外资产剥离时,尽量"湮没"于欧美的救济措施,以便搭其便车,免遭经营者不服从之尴尬。二是国内方面。当救济指向的资产、行为位于中国境内,而且为了实现特定政策目标而确有必要时,将在可控的范围内设定某些有别于欧美的实质性的救济措施。此外,在审查公告当中点缀一些形式意义大于实际价值的行为救济也属惯常操作,绝大多数的救济内容难以产生维护和促进竞争的效果,有的甚至旨在压抑和限制竞争。对此,无论如何,灵活运用竞争法手段,在力所能及的范围内争取本国利益,在力所不及之处与他国合生共处,应当成为中国反垄断审查机构的策略选择。①

有学者认为,结构性救济具有简单、明确并且易于监督等优点,但其设计、实施和监督也具有不可忽视的缺陷,因此其并不具有绝对优先性。行为性救济具有设计困难多、实施风险大和监督成本高等弊端,但这些弊端是完全可以消除的,因此其不只是具有辅助性。主张经营者集中救济类型存在位阶顺序的观点既不准确,也不具有实际意义。在忽略经营者集中救济适用环境的前提下,这种观点既不具有理论上的自洽性和连续性,又不具有实践上的针对性和有效性。在经营者集中救济商谈过程中,经营者集中救济的类型选择取决于对救济目标能否实现的判断,具有一定的灵活性,要考虑本国具体情况,并且要接受效果评估。具体而言,第一,经营者集中救济的直接目标是恢复市场竞争,间接目标是促进市场竞争,最终目标是提高消费者福利。第二,经营者集中救济的类型选择具有灵活性。只有当支持所选择的

---

① 李俊峰:《全球平行审查背景下的中国经营者集中救济》,载《当代法学》,2015年第2期,第65—76页。

救济类型的论辩是以理性的方式进行,并且最后结论为法律共同体所接受时,所选择的救济类型的证立才是正确的。第三,经营者集中救济的类型选择需要考虑多种因素。立足于本国、本地区的反垄断法律体系,将市场环境、竞争损害、产业类型、效率、期限等因素加以综合考虑,凸显执法的实践理性,选择对具体个案最合适的救济类型,是比救济类型位阶性更为重要的问题。并且经营者集中救济的类型选择要接受效果评估。任何有益的经营者集中救济效果评估必须以具体案件事实的仔细分析为切入点,结合案件的实际发展状况作出全面客观的评估。[①]

有学者认为,经营者集中救济与我们通常所说的法律救济截然不同,是对可能受损害的市场竞争而非对作为集中当事人的竞争者的救济,更与惩罚无关。首先,在经营者集中控制的附条件批准中,条件与义务在法律性质和后果上存在重要区别,条件是对义务的限制,使得义务包括无条件的义务和有条件的义务。条件是当事人承诺的本体,而义务则是当事人实现条件所应履行的具体要求。买家前置与先行修正是条件而非义务,认为由于实现条件的义务更多属于私法自治的范围,义务的相关内容往往在执法部门的附条件决定中规定得不甚具体,且在很多情况下殊无必要,这部分内容产生的争议遂较为适合委诸仲裁机制加以释明。其次,在我国经营者集中救济措施类型中,结构救济通常认为相对于非结构救济而言更为容易实施,但情况并非如此简单,需要实事求是地辨证施治。行为救济具有可调整性或逆转性,合并救济可行性的判断需要兼顾对救济措施进行有效监督的可能性,资产和业务本身的属性造成结构救济的适用难。最后,行为性条件虽然呈现出与管制手段类似或趋同的特性,但不可与传统经济规制混为一谈。从时间维度来看,竞争法包括惩罚反竞争行为的事后竞争法及防止反竞争集中的事前竞争法,而行业规制始终适用于事前防止反竞争

---

① 袁日新:《经营者集中救济类型位阶性的理论反思》,载《法律科学(西北政法大学学报)》,2016年第2期,第59—69页。

行为。从形式上看，规制政策为实现其广泛的社会目标，甚至会容忍非竞争性的市场行为。从传统分类来看，反垄断法主要是针对竞争性市场，而不是自然垄断产业部门。①

与传统行政行为具有单方意志性、强制性特征不同，救济措施的具体内容往往是竞争执法机构与集中当事人之间"协商一致"的结果。要实现其维护公共利益的价值目标，有赖于合理的救济措施形成机制；救济措施可能为经营者在相当长时期内设定了持续性的作为或不作为义务，其监管和验证成本较高。因此，需要稳定和可预期的救济措施运行机制；为了解决救济措施形成与实施过程中的争议，针对经营者、执法机构或救济措施本身的矫正机制也是不可或缺的。总之，救济措施的运行过程是经营者集中反垄断审查乃至整体活动的必要组成部分，作为一个相对独立和完整的微观制度运行体系，救济措施的运行机制应当涵盖救济措施的产生、发展直至其失去法律意义的全部过程。

一、附条件批准

在执法实践中，大多数可能对竞争产生不利影响的案件是通过附加限制性条件的方式批准的，截至2019年年底，我国共禁止经营者集中案件2件，附条件批准经营者集中44件。对经营者集中附加限制性条件，一方面可以避免市场竞争受到严重损害，维护市场竞争环境；另一方面也能使集中交易继续进行，保障企业的运行和发展。对经营者集中附加限制性条件，是为了减少集中对竞争产生的不利影响，这种方式，在国外一般被称为"合并救济"。如美国司法部发布的《合并救济指南》（2004）中提出，无论是禁止交易，还是达成和解，并购控制的成功标准是获得了有效的经济。欧盟附加限制性条件的法律基础始自1989年12月21日颁布的《关于企业合并第4064/89号条例》第30条和第31条中的原则性规定。依据该条例，"相关合并企业

---

① 张世明：《经营者集中审查附条件批准的理论检视》，载《天津法学》，2020年第4期，第7—17页。

在做出使其合并与共同体市场相容的承诺后，委员会应能宣布该经修正后的合并与共同体市场相容。这些承诺应与竞争问题相称，并应完全消除因合并产生的竞争问题。"这一规定正式确立了欧盟的经营者集中附加限制性条件制度。我国的经营者集中附条件批准以欧盟的立法为蓝本，主要见于《反垄断法》《经营集中审查办法》《关于评估经营者集中竞争影响的暂行规定》《关于经营者集中附加限制性条件的规定（试行）》等。根据《关于经营者集中附加限制性条件的规定（试行）》第3条的规定，限制性条件可分为三类：一是结构性条件，主要包括剥离有形资产、知识产权或者相关权益；二是行为性条件，包括开放网络或平台基础设施、许可专利技术（包括专利、专有技术或其他知识产权）、终止排他性协议；三是行为性和结构性相结合的综合性条件。该规定详细地规定了业务剥离等结构性条件的实施和监督，对于行为性和综合性条件的实施和监督，则可参照有关结构性条件的规定。

限制性条件的实施是经营者集中审查决定发挥作用的保障。关于限制性条件的监督执行，《经营者集中审查办法》第15条作了原则性规定，执法机构应当对参与集中的经营者履行限制性条件的行为进行监督检查，参与集中的经营者应当按指定期限向执法机构报告限制性条件的执行情况。对限制性条件实施和当事人履行义务的监督有两类：一是执法机构自行监督；二是委托监督受托人。对于限制性条件较为简单的案件，执法机构通常可以自行监督，这主要取决于执法资源状况和案件监督要耗费的执法监督资源。各国附加限制性条件案件通常会委托监督受托人，但在韩国通常由执法机构自行监督。目前，我国绝大多数附加限制性条件案件均委托了监督受托人进行监督。并且，执法机构还制定发布了《监督受托人委托协议（示范文本）》，在委托监督受托人的时候供各方参考。

有学者认为，我国《关于经营者集中附加限制性条件的规定（试行）》中关于经营者集中附加结构性条件的部分条款存在待剥离资产选择标准不明确、购买方资格认定标准过于原则、交割前剥离规则缺乏可操作性等问题。据此，应借鉴美欧国家的相关规定。具体而言，首先，明确待剥离资产选择标准，在选择待剥离资产时，反垄断执法机构应与集中方进行商谈，以抵消经营者集中可能引起的竞争损害为原则确定待剥离资产的具体内容。应当以待剥离资产具有竞争性和商业价值、能够消除限制竞争问题为待剥离资产的选择标准。其次，对集中方企业提交的潜在购买方，应集中考量购买方地位，应独立于集中方，并且购买方应具有维持并经营待剥离资产进入相关市场的意愿，同时具有维持并经营待剥离资产的能力。最后，需进一步完善交割前剥离规则，可以借鉴美国买家先行的制度经验，要求集中方首先确定具体购买方，反垄断执法机构审查合格，并签订资产出售协议后，批准集中，并将该购买方及资产出售协议体现在最终决定中。①

有学者认为，作为经营者集中附加限制性条件的一种，行为性条件需要持续的监督，以实现减少排除、限制竞争影响之目的。行为性条件执行争议仲裁被认为可以给利益第三方提供快速、有效的私法救济，使其能够自行监督行为性条件的执行，在保留反垄断执法机构监督权的同时减少了监督附条件执行的成本，为欧美等反垄断执法机构广泛采纳。但是，由于提交仲裁的实践很少，这些优势更多停留在理论层面，其实效有待进一步检验。行为性条件执行争议仲裁在实施过程中对传统商业仲裁理念和实践提出了诸多挑战，较难实现竞争政策保障与传统仲裁理念之间的平衡。因此，现阶段，我国经营者集中救济制度和实践应当审慎借鉴行为性条件执行争议仲裁机制。具体而言，除了利用监督受托人制度外，执法部门有必要通过制度设计使利益第三方能够自行参与对行为性条件执行的监督，从而缓解自身的监督压力。我国执法部门可以为利益第三方设置一种非仲裁争议解决机制，从而避免与仲裁制度发生潜在冲突。可以在附条件批准决定中引入专

---

① 娄丙录、朱琳：《我国经营者集中附加结构性条件批准法律制度研究》，载《河南财经政法大学学报》，2016年第5期，第124—131页。

家裁决机制,规定合并企业应当对利益第三方履行一种义务,当利益第三方认为合并企业没有履行或未适当履行行为性条件时,应利益第三方要求,经执法部门同意,合并企业与利益第三方将争议交由独立专家进行裁决,并承诺遵守专家裁决。①

有学者认为,委托实施机制对于促进和保障经营者集中救济措施的贯彻落实具有不可替代的功用,兼具公共实施与私人实施的双重特征和比较优势,颇受各国竞争执法当局的青睐。依其权限内容,接受委托的独立第三方有经营受托人、监督受托人、剥离受托人等类型之分。作为其法律关系基础的委托合同,具有民事委托的外观、公共权力委托的效用、民事涉他合同的性质。我国应从受托人的遴选公开、工作期间、义务责任等方面,对现有相关立法进行改进。具体而言,在目前的制度规范下,受托人的身份可能处于"秘密"状态,这不但制约了委托实施效果的最优化,而且增加了受托人发生道德风险、怠于职责甚至滥用权限的可能性。建议公开受托人名单,包括被选任受托人的名称、地址、联系方式等。监督受托人的职责期间应当覆盖自行剥离、受托剥离的整个阶段。明确受托人的权责义务,责任主体包括竞争执法当局和集中当事方,对于集中当事方来说,受托人负有的义务应当是具体的,即除了法定或约定的特定义务之外,受托人不负有其他义务;对于反垄断执法当局而言,受托人应负有忠实、勤勉的原则义务,与此同时,应考虑用列举具体义务的方式为受托人提供更明确的行为指引。认为受托人的违约责任应当包括公法或"准"公法上的责任和私法上的责任。②

有学者认为,竞争争议的可仲裁性正逐步得到认可,为迅速解决经营者集中附加行为性条件执行过程中发生的争议,我国立法和实践

---

① 王李乐:《再论经营者集中附行为性条件争议仲裁的适用》,载《河北法学》,2015年第2期,第146—155页。
② 李俊峰:《经营者集中救济措施的委托实施机制研究》,载《上海财经大学学报》,2015年第5期,第93—105页。

有必要在该领域中逐步引入仲裁机制。具体适用范围上应以行为性条件为主，并根据限制性条件实施的特殊要求，对传统的仲裁机制的自治性、保密性和程序快捷性等方面予以改进。同时，理顺仲裁机构与竞争执法机构之间的关系，实现私人仲裁机制与公共执法机制之间的融合与互补。具体而言，在仲裁条款设置的自治性方面，不宜直接借鉴欧美经验，对于参与集中的经营者未主动提出仲裁要求的，不可要求竞争执法机构强制要求其设置仲裁条款，可通过商谈的方式，向参与集中的经营者提出相关建议；为弥补保密制度的僵硬所带来的弊端，根据公开对象的不同，公开内容也不同；对于简单的争议案件，应充分发挥监督受托人的调解作用，必要时可将监督受托人调解程序作为启动仲裁程序的前置条件。最后，处理好竞争执法机构与仲裁机构的关系。在任何情况下，仲裁机构都应尊重竞争执法机构之前的限制性条件决定，将其作为裁决的基础。将限制性条件执行争议纳入仲裁并未排除竞争执法机构的整体监管权，竞争执法机构应有权以多种形式参与仲裁各个阶段的活动。①

有学者认为，对于可能产生排除或限制竞争的经营者集中，反垄断执法机构多倾向于附加限制性条件批准而非直接禁止，我国亦是如此。为确保所附加的限制性条件能得到全面的遵守和履行，不少国家和地区的竞争立法中规定了监督受托人制度。我国现有立法虽原则上确立了这一机制，但具体适用中仍存在较大的不确定性和分歧，相关研究也未给予充分重视。因此，建议继续坚持《剥离暂行规定》之后的实践，并借鉴欧盟的做法，将使用监督受托人作为一项基本原则在立法中予以明确。具体而言，在选任方面，监督受托人的选任宜改造为完全的行政委托法律关系，并且随着执法机构对市场上相关监督受托人情况的不断熟悉，不宜对当事人推荐的候选人数量作出硬性的规定。在资格确认方面，在一些较为复杂的案件中，或可通过选任分别

---

① 刘武朝：《论经营者集中附限制性条件执行争议的仲裁适用》，载《河北法学》，2013年第10期，第73—78页。

具备相应资源和能力的联合受托人,以及要求监督受托人聘任相应的外部顾问来确定监督受托人的积极资格,从内容、主体及时间三个方面具体界定监督受托人的消极资格。在职责范围界定方面,我国宜赋予监督受托人更大的权限空间,以促进其功能的积极发挥。①

禁止集中虽可彻底消除反竞争效果发生的可能,但也破坏了正常商业计划,扼杀了集中可能带来的效率,并非集中控制的上策。无条件批准则放任集中引发反竞争效果,是权衡利弊不得已的选择。理想的结果当然是找到合适的救济方案,允许主要商业活动继续进行、保留效率的同时消除绝大部分甚至全部的反竞争影响,所以才会出现所谓的经营者集中附条件批准,执法机构在意思表示中附设一定的条件,以条件的成就与否作为批准法律行为效力发生或终止的根据。可以说,附条件批准是对行为性救济和结构性救济最综合的运用,既有利于维护市场正常的竞争秩序,又有利于促进发挥市场主体的积极性。但从我国目前的反垄断实践来看,除经营者集中附加限制性条件制度仍存在一些内容缺失外(集中体现在限制性条件变动方面的规则),还存在部分案件限制性条件与反竞争效果的关联度不高、办案透明性不高、救济措施不完善等问题。而科学准确的竞争评估是附条件批准的前提,是选择适用救济措施的基础,特别是针对反竞争行为和效果设计行为救济对评估结论要求更高。因此,应进一步强化市场评估机制,对限制性条件的确定、实施、监督、变更和解除,以及法律责任作出更为详细的规定,逐步完善我国经营者集中附条件批准制度在当下显得尤为重要。执法部门应进一步细化案件公告决定,保障决定公告的内容更为翔实,特别是行为性条件的描述,应该尽量精确、具体,避免模糊性或者歧义性表述。能够在加快案件审查速度的同时,更加准确地对竞争状况进行评估;在增加执法透明度的同时,减少对竞争分析的非反垄断因素的干扰,使整个审批流程更具有可预测性和合法性。

---

① 刘武朝、时建中:《论经营者集中反垄断审查中的监督受托人——欧美的经验及借鉴》,载《河北法学》,2014年第5期,第52—58页。

二、救济行为变更制度

在救济措施的实施过程中,由于环境的变迁,救济条件的处理合并交易可能会导致反竞争效果的妥当性受到影响。对于那些持续期限较长的行为性救济来说,其有效性更容易受到环境变化的影响。为确保救济措施的持续有效性,设置合理的条件变动机制是欧美等司法辖区的普遍做法。欧盟委员会2008年《合并救济通知》指出,如果在作出审查决定时,欧盟委员会由于特别的原因而无法预见与承诺相关的所有情形,则当事方在承诺中设置一个允许欧盟委员会启动对承诺有限变更的条款也是合适的。并且如果当事人能证明,承诺的实施表明,对承诺方式的变更将可以更好地实现承诺所追求的目标,则可以考虑终止、变更或替换相关承诺。我国《关于经营者集中附加限制性条件的规定(试行)》中规定,经营者集中反垄断审查决定生效后,限制性条件所依据的客观情况发生重大变化的,执法机构可以重新审查、变更或者解除限制性条件。

有学者认为,为了维护反垄断法实施的纯洁性及其对复杂市场环境的适应性,有必要对某些已经生效的不合法、不适当的经营者集中救济措施进行矫正。但是,信赖救济措施具有安定性的集中当事方或第三人的利益却极可能因此遭受不利影响。为化解竞争执法机构、集中当事方、第三人之间因救济措施矫正所生之冲突,应明确界定矫正的事由、方式、程序、效力,以及对因矫正而受害的救济机制。具体而言,救济措施矫正方式具体可包括撤销、撤回、取消、期间调整、补充和重做六种方式;我国救济措施矫正的程序应当保障信息披露的充分性,须全面覆盖矫正程序启动信息、矫正事由信息、矫正评估信息、拟做出的矫正决定信息、矫正决定信息的披露等。保护第三人的参与权,根据第三人与救济措施矫正利害关系之有无与程度之大小,授予其同等的或限缩其请求权、知情权、商谈权、异议权。明确时限的规定,应当对救济措施矫正程序的各个阶段、环节设定明确的期限限制，审查机构和集中当事方等参与主体，均应在法定的时限内行使权力（利）或履行义务。关于各种救济措施矫正方式的溯及力问题，可分为三种类型，按各自的判断原则处理：一是"撤销""取消"的事由皆为救济措施在做成之时就存在法律瑕疵；二是"撤回""补充"的事由并非因某法律主体的过错造成，而是法律制度、市场环境等情势变更引发，几近"不可抗力"；三是"期间调整"之目的，是延长或缩短救济措施设定的某种法律关系存续期限，其效力当然指向矫正决定作出之后，不具有溯及既往的逆向效力。关于救济措施矫正的受害人救济，补偿的范围应以直接损失为主，结合个案情形，由有权机关酌定，可得赔偿主体根据情况不同，包括集中当事方和善意第三人。①

有学者认为，皇冠宝石规则是欧美经营者集中反垄断审查制度中的具体规则。在执法机构认为当事方提交的救济方案执行风险不可接受的情况下，适用皇冠宝石规则有利于打破救济商谈僵局，促使执法机构附条件批准经营者集中而不是简单禁止，同时确保当事方承诺的救济方案得以实施，避免排除和限制市场竞争的效果发生。各司法辖区关于皇冠宝石规则的规定大致相同，都是在当事人提议的首选剥离方案存在不可接受的实施失败风险时，执法机构要求或当事人自愿提出比首选剥离方案更具执行性的替代救济方案，一旦首选剥离失败即强制剥离替代资产包。皇冠宝石规则可以激发当事方积极履行义务的动机，避免救济措施实施失败，同时也存在时间拖延、成本提高等缺陷。并且适用皇冠宝石规则的经营者集中必须是存在反竞争问题、可以采取救济措施抵消或削弱反竞争影响、通过附加限制性条件批准方式解决的案件。借鉴各国的经验并结合我国实践，构建和实施皇冠宝石规则可从如下四个方面判断首选救济方案的执行风险：第一，实施首选救济方案可能引发第三人异议或需要第三人配合。第二，难以找

---

① 李俊峰：《论经营者集中救济措施的矫正》，载《竞争政策研究》，2016年第1期，第53—66页。

到首选剥离资产的合适买家。第三，实施首选救济方案需其他政府部门审批且存在不确定性。第四，首选救济方案中的义务容易引发当事方道德风险，执法机构难以监督当事方是否适当履行义务。替代救济方案应当包括：第一，提高拟剥离资产的数量，从而提高拟剥离资产的成活性，增加潜在买家的兴趣。第二，纳入更多更优质的业务，以增加潜在买家的兴趣。第三，将难以监督执行的行为性条件调整为结构性救济措施。判断首选方案的失败的标准应当包括：第一，是否适当实施了首选救济方案是替代救济方案生效执行的条件。第二，是否适当实施首选救济方案应以客观行为是否发生为准。第三，实施失败不同于救济失败。①

从救济措施运行机制的逻辑自洽性和完整性角度来看，矫正机制应当是运行机制设计中不可或缺的组成部分。矫正机制是对存在瑕疵的救济措施进行纠正、对受到有瑕疵救济措施不利影响的当事方提供救济所必需的制度性存在。这一机制的建构与实践在我国尚处于萌芽和起步阶段，在其他国家和地区的发展也多不成熟，理论研究的深度也还不足，确定和透明程序框架还较为缺乏。但是因救济措施纠正机制所引发的实务案例和理论争议越来越多，已经引起学界和业界广泛的关注。实际上，救济措施可以被视为经营者自愿与竞争当局达成的一种"协议"。该协议的谈判基础和目的是对集中可能对市场竞争秩序产生的影响进行"前瞻性"的评估，并设法对预计将会产生的不利影响采取"对冲"措施。这种评估隐含了一个前提，即假设实施的集中被置于一个条件等同于评估时状况的、或者条件符合预期状况的市场环境，而且该条件将在救济措施效力存续期间都不发生变化。然而，这种前瞻性评估的假设前提，在短期内或许大致成立，但从中长期情况来看，注定是不能成立的。竞争执法官员们并非神灵或巫师，可以占卜预见到救济措施做出后的市场环境（包括参与集中的经营者、交

---

① 叶军：《经营者集中反垄断审查之皇冠宝石规则研究》，载《中外法学》，2016年第4期，第1057—1082页。

易对象、竞争者、市场竞争状况、法律规定、技术创新等）将发生何种变化，也无法确知这些变化是否会使得救济措施难以实施、不必实施或要求继续实施将缺乏合法性或正当性。总之，一份在当时看来恰如其分的救济决定，可能会被流逝的时间证明是不恰当、不合法的。此时，即便救济措施的效力尚存，但要求集中当事方继续执行救济措施则显然是荒谬的。因此，值得像重视救济措施的形成、实施机制那样，重视救济措施的矫正机制。在对救济措施进行矫正时，应慎重斟酌五个方面的基本问题：一是为什么矫正（可得矫正的原因事由）；二是谁来矫正（发动和参与矫正机制的主体是谁）；三是怎么矫正（矫正的程序）；四是矫正什么（对原救济措施内容进行哪些形式的矫正）；五是矫正以后怎么办（如果矫正给相关主体利益造成不利影响，是否应予救济、如何救济）。

第五节　其他

有学者认为，标准必要专利（SEP）是专利技术与行业标准相结合的产物，具有社会公共利益的属性，比一般专利更容易产生排除、限制竞争的效果。因此，涉及SEP的经营者集中案件更复杂，执法机关不仅需要关注相关技术市场的界定，还要考察SEP持有人对竞争可能产生的不利影响。考虑涉及SEP的经营者集中救济时，行为性救济一般优先于结构性救济，SEP持有人还应受到公平、合理和无歧视（FRAND）承诺和不得滥用禁令救济的约束。结合我国有关的案例，具体而言：第一，在界定相关技术市场的问题上，考虑每个SEP都是独一无二和不可被替换的，这就决定了SEP持有人在其相关技术许可市场都占有100%的份额。随着界定了相关市场，就可以认定SEP持有人在其SEP的许可市场都是占据市场支配地位的。第二，鉴于SEP对于标准实施人的不可替代性，应在评估涉及SEP的经营者集中案件时特别关注纵向并购中的封锁效应和横向并购中的单边效应，而且考虑到这些效应将会严重扭曲下游市场的有效竞争。第三，鉴于知识产权包括 SEP 所具有的共享性，对这些案件应采取行为性救济措施，包括要求参与经营者集中的当事人必须遵守其向标准化组织所作出的 FRAND 承诺，即按照公平、合理和无歧视的条件实施许可；不得出于专利劫持的目的向被许可人或者潜在的被许可人寻求禁令救济或者禁止侵权救济。当然，SEP 持有人不是绝对没有寻求禁令救济的权利，因为出于维护市场公平和自由竞争的考虑，也要防止出现反向的专利劫持，即被许可人无理拖延甚至拒绝交付专利权人 FRAND 许可费的情况。①

有学者认为，在深化国有企业改革大背景下，普遍认为并购重组乃优化国有经济布局和升级产业结构、避免同业恶性竞争、提高国有资产监管效率、提升规模经济水平的有效途径，于是这成为政府产业政策的偏好。但国有企业尤其是中央企业并购这种大规模经营者集中会对市场竞争带来负面影响，从而背离党的十八届三中全会《中共中央关于全面深化改革若干重大问题的决定》提出的"市场在资源配置中起决定性作用"的原则。国企并购使得某些领域高度集中，容易导致该领域少数的几家大企业之间达成垄断协议，严重损害市场的有效竞争。《反垄断法》作为规范市场竞争秩序的"经济宪法"，理应适用于包括国有企业尤其是竞争性国企在内的所有市场主体。涉国有企业尤其是竞争性国企的经营者审查集中适用《反垄断法》的"社会公共利益"豁免制度时，必须严格限定其适用条件；当产业政策与反垄断规制冲突时，应该坚持竞争执法优先。国企并购适用经营者集中审查制度在当前的法律障碍主要在于缺乏灵活的经营者集中申报标准、清晰的经营者集中实体分析框架和类型化的经营者集中豁免条件。为此，应建立适时调整且以营业额标准为主的多元申报标准；由相关领域的专家制定实施细则对相关因素的分析方法进行细化，构建清晰的实体

---

① 王晓晔、丁亚琦：《涉及标准必要专利的经营者集中控制》，载《华东政法大学学报》，2016 年第 6 期，第 88—98 页。

分析框架，以便于执法机构操作；对于自然垄断等特殊领域的国有企业遵循适用除外制度，其他符合条件的国有企业则应按照《反垄断法》进行豁免，建立破产企业抗辩原则，应结合破产法对破产企业抗辩的条件作严格的限定。①

有学者认为，我国《反垄断法》关于经营者集中的规定与欧盟竞争法的规制框架类似，都着重于对"控制权"的解释，第20条规定经营者集中包括情形，除了经营者合并之外，另外两种情形则涉及其他两种形式的"控制权"取得，我国的经营者集中控制制度中，并没有关于"全功能"企业联营的细分。认为在我国《反垄断法》的适用过程中，存在两种选择：一是"共同控制"与"全功能"结合认定的模式，即在"共同控制"作为企业联营的界定要素的基础上，引入欧共体竞争法关于"全功能"的分类，将全功能的要素纳入企业联营是否应进行经营者集中申报审查的考量之中；二是扩大"控制权"解释的模式，根据"有别于合并协议的一个或多个协议"对企业联营予以界定，在此基础上对"控制权"进行解释，超越欧共体对于"控制权"的理解范围，将对两个或多个企业新创设的实体实施共同控制归入控制权改变的范围，从而决定是否需要进入经营者集中的申报和审查。②

有学者认为，从实践来看，除《反垄断法》第20条规定的经营者合并、经营者通过取得股权或者资产的方式取得对其他经营者的控制权、经营者通过合同等方式取得对其他经营者的控制权或者能够对其他经营者施加决定性影响这三种情形可以导致企业间形成不同程度的联合以外，还有经营者联合设立企业也可以产生这种效果。首先，从形式上来讲，它可以使两个或者两个以上的经营者趋于集中，最为基本的就是控股的投资企业与新设的合资企业之间的联合，更深层次的

---

① 孙晋:《论经营者集中审查制度在国有企业并购中的适用》,载《华东政法大学学报》,2015年第4期,第17—26页。
② 江山、黄勇:《论中国企业联营的经营者集中控制》,载《法学杂志》,2012年第10期,第144—149页。

就是联合设立企业的投资各方之间的联合。其次，从实质上来讲，它可以使两股或者两股以上的经济力量趋于集中，无论是采用何种财务会计报表处理方式，联合设立企业的投资主体通常总有一方至少因此能够控制更多的资本。反垄断执法机构在执法中除了强调符合规定的经营者联合设立企业必须依法进行经营者集中申报接受竞争审查外，尚无更有效的应对措施。为此建议将经营者联合设立完全功能型企业列为同类对象，立法应当在形式上以独立款项对此做出明确规定，在内容上以完全功能型对经营者联合设立企业构成经营者集中作出规定。同时，我国经营者集中的审查范围存在制度化的不确定性，具体表现为未达到申报标准的情形是否可能受到审查规定不明。从目前的实践来看，任何一个经济体量较大的国家或者地区都很难对所有的经营者集中进行竞争审查。建议明确有条件限制对未达到申报标准的经营者集中进行竞争审查，明确基本规定与衔接规定的完善。①

---

① 丁茂中：《论我国经营者集中控制制度的立法完善》，载《法商研究》，2020年第2期，第31—43页。

第六章 行政性垄断规制

行政性垄断是指行政机关和法律法规授予的具有管理公共事务职能的组织滥用行政权力，通过限定交易、妨碍商品自由流通、限制外地经营者在本地的正当经营活动、强制经营者实施垄断行为、制定含有排除、限制竞争内容的规定等手段实施的排除、限制竞争的行为。与垄断协议和滥用市场支配地位等垄断行为相比，滥用行政权力排除、限制竞争具有一定的行政强制性，对竞争者具有更大的危害。党的十九大明确提出，要"打破行政性垄断，防止市场垄断"。十九届四中全会又进一步指出，要充分发挥市场在资源配置中的决定性作用，更好发挥政府作用，加快建设现代化经济体系。依法制止行政性垄断，贯彻党的十九大和十九届四中全会精神，规范政府行为，从而更好发挥政府作用，保护市场公平竞争，建设统一开放、竞争有序的现代市场体系具有重要意义。

在 2018 年 3 月之前，我国针对反垄断行为的有权执法主体是商务部、国家工商行政管理总局、国家发展和改革委员会，同时《反垄断法》第 10 条赋予了政府一些机构一定的执法权。2019 年 1 月 3 日，国家市场监督管理总局发布了《市场监管总局关于反垄断执法授权的通知》，正式授权各省、自治区、直辖市人民政府市场监督管理部门负责本行政区域内有关反垄断执法工作。除了国家市场监督管理总局反垄断局及经过授权的省级市场监督管理局，其他人民政府相应机构并不直接拥有反垄断执法权力，其权力的来源是"根据工作需要"的授权。并且我国尚未有专门规定反垄断行政纠纷级别管辖的法律、行政法规或司法解释，国家市场监督管理总局最新发布的规章中仅规定了针对滥用行政权力排除、限制竞争行为的调查处理权的级别管辖。在法律层面上，则依据的是《行政复议法》和《行政诉讼法》对一般行政纠纷解决的相关程序性规定。虽然最高人民法院出台的司法解释专门规定了垄断行为引发的民事纠纷案件第一审管辖权，但并没有对涉及行政纠纷的级别管辖的相关法律进行规定。最高人民法院颁布的《关于审理因垄断行为引发的民事纠纷案件应用法律若干问题的规定》第 3 条规定了反垄断领域民事纠纷的级别管辖，其中，基层人民法院对于反垄断民事纠纷案件的一审管辖权的获取需经最高人民法院批准。而迄今为止，在实践中尚未检索到由基层人民法院获取批准而审理的第一审垄断民事案件。而根据我国《行政诉讼法》的规定，国家市场监督管理总局是隶属于国务院的部门。相应地，初审案件的管辖权也归属其所在地的中级人民法院。国家市场监督管理总局的住所地是北京市西城区，对应的反垄断行政诉讼的初审管辖法院是北京市第一中级人民法院。对于《反垄断法》第 10 条第 2 款规定的反垄断执法机构，即省级反垄断执法机构，作为省一级的人民政府具体职能部门，第一审反垄断行政纠纷案件的管辖法院是该部门所在地的基层人民法院。

尽管近几年，我国执法队伍的法治水平一直呈上升趋势，但是应该承认，我国反垄断行政纠纷解决的程序规制仍存在尚未解决的问题，比如现在反垄断行政执法机构的权力界限不清、行政诉讼的级别管辖较低，行政复议过程中极易出现"官官相护"等诸多问题，这一直是行政相对人获得有效救济的障碍。根据《修订草案》可知，此次《反垄断法》的修改对于滥用行政权力排除限制竞争的主体作了进一步说明，包括行政机关和法律、法规授权的具有管理公共事务职能的组织，但这样的修改还不足以满足我国市场经济改革的需要。

第一节　指导思想

自《反垄断法》实施以来，我国反垄断执法机构积极查处滥用行政权力排除、限制竞争行为，积累了丰富的执法经验。为贯彻落实党的十九大"打破行政性垄断"的战略部署，适应市场监管体制改革和反垄断执法体系改革的需要，有效预防和制止行政性垄断，做好新形势下反垄断工作，国家市场监督管理总局在充分调研的基础上，立足我国经济发展的实际情况，以《反垄断法》为依据，制定了《制止滥用行政权力排除、限制竞争行为暂行规定》（2019年9月1日施行），整合原国家发展改革委员会、国家工商总局制定的相关规定，统一了执法程序和标准，为市场监管部门依法行政提供了制度保障。尽管《反垄断法》将行政性垄断纳入了《反垄断法》的框架，但纠察方式基本上沿袭了在行政系统内自我纠偏的路径，这种自我审查模式仍还存在较大问题。如何有效定位好市场经济活动中政府的地位，对于反行政垄断的规制起着至关重要的作用。

有学者认为市场失灵决定了政府对经济干预的必要性，但市场调节的决定性地位又决定了政府干预必须控制在合理限度内。因此，认为政府的干预应当以尊重和维护市场竞争为基本原则，同时符合实体法原则及程序法原则，权力要控制在合理利用的限度内，以最终达到维护与稳定市场经济秩序即可。同时，坚持政府干预的法经济学分析，调节干预行为的适中，以追求质量与好的效果为依据，要求政府在运用经济权力干预经济运行的过程中要像法官一样居中裁判，不偏袒任何一方市场经济主体，政府干预市场的政策制定和实施应当充分考虑维护公共利益，政府干预市场的法律政策在出台前及形成过程中应当与相关主体充分协商，即充分考量和维护相关主体的利益。简而言之，政府"裁判"应当坚持竞争中性原则，要从"为政府经济权力划界标准"的角度确定"公共利益"的实体标准和"民众参与"的程序标准。①

有学者认为,政府反竞争行为是指政府在干预经济运行过程中有意、无意地制定、实施限制企业竞争制度的行为。政府干预行为在一定条件下是合理的,但超过必要限度就会损害竞争秩序和社会整体福利。而各国的反垄断法实施经验又表明,要规制不合理的政府反竞争行为需要完整的路径体系。因此,有必要建立一套适合我国国情的反行政垄断体系,这一体系由竞争评估、竞争倡导和竞争执法三种路径组成。具体而言,为完善《反垄断法》对政府反竞争行为的规制作用,建议建立专门的竞争评估制度,将政府制定、实施限制竞争法律的行为纳入《反垄断法》的评价范围。一方面,引入竞争核对清单,提高快速识别限制竞争的法律制度的能力;另一方面,在发现限制竞争的法律后,尽可能采用量化的反垄断分析,判断其对竞争影响的合理性。建立我国的竞争倡导制度,一方面,可以对"竞争政策"做广义解释,意指所有影响企业行为和产业组织结构的政府措施,可将反垄断委员会拟订竞争政策的权限解释为进行竞争倡导的权力;另一方面,任何机构在拟采取管制举措、做出案件处分决定之前,必须事先通知竞争主管机构,给予其发表意见或建议的机会。有关机构如果要拒绝接受竞争主管机构的意见或建议,或不采取相应举措,必须做出合理的解释或证明其行为的正当性。建立适合我国国情的竞争执法体系,赋予反垄断机构提请有关机构解释、撤销、废除、修改不合理限制竞争的法律规范的权力。反垄断机构可以将竞争评估的结果作为依据,提出法律解释、修改的方案。②

有学者认为,长期以来我国经济管理权力过于集中,政府与市场

---

① 孙晋:《经济法视角下政府经济权力边界的审读——以政府职能转变为考察中心》,载《武汉大学学报(哲学社会科学版)》,2014年第2期,第69—75页。
② 张占江:《政府反竞争行为的反垄断法规制路径研究——基于路径适用的逻辑展开》,载《上海财经大学学报》,2014年第5期,第66—74页。

相互渗透，造成严重的政企不分，政府滥用行政权力扰乱正常的市场竞争秩序现象普遍存在，影响资源配置的效率，而试图通过控制行政权力达到解决行政性垄断的路径往往事与愿违，且不利于竞争法的统一实施，由此必须创新行政性垄断规制制度。行政权力限制竞争行为的规制需要更广阔的视野，引入更多元的因素考虑。因此，应在竞争政策视野下规制行政性垄断，整合规制行政性垄断的制度资源，改变规制行政性垄断的政策环境，突破行政系统内部救济的思路，拓展规制行政性垄断的有效路径。具体而言，一要强化竞争政策对《反垄断法》实施的统领作用，确定行政性垄断的范围，调整行政权力的正当性判断标准，完善行政性垄断的法律责任；二要积极推进竞争执法以外的竞争倡导体系，明确竞争审查与评估的主体与程序，建立正式的竞争审查评估制度，推进竞争中立制度的实施，推进竞争机构与行业监管机构的协调关系。①

有学者认为，由于我国历史发展特点及政治经济体制的原因，行政性垄断会在今后很长的一段时期内存在，而行政性垄断具有非经济性，其规制需经济法和行政法规协调构建，才能有效遏制其"垄断势力"。在《公平竞争审查制度》及其《实施细则》出台之前，我国经济法体系对行政性垄断的规制力度和系统性是相对较差的。而《公平竞争审查制度》的出台恰好弥补了《反垄断法》对行政性垄断规制不足的手段，认为公平竞争审查与《反垄断法》是一脉相承又与时俱进的关系，是对《反垄断法》的补充与协调。但与此同时，还存在着日益增长的立法审查需求与编制不足的行政机构合规（法规）部门之间的矛盾，权力运行制约和监督体系的加快建设与固有行政审批权力庞大存量之间的矛盾。为此，建议在执法和审查过程中，要注意公平竞争审查制度与《反垄断法》的协调问题，促进我国经济体制和政治制度的同步渐进改革。具体而言：第一，在经济法和行政法的竞争政策

---

① 徐士英：《竞争政策视野下行政性垄断行为规制路径新探》，载《华东政法大学学报》，2015年第4期，第27—39页。

体系内，逐步加大对反垄断执法机构（国家市场监督管理总局及其下属机构）的法律授权，授予执法机构相应的权力，对违法的行政性垄断行为进行查处，实现经济法与行政法的协同执法。第二，尽快列出关于豁免审查的判别标准及竞争审查的"豁免行业"，以此为今后的行业监管及行政法律法规提供执法基础。①

有学者认为，首先，我国《反垄断法》对行政性垄断行为的规制范围是比较狭窄的，其在行政性垄断的行为规范上采取了两种不同的表述体例，即列举式和概括式。无论是具体的行政性垄断的规制条款还是抽象的行政性垄断的规制条款，在实际上都不同程度地存在兜底条款，而兜底条款和一般条款的同质性使得它们在法理上不宜发生交集性共存。建议：第一，《反垄断法》应当直接在阐明这部法律所规定的垄断行为类型条款章节中将行政性垄断作为法定情形之一进行具体列明。第二，《反垄断法》应当在行为规范的章节中对行政性垄断设立一个兜底性质的规制条款。较为稳妥的做法是作出如下安排：删除我国《反垄断法》第8条、第33条的兜底条款与第37条，尽量列明所禁止的以具体行政行为的方式实施的行政性垄断，另外采用一个单独的条款对行政主体以其他方式实施行政性垄断作出兜底性禁止。其次，现行《反垄断法》对行政性垄断的核心表述是行政机关和法律、法规授权的具有管理公共事务职能的组织滥用行政权力排除、限制竞争。其规制能力非常有限，需要加以完善。建议立法应当将行政性垄断的法律要义表述为"行政机关和法律、法规授权的具有管理公共事务职能的组织使用行政权力不合理排除、限制竞争"。最后，我国《反垄断法》对行政机关和法律、法规授权的具有管理公共事务职能的组织施加的法律义务只是禁止滥用行政权力排除、限制竞争。其规制方法相对欠缺，需要加以完善，建议直接引入公平竞争审查制度。认为公平竞争审查制度与行政性垄断的高水平规制是十分契合的，并且公平竞

---

① 陈林：《公平竞争审查、反垄断法与行政性垄断》，载《学术研究》，2019年第1期，第106—113页。

争审查制度与行政性垄断的事前性规制也是非常契合的。此外，公平竞争审查制度的适用并不仅仅局限于潜在的增量问题，它还包括现有的存量问题，只是整个工作的推进重点在具体的实施过程中略有轻重缓急和顺序先后之分。①

经济法学界往往以问题为导向。首先，对行政性垄断的控权规制路径提出了新的标准与界限。如吕忠梅认为控制政府经济权力的标准应以经济权利为价值边界；孙晋提出要从"为政府经济权力划界标准"的角度确定"公共利益"的实体标准和"民众参与"的程序标准；叶卫平认为"基于行政力量和行政性安排在中国过度存在的社会现实，必须寻找制度根基，从基础制度和环境出发遏制行政性垄断"。其次，在评判行政权力的正当性问题上，有学者直接提出，不能仅以行政程序与形式为标准，而应以对市场机制是否造成影响为标准进行，这与行政法学的研究发展相呼应。最后，越来越多的经济法学研究主张将行政性垄断纳入竞争政策的视野下进行全面规制，尤其是行政性垄断中的抽象行政行为。应当在国家竞争政策的目标下，确立《反垄断法》实施的各项标准，建立行政规定的竞争影响审查与评估制度，建立不同企业和行业的竞争中立制度、大力弘扬竞争倡导制度等，建立一整套对行政性垄断行为全面规制的制度框架。科林·斯科特教授认为，如果把对规制机构执法活动的应答简单归类为合规、不合规和执行，那么我们可能会忽视被规制者通过与规制空间内规制者或其他主体互动，来重新解释规则、重塑规制体系的可能性。②对于实践中的规则解释而言，规制者的正式权力与被规制对象的非正式权力之间的互动，或许比正式的执法过程还要重要。这一观点对于行政垄断的治理同样重要。行政垄断治理的本质在于对行政权力的限制，而要实现这一目

---

① 丁茂中：《论我国行政性垄断行为规范的立法完善》，载《政治与法律》，2018年第7期，第136—146页。
② 科林·斯科特：《规制、治理与法律：前沿问题研究》，北京：清华大学出版社，2018年版，第47页。

的在中国现有的制度环境下很难单纯依靠《反垄断法》来完成,毕竟《反垄断法》也不是存在于真空之中。既有的体制结构往往决定了对行政权力限制所能够达到的极限,相关制度的完善只是尽可能地去接近这一极限,但这一过程仍然具有意义。

第二节 适用范围

我国反垄断行政纠纷主要包括两类案件:一类是行政管理相对人和反垄断执法机构之间的行政复议或行政诉讼案件,其直接法律依据是《反垄断法》第53条,起因于行政管理相对人对反垄断执法机构的具体行政行为的不满;另一类是根据《反垄断法》的规定,利害关系人对涉嫌滥用行政权力排除、限制竞争的行政机关和法律、法规授权的具有管理公共事务职能的组织提起的因行政垄断行为引发的行政复议或行政诉讼案件。对于《反垄断法》所规制的两类主体,学界至今仍还存在较大争议。

有学者认为,《反垄断法》规定了两类主体适用行政性垄断:一是行政机关;二是法律、法规授权的具有管理公共事务职能的组织。但是从中国社会经济的实践来看,实施行政性垄断的主体似乎还要复杂些。首先,自然垄断行业与行政垄断存在紧密联系,自然垄断行业大多属于反垄断豁免行业,而且普遍政企不分。当垄断行为发生时,垄断规制主体难以确定,处理规则难以确定。建议在未来的法律实施中进一步明确行政垄断与自然垄断的关系,明确发生垄断行为时的主管部门、规制原则等。其次,目前大部分行业协会与政府有着千丝万缕的关系,是国家职能部门的延伸或其组成部分。行业协会大多采用"内部决议""不服从将受行业处罚"的方式实施统一行为,对成员企业具有很强的约束力。这种与行政性垄断有着异曲同工之妙的性质,建议将其列入行政性垄断的主体,即"法律、法规授权的具有管理公共事务职能的组织",以不能"滥用行政权力,强制经营者从事本法规定的垄断行为"的名义对其加以规制,预防行业协会组织限制竞争行为的发生。①

有学者认为,政府在干预经济运行过程中,有意、无意地制定、实施限制企业竞争的制度,被称为"政府反竞争行为"。各国普遍通过规制政府反竞争行为,减少对经济的不合理干预。而我国《反垄断法》将防止源自政府的竞争损害窄化为对行政性垄断的规制,规制对象仅限于政府机关及法律、法规授权的具有管理公共事务职能的组织;规制行为限于滥用行政权力的行政行为;规制标准限于"滥用行政权力"而导致的"排除或限制竞争";规制方式限于事后向有关机构的上级机关提出处理建议。这无疑存在很大局限,无法事前减少不合理的反竞争法律的制定和实施,也无法事后有效排除不合理"庇护"企业反竞争行为的法律的影响。因此,建立立法优先咨询、法律实施意见征询机制,事前避免反竞争的管制立法、管制决策;并且,明确《反垄断法》对被管制企业反竞争行为执法的条件,提升反垄断机构追究垄断行业企业反竞争行为责任的能力,事后排除不合理的管制的影响。②

有学者认为,行政垄断对国有化比重、行业集中度、垄断行为、产业利润率及价格规制等五个指标产生影响,应以这五个指标为基础,综合运用二维分析法、综合加权排序法和主成分分析法,进行行政垄断行业的判定工作,通过三种分析法分析,如果三种方法都判定为行政垄断行业的,定义为强势行政垄断行业;两种方法判定为行政垄断行业的,定义为中势行政垄断行业;只有一种方法判定为行政垄断行业的,定义为弱势行政垄断行业。对于后两者,可统称为非强势行政垄断行业。根据这一定理,分析发现行政垄断行业在国民经济总量中占据着相当重要的地位;而且这些行业大多是国民经济命脉及涉及国

---

① 徐士英:《政府干预与市场运行之间的防火墙——〈反垄断法〉对滥用行政权力限制竞争的规制》,载《法治研究》,2008年第5期,第3—7页。
② 张占江:《论政府反竞争行为的反垄断法规制体系建构》,载《法律科学(西北政法大学学报)》,2015年第4期,第81—91页。

家安全行业，在整个国民经济中起到的基础作用更非一般行业可比。更重要的是，在这些行政垄断行业中，公共权力往往都有充足的理由介入并进行干预，限制和排斥竞争，实行法定垄断。因此，建议在行政垄断行业中引入市场竞争，即使在一些市场是否失灵存在很大争议的领域，也可以考虑"先适度放开、后谨慎观效"的策略促进市场竞争；同时建议提高政府规制效率，在政企分开的基础上，建立独立的规制机构，维持规制程序的公开性和透明性，必要时可以考虑成立专门机构以监管监管者，加大同监管机构和第三方机构的合作等。[①]

有学者认为，行政性垄断通常兼有行政性和经济性，现有反垄断法律制度关注到它的行政性，而忽略了其经济性，进而导致参与行政性垄断经营者责任的"整体缺位+转化例外"的问题。现有的行政性垄断框架下所有的行为主体均局限于行政机关和公共组织而忽视了参与垄断行为的经营者，追究其法律责任（包括行政责任）并无依据。建议以行政性垄断的类型化为基础，将经营者参与行政性垄断的行为构建为样态谱系，用以确定经营者的可责性。根据行政行为的直接作用对象的不同，将行政性垄断行为分为"强制从事垄断行为类型"和"其他行政性垄断行为类型"。在此基础上，结合经营者的主观状态及其与行政机关的关系，提出了经营者参与行政垄断的三种不同主观状态，即"积极参与类样态"、"受强制类样态"和"完全被动样态"，并针对不同的主观心态，给予不同的惩罚力度。认为对于"积极参与类样态"应当在《反垄断法》第8条和第五章设立对经营者参与"其他行政性垄断行为"的禁止性规定，明确规定该类行为构成《反垄断法》下的违法行为，并在第七章配套设置相应的法律责任。同时应当对经营者参与"其他行政性垄断"行为进行明确的法律表述，具体表述方式上体现以下特征：第一，参与了行政性垄断行为的做出或实施。第二，具有主观过错。第三，不构成本法第二章、第三章规定的"垄

---

① 丁启军：《行政垄断行业的判定及改革》，载《财贸研究》，2010年第5期，第77—83页。

断行为"(或"构成垄断行为的,适用本法的相应规定")。对于"受强制类样态",关注法律责任的等级、证明责任的分配及违法所得处理三个问题。①

申言之,尽管我国市场经济的转型工作已在逐步进行,但部分地区的计划经济思维仍然惯性存在,并影响着地方政府和行业主管部门。我国《反垄断法》对行政性垄断的行为规范上采取了两种不同的表述体例,即列举式和概括式。前者针对行政主体以具体行政行为的方式实施的行政性垄断,后者针对行政主体以抽象行政行为的方式实施的行政性垄断。而无论是列举式,抑或是概括式条款都还存在一定的问题。我国《反垄断法》第33条以列举式的规范方式列举了五类情形,但根据以往经验来,列举式规范难以穷尽潜在的所有情形,可能会出现不同程度的遗漏。如地方政府违规对部分经营者进行税收优惠,对合法的进口商品采取歧视性措施等。而我国《反垄断法》第8条的概括式条款,从系统论的角度来看,并不能起到一般条款的作用来扮演兜底的角色。因此,我国《反垄断法》行政垄断的适用范畴其实是相对狭隘的。为此,值此修法之际,应在《反垄断法》中直接将法律规定的行政性垄断行为进行具体列明,明确规定《反垄断法》规制的垄断行为类型还包括行政机关和法律、法规授权的具有管理公共事务职能的组织滥用行政权力排除、限制竞争的行为。并且应当设立一个兜底性质的规制条款,除非能够通过列举的方式穷尽所有潜在的目标行为,否则对此就必然要使用一个条款来进行兜底以避免出现不同程度的遗漏。

第三节 规制选择

对行政性垄断的规制主要借助于两大法律工具:行政法和反垄断

---

① 张晨颖:《行政性垄断中经营者责任缺位的反思》,载《中外法学》,2018年第6期,第1635—1655页。

法。前者主要通过建立"权力清单"、规范行政程序和落实行政问责等方式规范政府行为，后者则通过反垄断法的公共实施（行政执法）和私人实施（司法诉讼）约束行政性垄断行为。世界各国因基本国情的不同，对行政性垄断行为的规制也选择了不同的态势。如欧盟国家援助控制的实施包含成员国、欧盟委员会和司法三个层面的内容。澳大利亚针对政府机构限制竞争做法采取的措施是行政自查，实施主体包括澳大利亚政府理事会、国家竞争委员会、澳大利亚竞争和消费者委员会和澳大利亚竞争法庭。对于经济转型的国家基本上设置了反垄断执法机构，机构兼具行政立法、执法的职能，负责国内的行政垄断规制活动。在实施机制上，主要采用行政执法与司法强制执行的双唇实施模式，由执法机构承担基本的行政执法的职能，在遇到执法机构强制性指令不被执行、执法机构权限不足等情况时，由执法机构将相关诉求诉诸司法，请求法院确认违法行为无效、违反竞争法的法令无效，并请求法院强制执行反垄断执法机构的指令。在行政执法程序上，普遍设置了警告程序和调查起诉程序，通过软性和硬性执法程序相结合，来实现滥用行政权力排除、限制竞争行为的执法。而我国《反垄断法》规定，对滥用行政性权力排除、限制竞争行为，反垄断执法机构可以向有关上级机关提出依法处理的建议。《暂行规定》进一步明确了四种处理方式，即不予立案、向上级机关提出依法处理的建议、可以和应当结束调查。

有学者认为，《反垄断法》第 51 条规定，违法者将被上级机关责令改正，对直接负责的主管人员和其他直接责任人员依法给予处分的这种行为，仅仅是在行政系统内的自我监督处罚，其作用是有限的，应当采用更加有效的责任形式。首先，借鉴俄罗斯的经验，当行政机构对经济活动实施了不当干预时，应当赋予反垄断执法机构有直接提起诉讼的权力，通过司法纠正行政行为。其次，处罚依靠行政性垄断获益的经营者，如设定对"受益者"的罚没违法所得和行政罚款。再次，建立受害者的民事赔偿制度。实施细则可以当然的解释《反垄断法》第 50 条规定的"经营者实施垄断行为，给他人造成损失的，依法承担民事责任"适用于行政权力滥用限制竞争的行为，赋予消费者和被排挤的生产者救济的动力。①

有学者认为，行政垄断是转型国家市场中的共性问题，通过分析俄罗斯反垄断法对行政垄断规制的行为主体、范围、运行方式、制度效果等方面的内容，认为我国的反垄断法与俄罗斯的反垄断法存在行政垄断行为认定标准上的差异、行政垄断违法主体范围的差异和行为类型的差异三方面的内容，指出由"上级机关"负责追责的行政系统内部解决方案，虽不乏为一思路，但不是主要的方法。认为我国《反垄断法》有关行政垄断的规定存在规制方式协调的问题、规制范围问题和抽象行政行为的处理问题。认为《反垄断法》应改变由"上级机关"负责处理的做法，而应由反垄断执法机关统一处理行政性垄断行为，并且更具体、更严格地规定其法律责任；有必要设置规制范围更宽的行政垄断类型或设置规制行政垄断的一般性条款；应坚持反垄断机构统一监管基础上的部门监管，防止部门监管权的滥用，将部门系统内监管转变为内外监督、行政和司法监督相结合的制度运行模式，这是有效规制行政垄断的充分必要条件。②

也有学者认为，《反垄断法》第 51 条行政垄断的法律责任设计，从实践证明，把行政垄断行为交给违法机关的上级机关来处理，不是一个禁止行政垄断的有效制度，认为滥用行政权力限制竞争行为实际上都是歧视行为，其背后存在保护地方企业或者保护个别企业的经济动机，由此导致上级机关处理其下级机关的行政垄断行为时很难保持中立；且这里的"上级机关"不是专门的反垄断机关，更不是专门的司法机关，其工作人员一般不会有很强的反垄断意识，而且也缺乏处

---

① 徐士英：《政府干预与市场运行之间的防火墙——〈反垄断法〉对滥用行政权力限制竞争的规制》，载《法治研究》，2008 年第 5 期，第 3—7 页。
② 刘继峰：《俄罗斯反垄断法规制行政垄断之借鉴》，载《环球法律评论》，2010 年第 2 期，第 124—131 页。

理市场竞争案件的能力。因此，应参照外国的做法把滥用行政权力限制竞争的案件交给反垄断执法机构进行处理，关键问题是相应机构的授权。①

有学者通过分析行政垄断法律责任的性质及行政垄断案件的实际效果，发现对行政垄断治理效果的理解需要跳出反垄断法的语境，从行政体系的内部逻辑来进行。认为在《反垄断法》明确将"管辖权"移交上级机构之后而进行的案件"查处"更说明行政垄断治理在当下原本就不是通过"反垄断法"来进行的——虽然表面上是执行《反垄断法》关于行政垄断法律责任的条文。在此情况下，以《反垄断法》或者《反不正当竞争法》下查处的案件数量少来论证治理效果有限本身也就会存在逻辑上的偏差。实际上，行政级别对于案件查处效果有相关性，行政执法机构在行政体系内的权力等级影响到执法效果，甚至影响到案件查处后是否公开。因此，查处的各种行政垄断案件也并非《反垄断法》的功效，而是行政性治理方式带来的结果。并且司法审查效果的有限性、独立机构难以独立的现状告诉我们延续行政性治理行政垄断确有必要。因此，应完善行政垄断的行政治理。具体而言，科层体制内持续的高位推动，通过在文件的下发和执行过程中解决问题。促进行政机构间的协商、合作，构建跨部门的协作机构在一定程度上可以打破部门隶属所形成的阻隔。完善行政程序，完善公平竞争审查制度，明确强制性的法律责任，在规范性文件的制订阶段，通过多方机制的参与，防范地方、部门借助规范性文件进行行政垄断。②

有学者通过对行政指导型垄断概念的界定，认为行政指导存在诱发垄断发生的风险，行政指导型垄断中存在行政机关和经营者双重行为主体，消费者并不因接受行政指导后改变消费倾向而成为行政指导

---

① 王晓晔:《我国反垄断执法 10 年:成就与挑战》,载《政法论坛》,2018 年第 5 期,第 128—137 页。

② 李剑:《中国行政垄断的治理逻辑与现实——从法律治理到行政性治理》,载《华东政法大学学报》,2020 年第 6 期,第 106—122 页。

型垄断的行为主体。相应的,其行为模式表现为"行政指导+经营行为→垄断"及"行政指导+消费行为→垄断"。且在目前行政复议法的框架内,作为行政事实行为的行政指导依法不属于可复议的行为。为此,应将行政指导纳入行政复议受案的范围,有必要通过行政复议程序对行政指导型垄断的受害者提供救济,并明确行政复议申请人、复议申请期限、复议审查标准等相关问题。此外鉴于行政指导型垄断中的行政指导行为存在违反行政法和反垄断法的双重违法性,因此在复议审查合法性时,还需要从行政法和反垄断法两个层面分别进行。明确审查行政指导作出是否具有合理依据,注重审查行政指导对公平竞争的反垄断影响,在合理性层面注重审查行政指导是否存在各类不当情形,即把行政垄断的问题依内部化处理,交由"上级机关"进行处理。①

从本质上看,行政性垄断是"以公权力为手段、以市场垄断为结果"的垄断形态,这决定了对其的规范不能仅仅依靠行政法。但是,由于行政执法和司法诉讼都只是事后救济措施,一般在限制竞争行为产生较为严重的后果之后才能适用,仅仅依靠反垄断法也无法对行政性垄断形成有效制约。虽然在《反垄断法》的修订草案中引入了竞争审查制度对行政性垄断予以遏制,但是单纯依靠竞争审查这种事前措施仍然无法全面规制行政性垄断。由于反垄断法事后救济方式的局限性,有必要引入体现更广泛意义上的竞争政策手段。从各国的实践来看,除了反垄断法之外,规制行政性垄断的竞争政策手段主要包括竞争审查制度、国家援助控制制度和行业法的"竞争法化"三种。这三种方式不能简单地归结为行政法或反垄断法的措施,但是都体现了竞争政策的理念。它们的共同点在于:如果基于公共利益确实有必要实施排除、限制竞争行为,那么通过"事前控制"措施,至少可以在最大程度上消解或弱化这些行为的反竞争效果。对于中国的经济环境而言,由于竞争文化较为薄弱,而且当前竞争主管机关的独立性、权威

---

① 蒋蔚:《对行政指导型垄断适用行政复议初探》,载《法律适用》,2020年第1期,第138—148页。

性都有所欠缺，通过提升社会共识和赢得政治支持对于事前控制的开展就显得尤为重要。换言之，竞争主管机关不能仅仅将自身职责限于法律实施，还有必要开展竞争执法之外的竞争倡导和竞争推进措施，通过各项措施的"合力"，赢得社会共识和获得政治支持。并且，有必要参照外国的做法把滥用行政权力限制竞争的案件交给反垄断执法机构进行处理，关键问题是相应机构的授权。坚持反垄断机构统一监管基础上的部门监管，防止部门监管权的滥用，将部门系统内监管转变为内外监督、行政和司法监督相结合的制度运行模式。

第四节 审查思路

我国《反垄断法》第32条、第33条、第34条、第35条、第36条、第37条详细地归纳了六种滥用行政权力排除、限制竞争的行为，分别是限定交易行为、妨碍商品自由流通行为、招标投标中不正当限制竞争行为、投资或设立分支机构限制行为、强制经营者从事垄断行为，以及制定含有排除、限制竞争内容的规定等行为。因此，现有的反垄断执法机关的审查思路也大体是从这六种具体的行为出发进行审查。考虑依法提出的处理建议不是行政处罚，《制止滥用行政权力排除、限制竞争行为暂行规定》（以下简称《暂行规定》）首先明确了反垄断执法机构经过必要调查决定是否立案，立案后应及时依法向有关单位和个人了解情况，规定了委托调查、协助调查等制度。其次明确了"查处"是指"进行调查，提出依法处理的建议"。同时，对于反垄断执法机构认为构成滥用行政权力排除、限制竞争行为的，应依法向社会公开。此外，《暂行规定》也进一步明确了四种处理方式：一是对于当事人在立案前的调查期间已采取措施停止相关行为的，消除相关后果的，可以不予立案；二是经调查，认为存在滥用行政权力排除、限制市场竞争行为的，可以向有关上级机关提出依法处理的建议；三是调查期间，当事人主动采取措施停止相关行为，消除相关后果的，可以结束调查;四是经调查,认为不构成滥用行政权力排除、限制市场竞争的行为,应当结束调查。依情况的不同,采取不同的处理方式,有助于减轻调查的难度,促使相关人员配合调查,及时纠正滥用行政权力排除、限制竞争的行为,降低违法审查成本。同时《暂行规定》也给予了被调查单位和相关人员陈述意见的权利,反垄断执法机构应当对被调查单位和个人提出的事实、理由和证据进行核实。

有学者认为,《反垄断法》对行政性垄断行为规定了反垄断执法机构的处罚建议权,"反垄断执法机构可以向有关上级机关提出依法处理的建议"。但反垄断执法机构如何运用权力来鉴别认定对市场竞争进行排除和限制的违法行政行为需要明确。在界定限制竞争后果时,建议应根据受惠方与受害方(获得行政庇护的行业企业与受到排挤的行业企业)之间的损益关系进行确定。对限制竞争后果的消除方式应以撤销行政规定为主。①

有学者认为,政府管制经常不合理地为企业反竞争行为提供便利,甚至直接授权或强制企业从事反竞争行为,豁免其反垄断责任。当企业在面临反垄断制裁时,往往会以此作为抗辩。要排除这样不合理管制的影响又不至于削弱合理管制的效力,就必须在一个严密的分析架构之下,对管制领域内企业反竞争行为进行有效执法。基于法理分析和先进法域的经验总结表明:执法首先要审查管制本身的合理性、合法性;同时,应避免执法危及管制法的确定性。因此,当我们在审查政府管制时可以引用这一思路。具体而言,第一,审查管制本身的合理性、合法性,不能忽略对管制自身合理性的审查,考虑管制的反竞争影响,根据法律保留原则和法律位阶制度可以很大程度地排除不合理限制竞争的制度障碍的影响。第二,避免执法危及管制法的确定性,确定管制法反垄断豁免的范围。认为当具有合法形式的管制规则设计、实施已经将对竞争的损害降到最低时,反垄断机构就要尊重管制抗辩

---

① 徐士英:《政府干预与市场运行之间的防火墙——〈反垄断法〉对滥用行政权力限制竞争的规制》,载《法治研究》,2008年第5期,第3—7页。

的效力；当管制不具有合法形式，或者管制规则设计、实施没有将对竞争的损害降到最低时，反垄断机构就会否定管制抗辩的效力。但是，如果要进一步追究管制之下企业反竞争行为的反垄断责任，还必须考虑维护管制法确定性的要求。①

有学者认为，建设法治政府，特别是治理滥用行政权力排除、限制竞争与发挥市场决定性作用，尤其是产业政策的公平竞争性审查，要求政府必须加强针对行政行为的竞争合规制度建设，促进政府与市场耦合。行政行为的竞争合规制度建设应当通过责任威慑、名利激励、技能帮扶和社会督促这些路径共同推进，它们分别是基于违法成本理论、行政激励理论、竞争倡导理论和信息公开理论的应用设计。行政行为的竞争合规制度建设应当采取实质审查加合理原则的标准，政府干预的合法性尺度设置必须兼具内容合理，政府干预的合理性边界划定应当以弥补市场失灵为限。竞争评估是行政行为竞争合规的工作重点及难点所在，除了操作流程外，在相关市场的界定、竞争影响的考察与合理程度的分析方面，很多内容都需要进行全新的系统化制度构建。在界定相关产品市场时，主要需要调整的内容是临时目标商品市场的确定；在界定相关地理市场时，主要需要调整的内容是推演过程；在界定相关时间市场时，主要需要调整的内容是取消政府管制这项权衡因子。而竞争评估应当根据行政行为对交易机会、经营负担、投资回报的影响进行操作，合理性分析应当以效率为基本标准。②

有学者认为，反垄断行政执法机构依法执行行政处罚和行政责令，是行政权得以实现、违法行为得以纠正、侵害状态得以终止的关键环节。但是基于司法实践分析发现显见反垄断行政诉讼，认为我国缺乏司法审查反垄断行政执行足以依据的法律规范体系，在执行环节只有

---

① 张占江:《管制领域反垄断执法的基本考量维度及其适用》，载《法商研究》，2015年第6期，第128—136页。
② 丁茂中:《行政行为的竞争合规制度研究》，载《现代法学》，2017年第2期，第29—42页。

原则性规定，对执法机构的权力设置不具体，缺乏可操作性，执法又弱，法律上没有关于立案、调查、听证、裁决等一系列程序性规定，在困扰执行者的同时，也很难保证司法者对执行实行有效规制。另外，反垄断法律责任的设置和行政处罚、行政强制法律存在不配套之处，司法机关审查反垄断行政执行的研究薄弱。因此应将反垄断行政执行纳入司法审查的范畴。应当兼顾行政裁量权和司法审查权的平衡，实质把握具体行政责令行为的类型属性；做好行政执行权和司法监督权的分配，根据权力分立运行的基础理论，将执行实施权赋予反垄断执法机构，人民法院负责非诉行政执行的审查；执行"由上级机关责令改正"的行为应当属于行政诉讼受案范围，进而为被害主体获得司法救济提供途径。①

有学者认为，反垄断行政纠纷包括两类案件：一类是行政管理相对人和反垄断执法机构之间的行政复议或行政诉讼案件，其直接法律依据是《反垄断法》第53条，起因于行政管理相对人对反垄断执法机构的具体行政行为的不满；另一类是根据《反垄断法》的规定，利害关系人对涉嫌滥用行政权力排除、限制竞争的行政机关和法律、法规授权的具有管理公共事务职能的组织提起的因行政垄断行为引发的行政复议或行政诉讼案件。在考察目前一般行政纠纷解决的程序和反垄断行政纠纷解决的程序现状，发现现行反垄断行政复议的程序还存在共同复议和分别复议适用不清、省级反垄断执法机构作为被授权主体的行政复议主体资格不明的问题，反垄断行政诉讼还存在缺乏专门审判法庭、立案难、管辖难的问题。在该基础上借鉴欧盟和美国因反垄断执法行为而引起的纠纷解决程序，从而提出完善我国反垄断行政纠纷解决程序的建议。申言之，第一，厘清国务院反垄断执法机构和省级反垄断执法机构的权力界限。应该对省级政府价格监督机构依据《价格法》的价格执法行为和依据《反垄断法》的价格反垄断执法行

---

① 杨军：《反垄断行政执行的司法规制途径》，载《法律适用》，2018年第15期，第125—134页。

为进行区分。分清国家发展改革委员会与省级发展改革委员会在反垄断价格执法案件中的授权关系和价格执法行为中的独立执法关系。第二，完善反垄断行政纠纷复议程序。建议统一由国务院反垄断委员会设立反垄断行政复议机构进行复议，并可以诉诸法院，确立司法审查作为最终审查的制度。第三，调整反垄断行政诉讼案件初审的级别管辖。建议反垄断行政纠纷案件的初审提高级别管辖，规定由知识产品法院或中级法院审理。如果确需基层法院审理的，可以考虑参照反垄断民事诉讼案件的范式，由最高人民法院指定管辖。①

有学者认为，当下政府多采用间接方式进行市场干预，行政权力与市场力量相互交织，在行政性垄断上的一种表现是行政主体强制经营者从事垄断行为。而我国的行政执法、司法实践中对这类案件处理的差异较大，其后果不仅是同案不同判所导致的法律权威受损，还可能造成"真强制"而经营者被处罚或者"假强制"而经营者免责的情形，致使市场竞争无序。为解决这一问题，在认定行政强制垄断中经营者是否应承担责任时，要从本质上认清行政强制垄断的行政性垄断在先，而经济性垄断在后的二重属性，并确立相应的对此种二重性的分析架构：先要明确判断行政强制垄断中经营者法律责任该当性的总体思路，即行政机关是否有权力滥用行为，以及经营者是否预见到其行为实施对市场的负面影响、是否就实施垄断行为进行过反抗，再确立行政强制垄断行为的判断规则。行政强制垄断的判断步骤和规则为：第一步，确定某一行政行为系权力滥用的具体判断标准，即确定第一重违法认定；第二步，判断从行政性垄断到经济性垄断的逻辑，即二重关系是否成立；第三步，适用"强制"的认定规则，即经营者经济性垄断违法的阻却事由。②

---

① 刘克江：《论反垄断行政纠纷解决的程序问题》，载《中国法律评论》，2019年第6期，第200—206页。

② 张晨颖：《行政强制垄断中经营者责任的认定》，载《政治与法律》，2019年第3期，第135—146页。

第五节 责任设计

在行政垄断的法律责任方面，各国（地区）的规定并不相同。大致可以归纳为两种不同的制裁范式：一种是"另轨制"，即针对行政垄断和经济垄断设计两套不同的制裁体系，或者说，对行政垄断适用特殊的制裁制度。在法律责任设计上则又有两种不同的做法，其一是在法律责任设计上没有特别安排，适用统一的反垄断法律责任，如越南、乌兹别克斯坦等国家；其二是对行政性垄断行为既有一般性的法律责任规定，同时也设置了一些特别的规定，如俄罗斯、乌克兰等国家。而上述无论何种责任设计模式，皆以保障"法律责任的实质化"为核心，我国的《反垄断法》便是此类范式的典型立法。另一种是"并轨制"，即对行政垄断和经济性垄断适用同一种制裁体系，未针对行政垄断设计特殊的制裁制度。多数国家采行了此种范式，如欧盟委员会不仅有权依据《欧盟运行条约》第101条和第102条处理垄断协议和滥用市场支配地位的案件，而且有权依据《欧盟运行条约》第106条和第107条处理涉及国有企业和国家补贴的案件。

我国的《反垄断法》沿用此前的《反不正当竞争法》的立法思路，对行政垄断的法律责任有专门的规定。在我国《反垄断法》第七章（法律责任）中，第46条、第47条、第48条、第49条、第50条是关于经济性垄断法律责任的规定，而第51条专门规定了行政垄断的法律责任。1993年的《反不正当竞争法》中，实施行政垄断的行政机关只能"由上级机关责令其改正"，或者"情节严重时，由同级或者上级机关对直接责任人员给予行政处分"。因为缺少强制性措施和责令改正的效果一直不为学界所认可。相比与1993年的《反不正当竞争法》，2007年的《反垄断法》在行政垄断的"法律责任"上增加了一个规定，即"反垄断执法机构可以向有关上级机关提出依法处理的建议"（以下简称"建议权"）。这一规定在全国人大常委会对《反垄断法》进行第三次审议时增加,同样表达了最高立法者希望行政垄断行为能够得到有效遏制的愿望。但是,建议权仍然没有强制制裁力。大部分学者认为,在行政垄断上,反垄断执法机构的执法管辖权剥离给了"上级机关",而通过上级机关来纠正行政垄断行为对于反"行政垄断"难以产生实际效果。根据我国《反垄断法》的规定,对经济垄断行为可适用罚款、没收违法所得、拆分企业、责令停止违法行为等行政制裁方式,同时还规定了民事责任。对于行政垄断行为,仅能够对行政主体适用责令改正及行政处分等软性制裁方式。总之,在我国《反垄断法》中,"行政垄断行为的法律责任明显不同于一般垄断行为的法律责任"[①]。

一、政府责任

有学者认为,从我国目前的反垄断执法实践来看,当前立法在滥用行政权力排除、限制竞争的行政责任上存在的主要问题应当不是"设责",而应当是"追责"。最为基础的做法就是应当将查处滥用行政权力排除、限制竞争的执法权集中起来统一交给反垄断执法机构行使。若要更好地促进滥用行政权力排除、限制竞争的责任追究,还需要系统性地完善反垄断执法机构的制度设计。在此基础上,可以从形式上和实质上采取合理措施进一步增加滥用行政权力排除、限制竞争的行政责任的威慑力。就形式措施而言,例如引入部分的管理公共事务职能的资格禁入制度;就实质措施而言,例如引入行政性垄断的国家赔偿,明确个人对此的法律责任。[②]

有学者认为,当前针对滥用行政权力排除、限制竞争的行政责任的立法不足主要体现在责任过轻,认为行政垄断属于滥用行政权力,

[①] 王晓晔编:《中华人民共和国反垄断法详解》,北京:知识产权出版社,2008年版,第264页。

[②] 丁茂中:《论垄断行为法律责任的立法完善》,载《竞争政策研究》,2020年第1期,第28—44页。

应受到相应的行政处分,但在责任追究上,仅靠行政处分难以最大力度地限制行政垄断行为,认为这类处罚基本可以忽略不计,较少的违法成本也促使行政垄断事件不断发生,有关行政垄断的法律法规根本起不到威慑违法人员、规制行政垄断的作用,应加强相关责任制度的设计。首先,应扩大行政垄断法律责任制度承担主体的范围,各级政府及行政机构应是行政垄断行为责任的承担主体,法律法规授权管理公共事务的组织也应成为行政垄断责任的承担主体,还应包括公益性质的企业及政府官员。其次,健全行政垄断法律责任制度的实现形式,健全行政垄断法律责任追究的行政责任方式,设立国家赔偿责任制度。[1]

有学者认为,反垄断制度的建构和适用是"适应不断变化的经济现实和汲取日渐丰富的实践经验"而逐渐优化的过程。尽管《反垄断法》最初也许是减少企业反竞争行为的制度设计,但基于现实的诉求,各法域普遍将其适用于政府反竞争行为的规制。而我国反垄断机构缺乏全面追究政府机构反垄断责任的能力。首先,我国《反垄断法》规定的政府限制竞争的违法主体只有行政机关和法律、法规授权的具有管理公共事务职能的组织,将立法机构排除在《反垄断法》规制之外。其次,我国反垄断机构缺乏对政府限制竞争行为的执法权。再次,我国反垄断执法机构在现有制度框架下,只能有限地追究违法者的行政责任。认为规制前提是针对政府行为自身的特点,利用反垄断分析识别法律对竞争影响的合理性;然后依赖竞争倡导,事前避免限制竞争的法律制定、实施,或促进法律向着有利于竞争的方向修改。最后,在一定条件下采取恰当的执法方式,排除不合理限制竞争的制度安排的影响,直接追究相关政府主体或被管制企业的反垄断责任。因此,建议在《反垄断法》规定行政赔偿责任。建议建立专门的竞争评估制度,将政府制定、实施限制竞争法律的行为纳入《反垄断法》的评价

---

[1] 李淑娟:《行政垄断法律责任制度审视》,载《人民论坛》,2016年第26期,第92—93页。

范围。一方面，引入竞争核对清单，提高快速识别限制竞争的法律制度的能力；另一方面，在发现限制竞争的法律后，尽可能采用量化的反垄断分析，判断其对竞争影响的合理性。对《反垄断法》第44条规定的"涉嫌垄断行为"作扩大解释，使其包含企业反竞争行为和政府反竞争行为；建议赋予反垄断机构提请有关机构解释、撤销、废除、修改不合理限制竞争的法律规范的权力，反垄断机构可以竞争评估的结果为依据，提出法律解释、修改的方案。建议在《反垄断法》实施细则中规定：任何机构在拟采取管制举措、做出案件处分决定之前，必须事先通知竞争主管机构，给予其发表意见或建议的机会。有关机构如果要拒绝接受竞争主管机构的意见或建议，或不采取相应举措，必须做出合理的解释或证明其行为的正当性。①

有学者认为，我国的《反垄断法》确立了以"上级机关"为中心的行政性垄断法律责任体系，与垄断协议和滥用市场支配地位的法律责任相比，其威慑效果明显偏弱。考察我国的实践情况发现，本身弱化的行政性垄断法律责任正趋于虚化，主要表现在行政性垄断法律责任追究的虚化、法律责任形式的虚化、反垄断执法建议权的虚化，以及上级机关执法的虚化等方面，与国际上对行政性垄断法律责任进行实质化规制的做法相偏离。鉴于此，在我国《反垄断法》作出修改之际重新审视该条款的设计本意、对行政性垄断的法律责任予以重构确有必要。小打小闹、修修补补的改良方案已不符合改革的大趋势，重构行政性垄断法律责任的时机已经成熟，建议以"反垄断执法机关"为中心构建立体化、精细化的行政性垄断法律责任体系，并从追责机关的专业化、法律责任的立体化、法律责任的精细化和法律责任的整体化四条路径实现行政性垄断法律责任的"脱虚向实"。认为在《反垄断法》修订时，应明确"责令改正"的法律约束力，赋予责令改正

---

① 张占江：《政府反竞争行为的反垄断法规制路径研究——基于路径适用的逻辑展开》，载《上海财经大学学报》，2014年第5期，第66—74页。

以强制力,规定罚款制裁以保障"责令改正"的执行力。①

有学者认为,我国《反垄断法》关于行政性垄断法律责任规定的是单一行政法规制路径——"由上级主管部门责令改正",但是这种责任形式在解决政府限制竞争行为时显然是权宜之计,缺乏持续性。行政性垄断的性质既然涉及行政与市场两方面的结合,其法律责任的追究也应当与此相吻合,不应仅限于"行政法责任",而且更加应该重视《反垄断法》实施的目的和救济的需求。具体而言:首先,消除产生市场垄断的源头,如果市场竞争机制受到了损害,应当对行政行为(尤其是抽象行政行为)进行彻底纠正,包括通过行政系统内的纠正和通过司法审查进行纠正。其次,应该在市场层面上对竞争机制的破坏进行补救。一方面,受到权力庇护的市场主体(行政性垄断的受惠者)应当依《反垄断法》的规定承担法律责任;另一方面,行政机关利用权力实施排除限制竞争行为的,也应当对受到损害的市场主体承担民事责任。通过建立这样的法律责任体系,达到有效约束行政权力对于市场竞争的侵蚀,并将这种侵蚀降到最低程度。②

综上,鉴于我国政府对经济不合理干预导致的竞争限制的普遍性、严重性及现有制度的局限,各学者纷纷提出了自己的见解,现有的研究大体可分为两类:一类主张现有《反垄断法》设定的由"上级机关"负责追责行政性垄断,反垄断执法机关仅有监督建议权的安排不合理,认为应由反垄断执法机关统一处理行政性垄断行为更为合适;另一类主张沿用现行《反垄断法》的规制逻辑,通过加重对进行行政垄断的行政机关及相关行政人员的法律制裁来创设足够的威慑力。如主张对行政垄断的行政主体适用刑事制裁,"对行政垄断设置刑罚具有无可避免性","应当赋予行政执法机关或者检察机关对实施行政垄断

---

① 王健:《我国行政性垄断法律责任的再造》,载《法学》,2019年第6期,第61—82页。
② 徐士英:《竞争政策视野下行政性垄断行为规制路径新探》,载《华东政法大学学报》,2015年第4期,第27—39页。

行为的行政机关及其负责人的起诉权或者公诉权"①;针对行政垄断行为适用国家赔偿制度,"赋予受害人获取国家赔偿的权利是完善行政垄断责任方式的关键内容"②;对行政垄断的行政主体进行行政罚款制裁,"应增加对行政机关和有关行政责任人的责任规定,如行政处罚"③。也有学者主张对于行政机关不宜适用行政罚款,对于直接负责的主管人员和其他直接责任人员则应当设置行政罚款,这样可以有效遏制相关行政人员从事行政垄断行为的积极性。④但是以我国《反不正当竞争法》实施20年来的执法实践来看,"上级机关"对其"下级机关"滥用行政权力排除、限制竞争的违法行为进行监督检查的成功案例较为少见,这样的法律责任条款较难有效地遏制行政垄断行为。并且,无论实施行政垄断的行政机关是否纠正其行为,都不能弥补因行政垄断给经营者、消费者带来的经济利益损失。在这种情形下,即便引入较严格的惩罚力度,也难保实质公平。

同时对于加重行政垄断主体法律制裁的观点,也还有所争议。如有学者认为对从事行政垄断行为的行政人员适用刑事制裁,既不公平也不合理,《反垄断法》本身具有明显的"慎刑"取向。⑤对行政垄断主体引入损害赔偿制度也值得慎思。行政赔偿之构成需要具备一些严格的条件:在被赔偿主体方面,仅限于行政相对人;在因果关系方面,行政违法行为与实际损害之间必须存在直接的因果关系。⑥而行政垄断受损害人并非行政相对人,这种损害也并非由行政垄断直接导致,与

---

① 邵建东:《我国反垄断法应当设置刑事制裁制度》,载《南京大学学报(哲社版)》,2004年第4期,第14—19页。
② 王岩:《从行政垄断法律责任看政府责任法定化》,载《行政管理改革》,2014年第11期,第47—52页。
③ 丁国峰:《我国〈反垄断法〉规制行政垄断之不足及完善建议》,载《江淮论坛》,2010年第2期,第124—127页。
④ 王健:《行政垄断法律责任追究的困境及解决思路》,载《法治论丛》,2010年第1期,第9—16页。
⑤ 李国海:《论反垄断法中的慎刑原则——兼论我国反垄断立法的非刑事化》,载《法商研究》,2006年第1期,第12—16页。
⑥ 姜明安:《行政法》,北京:北京大学出版社,2017年版,第612—617页。

行政垄断之间并不存在直接的因果关系。对照我国《国家赔偿法》的具体规定，也可以发现，行政垄断不属于国家赔偿的范围。而对行政垄断的行政主体引入罚款制裁，同样欠缺法理依据及可操作性。行政罚款属于行政处罚，对于本身行使行政职权的行政人员不能适用。同时由于行政机关本身并无财产，若对行政机关予以罚款制裁，须由国家或地方财政资金承担，最终也要归入国家或地方财政收入范围，不仅不具制裁效果，而且徒增行政成本。由此可见，仅立足于加重行政机关或行政人员的制裁来强化对行政垄断的威慑力度，空间十分有限。因此，把对行政垄断的处罚权收归反垄断执法机关成为一种可行选择。

二、受益者责任

我国学术界一般认为，行政性垄断是行政组织利用行政权力限制竞争的非法行为，或者更详细地说，行政性垄断是行政主体利用行政权力实施的损害市场竞争、破坏社会主义市场经济秩序的行为。从行政性垄断的定义和构成要件看，其显性主体确实只有行政主体，包括行政机关和法律、法规授权的具有管理公共事务职能的组织。法律制裁应主要指向行政主体，同时，鉴于行政性垄断行为总是由具体的人员实施的，为制止行政性垄断，将实施行政性垄断的直接负责的主管人员和其他直接责任人员纳入法律制裁的范围，也属合理及必要。同时，在行政性垄断中，行政性垄断系由行政主体所决定和启动，但行政性垄断行为的限制竞争后果总是由经营者的经营行为加以落实。对于这部分与行政性垄断相关联的经营者，学者们使用了不同的称谓，有的采用描述性的称谓，如"因行政垄断而受益的经营者""从行政性垄断中获得经济利益的市场主体""依靠行政性垄断获益的经营者""行政垄断的受益主体"等；有的采用更具概括性的称谓，如"获益经营者""非法受益人""行政垄断案件第三人"等。而无论是何种称谓，其本质都是一致的，都是从行政垄断中受益的相关当事人。

有学者认为，我国在规制行政垄断方面存在"威慑不足"的缺失，为实现"最优威慑"目标,不宜继续加大对行政主体的制裁力度,而应加强对行政垄断受益经营者的制裁。在制裁行政垄断受益经营者方面,存在着两种范式,我国应实现从"另轨"范式向"有限并轨"范式的转变。认为《反垄断法》可以借用对经济性垄断的制裁体系来制裁行政垄断的受益经营者,但必须考虑行政垄断的特殊性和受益经营者的不同类型,在制裁方式和制裁力度上实行区别化对待。同时,《反垄断法》应为行政垄断受益经营者保留合理的抗辩空间,以平衡相互冲突的多种公共利益。以实现"最佳威慑"的目的。具体而言,应遵循以下规则:第一,对掩饰型受益经营者引入"揭开行政垄断的面纱"规则。第二,对于协作型受益经营者,可比照经济性垄断予以行政制裁,即可适用行政罚款、没收违法所得及责令停止违法行为等行政制裁手段,但行政罚款的制裁标准应有所下调。第三,对于服从型受益经营者,可适用没收违法所得及责令停止违法行为等行政制裁手段,不宜适用行政罚款制裁。第四,对于间接关联型受益经营者,《反垄断法》无须予以任何制裁。①

有学者认为,现行《反垄断法》第36条具有规制手段非系统性与规制对象不周延性的缺陷,未厘定行政垄断行为与相关联的经济垄断行为实施主体之间法律责任的关联属性与区分承担机制,未将以诱导式、促成式、合谋式等手段导致经济垄断行为的行政垄断行为纳入规制范畴,因而该法条的法律实践价值非常有限。为了扭转这一境况,全国人大常委会有必要借鉴国外先进模式,通过修订《反垄断法》方式,对行政限定型经济垄断行为的法律责任进行类型化区分,并明晰统合型豁免标准所涉及的法益类型与内部构造。具体而言,行政限定型经济垄断行为应当被划分为合意协同类、行政强制类、行为耦合类、人格混同类四种基本类型,并对应不同的法律责任界定标准。参照欧盟国家限制竞争行为豁免标准,我国行政限定型经济垄断行为的豁免

---

① 李国海、彭诗程:《制裁行政垄断受益经营者:动因、范式与规则》,载《法学杂志》,2019年第8期,第88—97页。

可分为前置行政垄断行为审查阶段豁免与后续经济垄断行为审查阶段的豁免。前置行政垄断行为豁免审查应涵盖不可或缺性、恰当比例性、最低损害性、全面透明性的审查内容；后续经济垄断行为豁免审查机制应当包含合目的性与合理性的双重审查内容。①

有学者根据行政行为的直接作用对象不同，将行政性垄断行为分为"强制从事垄断行为类型"和"其他行政性垄断行为类型"。在此基础上，根据经营者参与行政性垄断的主观状态，将其划分为"积极参与类样态""受强制类样态""完全被动样态"。认为"积极参与类样态"中的经营者主观恶性极强，在没收不当得利之外还应当给予行政罚款。此外，为了降低共谋结构的稳定性，也可以参照垄断协议宽大制度，规定积极共谋样态下，经营者"主动向反垄断执法机构报告有关情况并提供重要证据的，反垄断执法机构可以酌情减轻或者免除对该经营者的处罚"。"受强制类样态"中的经营者责任则根据行政机关"强制"行为的分析，如不存在"强制"行为而经营者从事相关垄断行为的，按一般经济性垄断追责。存在"强制"的，进一步判断"反抗合格"，拒绝执行的，不应认定构成垄断；其他"反抗合格样态"的，应当"不赦其罪，只赦其罚"，通过"免予处罚决定书"，认定其行为违反《反垄断法》、构成垄断，责令停止违法行为、没收违法所得，但免予行政罚款。"反抗失格样态"中，经营者尽管采取一定的积极措施减轻损害或其发生的可能性，应责性相应地降低，但是并未达到足以免责的程度时，应在行政责任的水平上，比照一般的经济性垄断行为从轻或减轻处罚。在"完全被动样态"下，经营者不构成违法的行为客观上完全被动地获得了更多利润，对于这一部分利益不应当以行政责任的形式、作为违法所得被没收。可由原告参照民法的规

---

① 翟巍：《行政限定型经济垄断行为的反垄断规制》，载《价格理论与实践》，2019第7期，第43—46页。

定,主张相关合同构成的"可撤销民事行为"来实现利益的返还。①

有学者认为,我国的行政限定型经济垄断行为应当被划分为合意协同类、行政强制类、行为耦合类、人格混同类四种基本类型,并对应不同的法律责任界定标准。在合意协同类中,如果行政垄断行为是经济垄断行为的主要诱因或主要促成因素,而经营者对行政垄断行为采取"片面配合"、"默示配合"或者"假反对真配合"的态度,那么行政垄断主体需要承担主要的否定性法律后果,而制定与实施经济垄断行为的经营者应承担次要的民事与行政法律责任。如果经营者自主制定与实施了经济垄断行为,行政垄断行为只是辅助、维持或强化了该经济垄断行为,那么经营者应当承担主要的民事与行政法律责任,而行政垄断主体只应承担次要法律责任。在行政强制类中,鉴于经济垄断行为对于竞争机制产生危害的严重性与持久性,亦应采行限缩化与严苛化标准,不得将"行政垄断行为的强制限定"直接厘定为相关经济垄断行为的阻却违法事由。在行为耦合类中,虽然行政垄断行为与经济垄断行为不具有共同的行为目标,但在客观层面具有因果关联与协同一致性,经营者必须承担由经济垄断行为所导致的行政与民事法律责任。在人格混同类中,兼具行政管理者与企业法人身份的违法主体应当一体承担施行行政垄断行为与经济垄断行为的双重法律责任。②

有学者认为,行政性垄断受益经营者是指因与行政性垄断存在某种较直接的关联关系而获得垄断利润或竞争优势的经营者。国内理论界已有人提出制裁受益经营者,个别执法案例也表明了相同立场,但这些学术探讨和执法案例均尚未提出令人信服的制裁理据。本质上,制裁受益经营者的基本理据来自《反垄断法》的社会性特征,是提高

---

① 张晨颖:《行政性垄断中经营者责任缺位的反思》,载《中外法学》,2018 年第 6 期,第 1635—1655 页。
② 翟巍:《行政限定型经济垄断行为的反垄断规制》,载《价格理论与实践》,2019 第 7 期,第 43—46 页。

反行政性垄断法律制度的威慑力的需要,是制度制定者为了实现《反垄断法》的立法目的作出的一种功利性安排。制裁受益经营者也须兼顾公平性,应区别受益经营者与行政性垄断的关联情形,确定《反垄断法》的具体制裁方式的可适用性。与此同时,应建立有效的抗辩规则,允许受益经营者提出"受行政命令之强制"等抗辩。

其实,早在20世纪90年代中期,国内就已有学者注意到了行政性垄断中的经营者因素,提出行政性垄断的主体和市场垄断的主体是一致的,均为从事生产经营的主体,政府部门或主管机关仅是滥用行政权力,为本地区或本部门的经济主体提供垄断市场的条件的行政权力主体。[①] 此种观点隐含着将经营者作为行政性垄断的责任主体予以制裁的主张。其后,有学者提出了"行政性垄断法律关系主体多元论",认为"被行政性垄断保护,从行政性垄断中可能获得经济利益,有时并负责具体实施相应垄断行为的企业"也属于行政性垄断法律关系的主体,并进而指出,在法律责任的具体设定时,必须考虑上述法律关系主体多样性的问题,必须对各方主体同等关注,法律应当为协助实施行政性垄断行为并从中获取了经济利益的垄断企业设定相应责任。[②] 与此同时,有学者直接触及了制裁行政性垄断受益经营者的理据问题。也有学者主张对于行政性垄断受益经营者仅适用民事责任,并特别提出,为了加强威慑效果,在追究行政性垄断受益经营者的民事责任时,应引入惩罚性赔偿责任机制。综上所述,可将制裁行政性垄断受益经营者之理据的观点归纳为四说——"行政主体与市场主体同一说""吓阻说""过错说""不当得利说",不管何种学说都有一定的道理支持对行政性垄断行为的受益者追责。并且在实践中,我国也出现了具体制裁行政性垄断受益经营者的相关案例,如2015年"云南省发改委调查云南通信管理局滥用行政权力排除限制竞争案"、2016年

---

① 文海兴、王艳林:《市场秩序的保护神——公平竞争法研究》,贵阳:贵州人民出版社,1995年版,第129页。
② 郭宗杰:《行政性垄断之问题与规制》,北京:法律出版社,2007年版,第189—190页。

"安徽工商行政管理局查处上海海基业高科技有限公司、北京兆日科技有限责任公司及信雅达系统工程股份有限公司案"等。故而，为了实现规制行政性垄断的基本目标，补强法律的威慑力，制裁行政性垄断受益经营者应是《反垄断法》的应有之意。

第七章 垄断行为调查

对涉嫌垄断行为的调查是指反垄断执法机构为了查清涉嫌垄断行为的事实,依职权采取调查措施收集证据,并依据调查结果作出处理决定的行为过程。由此观之,对涉嫌垄断行为的调查,实际上反垄断法公共实施的过程,即指国家专门机关和国家授权单位依照法定职权和程序将反垄断法规范适用到具体人或组织的活动。对涉嫌垄断行为的调查是反垄断执法机关获得事实依据的主要手段,是反垄断程序法的核心内容,直接决定了反垄断执法的最终结果。依不同的划分标准,可以将对涉嫌垄断行为的调查划分为不同种类。在立案前,反垄断执法机构可能进行必要的调查,实践中一般称为"核查",我们将这种调查称为"非正式调查"或"初步调查"。立案后所进行的调查,一般称为"正式调查",在正式调查期间,反垄断执法机构可行使法律赋予的权力,采取行政强制措施。当然,正式立案后,反垄断执法机构既可直接进行调查,也可委托或协助调查。《禁止垄断协议暂行规定》第18条和《禁止滥用市场支配地位行为暂行规定》第26条均规定了委托调查制度。《禁止垄断协议暂行规定》第19条和《禁止滥用市场支配地位行为暂行规定》第27条均规定了协助调查制度。需要注意的是,我国《反垄断法》第41条、第42条、第43条规定了外部调查中相关人员的权利义务,被调查人有陈述意见的权利和配合调查的义务,反垄断执法机构及其工作人员有保密的义务。

从各国的立法实践来看，均在相关的文件中明确了反垄断调查中相关人员的权利义务。如欧盟《第1/2003号条例》第27条规定，应听取被调查企业或行业协会的意见，给予其答辩的机会。如果未给予被调查人陈述意见的权利，无论是法律的还是事实的情况，均不能作为裁决案件的依据。第28条规定了所收取的材料除判定案情外，不得用作他用。同时应遵守有关交换和使用信息的规定，不得泄露依法获得的信息或其他有保密义务的信息。韩国《垄断规制与公平交易法》第52条规定，公平交易委员会在作出纠正措施或命令其缴纳课征金之前，给予利害关系人或当事人陈述意见的机会。同时第50条第2款规定，调查官员在依法进行调查时，应遵循"合理原则"或"适当性原则"，在所需的必要的最小限度范围内进行调查，而不得为其他目的滥用调查权。意大利《竞争与公平交易法》第14条规定，调查中所涉及的企业有关数据必须完全保密，禁止向外泄露，包括向其他政府部门。

除此之外，还需对经营者承诺制度进行说明，反垄断承诺制度是指经营者在反垄断调查过程中，承诺放弃或停止被指控的垄断行为，并采取具体措施消除对竞争者的不利影响，反垄断执法机关经评估后认为可以达到执法目的的，作出中止调查、接受承诺的决定。从全球范围看，世界各国的反垄断法基本上都规定了经营者承诺制度。如欧盟《第1/2003号条例》第9条规定，当欧盟委员会意图作出要求终止违法行为的决定时，如果相关企业作出的承诺可以消除委员会对该企业行为作出的初步评估中的担忧，则委员会可以以决定的形式使该承诺对该企业具有约束力。我国《反垄断法》第45条规定了经营者承诺制度，反垄断执法机构可以依法决定中止调查，但应当对履行承诺的情况进行监督。而2018年国务院反垄断委员会通过的《反垄断案件经营者承诺指南》对经营者承诺制度予以细化，增强了承诺制度的可操作性。在我国反垄断执法机构整合之前，国家发展改革委在中国电信和中国联通垄断案件中适用了承诺制度，原工商总局适用承诺制度的案例也相对较多。反垄断执法机构整合后,国家市场监管总局也陆续在一些案例中适用了承诺制度。从已公布的数据来看,截至2019年9月,我国反垄断案件的经营者承诺制度多适用于特殊行业,如电信、电力、燃气等公有企业,多属于滥用市场支配地位案件。[①]

我国《反垄断法》第六章对"涉嫌垄断行为的调查"作了全面的规定,包括程序的启动、调查内容、调查中的权利义务、处理决定等。但我们需要注意的是,第六章规定的调查手段,实践中多用于垄断协议和滥用市场支配地位的调查,甚少用于经营者集中的调查,一般不用于行政性垄断调查。根据《修订草案》第44条明确执法机构调查涉嫌垄断行为,必要时可以依法寻求公安机关的协助,在目前反垄断执法机构整体人手短缺的情况下,提出了可行的解决方案。第50条第2款规定,对涉嫌违反"固定或者变更商品价格;限制商品的生产数量或者销售数量;分割销售市场或者采购市场",不得中止反垄断调查。增加经营者承诺制度履行状况说明,"经营者应当在规定的时限内向反垄断执法机构书面报告承诺履行情况"。第51条规定国务院反垄断执法机构在作出经营者集中审查决定后,可以依实际情况的不同,需要重新审查的,国务院反垄断执法机构可以根据利害关系人的请求或者依据职权,依法进行调查,并撤销原审查决定。第52条明确了在调查滥用行政权力排除、限制竞争案件中,被调查机关的义务,"被调查的行政机关或者法律、法规授权的具有管理公共事务职能的组织、经营者、利害关系人或者其他有关单位或者个人应当按照反垄断执法机构的要求报告相关事项、提交相关资料,并就报告事项和提供的资料作出说明"。

[①] 国家市场监督管理总局反垄断局编:《中国反垄断立法与执法实践》,北京:中国工商出版社,2020年版,第322页。

第一节 理论基础

反垄断法的基本特性决定了调查机关应具有很强的专业性、权威性和相对的独立性,科学合理的机构设置是反垄断法有效实施的前提。我国《反垄断法》公共实施的机构分为两个层面。第一个层面是国务院反垄断委员会,成立于2008年8月,主要负责组织、协调、指导反垄断工作,具体履行以下职能:一是研究拟订相关的竞争政策;二是组织调查、评估市场总体竞争状况,发布评估报告;三是制定、发布相关的反垄断指南;四是指导反垄断行政执法工作;五是国务院规定的其他职责。第二个层面是反垄断执法机构,负责反垄断执法工作。由最初的国家发展改革委员会负责价格垄断行为、商务部负责经营者集中审查、原国家工商管理总局负责垄断协议、滥用市场支配地位、滥用行政权力排除竞争的反垄断执法合并为由国家市场监督管理总局负责反垄断的统一执法。同时,为了加强和优化政府反垄断职能,有效保障市场的公平竞争秩序,促进全国统一开放、竞争有序的市场体系建立,《反垄断法》规定,国务院反垄断执法机构根据工作需要,可以授权省、自治区、直辖市人民政府相应的机构负责有关反垄断执法工作。根据《关于反垄断执法授权的通知》(国市监反垄断〔2018〕265号)的规定,明确了对省级市场监管部门的反垄断授权制度,要求建立科学高效的反垄断执法机制、要求相关部门严格积极履行相关的法定职责、切实加强组织保障,推动《反垄断法》实施的有效落实。

我国《反垄断法》第38条规定,反垄断执法机构可以依职权启动调查,也可以依任何单位和个人的举报启动调查。此外,《禁止垄断协议暂行规定》第15条、《禁止滥用市场支配地位行为暂行规定》第23条和《制止滥用行政权力排除、限制竞争行为暂行规定》第10条规定,反垄断执法机构还可以依上级机关交办、其他机关移送、下级机关报告、经营者主动报告等途径启动调查。从反垄断实践来看。依举报进行调查是最主要的途径,其次是依职权进行反垄断调查。2008年《反垄断法》文本的出台,标志着我国的反垄断法研究转向了更为具体的规范适用研究,论题的选择与论证日渐转向行为规制研究本身。反垄断执法机构在制定和出台相关配套规定后逐渐增强执法力度,先后处置了数十起典型垄断案件,在赢得好评的同时也引起了质疑与争论。事实上,在这些争议的背后隐含着诸多值得深入研究的问题,这不仅是规范适用为理论研究提供的机遇,更是规范适用对研究提出的理论诉求。通常而言,一个完整的反垄断公共实施机制应当包括事前的监督机制、事中的审查机制和事后的惩罚机制三部分组成,但纵观我国的反垄断执法实践,往往注重事中的审查和事后的惩罚,忽略了事前的监管,造成我国反垄断案件层出不穷,导致学界对于涉嫌垄断行为的调查争论不休。究其原因,其争论的核心在于要强监管,还是要强惩罚,抑或二者兼重。

有学者结合我国《反垄断法》立法以来的实施现状,认为取得举世瞩目成绩同时,也暴露出诸多问题。公用企业成为滥用支配地位案高发主体;地方执法分布不均,执法效果差异大;执法资源不充分与执法能力不平衡;反垄断执法透明度不高,执法效率较低;以"锦标赛式"的权力经济模式严重制约了统一的竞争经济发展,实质性阻碍了反垄断执法向纵深推进。而造成这些阻碍的主要原因有缺少竞争文化与竞争法治的传统、执法资源不充分与执法能力不平衡、现有执法依据供给不足、权力型经济增长模式与市场竞争机制的实然冲突等。因此应从加大健康竞争文化培育力度和积极传播竞争执法理念出发,在优化执法队伍,提升执法专业化与精细化的同时,不断完善《反垄断法》的相关理念,进一步明确和完善执法依据,建立"预防+事中事后"的审慎执法模式,将竞争政策导入修法之中。在《反垄断法》中建立事先审查机制,逐步树立竞争政策在市场经济运行中的基础地位,切实有效释放竞争机制的强动能。申言之,应合理构建地方反垄断执法的优先性与中央反垄断执法的支援性限度,充分重视中央与地方反垄断执法的协同性与自主性,尽快构建中央和地方联动执法机制等。①

有学者认为,我国《反垄断法》严格区分了垄断协议的达成和实施,并规定了二者不同的法律责任。"达成"作为法定的垄断协议的基本判定标准,这与《反垄断法》对"预防垄断行为"和"制止垄断行为"并重的立法目的存在紧密关联。对达成垄断协议的认定,需要对《反垄断法》关于垄断协议的定义及其中的"排除、限制竞争"获得恰当理解,并对垄断协议之类型法定化的价值形成充分自觉。具体而言,在反垄断行政执法的场域中,"预防-制止""达成-实施""目的-效果"之间是一脉相承,相互呼应的。涉及垄断协议的行政执法案件与单个民事主体主张垄断行为造成实际损失的民事案件存在差别,人们不应混淆二者的逻辑,进而混同构成垄断协议的判定标准和承担民事责任的必要条件。垄断协议的判定标准是"达成"而非"实施",而我国"达成"标准的判断取决于"排除、限制竞争"的解读,这样的解释无疑是逾越文本体系的误读。进一步而言,"目的限制分析"理应是我国垄断协议的基础性分析模式,而"效果(潜在/现实)限制分析"则是替补性分析模式。也就是说,在预防模式下,无论是我国的法院抑或是反垄断执法机构,都应当对《反垄断法》的目标追求、体制构成、制度运作、规范解释等进行充分的反思和理解。惟有如此,我国反垄断法制的统一性和权威性才能得到捍卫。②

有学者认为,法律的预防功能实现经常因制度标的游离、运行成本的高昂而被执法者所忽视。而随着垄断行为的社会化影响扩大和现有规制手段的威慑不足导致学界开始思考"预防垄断行为"在风险社会的制度价值。认为随着我国反垄断执法的不断深入,"预防式"执法

---

① 陈兵:《我国反垄断执法十年回顾与展望——以规制滥用市场支配地位案件为例的解说》,载《学术论坛》,2018年第6期,第1—12页。
② 郝俊淇:《垄断协议构成判定中的"达成"与"实施"——由首起纵向价格垄断协议行政处罚司法审查案引发的思考》,载《法律适用》,2018年第2期,第34—40页。

从司法适用分歧到执法实践达成共识，营商环境优化背景下以公平竞争审查、反垄断合规指引、合规风险提示为代表的市场公平竞争环境的"预防式"营造实现了传统威慑治理理论的现代化转型。"维护市场竞争"的事前介入比"打破市场垄断"的事中、事后介入显得更具理论与现实依据。行政垄断、竞争文化培育等竞争政策强化基础性命题有望在"预防"框架下得到破解。为实现"预防垄断行为"的立法目的应着眼于权力事前介入的制度矫正，以"守法"为线索提高法律实施的参与度，提升法律规范的确定性，厘清反垄断法实施的"制止"与"预防"的二元体系进路，有利于竞争法律文化深入人心。[①]

有学者认为，近年来，基于人工智能技术的自主学习型算法在信息推荐、动态定价情境下显现出如价格歧视、性别歧视等异常，逐渐引发学界对自主学习型算法问题的担忧。囿于自主学习型算法的不透明性及行为隐蔽性，往往难以在反垄断执法、司法层面对其予以及时、有效规制。因而须依据自主学习型算法自身特点构筑起合法、有效的事前管控路径，从技术监管、数据控制、算法审核等层面对自主学习型算法加以规制，及时遏止自主学习型算法共谋不当影响的出现和扩张。具体而言，自主学习型算法共谋具有主观意识的弱化、共谋状态的稳定性、共谋情形的多样性等特点导致难以在反垄断执法阶段进行规制，因而必须进行事前的监管。首先，明确自主学习型算法的实现原理，监督学习的核心是通过输入一定量带有标记（监督信号）的训练样本，由计算机自主分析并生成相应的推断功能。其次，面向算法内容的事前预防与监管路径设计，可针对算法本身或其结果进行监管，保障算法透明、进行"黑箱"测试等。再次，面向数据来源的事前预防与监管路径设计，针对本地化训练模式的特点，反垄断执法者在前期市场调查阶段应当要求相关主体保留一定时期内的训练样本（数据）并就其来源作出解释。考虑到事前阶段在认定过程存在的缺陷，反垄

[①] 刘乃梁：《"预防垄断行为"的理论逻辑及其制度展开》，载《社会科学》，2020年第12期，第90—99页。

断执法机构可考虑适用"通知删除"等较为缓和的措施予以前期规制。最后,面向市场结构的事前预防与监管路径设计,完善市场风险监测措施、异常市场行为预警、调查措施、消费者指导措施等。①

有学者认为,自《反垄断法》实施以来,理论界与实务界都热衷于对反垄断执法问题尤其是个案事后救济问题的讨论,而有关如何帮助企业预防、控制法律风险的研究却鲜有问津。事实上,反垄断领域的一分预防胜过十分救济,营造一个科学的反垄断法律风险控制系统并"确保法律以合理的成本获得合理地遵循",是各国企业预防反垄断法律风险最基本的工具。鉴于此,在对反垄断合规制度建立的经济学基础与各国实施反垄断合规制度的经验进行剖析的基础上,正确理解和把握反垄断合规指引运行的共同规律,揭示其对建立健全我国反垄断合规指引制度所具有的借鉴意义。反垄断合规制度可以帮助执法机构获取足够的合规承诺,也可以帮助企业预防反垄断法律风险,具有经济上的合理性。"有效"是反垄断合规指引建设的基本目标,制裁与执法、知识、自主合规制度是其倚重的三大支柱。在竞争文化薄弱的中国,执法机构要顺利引领企业建立反垄断合规制度,必须在大力推进竞争文化建设的基础上着力营造积极的政治环境、提升公众对执法公平性的感知、提高执法行为的透明性与确定性。②

有学者认为,经济活动中的垄断尤其是平台垄断问题日益突出,但单靠事后的执法威慑难以产生理想效果,因此从源头遏制垄断行为发生的反垄断合规制度应成为治理垄断的重要一环。传统的反垄断合规指引或指南存在内生动力不足的缺陷,可借鉴韩国的反垄断合规评级机制建构我国的反垄断合规评级制度,将经营者的反垄断合规建设状况交由第三方评级机构进行评级公示,以增加公众及执法机构对企

---

① 王健、吴宗泽:《自主学习型算法共谋的事前预防与监管》,载《深圳社会科学》,2020年第2期,第147—158页,第160页。
② 喻玲:《从威慑到合规指引 反垄断法实施的新趋势》,载《中外法学》,2013年第6期,第1199—1218页。

业合规建设的认可,激励企业积极开展竞争合规。反垄断合规评级有助于遏制经营者滥用市场力量和自治权,相关经营者有建立反垄断合规评级制度的意愿,并且反垄断合规评级可降低事后执法的成本。但目前,只有韩国明确建立了反垄断合规评级制度。因此,对于它的借鉴要遵从我国的反垄断法体系,符合我国实际情况。对韩国评级制度的借鉴更多地体现为框架体系下具体指标的参考设计。以我国《指南》为制度骨架,以韩国评级文件为血肉,能够最大程度上减少制度移植产生的"排异反应",免受南橘北枳之苦。[①]

综上所述,自《反垄断法》实施以来,许多学者已经认识到,仅仅倚重简单威慑、通过事后的法律救济体系根本不可能换取足够的企业合规承诺(Compliance Commitment),也根本不可能建立一个自由、公平的竞争环境。经济学与历史实践已经证明垄断行为的发生对相关市场内竞争者、消费者乃至经济社会发展的严重阻碍效用。不同于传统私法行为的个体交易特征,垄断行为的效果本身也具有一定的"系统性风险"特征。与此相适应,反垄断的多元价值禀赋与多元法益融合也使其应当具备更加完备的法律实施手段。因此,预防垄断行为发生是《反垄断法》的重要立法目的。相对而言,垄断行为发生之后,针对垄断行为的规制也因《反垄断法》的政策性、不确定性,辅之垄断行为取证之艰难而变得结果难测。并且反垄断规制背后经济学理论的变迁也在某种程度上减损了《反垄断法》的权威性,社会舆论对《反垄断法》的声讨从未停歇。由此,在反垄断事中与事后规制饱受争议时,并且,在经济高速发展的今天,以竞争政策基础地位强化的时代语境下,"预防"与"制止"的兼备更应成为反垄断执法的有效选择。而在传统意义上,法律预防功能的实现主要仰仗法律强制与威慑的附带效应,法律预防功能的现代兴起与制度转变得益于法经济学、风险社会等理论的法制嵌入,在经济法中体现得尤为明显。

[①] 王先林、曹汇:《反垄断合规评级制度初探》,载《中国市场监管研究》,2021年第2期,第14—17页。

从实践发展来看,"守法"更多被视为法律实施的目标,而非一种法律实施的手段。伴随我国市场经济规制领域包容审慎理念的推进,从"保护+限制"的父爱主义走向"保护+指引"的守法主义应当成为治理现代化的题中之意。从基础理论来看,《反垄断法》的事前预防制度至少应包括三个方面的内容。第一,法律责任的威慑引导。垄断行为的高风险衍生出高成本的法律责任承担,静态的条文设置提升主体行为的可预测性,而动态的罚单也因"杀鸡儆猴"之效而生成预防价值。第二,行为主体事前的合规审查。这包括两方面的内容:一方面,审查主体应依法审查,加强对合规企业事前监管;另一方面,市场经营主体能积极主动的申报审查,配合审查主体合理的审查工作,减轻监管主体的审查成本。第三,合适的激励制度和监管制度。常态化的威慑与事前审查可能并未彻底阻隔垄断行为对经济社会发展的影响,在最优监管理论的指导下,激励相关人员自觉守法,社会群体的共同监督有助于落实反垄断的事前预防制度,增进二元机制的协调作用,促进我国反垄断制度的有效落实。

第二节 外部调查路径

从反垄断执法的方式来看,各国在早期为了更有效地打击垄断行为,往往会采用较为严格的正式调查手段对垄断行为予以打击,如执法机构利用现场调查和监听等复合调查技术,并寻求与警察和检察机关的合作等方式。[①] 但是,一方面,随着经济全球一体化,各国的经济体量都在呈几何倍数的增长,直接导致垄断案件也越来越多;另一方面,随着新技术和新经济形态的发展,垄断行为自身的隐蔽性和危害性相较于过去也呈几何倍数增长,对于垄断行为的调查取证也变得越来越困难。为促进反垄断法的实施,突破外部证据发现的瓶颈,美国

---

① Mariana Tavares de Araujo, "Who Should Be the Target of Cartel Sanctions?: Improving Deterrence of Hard-Core Cartels", *Competition Policy International*, Vol. 6, No. 2, 2010, p. 71.

于 1978 年引入宽大制度,并逐渐被其他国家和地区所借鉴,单纯依赖外部突破的调查取证路径得以改变。因此,现今反垄断调查取证的方式主要有两种:一是以反垄断宽大制度为核心的内部瓦解路径;二是以反垄断执法机构职能发挥的外部瓦解路径。

有学者认为反垄断执法机构对垄断行为的认定不可能百分之百的准确,失误是无法避免的。这些失误可以分为两类:一是积极失误(又称"第Ⅰ类失误"、"假阳性失误"),即有效的竞争性行为被误认为是反竞争的,从而被反垄断执法机构禁止;二是消极失误(又称"第Ⅱ类失误"、"假阴性失误"),即垄断行为被反垄断执法机构认定为正常的商业行为。① 外部突破的困难除调查手段的匮乏外,还由于高昂的调查成本的阻碍。以美国司法部为例,其启动调查的方式就包括:一是在一个案件调查当中揭示的关于其他违法犯罪行为的信息;二是在对其他垄断行为的评估过程中发现的协调固定价格和划分市场的信息;三是市场中的其他企业提供的信息;四是价格战或价格迅速上涨的信号,或者消费者关于价格上涨和怀疑卡特尔行为存在的投诉的迅速增加;五是通过宽免政策所获得的信息;六是通过对串通投标的行为模式研究获得的信息。② 简单概括就是:关联案件的指引、第三方举报和市场竞争评估三种类型,无论是哪一种调查方式,都需要大量的时间成本和物质成本,且调查的结果往往颇具争议。而内部瓦解路径的出现在一定程度上有利于降低反垄断执法机构失误的风险,有利于保障反垄断执法机构的权威性,有利于节约调查成本,因而广受各国反垄断调查机构的青睐。从我国的《反垄断法》实践来看,反垄断的调查启动主要有政府机构的主动调查、举报、媒体报道、相关机关移送或建议、相关案件发现等多种方式,内部瓦解的调查取证相对较

---

① Frank H. Easterbrook, "The Limits of Antitrust", *Texas Law Review*, Vol. 63, No. 1, pp. 1 - 40.
② Vivek Ghosal, "The Genesis of Cartel Investigations: Some Insights from Examining the Dynamic Interrelationships Between U. S. Civil and Criminal Antitrust Investigations", *Journal of Competition Law & Economics*, Vol. 4, No. 1, 2008, p. 63.

少，且相关的制度建设也还有待完善。

对涉嫌垄断行为进行外部瓦解是指反垄断执法机构为了查清涉嫌垄断行为的事实，依职权采取调查措施收集证据，并依调查结果作出处理决定的行为过程。我国《反垄断法》第六章对"涉嫌垄断行为的调查"作了较为全面的规定，包括调查启动、调查措施、调查程序规则、调查中的权利义务、处理决定等内容都进行了规制。此外，我国《反垄断法》还规定，在调查过程中，如果被调查的经营者承诺采取具体措施消除垄断行为带来的限制、排除市场竞争后果的，可以依情况不同中止调查。需要说明的是，《反垄断法》第六章规定的带有行政色彩的调查手段多用于垄断协议和滥用市场支配地位调查，较少用于经营者集中审查和未依法申报的经营者调查，一般不用于行政性垄断调查，即外部调查行为多以行政手段为主，属于行政执法的范畴。因此，外部审查除遵守反垄断法关于调查制度的规定和市场监管总局制定的《禁止垄断协议暂行规定》《禁止滥用市场支配地位行为暂行规定》等规章有关调查程序的规定外，还应注意与一般的行政程序相联系，即《反垄断法》及其相关规章有对调查行为有特殊规定的，适用特殊规定，没有特别规定的，适用行政程序法的相关规定。

有学者认为传统的逆向选择模型将低质量格式条款的生成归因于需求端的认知缺陷；共谋模型将低质量维持原因解释为供给端的共谋，为《反垄断法》的介入提供了依据。针对格式条款标准化的横向垄断协议认定应满足《反垄断法》第13条规定的形式要件与效果要件，采用一般举证规则作为分析模式，由原告证明其"协议、决定或协同行为"形式及反竞争效果。形式要件以"形式与反竞争效果的尽可能耦合"为逻辑起点，应基于市场力的持久性与显著性标准加以重构。反竞争效果要件以对竞争的实质限制为标准，参照美国法实践，可通过质量或交易自由限制路径证成。[①]

---

① 王俣璇:《格式条款标准化的垄断协议认定》，载《法学论坛》，2020年第2期，第108—118页。

也有学者结合数字经济时代的特点,认为技术算力的增长和算法的演化极大地增强了大数据时代的数据挖掘和处理能力。思维范式已经突破了小数据时代的严格因果关系束缚,大数据的发展立足于相关关系,使得基于物的数据化、量化的分析变得有意义。因此,在卡特尔发现中应充分融合因果关系与相关关系的思维、有效汇聚数据驱动与模型驱动的动能,进而确立"市场信号的大数据筛查""企业行为数据归集""市场构造刻画"三个层次构成的外部突破分析维度,赋予卡特尔发现常规模式新的活力。一方面,通过优化卡特尔宽大制度的内部结构,可以有效链接"关联案件指引"这一外部突破的卡特尔发现机制;另一方面,竞争筛查还可以促进卡特尔宽免的跟进。有学者早就研究表明,越是接近相互作用过程的因素之间的关系,越是表现为直接的相关关系,越具有强相关度,因而也越接近因果关系的性质;越是远离相互作用过程的因素之间的关系,越是具有弱相关度,或越是具有间接性的相关关系。[①] 因此反垄断法实施中证据的搜集,需要将基于因果关系的证据搜集,开放至基于相关关系的证据挖掘。一是要扩展市场筛查的层次,在传统的市场构造刻画和企业行为数据归集两个层面之外加入市场信号的大数据筛查;二是要扩充市场筛查的维度,除因果关系分析之外,要在企业行为模式这一层面的筛查中加入大数据筛查的相关关系分析。[②]

有学者认为20世纪70年代中期以来,美国反垄断执法司法实践中出现了一种"重反竞争效果证据轻主观意图和动机证据"的趋势,经济学方面的专家证据在反垄断诉讼中的地位突显。但为防止科技力量对审判权的控制及专家证据的滥用,节约诉讼资源,提高诉讼效率,美国法院在审查反垄断专家证据时,从专家证人适格性、专家证据有

---

① 王天思:《大数据相关关系及其深层因果关系意蕴》,载《社会科学》,2017年第10期,第118页。
② 江山:《大数据语境下卡特尔发现的范式转换》,载《当代法学》,2019年第2期,第93—102页。

助性和可靠性等方面严格适用专家证据可采性标准。我国三大诉讼法长期将鉴定人定位在法院辅助人的职能上,并视鉴定结论为法定证据形式的做法,缺乏认识论依据,为确保鉴定结论的客观性、可靠性和公正性,应借鉴美国专家证据制度的成功经验和做法,将鉴定结论作为一种证据方式,而不是一种独立的法定证据形式,并建立健全严格的可采性标准。具体而言,首先,要明确鉴定人适格性要求,建立鉴定人资格标准。打破司法、公安等机关垄断鉴定的格局,准许自然人主体从事鉴定业务,实现从法定鉴定和指定鉴定为主导的职权主义鉴定模式向当事人主义的鉴定模式的转换,保证当事人自行鉴定权,从立法上规定专家证人的资质条件。其次,建立健全鉴定结论的可采性标准体系。借助于有助性标准、关联性标准、可靠性标准,可促使法院从鉴定结论是否与案件争点事实相关联、是否有助于法官理解证据和认定案件争点事实、鉴定结论是否有充分的事实依据和可靠的理论依据及技术方法与手段、鉴定结论能否正确地将理论与方法应用于案件事实等方面对专家证据的合理性和可靠性进行审查认定,避免法官的恣意裁量。①

有学者认为,我国《反垄断法》规定的经营者承诺制度,主要内容借鉴了欧共体竞争法执行中的承诺决定程序,但因相关问题规定不明,配套机制未予建立,承诺制度在适用中可能面临较多的操作难题。认为我国的经营者承诺制度还存在概念抽象、可操作性不强、且执法机关的权限过大、经营者缺少抗衡能力、对第三人利益和公共利益保护不足等问题。首先,建议对承诺程序适用中的相关概念,有必要在规范层面明确其含义。例如,应当明确何为"消除行为后果",如何判断承诺履行或未履行,至于"作出中止调查决定所依据的事实"及"重大变化"等概念,更应确定其体具体含义或至少确立判断标准。其次,限定经营者承诺程序的适用范围,明确经营者承诺程序的启动规

---

① 胡甲庆:《美国专家证据可采性标准在反垄断司法中的适用及其启示》,载《中外法学》,2011年第3期,第626—647页。

则，不应将经营者承诺程序的启动方式限定为市场主体申请，明确承诺程序的适用是否具有先决条件的要求。再次，合理确定执法机关的权限范围，建立公开机制与第三人利益保护机制。执法机关接受经营者承诺时，不应要求经营者承认违法，放宽执法机关作出中止调查决定的条件，要求反垄断执法机关发布竞争影响声明。最后，丰富恢复调查程序的启动方式，设置监督承诺履行的专门措施。[①]

有学者结合具体行业探讨经营者承诺制度的运用（标准必要专利的许可），认为经营者承诺制度作为反垄断执法中一项重要的和解制度，可以在反垄断调查初期，促使标准必要专利权人纠正其违法行为，减轻或消除垄断行为对竞争的影响，在自愿基础上对标准实施者授予合理的许可价格，并避免了漫长的调查及侵权诉讼带来的成本损失，是一种高效、低成本解决垄断纠纷的制度。因此，在明确技术标准化垄断行为属于经营者承诺制度的适用范围基础上，从经营者承诺制度的提起主体、申请时间、经营者承诺后的公示制度和听证制度、审查标准、强化对承诺内容的监督及违反承诺的法律责任等方面，对该制度适用于技术标准化反垄断的具体程序加以完善，将有力地推动技术标准的顺利实施。具体而言，中止调查申请的提起主体应放宽到反垄断执法机构；提出申请的时间应为调查开始后不久，执法机构进行基本的调查并形成初步调查意见之前，最晚不能超过反垄断执法机构已经掌握全部的违法事实证据之前；建立承诺作出后的公示制度及听证制度；明确承诺内容的审查标准，其根本标准仍应为评估该项措施是否能够消除对竞争的排除、限制影响；逐渐建立执法机构与涉嫌垄断者的协商制度；加强对涉嫌垄断经营者的承诺的监督，可由垄断者、反垄断执法机构、垄断侵害者共同组成一个监督机构，发挥行业监督的作用；增强违反承诺的法律责任，借鉴外国措施，如加重处罚和声

[①] 焦海涛：《我国经营者承诺制度的适用与完善》，载《当代法学》，2012年第2期，第120—128页。

誉罚等。①

也有学者认为经营者承诺制度是反垄断正式执法程序的一种替代机制，在促进节省执法资源、迅速恢复竞争等方面具有不可替代的作用。与此同时，它也存在被滥用的风险，可能存在侵犯公共利益的风险。通过对美国和欧盟实践比较与分析，发现美国司法部、联邦贸易委员会和欧盟委员会的承诺制度在某些方面受到的约束不尽相同。因此，我国也可以在借鉴外国理论的基础上，结合我国国情制定详细的配套制度。申言之，一方面，充分保障其他利害关系人和社会公众参与承诺决定形成过程的权利。应要求较长的公开评论期（如60天），要求执法机关提供更为详细的公告和信息，除了承诺方案及其他重要信息外，还应该制作竞争评估书。另一方面，要求执法机关在承诺设计过程中对公共利益给予实体上的考虑。应该要求执法机关具体认定承诺方案符合公共利益，并列举一些有助于判断公共利益的因素，例如方案对消费者、竞争者、市场竞争的影响，方案是否有助于消除行为的反竞争后果，是否存在其他更好的替代方案。②

综上所述，现阶段我国有关反垄断公共实施外部调查的研究主要集中于认定标准的研究和经营者承诺制度的研究两方面。随着现代经济的快速发展，垄断行为越发隐蔽，反垄断调查需要考虑的因素逐渐多样化，调查成本越发昂贵，审查结果的争议度越来越多。如何制定合理的审查标准成为当前反垄断公共实施的难题。学界的研究则从多角度出发：首先，结合证据制度、反垄断立法目的、影响竞争因素等方面探讨如何制定合理的调查标准，基本上形成了首先"以排除、限制竞争行为"的效果审查；其次，考虑相关责任人的主观意图；最后，考虑相关因素的审查标准。当然，个案所考虑的具体因素有所不同，

---

① 罗蓉蓉：《经营者承诺制度在技术标准化反垄断中的适用》，载《法学杂志》，2016年第4期，第94—101页。
② 兰磊：《经营者承诺制度中的公共利益保障——基于美国和欧盟实践比较与分析》，载《价格理论与实践》，2015年第5期，第22—25页。

且并没有通用的审查标准,因此,在分析个案时,仍应结合具体案情具体考量。关于经营者承诺,从利益平衡的角度来说,经营者通过实施自己所承诺的行为减轻或者免除反垄断执法机关的处罚,一方面减轻了反垄断执法机关的执法难度,消除垄断行为带来的市场影响,提高执法效率,维护了市场公平竞争的秩序;另一方面也有助于维护经营者声誉,提高经营者的反垄断认识,即经营者承诺制度有助于构建反垄断执法的"双赢"局面。而如何保障经营者承诺制度实施过程中的利益平衡和制度设计规范,是当前反垄断执法的难点。通常而言,首先,竞争是否有效是反垄断法公共利益需要衡量的中心问题,一方面是基于公共利益的维系和推动离不开有序竞争;另一方面,竞争可以直接体现为公共利益的内容。因此,经营者承诺制度的实施首先应当考虑公共利益,其中最为典型的代表便是相关第三方的合法利益。需要说明的是,这里的相关第三方,属于一个以公共利益为代表的若干利害方的集合,包括但不限于竞争者、消费者和利害关系人,是不能完全列举的,并未穷尽。其次,便是经营者承诺制度的监督安排。各国反垄断法一般将监督职责交给作出中止调查决定的反垄断执法机构,我国《反垄断法》第45条第2款也是如此规定的。从各国的实践来看,除从法律上规定"应当监管"外,还应当规定"如何监管"。通常而言,监管应当多样化,除要求经营者在承诺执行阶段定期或不定期的报告外,反垄断执法机构还应当主动进行监管,如指令经营者提供某些重要信息、向相关机构进行求证等。除此之外,还可建立专门的监督机构进行监督。这种做法在美国司法部诉微软案中曾被采纳,法院要求司法部和微软各举荐一人,再由被举荐人共同推举第三人组成一个中立的、专业的"三人技术委员会"监督微软履行承诺的情况。

第三节 内部调查路径

调查取证的内部路径主要是通过适用宽大制度来实现内部瓦解。

宽大制度又称为"宽恕制度"或"豁免制度",是指对首先主动向反垄断执法机构"投案自首"并配合调查的经营者免予或减轻处罚的制度。主要是利用垄断协议参与者的"囚徒"心理,鼓励其成为"告密者"而向反垄断执法机构报告垄断行为实行的情况,在符合法定条件的情况下,将获得免除对其的刑事惩罚或者减免经济处罚的制度。该制度的立法及实施旨在高效的打击卡特尔行为,为此,世界上大多数国家和地区都在本国的反垄断法中规定有宽大制度。此项制度是由美国司法部在 1978 年首先提出,随后欧盟、加拿大、日本等国家或地区也纷纷效仿建立此制度。

宽大制度的制度设计基础在于,由于卡特尔案件往往隐蔽性很强,成员之间能够达成秘密协议而不被第三方知道,调查难度大且危害甚远,通过设计鼓励卡特尔成员"告密"的宽恕制度,力求在调查中甚至调查还没开始之前就可以结束调查,从而降低反垄断成本。该制度的实施理念之一是赋予在法律与经济政策的刚性之余,尝试着引入和依靠人的善良本性的自我发现及国家法律,特别是刑罚的震慑力而奠基使得违法者能及时迷途知返。通过鼓励违法者主动向执法机构报告案件事实,便于执法机构及时发现案件线索和收集证据,在节约执法成本的前提下更为直接地查处垄断协议行为。因此有学者曾提出,从伦理道德的视角来审视反垄断法宽大制度是很难成立的。因为,依靠告发自己的生意"伙伴"换取自身的免责和风险规避,会严重影响宽大待遇申请者在本行业的商誉。所以,宽大制度的实践在本质上具有道德上的非正当性、法律上的非正义性、束缚了契约自由、促生了俘获效果等消极影响。但是建立在牺牲不特定多数消费者利益基础上的垄断协议本身就是非法行为,且侵犯国家的法度政令,对于这样的行为如果还坚持法本正义,本身就是立不住脚的。运行宽大制度的过程,是一个将宽大待遇申请者、宽大人数、宽大幅度,以及刑责与经济处罚上的减免等诸多因素糅合在一起进行综合考量的过程,一般可分为刑事宽大处理制度和行政宽大处理制度。美国、加拿大等国是在刑事程序上给予免除犯罪追诉，属于刑事宽大处理制度；欧盟、德国、日本等国和地区则是在行政处分上给予免除或减轻处罚，属于行政宽大处理制度。我国《反垄断法》第 46 条规定了宽大制度的法律规定，属于行政宽大处理制度，《国务院反垄断委员会横向垄断协议案件宽大制度适用指南》和《禁止垄断协议暂行规定》都对宽大制度的适用条件作了细化。

有学者认为横向垄断协议是一种最为普遍、对市场危害最为严重的反竞争行为，反垄断法宽恕制度是打击横向垄断协议的有效执法工具。而宽恕制度是韩国反垄断法的一项重要制度，是指不正当的共同行为（卡特尔）中的某经营者在韩国公平交易委员会调查开始之前主动报告或者在调查开始之后协助调查，韩国公平交易委员会可以减轻或免除对其采取的纠正措施或对其征收的课征金的制度。1996 年，韩国正式将该制度引入其《规制垄断及公平交易法》，之后又分别在 2001 年、2004 年和 2007 年进行了修订。经过多年的实践，韩国在贯彻落实这一制度方面取得了可供参考的经验，值得我国借鉴。具体而言，我国的《反垄断法》宽恕制度应扩大适用主体，明确豁免幅度，保障宽免制度的透明性和确定性；完善透明便捷的适用程序，建立保障机制，引入保密机制和预警分析机制；重视制度宣传，营造良好环境。[①]

也有学者通过对欧美宽恕制度最新的理论文献和立法经验进行综述得出结论：我国应采用更接近于欧洲模式认定赦免范围，即对前来告发垄断组织的非主谋公司进行宽恕，但要根据是否在调查开始前告发、告发的顺序、提供证据的数量和质量区别对待，以"就事论事"的原则处理每个前来自首的违法公司。既用明确的规定起到"承诺-声誉"效应的鼓励作用，又避免"自动满足"带来的事后激励不足的缺陷；在赦免的额度上，可以主要借鉴欧洲模式，采取有弹性的范围性

---

① 刘皙：《韩国反垄断法宽免制度及其借鉴》，载《价格理论与实践》，2013 年第 2 期，第 41—42 页。

赦免，可以用按垄断利润或社会损失的比例罚款的方式代替现有的固定金额罚款，抑制长期垄断组织或者多次缔结垄断组织的存在；在警惕"恶意诬告"的前提下，我国还可考虑发展对企业或者个人告发者进行正面奖金奖励，奖金的来源应该是对参与垄断但没有坦白和揭发的企业的罚款，但对为了奖金或排挤竞争对手恶意诬告的企业和个人，应按照刑法等相关法律予以追究。①

有学者认为，反垄断法宽大制度是通过激励垄断协议参加人检举揭发违法行为，帮助执法机关发现垄断协议案件而创设的一项重要制度。该项制度的有效实施除需要完善的实体规则外，更需要申请与受理等程序规则的充分保障。因此，我国应当构建完善的宽大制度申请与受理程序。一要建立事前的咨询程序。明确赋予经营者向反垄断执法机关了解垄断协议行为及宽大申请相关信息的权利，以便增加经营者对自己行为的预判，提高确定性，促进经营者利用宽大制度；明确事前咨询程序的性质和地位；建立保障咨询者利益的配套规则，应当允许咨询者以匿名的方式、假设性方式进行咨询，并允许经营者可以委托代理人进行咨询，并且明确事前咨询程序中反垄断执法机关获取的案件相关信息，不得作为追究经营者违法行为责任的证据。二要完善登记申请制度。明确登记申请的条件，如经营者的名称和住址，涉嫌违法的垄断协议的性质、受影响的产品和地域、涉嫌违法的垄断协议的存续时间，以及涉嫌垄断协议的其他成员，是否存在其他参加者提交宽大申请等。明确登记申请的完善期限，借鉴欧盟的相关规定，直接赋予反垄断执法机关一定的自由裁量权限，允许执法机关根据个案的具体情况具体确定相应的期限。三要规范化的正式申请方式。书面申请应采取格式本文方式，提交方式可以有直接送达、邮寄、电子邮件、传真等；口头申请应明确，我国应采取"原则上书面形式为主，特殊情况下口头申请"的方式，申请者应当到反垄断执法机关直接陈

---

① 戴芸、张昕、包特：《反垄断法中"宽恕制度"的最优安排——一个文献综述》，载《产业经济评论》，2016年7月25日，第5—15页。

述具体情况。四要明确宽大申请的受理程序。在法律法规上明确规定受理的具体时间及相关文书的记载内容，并明确规定反垄断执法机关在对当前处理的罚款减免申请作出决定前，不得受理同一垄断协议案件中其他经营者提交的宽大申请。[①]

有学者认为，横向垄断协议行为被世界各个反垄断司法辖区列为重点打击的对象。为了提高发现和查处横向垄断协议行为的几率，众多司法辖区先后效仿美国引入了宽大制度。宽大制度以博弈论中的"囚徒困境"理论为基础，吸引横向垄断协议的参与者积极寻求与反垄断执法机构合作。引入宽大制度的司法辖区通常都对宽大申请资料采取了保密措施，但却鲜有对宽大申请被接受者身份信息保密采取措施者。宽大申请被接受者以"出卖盟友"为代价换取免除或者减轻自己所应承担的金钱责任或者刑事责任，但却同时面临"告密者"身份信息被曝光而利益受损的风险。我国在完善宽大制度或者制定宽大制度相关指南的过程中，可借鉴我国台湾地区的做法，赋予宽大申请被接受者身份信息保密的申请权。具体而言，首先，在经宽大申请被接受者同意后，方可公开其身份信息，否则，便需要对其身份信息采取保密措施。其次，宽大申请资料和申请被接受者身份信息保密措施所适用的主体应该是反垄断执法机构决定给予减轻或者免除行政处罚的横向垄断协议参与者。再次，对于身份信息保密的技术处理，一方面，就相关文书的制作方式而言，沿用现有做法单独制作行政处罚决定书且处罚内容仅涉及收受文书的个别主体；另一方面，就同意公开其宽大申请被接受者身份的横向垄断协议成员而言，可以通过免予处罚决定书或者处罚决定书向外界公布其免于处罚或者减轻处罚的事实。最后，建议增加宽大制度的相关规定及指南相关条款拟定。[②]

[①] 王博、王玉辉：《我国反垄断法宽大制度申请与受理程序的构建》，载《郑州大学学报（哲学社会科学版）》，2018年第2期，第39—42页，第158—159页。

[②] 綦书纬、李洁：《反垄断法中的宽大制度与信息保密问题研究》，载《价格理论与实践》，2019年第3期，第27—32页。

有学者认为宽大制度的有效性直接关系到反垄断行政执行是否能有效进行,而宽大制度能维持有效适用的前提之一就是执法机关对于申请人所提供的信息进行全面的保护。然而,对于是否及如何保护通过宽大程序获得的重要信息,我国《反垄断法》并未明确。目前,《反垄断法》仅规定了商业秘密的保护及执法机关工作人员泄露商业秘密的法律责任。事实上,宽大程序中的"有关情况的报告"、"重要证据"与"商业秘密"并非完全重合;对于其中非商业秘密的其他重要信息包括在案件调查过程中及后继民事诉讼中应当进行必要的整体性保护。在行政调查程序中,对非商业秘密的重要信息进行保护,有利于包括宽大制度在内的行政程序顺利进行。此外,在后继诉讼中,应当在保障宽大制度有效性的前提下,适当缓解原告举证困难这一问题。[①]

有学者认为随着反垄断执法逐渐增多,宽恕制度在中国会得到更多应用,在浙江保险业案、日本车企垄断案等案中均有体现。日益丰富的案例素材提供了立足中国实践反思现行制度的契机。一方面,由于实体和程序规则的缺失,现行法上的宽恕制度实效有限,实践适用不一;另一方面,现行法及其实践存在鲜明特色。在适用范围上,我国宽恕制度可以适用于固定转售价格等纵向垄断协议,虽然多数国家仅将其适用于横向卡特尔。基于我国立法及其实施情况,此种宽泛适用在现阶段不违背制度原理,具有阶段合理性。在宽恕待遇上,我国现行法规定价格垄断违法行为的第二个申请者可以减轻不低于50%的责任,这种仅设定减轻幅度下限的梯度责任设计会破坏宽恕制度的竞赛机制,减损实效。为此,应统一规定减责幅度上限,扩大免减幅度级差,有两种选择:其一,借鉴国际普遍经验,将现行法中不低于50%的规定改为不高于50%,并相应调整第三个申请者的减责幅度;其二,若想在不实质减损对第一个申请者激励的情况下,适度增加对

---

① 剌森:《我国反垄断宽大制度中的重要信息保护问题研究》,载《法学论坛》,2019年第2期,第71—77页。

第二个申请者的激励,则可以在不低于50%的下限基础上,设定上限,上限幅度不能过高,可以考虑以日本车企垄断案中的60%为最高限额。而在其他的技术安排如梯度级数、减幅设计(采取仅规定上限,还是同时规定上下限,或采取无浮动的固定比例)等问题上,必须结合我国执法实际,在裁量权和透明度之间做出具体的权衡取舍。①

综上所述,现阶段有关反垄断公共实施的调查取证研究主要集中于两部分,第一部分是有关外部突破调查取证的研究,主要集中于反垄断调查机构的调查手段、调查内容、市场结构调查等方面的研究。简言之,对于外部突破调查,一方面要提高反垄断调查机构的调查能力,增强对反垄断行为的认识,提高调查技术和效率;另一方面,也要集中于对市场结构的刻画,随着新经济的发展,反垄断调查的难度也在逐渐加大,市场结构的变动越发频繁,对于具体案件的反垄断调查,市场结构和市场行为的刻画有助于提高调查的准确性。第二部分是关于内部突破的调查取证研究,集中于对宽恕制度的研究。一方面是对宽恕制度处罚程度的研究,另一方面是对"告密者"利益保护的研究。对于宽恕制度的处罚研究,主要集中于对第一顺位、第二顺位和其他顺位处罚程度的研究,在借鉴外国经验的基础上,构建适合我国国情的处罚制度。美国作为最初构建宽恕制度的国家,处罚减免情形较为特殊,仅对第一个主动报告企业免除罚款,随后主动报告的企业不能获得任何减免。② 免除罚款条件包括:第一,企业报告时,反垄断执法机构并未对该企业开展反垄断调查。第二,完整表述达成垄断协议的事实,诚实、全面地配合调查。第三,企业会尽最大努力赔偿被害人损失。第四,企业立即停止违法行为等。美国减免政策导致在不稳定的垄断协议环境下,垄断协议成员会争相主动向反托拉斯局报

---

① 洪莹莹:《反垄断法宽恕制度的中国实践及理论反思》,载《政治与法律》,2015年第5期,第92—104页。

② Tim Frazer, Susan Hinchliffe and Kyla George, *Enterprise Act 2002: The New Law of Mergers, Monopolies and Cartels*, The Law Society, 2003.

告，取得了举世瞩目的成绩。欧盟依据《关于在卡特尔案件中免征或者减征罚款的通告》，给予第一顺位主动报告者免除罚款待遇，且必须满足一定条件才能够获得，此类具体条件与美国宽恕政策有相似之处。但值得注意的是，欧盟也允许了第二顺位经营者的减免，需满足以下条件：第一，能够列举符合"附加价值"[①] 内容的可查实性证据。第二，必须从申请时起持续、诚实、全面地配合。第三，停止违法行为，除非委员会提出因调查需要暂时维持现状。满足相关情形时，可依照举证次序，予以不同程度减免。日本对于第二顺位经营者采取50%减轻处罚的规定。此规定明确、具有预见性，企业在权衡是否报告时能够充分而量化权衡。执法机构介入后，日本同样规定了相对较小减轻额度即30%。对于其他顺位减免，欧盟规定执法机构介入前，第三顺位经营者可获得减免幅度是20%—30%，第四顺位及其后经营者可获得最大幅度为20%；执法机构介入后，第三顺位及其后经营者可获得的减轻幅度为20%。日本则与欧盟不同，执法机构介入前，第三顺位到第五顺位经营者可获得30%减免，而第六顺位及其后经营者无减免。执法机构介入后，第三顺位经营者可获得30%以内减免，但第四顺位及其后经营者不能获得减免。由此观之，世界各国对于宽大制度处罚顺位非常注重主动报告的"自觉性"，"告密"越早所受的处罚越小，受到的利益保障越完善。

[①] 此处所称"附加价值"是指根据主动报告者提供证据的性质及详细情况，该证据能够强化委员会核实可疑事实能力的程度。参见时建中编：《反垄断法——法典释评与学理探源》，北京：中国人民大学出版社，2008年版，第437页。

第八章 反垄断法实施

一般认为现代反垄断法始自1890年的美国《谢尔曼法》，此后世界各国基本上承继了《谢尔曼法》的立法模式。由于反垄断法受制于立法技术和市场的快速发展，规则制定上基本都采用了原则性条款，具有抽象性和不确定性，因此保障反垄断法的有效实施成为反垄断法律权威落实的前提条件。所谓反垄断法的实施也就是通过各种途径使得反垄断法的要求在社会主义市场经济中得以实现的活动，其包含两个基本的途径和机制，即公共实施和私人实施。前者是指设立专门的反垄断执法机构依法查处垄断行为所进行的行政执法，后者是指有关主体就涉嫌的垄断行为追究民事责任而依法向人民法院提起的民事诉讼。它们相互配合、相互补充，共同维护公平竞争的市场秩序，缺少其中任何一个都不利于反垄断法的全面有效实施。

从我国目前的执法情况来看，我国《反垄断法》在实施机制上主要依赖于公共实施。根据该法规定，任何单位或者个人只要采用书面形式并提供相关事实和证据进行举报的，反垄断执法机构都会进行调查，并为举报人保密。这样的执法方式选择，虽在一定程度上有利于集中执法，节约执法资源，提高执法效率。如以经营者集中执法为例，2019年已实现简易案件基本在初步审查内审结，审结率较2018年提高了90%以上，99%的简易案件都在初步审查阶段审结，案件平均的审结时间较 2013 年缩短 65% 以上。但从整体执法情况来看，仅靠反垄断法的公共实施，并不能有效保障市场经济的正常竞争，仍面临诸多深层次的问题。其中有些属于各国和地区反垄断法早期实施中的普遍问题，譬如价值定位的澄清、利益冲突的选择、实施路径的设定等；有些是本土问题，譬如行政垄断现象严重、国有企业滥用市场支配地位、地方反垄断执法机构力度不一等制度性和机制性限制、排除竞争现象严重等问题，这些问题仅仅依靠反垄断法的公共实施制度难以得到有效解决。

截至 2019 年年底，我国共查处垄断协议案件 183 件，累计罚款金额超过 44.7 亿元；查处滥用市场支配地位案件 62 件，累计罚款金额超过 69 亿元；查处滥用行政权力排除限制竞争案件 235 件；审结经营者集中案件 2998 件，其中禁止 2 件，附加限制性条件批准 45 件，无条件批准 2951 件。审结的经营者集中交易总金额超过 50 万亿元，对 48 件经营者集中未依法申报案件和 3 件违反公告义务案件作出了行政处罚。由此可知，我国反垄断执法机构的审查重心集中于经营者集中案件，对于其他的垄断行为案件往往有心无力，惩罚方式主要以罚款为主。这一方面，是由于其他的垄断行为案件更具隐蔽性，反垄断执法资源难以满足全面审查的需要，公共实施往往只能集中于某些特大影响公平竞争的案件；另一方面，也是由于我国反垄断私人实施制度的缺失，个体或企业作为市场的主要参与者，是垄断企业滥用市场支配地位的直接受害者，对市场垄断行为具有敏感性，但苦于诉之无门，在一定程度上限制了《反垄断法》的实施。也就是说，在实际上，现阶段我国仍缺乏合理的公私协调机制，我国《反垄断法》私人实施制度并不发达，以行政主导为主的公共实施一定程度上制约了我国《反垄断法》的实施进程。因此，在一定程度上，我国的《反垄断法》在其颁布实施后的过程中并没有满足其颁布之初民众对其的殷切期望。

反垄断法的实施研究最初并没有得到学界的广泛关注，其具体研究主要在苏联解体之后东欧国家陆续接受西方反垄断法框架之后才得以逐渐展开。我国现阶段的研究已经由第一阶段的域外反垄断理论研究转向第二阶段的域外反垄断理论的本土化研究及利用第一阶段的理论成果之某一地域或者某一类垄断行为的执法工作进行实证研究。从整体而言，自我国《反垄断法》实施以来，目前已形成以《反垄断法》为核心，由1个行政法规、8件部门规章、5件反垄断指南、15件规范性文件构成了较为完备的反垄断法律体系，[①] 基本保障了反垄断执法机构有法可依的需求，但其具体实施还有待进一步完善。

第一节 理论争辩

我国《反垄断法》仅仅只有57个条文，同时每一个条文中涉及的术语、条文之间的逻辑关系等往往很难在如此简单概括的法条中得以充分表述，由此造成了在法律适用中如何正确理解条文的问题。尽管在《反垄断法》实施之后，各反垄断执法机关相继颁布了相应的配套法规，反垄断委员会也制定了相应的适用指南，但这些规范性文件和指导性文件仍然存在条文简单和模糊的问题——尽管相对于异常活跃的市场竞争行为而言这一问题似乎永远存在，而如何填补具体、丰富的市场竞争行为与相对抽象的法律条文之间的空隙仍是我国《反垄断法》实施中所要面临的挑战。也正因为如此，在反垄断法领域，法院对相关案件的审理实际上是结合相应的条文解释案件的事实，是对法律条文相应的解读，因此对于我国反垄断法体系的构建具有重要意义。而我国《反垄断法》在短期内就积累了大量的案件，不管判决的结果如何，判决信息的公开并对其进行深入的讨论无疑能够推动理论与实践的发展，可以因此让人们抱有更多的信心。

"反垄断法政策的健全不但依赖于法律规则，还依赖于执法机制。只有好的规则是不够的，还必须有执法的机制保证法律以合理的成本

[①] 国家市场监督管理总局反垄断局：《中国反垄断立法与执法实践》，北京：中国工商出版社，2020年版，第23页。

获得合理程度的遵守。"① 因此，反垄断法的有效实施是保障反垄断合规性目的的前提。尽管传统观点认为，反垄断法的直接目标是维护市场竞争秩序，具有明显的公共政策属性，有关竞争法上的争议事项只能由竞争执法机构以公共利益代表者的身份行使公权力执行，或者由自然人和法人通过向法院提起诉讼的方式来执行，而不能提交仲裁机构仲裁，排除了私人执行的选择。但随着各国反垄断法实施的不断深入，私人实施制度彰显出公共实施制度所不具有的优势，为其理论发展奠定了实践基础。反垄断法的私人实施制度始于美国1890年的《谢尔曼法》，在该法审议过程中，多数议员支持反托拉斯法的私人实施制度，并且认为反托拉斯法将主要依靠私人执行来实施。1914年的《克莱顿法》又对1980年的《谢尔曼法》作了一定的修改，即允许私人当事人对任何反托拉斯违法行为提出三倍损害赔偿诉讼，现在该条实际上已经成为私人实施的核心规范。美国学者们认为，在反托拉斯法执行体制中设置私人执行可以大大增强反托拉斯法对违法行为的威慑力，同时也可以赔偿违法行为受害人的损失。私人诉讼不仅有利于提升反托拉斯法执行案件的数量，而且部分承担了政府机关的执行成本，可以节省公共资源。由于私人执行是政府公共执行的极其重要的补充，因此，其执行者通常被称为"私人司法部部长"（Private Attorney General）。而我国学者虽对反垄断法的私人实施制度具体措施的落实还有所争议，但普遍支持反垄断法私人实施制度的落实，并因此展开了一场大讨论。

有学者认为20世纪90年代末期特别是21世纪以来，反垄断法的私人实施已经成为大多数国家的必然选择。私人实施模式有直接执行模式和"审决前置"执行模式之分，但直接执行模式是主流模式。对于私人执行主体的确定，世界上有两种做法，一种是以美国为代表的"损害"标准；另一种是以德国为代表的"影响"标准，"影响"标准

---

① 理查德·A. 波斯纳著，孙秋宁译：《反托拉斯法》，北京：中国政法大学出版社，2003年版，第313页。

代表着未来的发展方向。在理论上，任何反垄断违法行为都可以成为反垄断法私人执行的对象，但实践中有一定的局限性。诉讼是私人执行反垄断法的主要途径，而损害赔偿和禁令则是反垄断法私人执行的主要救济方式。① 后该学者又进一步研究，认为反垄断法私人实施的优势主要包括"自发性优势"和"比较优势"。其中前者是指反垄断法私人实施制度本身所具有的功能，后者则是指反垄断法的私人实施制度与反垄断法的公共实施制度相比所具有的优越性。"赔偿功能"和"威慑功能"是私人执行"自发性优势"的主要体现，而"救济功能"和"指示功能"则是私人执行"比较优势"的主要表现。认为发挥私人实施优越功能的关键因素在于以下两个方面，即"法律上可能，经济上有利"。法律上可能包括私人执行的可能、私人成功执行的可能及私人全面执行的可能。为了实现每一种可能，必须要配置相应的法律制度。为了实现经济上有利的目标，必须要有下列相关制度的配合：第一，规定多倍损害赔偿制度或惩罚性赔偿制度，建立金钱激励机制。第二，改造诉讼费用规则，降低诉讼风险。第三，导入成功酬金制度（Contingency Fees），减轻诉讼负担。正是由于反垄断法私人实施制度具有公共实施所不具有的优势，因此建议在中国的反垄断执法中引入私人实施制度。可参照先进法域的立法模式，借鉴其先进理论，结合我国基本国情，构建具有中国特色的反垄断法私人实施制度。②

有学者认为反垄断法实施的基本方式大致上可归纳为反垄断法的遵守、反垄断法的执行和反垄断法的司法适用，它们在反垄断法的实施中各有其作用和特点。从实施主体的性质和实施程序来说，反垄断法的实施机制分为公共实施和私人实施，为促进我国反垄断法制度的落实，应尽量扬长避短，搞好两者的协调配合。指出反垄断法本身具

---

① 王健：《反垄断法私人执行制度初探》，载《法商研究》，2007年第2期，第104—112页。

② 王健：《反垄断法私人执行的优越性及其实现——兼论中国反垄断法引入私人执行制度的必要性和立法建议》，载《法律科学》，2007年第4期，第104—111页。

有专业性、政策性和政府干预性等特征,垄断行为的认定也是一项较为复杂的工作,较之于民事诉讼中的私主体及法院,反垄断行政执法机构在专业知识储备及执法力量配置等方面具有较为明显的优势。因此,反垄断法的公共实施具有私人实施所不具有的优势。但与此同时,反垄断法的私人实施首先有利于弥补公共实施的不足,推动反垄断法的有效实施。首先,垄断行为的受害人身处相关行业,对反竞争的行为比反垄断执法机构更敏感、更熟悉,且他们与垄断行为有着切身的利害关系,允许其直接提起民事诉讼能够充分发挥社会公众的积极性,弥补专门行政执法力量的不足,节约行政成本,提升反垄断法的实施水平。其次,政府的能力总是有限的,它只可能对一小部分垄断行为进行查处,反垄断法的私人实施,有助于保护受害者的合法权益。再次,反垄断法的私人实施伴随着违法者的赔偿,这一方面形成了对垄断行为受害者起诉实施者的动力,又形成了对垄断行为实施者的另一种有效威慑。最后,反垄断法的私人实施还可以对专门机构的反垄断执法活动起到一定的制约作用,克服其失职与懈怠,并可以推动市场竞争文化的形成和发展。因此,对于我国《反垄断法》的实施应当理性地、历史地和全面地去看待。总之,无论是对于反垄断行政执法来说还是对于反垄断民事司法来说,今后一段时间集中力量"紧咬"那些典型垄断行业的突出垄断行为,必将成为提升我国《反垄断法》实施效果的突破口,也将是我国反垄断法实现转折的重要契机。① 在此基础上,有学者进一步阐述出了不同反垄断实施机关在反垄断实施过程中的角色特征,其中行政执法机关居于能动性地位,法院则被定位为被动的居中裁判者。②

有学者认为反垄断私人诉讼对制止垄断行为、维护正常的市场交

---

① 王先林:《我国反垄断法实施的基本机制及其效果——兼论以垄断行业作为我国反垄断法实施的突破口》,载《法学评论》,2012年第5期,第96—103页。
② 叶卫平:《反垄断法分析模式的中国选择》,载《中国社会科学》,2017年第3期,第96—115页,第206页。

易秩序具有积极的作用。具体而言，反垄断私人诉讼的功能可以分为基本功能和特殊功能。基本功能是反垄断私人诉讼的核心功能，体现为保护受害者的正当权益。特殊功能是由发挥基本功能时引申出来的特殊的社会效果，表现在：有利于及时制止垄断行为的出现；可以节约政府公共资源，并在一定程度上弥补公共权力机构反垄断动力的不足；在一定程度上还能起到对执法机关进行监督的功能等几方面。当然，反垄断私人诉讼也有其局限性，一方面是案件范围的局限性。风险大、诉讼成本高的案件，私人诉讼发挥的作用很小或基本没有私人诉讼。同时，该类案件涉及国家的宏观经济调控、产业政策、安全政策等，而这些政策通常要结合多种因素来综合运用，"私人"很难准确估计并控制这类案件的诉讼风险。另一方面，一些国家为了鼓励反垄断私人诉讼，采取了降低私人提起反垄断诉讼的成本的措施，这有时候会溢出负面效应——导致滥诉的发生。因此，对于我国反垄断私人实施制度的推行，应该保持一种审慎的态势。在目前我国反垄断法律制度下，真正需急迫解决的，是扩大诉讼范围并明晰责任的类型，为面临垄断危险的受害人提供司法救济渠道，建立损害和危险控制的行政和司法并行运行机制。[1]

有学者认为反垄断法的根本目标在于维护社会整体利益，但是仅仅依靠公权力的主动干预与调整，显然难以使反垄断法得到彻底的实施。反垄断法私人实施是可行的并有必要的，认为反垄断法的私人实施制度，包括但不限于私人诉讼，而应当是由私人诉讼、自力救济、私人监督、私人仲裁四个方面共同构成的一项综合性、立体性的制度体系，且这四种方法应当由当事人自主选择。私人实施制度的实行有助于促进反垄断公共执法机关采取积极行动对反垄断违法行为进行纠偏，这显然是一条符合效率且节约法律成本的制度，尤其适合现在全民参与的互联网时代。因此，应借鉴已成功的双元模式来确保反垄断

---

[1] 刘继峰：《我国反垄断私人诉讼制度中的问题及其解决》，载《内蒙古大学学报（哲学社会科学版）》，2009年第2期，第52—56页。

法的彻底实施，制定明确清晰的实施模式，借鉴美国的直接执行模式进行改良。同时，应通过制度设计激发私人实施的积极性，促进私人执行在反垄断法执法过程中更大地发挥能动作用。具体而言，通过细则和指导案例进一步明确适格的原告资格，借鉴公益诉讼的经验，重视集团诉讼的价值。①

也有学者认为在当下的数字经济领域的营商环境建设中，私人实施起到的作用优于公共实施起到的作用，重要原因是行政执法机构适用法律必须严格依照法律规定，不得作任何超越立法文本的解读；法院则相对灵活，不仅最高人民法院可以发布司法解释，具体审案的法院也有"能动司法"的权力。因此，在数字经济时代，应当鼓励反垄断的私人实施制度。

综上所述，在反垄断立法之初，我国反垄断法学界的研究主要集中于是否应该引入反垄断法私人实施制度，随着《反垄断法》的颁布实施，研究重心有所偏移，主要集中于研究我国反垄断法私人实施制度具体规则的落实。垄断问题涉及市场竞争秩序和公共利益，是反垄断执法机构所必须面临的重要问题，解决垄断问题是其发挥效用的应有之义，但反垄断法的有效实施不能完全依赖于行政机构的公共实施，应该重视私人主体在反垄断法实施中的积极作用，申言之，反垄断法的公共实施与私人实施缺之其一，反垄断法的实施效率、效果将会受到影响。具体而言，反垄断执法机构的公共实施无疑处于主导地位，这与反垄断案件的性质有关，也是行政执法机构行政执法独特的专业、效率优势等所决定的。但由于我国反垄断法确立的是双层执法模式，可能导致执法机构之间互相争夺或推诿执法权，交叉管辖、协作不畅等问题，由此引发执法资源配置不当，执法成本增加及执法效率的低下。此外，在实践中，反垄断执法机构还可能因各种原因而出现失职、懈怠、被俘获的违法后果，甚至成为垄断行为者的"保护伞"。另外，

---

① 裴轶：《反垄断法的私人救济制度分析》，载《兰州学刊》，2017年第7期，第150—161页。

公共执法资源是极其有限的,"反垄断法公共执行能够予以制裁的只是难以计量的垄断行为中的一小部分,因为公共执行很可能存有'政府失误'和权力寻租的现象,实际上垄断行为者受到制裁的风险非常小"①。正因行政主导模式下的反垄断法公共实施存在上述诸多不足,私人实施弥补公共实施不足的作用逐渐突显出来。

反垄断法的私人实施可以弥补公共实施的不足,有利于克服反垄断法的不确定性,它对受害人的直接补偿还可促进矫正正义的实现,同时私人主体广泛参与反垄断法实施还是竞争文化培养和发展的助推器。当然,其仍有不足,在反垄断法私人实施的实践中,一方面,由于垄断案件的专业性,私人主体缺乏相关的专业知识和证据收集能力,私人参与反垄断法的实施往往步履维艰;另一方面,私人反垄断诉讼有时候并不是出于正当动机,无意义的滥诉不仅浪费了有限的司法资源,还对经济产生消极影响,给整个社会带来损失。因此,公共实施和私人实施在反垄断法实施中各有优点与不足,二者之间既有合作关系也有制约关系,它们是反垄断法实施体系中的两大重要组成部分,缺一不可,只有发挥私人实施对公共实施的协助作用,同时实现公共实施对私人实施的适度限制和充分支持,才能形成制度之间的"合力"作用,共同促进反垄断法的制度功能得到最大的发挥。

第二节 公共实施

就反垄断行政执法机构的设置来说,一般存在两种模式:一种是一元化,比如欧盟竞争委员会作为唯一的反垄断执法机关;另一种则是几个行政机构共享执法权的多元模式,比如美国的司法部和联邦贸易委员会。美国的反托拉斯法采用了司法加行政的混合执行模式,从表面上看,司法部和联邦贸易委员会作为公诉人是案件的调查者,但

---

① 丁国峰:《反垄断法私人实施的法理基础和具体路径》,载《华北电力大学学报(社会科学版)》,2011年第2期,第48—53页。

其可以利用法律授予的权限在案件调查期间即可结束案件调查而不作出起诉。类似的国家还有澳大利亚，其竞争和消费者委员会作为执法机关在澳大利亚不具有直接的惩罚权，其主要工作是向法院提起诉讼，不能作出具有执行力的命令，只能寻求法院的强制执行。除此之外，世界上主要的国家和地区的反垄断法多数采取行政模式执法。比如欧盟、英国、日本、韩国、我国的台湾地区等。之所以称以上国家和地区为行政模式，是因为在反垄断案件中，行政机关作为执法机关充当了公诉人和法官的双重角色，这些机关不仅有对案件进行调查的权力，同时也有对案件进行审理和作出裁决的权利，并且当被调查企业不执行其裁决时有权对其进行行政制裁。以欧盟竞争法为例，根据欧盟理事会17/1962号条例，其执法机关欧盟委员会不仅被赋予对案件的调查、审理、裁决及对违法者进行行政制裁的权力，还享有对企业垄断行为的豁免权。① 根据理事会1/2003条例，执法机关不仅有权认定企业的违法行为，并且可以根据其违法行为发布禁止令和进行制裁，包括罚款或者日罚款（Periodic Penalty Payments）、要求违法企业履行配合义务，甚至可以对企业采取结构性措施，即拆散现存的大型企业等。而我国作为以行政实施为主的国家，在2018年以前，采用的是多元行政的执法模式。商务部、国家工商行政总局和国家发展和改革委员会三足鼎立。但是在2018年3月根据中共中央印发的《深化党和国家机构改革方案》，组建了市场监管总局，将原有三个机关及反垄断委员会办公室等职责整合，由市场监管总局负责具体反垄断职能的发挥，但具体制度的建设还有所争议，相关法律制度的设定还处于起步阶段。

有学者通过对两岸反垄断法进行比较研究，指出，我国台湾地区的《公平交易法》第26条明确规定了由公平交易委员会依职权执行反垄断具体措施，而大陆的《反垄断法》只是明确赋予了反垄断执法机构的调查权，对于进一步的处理权则没有相应的规定，建议大陆的反

---

① 韩立余：《欧盟反托拉斯法的现代化》，载《法学家》，2004年第5期，第142—151页。

垄断法实施机制可参考我国台湾的具体措施，借鉴台湾地区的司法经验。第一方面，完善司法审查程序。第一，完善反垄断法程序机制，细化反垄断诉讼程序，特别是行政执法主体的程序，以规制行政执法主体按正当程序行使调查权、处罚权。第二，配置合理的司法审查法院。目前设置反垄断专门法院的可行性不大，但是可以对现有的法院体系进行必要的改革，可以设置专门的竞争法庭或公益诉讼法庭来审理反垄断案件或与社会公共利益密切相关的案件，即以社会责任本位为理念，平衡协调个体利益和社会整体利益的审判组织。同时，反垄断行政执法机关的不作为亦应纳入司法审查的对象。第二方面，完善法律责任。加大处罚力度，合理扩展责任适用主体，并针对刑事犯罪规定更多更具体的法律责任，同时积极借鉴我国台湾地区"先规制后制裁"或"先行政后司法"方式的经验，完善大陆的反垄断司法程序，针对不同主体不同性质的垄断行为，采取行政罚或行政罚和刑事罚并用等不同形式，从而增强反垄断法可操作性和威慑性，保障各市场主体权益。[①]

也有学者认为我国现今的反垄断执法体制已不适应反垄断执法形势的新要求。反垄断执法机构，面临着许多新挑战，如执法职责新理念、执法领域新扩容、交叉执法责任混同、执法机构责任清单等等。应完善我国的反垄断执法制度，构建我国反垄断执法的常态机制，才能适应我国政府权力清单、责任清单和负面清单制度的要求。认为应推出反垄断执法责任清单，明确反垄断执法机构的职权和责任，需要重新界定反垄断机构地位、性质及其与行业机构执法的关系；扩大反垄断执法机构的执法职权，明确其执法责任清单，塑造我国《反垄断法》的权威性，增强我国《反垄断法》的经济宪章功能，从而使《反垄断法》成为我国社会主义市场经济法律体系的重要组成部分，成为

---

① 蒋悟真、熊启皓：《海峡两岸反垄断法实施之比较分析》，载《财经理论与实践》，2016年第1期，第140—144页。

我国法治市场的重要依据。①

有学者指出反垄断法执法机构合并后仍不能消除人们对反垄断执法效果的担忧，究其原因是因为公力执法资源有限，一个反垄断执法机构的良性运行需要大量人才的支撑，而我国现有的人才配置难以满足其需求；反垄断执法机构跟行业监管机构之间缺乏协调，《反垄断法》对于垄断行业的调整是一个长期而复杂的过程，其中不仅涉及《反垄断法》和多个行业监管法规之间的立法协调，也涉及多个部委之间具体的执法协调；社会各界缺乏对《反垄断法》的充分理解，反垄断法在我国属于一个新兴的法律制度，其适用跟传统的部门法有很大的区别。因此，为充分发挥我国反垄断执法部门的职能，应加强专业人才的培养，做好立法协调，宣传竞争文化。②

也有学者以长三角地区的竞争执法为例，认为在长三角竞争执法取得显著成绩的同时，妨碍区域一体化和经济高质量发展的深层次问题也在逐渐显现，如存在各自为政、地方保护、公平竞争审查不到位的现象。为此，有必要从区域一体化发展的大背景出发，以梳理长三角一体化过程中经济发展、区域治理、文化传统等方面的变化对竞争执法带来的挑战为着眼点，改进并完善长三角地区竞争执法的实施进路，进而为其他区域竞争执法提供可行的经验参考。首先，区域一体化进程中需要克服和解决的治理难题在于实现法治框架下地方政府间的有效合作，着力实现经济自由、利益共享、行动合规之间的平衡，以此推动区域一体化的全面实现和高质量发展。其次，从经济发展维度出发，发现区域一体化存在都市圈经济与行政区经济交错的现象。而当前我国现行的竞争执法体系是依赖于行政区经济存在的，这样的竞争执法模式在一定程度上阻碍了一体化市场要素的横向跨区域流动。

---

① 刘云亮：《反垄断执法机构责任清单研究》，载《财经法学》，2016 年第 1 期，第 73—79 页。
② 王晓晔：《我国反垄断执法 10 年：成就与挑战》，载《政法论坛》，2018 年第 5 期，第 128—137 页。

再次，从法治建设的角度出发，应打破地区执法分立，转向区域法治一体化、协同化，由条块分割到扁平治理，由地区间沟通协调弱化上下级行政命令，由政府主导转向多元联动，构造"共商、共建、共治、共享"的区域竞争执法一体化、协同化。最后，从竞争文化建设的角度出发，应从文化自觉发展到行动合规。简言之，一要推进公平竞争审查制度落实与完善；二要构建区域竞争执法一体化或协同化体制机制；三要因地制宜培育长三角区域竞争文化。①

综上所述，现阶段我国的反垄断竞争执法机制已初步建立，中央与各省反垄断执法机构改革已完成，整合优化之前不同反垄断执法机构部门规章和有关规定，建立健全覆盖反垄断规制全流程的制度规则，加强反垄断业务融合，反垄断全链条的监管模式已经初步形成。但是反垄断执法机关之间、中央与地方执法机构之间还存在较大的矛盾，各自为政、地方保护的现象仍还存在。反垄断执法机构还面临执法新形势带来的职责理念的新挑战、执法领域扩容所带来的内容新挑战、执法机构相互交叉执法带来的责任混同新挑战、执法机构具体化带来的责任清单内容新挑战、专业执法责任与行业执法责任界定的标准新挑战等问题。因此，为充分保障反垄断执法机关的有效执法，协调各部门间的有效衔接，促进我国反垄断执法，一方面，有必要完善反垄断执法责任清单，明确反垄断执法机构的职权和责任，培养专业的反垄断竞争执法人才。一是反垄断执法机构的执法亟须树立和确认反垄断执法常态化和透明化的执法责任新理念；二是反垄断执法机构所承担的执法责任，将因执法领域大扩容亟须对担责情形进行新界定；三是反垄断执法机构相互交叉执法，亟须重新评估和规制反垄断执法责任清单的新内容；四是反垄断执法机构执法责任清单内容的具体化，亟须重新修订我国《反垄断法》第七章有关法律责任的相关内容；五是反垄断执法机构专业执法责任与行业执法责任划定，亟须重新界定

---

① 陈兵：《区域一体化视域下竞争执法的挑战与响应——以长三角地区为例》，载《北方法学》，2020年第6期，第25—34页。

反垄断执法机构的执法地位和性质,并赋予其更多的反垄断执法职权和责任等。另一方面,要建立完备的垄断案件报告和备案制度,加强对省级市场监管部门的指导和监督,统一反垄断执法的程序、尺寸和标准,充分发挥省级市场监管部门职责作用,建立起央地联合、上下联动的高效反垄断执法机制,促进反垄断执法机构职能的发挥。构建我国反垄断执法的常态机制,努力塑造我国《反垄断法》的权威性,增强我国《反垄断法》的经济宪章功能,使之成为我国社会主义市场经济的法治核心内容。

第三节 私人实施

反垄断法的私人实施制度始于美国1890年的《谢尔曼法》,其中第7条规定:"任何因其他人或公司从事反托拉斯法所禁止或宣布为违法的事项而遭受营业或财产损害的人,可以起诉并要求授予其所遭受损害的三倍赔偿及诉讼费和合理的律师费。"根据1914年《克莱顿法》第6条的规定,私人当事人还可以寻求禁令救济,以避免受到被告反托拉斯违法行为的进一步侵害。申言之,私人实施的最初目的是防止政府机关反垄断执法的消极不作为,侵害到合法权益人的利益,后逐渐演变成一种常规的反垄断实施手段。美国学者们认为,在反托拉斯法执行体制中设置私人执行可以大大增强反托拉斯法对违法行为的威慑力,同时也可以赔偿违法行为受害人的损失。私人法律诉讼不仅提升了反托拉斯法执行案件的数量,而且部分承担了政府机关的执行成本,可以节省公共资源。我国的《反垄断法》并未直接规定反垄断法私人实施的方式,仅规定"经营者实施垄断行为,给他人造成损失的,依法承担民事责任",因此有学者认为该条款只是构建了反垄断的民事诉讼制度,而非许多学者所希冀的反垄断的私人实施机制。[①]

---

① 刘水林:《反垄断诉讼的价值定位与制度构建》,载《法学研究》,2010年第4期,第70—85页。

关于何谓反垄断法的私人实施，人们有着不同的认识。反垄断法的私人实施有广义、中义和狭义三种理解：广义上的私人实施包括当事人介入竞争法执行的各种情形，如向反垄断执法机关举报违法行为，作为第三人参加反垄断行政诉讼，向法院提出反垄断民事诉讼等；中义上的私人实施是指私人参与反垄断诉讼；狭义上的私人实施指私人当事人基于反垄断法的规定提起独立民事诉讼。[①] 而当今国家反垄断私人实施的方式主要有两种：一是以美国为代表的直接执行模式，反垄断法的私人实施完全独立于反垄断主管机关，只要私人当事人的利益受到违法的反竞争行为的损害就可以发动私人实施程序；二是以日本、西班牙为代表的"审决前置"执行模式，私人在发动实施程序前必须有反垄断执行机关的调查和处理决定，否则，私人实施就不能发动。直接执行模式有利于鼓励私人诉讼，积极地动用各种力量和途径维持市场竞争秩序，特别适合那些司法制度完备、司法力量强大而社会资源又十分丰富的国家；而"审决前置"执行模式够增强私人诉讼的针对性，避免因私人反垄断民事诉讼的盲目性而导致的社会资源浪费和其他的社会问题。诉讼是私人实施反垄断法的主要途径，损害赔偿和禁令则是反垄断法私人实施的主要救济方式。也有学者认为协商制是反垄断私人诉讼制度的较优选择模式，在进行诉讼制度设计时，需要采取多种形式。在启动阶段，应尽可能地赋予广泛的主体参与诉讼的资格；在诉讼中，应吸收专家与公共机关的意见，对可能损害公共利益的私人诉权予以限制；在裁决中，法官在尊重协商形成的行为纠正方案的原则基础上，可作理性的有限修正。[②]

利用私人诉讼来补充政府执法无疑是人类智慧的一大成果。第一，私人诉讼可以获得最接近违法信息的当事方的协助。第二，私人诉讼

---

① 王健：《反垄断法的私人执行：基本原理与外国法制》，北京：法律出版社，2008年版，第6—7页。
② 刘水林：《反垄断私人诉讼的协商制模式选择》，载《法学》，2016年第6期，第129—138页。

不会出现因为渎职或贪污而导致的懈怠的公共执法现象。第三，私人诉讼可以在不扩张公共执法机构的情形下增加各种层次的执法。第四，即使在政府所寻求的禁令救济可以防止将来的违法行为的情形下，损害赔偿也可以提供禁令救济所无法达到的威慑和赔偿的效果。第五，私人诉讼可以保证执法体系的完整性，并使人民相信存在着一般适用的执法的法律标准，而非政治对于执法的影响或控制。

尽管有着潜在的益处，但是私人反垄断诉讼也可能产生不当后果。对有效率行为的过分威慑可能会像对反竞争行为威慑不够那样对社会造成伤害。同时，私人诉讼可能会产生大量的琐碎案件。虽然私人诉讼减少了扩大公共执行机构的需要，但私人诉讼案件的起诉和辩护也会消耗大量的社会资源。正是因为认识到这些负面的可能性，我国对反垄断私人实施制度一直以来都保持着严谨的态度。但随着现代经济的快速发展，反垄断私人实施所带来的优势越来越明显，为进一步推动我国《反垄断法》的实施，有必要完善我国的反垄断私人实施制度，加强反垄断私人诉讼优先理念，在借鉴国外的有益经验基础上，采全面促进为主、适当金钱激励为辅的模式，推定反垄断私人实施制度的落实。在落实具体的推进措施时，不应该照搬民法、民事诉讼法的一般原则和规定来设计反垄断私人诉讼制度，而应充分考虑《反垄断法》的特殊性，在扩大原告范围、激励私人诉讼、增强私人诉讼成功可能性、促进更为全面的私人诉讼、提高私人诉讼的信心和决心、减轻私人诉讼的风险等方面作出适应性的制度安排。

一、起诉资格

关于反垄断法私人实施主体的确定，世界上有两种做法：一是以美国为代表的"损害"标准；二是以德国为代表的"影响"标准。其中，按照"损害"标准确定私人实施主体的做法为大多数国家所采纳。根据美国《克莱顿法》第 4 条的规定，提起反垄断民事诉讼的"人"应当包括自然人和法人，其中法人包括公司和社团。但美国联邦最高法院认为，应赋予"任何人"和"营业或财产"术语以其"自然的广泛而又独特的意义"。因此，这一表达很少对私人原告依据反垄断法提起诉讼的权利形成障碍。①但我们需要注意的是，随着现代经济的快速发展，以"损害"判断起诉人资格的标准广受学界争议，越来越多的呼声支持以"影响"标准判断原告的起诉资格。

有学者从宏观维度指出，竞争文化的缺失，法律工具主义的流行，可能使私人实施反垄断法变得更为困难。我国《反垄断法》的私人实施面临受害人数众多，垄断行为"被侵权人"的多元性、社会性，使法院在确认反垄断诉讼的原告资格方面处于两难困境。并且原告很难凭借自身的力量独立证明违法行为、损害事实及两者之间的因果关系，确认原告所遭受的损害及实际损害数额也是一件极不容易的事情。因此，为促进我国《反垄断法》的实施，有效保障私人实施制度的落实，可借鉴美国的"第一购买者规则"，将反垄断诉讼之原告限定为直接受违法行为影响的人。确认共同诉讼、代表诉讼制度，并在相关司法解释中予以明确和细化。明确规定减轻原告举证责任，设置前置条件，以反垄断执法机关或法院作出的被告违法的有效决定或判决作为受理案件的条件。在因果关系的证明方面，引入司法推定规则，即由被告对其违反《反垄断法》的行为与原告之损害之间不存在因果关系承担举证责任。明确损害赔偿数额的计（估）算方法。借鉴价格法、知识产权法等相关法律的立法经验，可将垄断损害分为多付价款损害、现行营业损害、终止性营业损害三种类型②。对于第一种损害的计算，可用"前后方法"或"标杆方法"，即将违法行为发生前的价格水平与

---

① 陈承堂：《中美两国反垄断起诉资格比较研究》，http://ielaw.uibe.edu.cn/fxlu/gjjjfl/gjfldf/12424.htm。

② 多付价款损害，指作为购买者的原告由于销售者违反《反垄断法》所禁止的行为为其产品支付了过高的价格而遭受的损害；现行营业损害，也叫"利润损失与收入减少损害"，指原告因《反垄断法》所禁止的行为已经遭受的财产损失，主要是利润损失，包括已经损失的利润、减少的收入及预期减少的利润；终止性营业损害，指原告被被告排挤出市场所遭受的利润损失。

违法行为发生后的价格水平,或受被告违法行为影响的价格与其他未受被告违法行为影响的价格进行比较,计算两者之间的差额确定损害赔偿数额。对于现行营业损害的计算,可综合运用"市场份额方法""前后方法""标杆方法""比照'非法所得'法"等多种方法,确定损害赔偿数额。对于终止性营业损害的计算,可借鉴《著作权法》《商标法》中的"法定赔偿制度",即"损失难以确定"的,由人民法院根据侵权行为的情节判决给予若干万元(具体数额可在通过立法听证后确定)以下的赔偿。①

有学者认为,我国法律应及时完善反垄断民事诉讼原告资格规则与证据规则,为原告起诉提供更有效的便利,为诉讼程序提供全面、准确的指导,从而解决我国反垄断民事诉讼激励不足的现实尴尬。人民法院与反垄断执法机构应当建立联动合作机制,弥补我国法院在垄断纠纷案件审理上的专业性不足,共同助力我国《反垄断法》更好地实施。具体可借鉴美国的适应竞争抗辩,适应竞争抗辩是指具有市场支配地位的经营者,出于适应竞争对手低价格竞争行为的目的实施适应竞争降价行为,此时该经营者对造成的价格差别待遇行为采取的抗辩事由。对于适应竞争抗辩在我国的适用,一方面,要学习借鉴外国的先进经验;另一方面,要结合我国现实法律土壤和社会环境,制定符合我国法律操作实际的一套制度规则。适应竞争抗辩认定的一般方法包括特定事实分析法、指南式分析法等,在实践中具体判定的核心标准是明确善意,一是对竞争对手低价格竞争行为的核实;二是适应(meet)竞争而非赢得(beat)竞争的主观意图;三是竞争对手低价格竞争行为的合法性。必要条件是核实行为,可以通过两种方法进行核实,一种是向交易相对人核实;另一种是直接向竞争对手进行价格核实。意图断定要以适应竞争为核心,在适应竞争情况之下采取的降价行为是一种被动采取的适应措施,是为了迎合竞争的低价格行为,本

---

① 郑鹏程:《〈反垄断法〉私人实施之难题及其克服:一个前瞻性探讨》,载《法学家》,2010年第3期,第98—105页。

质上来说是一种防御型行为。即应立足于"有限原告资格"的基本立场，并综合考虑"垄断损害"与"责任程度"两个核心标准认定纵向垄断协议参与者的原告资格，以确定真正的受害者，晰清纵向垄断协议参与者原告资格的轮廓。①

有学者认为，消费者权益具有整体性和社会公共性，可以构成反垄断法所要保护的法益，并且公益诉讼契合反垄断法保护消费者权益的宗旨，公益诉讼是对"利害关系人"式诉讼机制的补充。因此，可以建立反垄断民事公益诉讼对消费者权益予以救济。公益诉讼人涉及原告资格问题，应以相关性与效果性考量作为公益诉讼人的判定标准，有权提起反垄断民事公益诉讼的组织必须以保护消费者权益为宗旨。从形式上看，必须在其组织章程中明确对此予以规定。从实质上看，其从事的活动是以消费者权益保护为目的。并且从人力成本、财力成本、能力成本、信誉成本等各方面来看，该组织都有能力提起反垄断民事诉讼。从既有的制度来看，检察机关和消费者协会应当享有公益诉讼人的资格。反垄断行政主管机构应当通过行政执法来规制垄断行为，而不应介入公益诉讼。从趋势上看，应当将消费者个人逐步纳入反垄断的公益诉讼人之中。②

也有学者认为，反垄断起诉资格作为反垄断民事诉讼的门槛性要件，是反垄断法私人实施机制的关键所在。《反垄断法》第50条虽然为私人实施设置了一定空间，但由于动力机制的缺乏，私人原告只能游离于反垄断法私人实施之外，或附属于公共实施——作为一个谋求奖金的举报人，这样的规定存在一定弊端。在这个意义上，可以借鉴美国的反垄断起诉资格以限制反垄断民事诉讼的提起；否则，《反垄断法》第50条下过于宽泛的起诉资格要件流弊甚大。申言之，反垄断法

---

① 孙晋、孙凯茜:《适应竞争抗辩的基础理论与实践展开》，载《上海政法学院学报》，2019年第1期，第63—72页。
② 陈云良:《反垄断民事公益诉讼:消费者遭受垄断损害的救济之路》，载《现代法学》，2018年第5期，第130—144页。

上民事责任规定其实际是为了发挥威慑功能效用，其本身目的并不是激励起诉，而在于为反垄断法私人实施中的原告提供具有诱惑力的激励，从而实现对反垄断违法行为的威慑。因此，对于我国来说，可借鉴美国的直接损害原则来确定相关案件原告的资格。①

有学者认为，《反垄断法》第50条的条文内容过于原则和笼统，缺乏基本的可操作性，认为继续保持《反垄断法》对垄断行为民事责任仅作原则性规定的前提下，可在我国《侵权责任法》中将垄断行为作为一种特殊侵权行为并在其中规定其责任承担问题的做法，也不失为一种可供选择的立法体例。并且《反垄断法》第50条未规定行政垄断行为的民事责任，未将垄断行为的民事责任延伸至经营者的高管人员。认为只要是因为垄断行为受到损害的主体，不管其是竞争者、中间商、零售商，还是消费者，都有权利成为求偿权利人，即坚持美国的"损害"标准说。②

有学者认为，由垄断引起的经济损害通常会通过市场的连锁反应产生包括消费者、竞争对手、供货商和互补品市场的相关企业等大量的受害者。因此，任何垄断违法行为与通常的毁约行为或传统的民事侵权行为相比会造成更大范围内的潜在起诉人。所以，确定私人主体的原告资格，是反垄断法面临的一个难题。我国民事诉讼立法对原告起诉资格的标准过于严格，导致垄断纠纷的受害者得不到有效的司法救济。原告资格问题掌控着进入民事诉讼的闸门，是构建反垄断私人诉讼程序的关键。因此，借鉴域外相关法律制度，构建我国反垄断私人诉讼原告资格，以赋予消费者和经营者程序当事人之地位，使之享有独立而充分的诉讼权，是维护市场竞争秩序、维护经济社会和谐之要旨。具体而言，可借鉴美国、欧盟、日本的反垄断私人诉讼原告资

---

① 陈承堂：《中美两国反垄断起诉资格比较研究》，载《法商研究》，2011年第1期，第10—18页。

② 易有禄：《〈反垄断法〉第50条之司法适用与立法完善》，载《甘肃政法学院学报》，2009年第3期，第90—95页。

格的立法方式，先确立民事诉讼当事人的概念，再借用诉之利益学说可以较好地解释原告资格扩张的现象，从而确定适格原告的具体范围。构建消费者直接购买者的原告资格范围，首先，凡是侵害消费者权益的反垄断案件，应充分赋予适格当事人以诉权，坚决追究侵害人的民事赔偿责任；其次，要防止因为原告资格的过度扩张而引发滥诉的情形，以避免司法资源的无端损耗。构建消费者间接购买者的原告资格，首先，原则上不允许间接购买者就损害赔偿事由向被告提起民事诉讼；其次，有条件地允许间接购买者就同样的案由对被告提起损害赔偿诉讼。构建以消费者协会为代表的社会团体原告资格，考虑在制订相关法律时进一步明确公益诉讼的主体范围。[1]

综上所述，国外的经验告诉我们，仅靠公共执法，反垄断法的实施程度有限，吸收私人参与反垄断执法，具有很多公共执法所不具备的好处，如提升对违法行为的打击概率，给予受害者直接的赔偿等。因此，民事诉讼是反垄断法实施体系中非常重要的一个部分。反垄断私人诉讼的原告资格问题，关乎哪些市场主体能够拥有法律所规定的起诉权问题，它是私人受害者提起反垄断民事诉讼的法律前提。"原告范围过宽会引发过度诉讼，直接增加法院的负担。但原告范围过窄则不利于私人提起反垄断诉讼，并可能导致真正的受害人得不到赔偿。"[2] 为此，世界各国通常采用多元化的标准来确立反垄断私人诉讼的原告资格，如直接损害标准、目标领域标准[3]、事实环境标准[4]、利益区域标准[5]等。而无论以哪种标准来判断反垄断私人诉讼的原告资

---

[1] 万宗瓒：《论反垄断私人诉讼中原告资格的扩张——基于域外经验的法律借鉴》，载《东南学术》，2013年第1期，第169—174页。

[2] 时建中编：《反垄断法——法典释评与学理探源》，北京：中国人民大学出版社，2008年版，第474页。

[3] 目标领域标准，是指如果当事人能够证明其所处的经济领域因某特定行业的竞争行为而受到威胁或损害，那么该当事人即为反垄断私人诉讼的适格原告。

[4] 事实环境标准，是指在综合考虑案件中各种复杂的内部和外部事实因素之后，从而最终确定原告是否适格。

[5] 利益区域标准，是指所指控的垄断违法行为对一方当事人造成了损害，或者所诉求的利益属于宪法和法律保护与规制的范围，那么这种当事人就属于适格原告。

格，都离不开"损害"与"影响"竞争标准的分歧，这也是学界争论的重点与难点问题。"损害"标准与一般的侵权法理相容，遭受损失者当然有权提起自己的维权之诉，但这种标准多以事后救济为主，难以对受害者的利益起到预防性的保护作用，现今世界各国的反垄断法私人诉讼基本都以"损害"标准为主确定原告的诉讼资格。"影响"标准并不要求实际损害，根据该标准确定的反垄断法私人诉讼的原告范围广泛，对垄断行为能够起到更大的威慑作用，符合反垄断法预防性调整的原则，有利于维护经济秩序。但这样的"影响"标准又极易造成反垄断法律的滥用与误用，损害市场竞争者的合法权益。判断标准的不同，也就决定了诉讼主体的不同，利害关系人、公益诉讼组织、竞争参与者等都有可能成为反垄断私人诉讼的原告。但从世界经济发展的趋势来看，各经济主体的规模在不断扩大，垄断行为所侵害的对象不仅包括直接经营者的利益，更包括诸多间接受害人，尤其是大量的消费者的利益。如果遵循"损害"标准原则的要求，那么间接购买者的利益将无法得到有效保护，甚至出现缺乏适格原告而无法起诉的现象。如达成横向价格垄断协议的目的在于提高市场价格，没有特定指向的消费者，所以在"损害"标准的限制下，即使消费者确实因为价格的不正当上涨而遭受损失，也无法提起诉讼。因此，综上来看，"影响"标准代表了未来的发展方向，适当扩大原告资格的范围，降低民事诉讼的门槛，有利于激励更多的市场主体提起诉讼，推动反垄断法的发展。

二、举证责任

作为现代反垄断法应对信息不对称和信息加工处理难题的主要制度手段之一，举证责任的科学分配不仅关涉违法行为的认定与否和原被告双方的诉讼成败，更关涉反垄断法律制度运行效率的高低和法益目标的实现。因此，对于反垄断民事诉讼的举证责任分配应该有别于一般的民事诉讼举证责任分配。根据美国《克莱顿法》第 4 条的规定，在反垄断民事诉讼中，原告的举证责任应当包括"原告必须证明他的'损害'与被告的非法行为之间的某种因果联系"；"所起诉的损害必须是原告的'营业或财产'所遭受的，并且这些术语要按照它们一贯和通常的含义进行理解"，即原告的损害必须是由于反垄断法所禁止的事项而出现的。而我国《反垄断法》并没有具体规定反垄断民事诉讼中的举证责任分配，通常以《反垄断司法解释》和《民事诉讼法》的规定为主，"谁主张，谁举证"成为当前我国反垄断私人诉讼中的原则性规定。但是不同于一般的民事诉讼，反垄断私人诉讼中双方地位的不对等和信息的不对称，加重了反垄断私人诉讼原告的举证责任。针对这一问题，我国法学界也展开了激烈的讨论。

有学者认为，尽管"谁主张，谁举证"是我国民事诉讼法对原告、被告双方举证责任分配的一般原则性规定，但《反垄断法》及其司法解释作了很多倾向于减轻原告方举证责任或加重被告方举证责任的特殊规定，然而相关规定在司法实践中并未被有关法院所完全遵从。一些法院在案件审理中作出了不利于原告方举证责任分配的解读，司法机关对原告方举证责任的要求显著高于执法机关对违法行为认定所把握的尺度。反垄断案件原告和被告之间存在着严重的信息不对称，很多反垄断案件需要经过高密集度的信息收集、加工和处理，反垄断案件审理机关面临处理时效限制和高昂的管理成本等现实问题。因此，在垄断协议方面，应该明晰不同垄断协议的分析模式类型，进而选择与之相匹配的举证责任规则；对于滥用市场支配地位的案件，原告、被告双方的基本举证责任规则可以设计为：原告对被告具有市场支配地位和存在滥用行为承担举证责任，如果原告能够证明被告的行为产生了反竞争效果，视为完成了初始举证责任；被告对其行为具有正当理由承担举证责任。但是在司法审理过程中，法院在适用举证责任分配规则时，应该考虑到不同类型滥用市场支配地位行为在危害效果上的区别、原被告双方距离证据的远近、所应用的经济分析模型差异等因素,对个案的原告、被告的举证责任进行适度调整。①

有学者认为反垄断民事诉讼是反垄断法私人实施的主要表现方式。我国的《反垄断法》与 2012 年最高人民法院颁布的《反垄断法司法解释》为反垄断民事诉讼的举证责任分配提供了明确的、具有操作性的法律依据。作为民事诉讼的一种,我国的反垄断民事诉讼应将民事诉讼举证责任的一般原则"谁主张,谁举证"作为其举证责任分配的首要原则。同时,由于反垄断民事案件的特殊性,部分事实应适用举证责任倒置及减轻证明负担的相关规定。《反垄断法司法解释》第 7 条规定了反垄断民事诉讼中举证责任倒置的法定形式,符合《反垄断法》第 13 条第 1 款的横向垄断协议为适用举证责任倒置的前提,即协议的存在和具备垄断性质须由原告证明,完成后被告仅对协议不具有排除、限制竞争的效果承担举证责任。《反垄断法》第 13 条的兜底条款规定的"其他垄断协议"及纵向垄断协议,其排除、限制竞争的效果还须原告进行举证,或者在有违公平的情况下由法官启动自由裁量权对举证责任进行调整。此外,在遵循民事诉讼一般原则的情况下,可以设立推定、同意原告申请专业人士进行调查等方式减轻原告的举证负担。具体而言,在垄断协议的证明案件中,应放松对原告使用间接证据尤其是环境证据的限制,只要有足够的环境证据可以相互印证共同证明,即使没有直接证据亦可认定原告完成了对协议存在的举证。在滥用市场支配地位的垄断案件不适用举证责任倒置,原告只需提出被告有涉嫌滥用的行为,由被告来证明自己行为的正当性。此外,应当允许法官依案件性质确定更为公平的举证责任。②

有学者认为反垄断法民事诉讼可以分为损害赔偿诉讼和排除侵害诉讼两种基本类型,有不同的待证明要件。反垄断法民事诉讼在证明责任分配方面应当实行弹性的"谁主张,谁举证"原则,将证明责任

---

① 叶卫平:《反垄断法的举证责任分配》,载《法学》,2016 年第 11 期,第 28—38 页。
② 邹亚莎、李亚:《反垄断民事诉讼中的举证责任分配》,载《法律适用》,2014 年第 2 期,第 34—37 页。

适当地转移给被告。反垄断法民事诉讼诸种待证明要件中的大多数应由原告负责证明,但对于违法行为之存在这一构成要件的证明责任,则应在原告与被告之间分配,引入举证责任倒置规则,原告承担提供"表面证据"的义务,由被告承担对应抗辩的证明责任。[1] 在其后续研究中,具体明确了反垄断损害赔偿之诉的待证明要件包括:一是原告具有起诉资格;二是存在违反反垄断法之行为;三是损害之存在;四是因果关系;五是过错。反垄断法上排除侵害之诉的待证明要件包括:一是原告具有起诉资格;二是存在违反反垄断法之行为;三是权益受到侵害或有侵害之虞;四是因果关系;五是过错。[2] 过多的责任分配导致原告难以承担举证责任,导致反垄断民事诉讼中的原告胜诉率极低。因反垄断民事诉讼较为特殊,不能完全适用民事诉讼的一般举证责任分配原则,而应实行举证责任倒置制度,将本应由原告承担的部分举证责任分配给被告。最高人民法院《反垄断司法解释》对此有所考量,但仍显保守,对减轻原告举证责任效果有限。"3Q案"及"锐邦涌和公司诉强生公司垄断纠纷案"也表明,我国法院在反垄断民事诉讼中分配给原告的举证责任过重,不利于实现反垄断民事诉讼的目标。[3]

也有学者认为,在实践中垄断行为侵害到的往往是众多自然人的权益,因其经济能力、法律知识水平欠缺等多方面原因,这些作为个体的自然人的证据收集能力是极其有限的,难以提供相关证据对该事实进行证明。因此,须对反垄断民事诉讼的举证责任分配予以特殊处理,即在实行"谁主张,谁举证"的一般原则的基础上,参考产品缺陷侵权的损害赔偿诉讼模式,实行举证责任倒置的规则,将某些本应由提出主张的原告承担的举证责任分配给被告,以平衡原告与被告的

---

[1] 李国海:《论反垄断法民事诉讼证明责任的分配——兼评最高人民法院反垄断法司法解释》,载《中国社会科学院研究生院学报》,2014年第1期,第84—88页。
[2] 李国海:《反垄断法律责任专题研究》,武汉:武汉大学出版社,2018年版,第249—252页。
[3] 李国海:《我国反垄断民事诉讼举证责任分配制度之检讨——以典型案例为样本》,载《吉首大学学报(社会科学版)》,2019年第1期,第12—21页。

举证责任，助成反垄断民事诉讼目的之实现。①

有学者从具体的反垄断案件（"利乐公司行政处罚案"）分析出发，认为考虑到原被告两者之间形式平等、实质不平等的特点，在以支配地位企业为被告的忠诚折扣民事诉讼案件中，可以适当降低原告的证明标准，其能证明忠诚折扣属于滥用市场支配地位的行为，即完成初步证明责任，后续的举证责任则由被告承担，被告应证明其行为具有商业经营活动所允许的特许经营情形等经营上的合理性。②

有学者认为，目前我国审理反垄断案件适用"谁主张，谁举证"这样一般的民事诉讼规则，但垄断案件具有很强的特殊性，受害人很难发现和证明垄断行为。原被告之间的力量失衡、司法救济被动性延迟，以及现有的制度框架缺乏激励，极大地限制了反垄断私人诉讼的有效实施。为此，我国应借鉴证据开示③制度，并将其规定为审前法定程序，明确证据开示的适用范围，比如涉及商业秘密的事项、委托人与律师之间的保密事项等内容不进行开示。此外，根据反垄断案件的复杂程度和明确证据开示的采用书面型、照面型、开庭型方式的不同，确定证据开示的次数，为保证证据开示制度的实施，还应对此规定失权规则和违反证据开示的制裁。④

也有学者从滥用市场支配地位垄断行为的研究出发，发现滥用市场支配地位的私人诉讼在司法实践中多因举证不能而败诉。该类诉讼举证困境的原因并非举证责任分配规则存在缺陷，而在于对举证责任分配规则存在误读及证据收集制度的不完善等。因此，应通过周边配套制度的完善来解决原告举证难的问题，而非扩张举证责任分配规则。

---

① 戴宾、兰磊：《反垄断法民事救济制度比较研究》，北京：法律出版社，2010年版，第245页。
② 李俊峰：《"忠诚折扣"的垄断违法性判定——以利乐公司行政处罚案为材料》，载《当代法学》，2019年第2期，第82—92页。
③ 证据开示是指在民事诉讼中，一方当事人向另一方当事人披露有关案件信息，但在开示方式是主动开示还是被动开示上存在差别。
④ 厉潇逸：《反垄断私人诉讼的证据开示制度研究》，载《法学杂志》，2016年第8期，第134—140页。

此类诉讼相关证据多由被告掌握且原告处于弱势一方，应采取相应的程序措施加以平衡，如强化法院证据收集权、借鉴证据发现制度和证据开示制度、强化当事人的证据出示义务等，解决实践中"举证难、胜诉率低"的问题，促进市场公平竞争秩序的实现。①

有学者认为，在司法实践中，由于垄断行为的证据大多由被诉垄断行为人持有，即存在严重的"证据偏在"问题，在既有民事诉讼"谁主张，谁举证"的举证责任分配框架内，原告的较高败诉率几乎不可避免。为矫正这一缺陷，应引入证据开示制度。认为现行民事诉讼证据中开示制度存在一定不足，而举证责任倒置规则并非为解决举证难的妥当之策，反垄断民事诉讼中的"证据偏在"问题更为突出。为此，我国应在借鉴欧盟证据开示制度的基础上，完善相关的制度建设。即以民事诉讼法证据开示制度为框架，以法院为中心创设反垄断民事诉讼证据开示制度，围绕证据开示的启动程序、适用条件、对象范围及对违反证据开示的制裁等方面设计该制度。首先，需要解决两个基础问题：一是在"以当事人自行取证为主，以法院调取证据为辅"的调查取证模式之下，通过立法赋予一方当事人从另一方当事人及第三方处获取证据的能力；二是妥善处理证据开示与宽大制度、经营者承诺制度之间的潜在冲突，以此平衡反垄断公共执行和私人执行之间的关系。其次，完善我国反垄断民事诉讼证据开示的制度设计，将反垄断民事诉讼证据开示纳入法律规范，明确反垄断民事诉讼证据开示的制度构成。②

综上所述，现阶段我国有关反垄断民事诉讼的举证责任研究主要集中于两方面：一方面，关于举证责任倒置的研究，有学者认为由于反垄断民事诉讼的特殊性，民事诉讼"谁主张，谁举证"的举证责任

---

① 袁晓磊：《论滥用市场支配地位私人诉讼之举证困境及对策》，载《中国政法大学学报》，2019年第4期，第102—111页。

② 时建中、袁晓磊：《我国反垄断民事诉讼证据开示制度的构建：理据与路径》，载《法学杂志》，2021年第1期，第80—88页。

分配难以保护实质公平。基于此，建议在"谁主张，谁举证"的一般原则基础上，参考产品缺陷侵权的损害赔偿诉讼模式，实行举证责任倒置的规则。另一方面，有学者认为举证责任倒置规则并不能解决反垄断民事诉讼中举证难的问题，认为真正的举证难在于证据收集难，为此，建议引入证据开示制度。其实，无论是举证责任倒置，抑或是证据开示制度都符合我国当前反垄断民事诉讼举证责任的需要。由于反垄断民事诉讼中原被告的地位悬殊，原告在收集证据方面处于天然的弱势地位，所以可以引入举证责任倒置制度。但如果对涉及垄断行为的民事诉讼纠纷都实行举证责任倒置，则又可能会导致对被告的重大不公，原告起诉后可能不需要提供任何证据即可能胜诉，而这将严重背离司法公正，并且也极易导致反垄断民事诉讼的滥诉。正因如此，在民事诉讼领域，只有在极端例外的情形下才可适用举证责任倒置规则。而证据开示制度则是从证据收集的角度保障反垄断诉讼的公正审判，被诉垄断行为人需要向原告披露与诉讼有关的证据和事项，拒绝披露将承担不利后果，由此可以有效解决因诉讼地位失衡而引发的举证不能问题，这种举证难度的减轻是通过对取证权利和义务的合理配置来实现的，即对掌握有大量证据材料的被告课以协助原告取证的义务，从而减轻原告的举证负担。但这样的制度设计，一方面增加了诉讼成本；另一方面也难以保障证据的真实性和有效性。如何协调好这两项制度，合理分配好反垄断民事诉讼中的举证责任，将是落实我国反垄断私人实施的重点与难点。简言之，从我国目前的司法实践来看，反垄断法私人诉讼中的举证责任分配，合理的制度设计应当是在"谁主张，谁举证"原则的基础上，给予法官一定的自由裁量权，视具体案情的不同，合理分配举证责任，综合运用举证责任倒置分配制度、证据开示制度等，保证个案的公平公正。

第四节 公益诉讼

公益诉讼历史悠久，为世界各国所重视。其最早起源于古罗马时期，在近现代西方国家中得到完善发展。虽然公益诉讼在世界各国的法制体系中称谓迥异，具体实施方法也各不相同，但其所体现出来的内在精神和基本形式具有高度的统一性。究其原因，其根本在于：作为法律制度整体构建中的一部分，公益诉讼制度自身有其他制度无可比拟、无法替代的优越性——它在某种意义上弥补了法律制度上的缺陷，为提高国民素质、社会稳定、经济发展发挥一定的作用。依据提起诉讼主体的不同，公益诉讼可以划分为检察机关提起的公益诉讼、其他社会团体和个人提起的公益诉讼，前者称为"民事公益诉讼"或"行政公益诉讼"，后者称为一般"公益诉讼"。关于何为"公益诉讼"，学界和实务界尚未达成共识，实务界推动公益诉讼的主体为检察机关，大都主张民事公益诉讼。在理论界，大都从行政公益诉讼和民事公益诉讼两个方面进行研究，分别给出了两个概念的定义。其实，因公共利益具有广义和狭义之分，公益诉讼也相应存在广义和狭义的概念。广义的公益诉讼泛指一切为维护公共利益而提起的诉讼，它既包括国家机关代表国家以自己的名义提起的为维护公共利益的诉讼，也包括公民、法人和一切非法人组织以自己的名义提起的为维护公共利益的诉讼；而狭义的公益诉讼则仅指国家机关代表国家以国家名义提起的为维护公共利益的诉讼。即依据原告提起诉讼的资格角度，公益诉讼的启动方式可分为一元和多元启动方式。①

美国作为最早引入公益诉讼的国家之一，早在1863年颁布实施的《反欺骗政府法》就明确规定，任何个人或公司在发现有人欺骗美国政府，索取钱财后，有权以美国的名义控告违法的一方。1890年通过的

---

① 赵许明：《公益诉讼模式比较与选择》，载《比较法研究》，2003年第2期，第68—74页。

《谢尔曼法》及 1914 年实施的《克莱顿法》均规定了对反托拉斯法禁止的行为，除受害人有权提起诉讼外，检察官也可提起衡平诉讼，其他任何个人及组织都可以起诉。美国的《防止空气污染条例》《防止水流污染条例》《防止港口和河流污染条例》《噪声控制条例》《危险货物运输条例》等条例中均规定有公益诉讼。为保障公益诉讼的有效实施，《美国区法院民事诉讼法规》第 17 条规定，在保护别人利益的案件中，也可以用美利坚合众国的名义提起。英国的"检举人诉讼"制度也属于公益诉讼中的一种。英国的行政法规定，检察长可以代表国王依法行使权力阻止一切违法行为的发生。针对行政审查而言，有权代表公共利益主动请求对行政行为实施司法审查；针对个人救济而言，有权在私人没有起诉资格时帮助私人申请司法审查。私人可以通过法定程序请求法务长官，让其依法监督关乎公共利益的案件，督促公益诉讼的进行，在这样的诉讼中，法务长官（检察长）是原告，公民列为检举人，所以叫作"检举人诉讼"。除"检举人诉讼"外，英国的公益诉讼还有很多形式，如针对环境污染，英国的《污染控制法》规定，任何人都有权提起诉讼。某些社会性组织经检察长同意也可提起环境公益诉讼。此外，英国法也赋予某些机构如英国的平等委员会及某些特别公职人员如公平交易局局长特别诉权，以维护社会公共利益。德国则主要依托团体诉讼的方式进行公益诉讼，指的是当不特定多数人的权益受到侵害，但对于个人而言，这样的侵害程度过于微小，不值得通过诉讼或其他方式阻碍违法行为的继续，可以由有权利能力的社会团体或其他机构，以团体或机构的名义向法院提起诉讼的一种公益诉讼方式。其实质是具有共同利益的社会群体将其诉讼权利以"信托"的方式授权给符合法律规定的社会团体或组织，由该组织代表其行使权利以达到公益救济的目的。

我国在 20 世纪 90 年代，经济法学界首先提出了要在我国建立经济公益诉讼制度,从而拉开了中国公益诉讼的序幕。① 通过《民事诉讼法》第 55 条和《环境保护法》第 58 条,并出台相关司法解释及规范性文件,我国确立了环境民事公益诉讼制度。其后,逐渐扩宽公益诉讼实施的范畴,如英雄烈士的名誉保护、交通安全、野生动物保护等方面。2017 年修正的《民事诉讼法》和《行政诉讼法》,赋予了检察机关提起公益诉讼的职能,2018 年开始施行、2020 年修正的《最高人民法院、最高人民检察院关于检察公益诉讼案件适用法律若干问题的解释》中规定了检察机关提起公益诉讼的相应权利、义务关系。截至 2020 年年底,已有 18 个省级人大常委会通过决定或决议,授权检察机关在互联网侵害公益、个人信息保护等方面探索公益诉讼实践。据统计,从 2017 年 7 月至 2021 年 6 月,检察公益诉讼已全面开展四周年,共提起诉讼 19 695 件,包括行政公益诉讼 2336 件,民事公益诉讼 17 356 件(含刑事附带民事公益诉讼 15 320 件),从领域分布来看,生态环境和资源保护 14 175 件,占 71.97%;食品药品安全 4186 件,占 21.25%;国有财产保护、国有土地使用权出让 586 件,英烈权益保护 45 件,其他 634 件。② 在 2021 年 10 月 19 日全国人大常委会对社会公布的《中华人民共和国反垄断法(修正草案)》中第 60 条提出"经营者实施垄断行为,侵害社会公共利益的,人民检察院可以向人民法院提起民事公益诉讼",从法律层面提出了反垄断法下的公益诉讼制度。相较于其他的诉讼主体,私人主体(指社会公益团体、个人)在提起公益诉讼时具有先天上的劣势,除原被告双方诉讼力量的差距外,私人主体出于自身私益的考量,更易达成和解,这与公益诉讼的初衷相悖,且容易产生大量琐碎案件,造成司法资源的浪费。因此,在法律维稳的前提下,我国目前的公益诉讼以检察公益诉讼为主。下

---

① 韩志红、阮大强:《新型诉讼——经济公益诉讼的理论与实践》,北京:法律出版社,1999 年版,第 3—25 页。
② 《最高检发布检察公益诉讼起诉典型案例公益诉讼全面开展 4 年提起诉讼近 2 万件》,https://www.spp.gov.cn/xwfbh/wsfbt/202109/t20210915_529543.shtml#1。

面就学界有关反垄断公益诉讼的探讨做一个梳理：

有学者从行政执法的缺陷和公益诉讼的预防性作用两方面说明我国应当引入反垄断公益诉讼制度，从政府职能的转型、社会本位、社会组织的发展进路等方面说明我国反垄断公益诉讼制度实施的可行性。具体而言，一要拓宽当事人适格的标准，不要求适格原告具有法律上直接的利害人关系，只要求有利害关系即可；二要合理配置举证责任，打破"谁主张，谁举证"的传统举证责任方式，可以在反垄断公益诉讼中实行无过错责任和举证责任倒置等规则；三要合理分配诉讼费用和增设对公益诉讼原告的奖励，适当减少公益诉讼的诉讼费用，限制公益诉讼胜诉后再提起诉讼原告的奖励。①

有学者从公益诉讼的内涵出发，认为民事公益诉讼原告具有广泛性、目的具有公益性、诉讼请求具有宽泛性、判决效力具有延伸性、诉讼影响具有深远性的特点。我国的民事公益诉讼制度建设是一个从无到有的过程，其适用范畴必须结合我国的基本国情及现阶段我国司法的承受能力来进行考量，将其严格地限定在公众普遍关注、关乎民众利益、迫切需要保护的公共重大利益方面，具体而言应限制在国有资产流失案件、环境公害诉讼案件、反垄断诉讼案件，以及伪劣产品致人身和财产损害案件。认为根据我国的现实国情及司法的承受能力，应当将提起民事公益诉讼的权利赋予国家机关、社会组织及公民个人，即三元模式。这样的模式既能动员社会各种力量，又能明确主体的职责，实现国家公诉、社会组织和公民个人诉讼紧密结合，是一种比较理想的公益诉讼模式。②

有学者从经济法的本质属性出发，认为反垄断法的实施应彰显经济法的本质属性——社会性和经济性。社会性体现在对社会公共利益

---

① 张梓太、褚莹：《我国建立反垄断公益诉讼之初步制度构想》，载《法学家》，2006 年第 4 期，第 26—29 页。
② 陈艳恩：《民事公益诉讼及其制度构建》，载《学术论坛》，2009 年第 4 期，第 158—161 页。

的维护，为弥补公共权力机构实施反垄断法的不足，反垄断诉讼请求权社会化和民间化成为必然。经济性主要体现在反垄断法的财产罚上，关注经济效率。具体到反垄断公益诉讼，认为公益诉讼可分为公益公诉和公益私诉（前者指由国家机关代表社会公众或者公共利益提起的诉讼，后者是指由社会民间团体和公民个人为维护公共利益提起的诉讼），在我国实施公益公诉会与现有的反垄断执法机关的执法产生冲突，造成执法体系的混乱。建议在我国实施反垄断公益私诉，由社会团体和公民个人提起反垄断民事诉讼，且诉求应限于停止侵害诉讼。①

有学者从经济法的独立性出发，认为经济法依托公共实施和私人实施这样的传统部门法实施机制来具体实现其职能，我国现行经济立法规定的惩罚性赔偿依然属于民事责任形态，且反垄断法等经济立法中的私人实施通常有行政机关的干预和介入，并未摆脱传统实施方式的限制。认为民法意义上的违约或侵权行为是指向性侵害，侵犯的是特定受害人的民事权益，即个体私益。而经济法意义上的违法或不正当行为是发散性侵害，侵害的是不特定多数人的合法权益，即集体公益，前者为私人侵害，后者为社会侵害。认为经济法若依托单独或共同诉讼这样的私人实施机制难以保障社会公众的合法权益，应依托集团性公益诉讼这样的社会实施机制来保障社会公众的具体权益。具体而言，应从受害者集体代表维护社会权益给予其实体权利和提供集团性公益诉讼程序等方面入手解决公益诉讼的难题，组成集体成员的个体可借集体福祉获得的普遍性来获得法律的实质性保护。认为集团性公益诉讼不宜通过适用民事诉讼程序进行运行，把其适用于社会实施更为合适。②

有学者从检察机关提起公益诉讼的制度安排出发，认为检察机关

---

① 毕金平：《我国反垄断程序法之重塑》，载《学术界》，2010年第6期，第76—83页，第285页。
② 赵红梅：《经济法的私人实施与社会实施》，载《中国法学》，2014年第1期，第177—195页。

提起民事公益诉讼已有多年的实践基础,赋予检察机关提起民事公益诉讼的权力既有法理基础,也有现实需要。认为从制度层面考虑,应当将反垄断案件、损害公共设施的案件也纳入民事公益诉讼范围,但是在起诉方式上不应照搬西方模式,在提起民事公益诉讼上只能采用单纯的公益模式,即单独由检察机关提起诉讼或者与其他合法的机关或组织共同提起,私益不涉其中。在级别管辖上应明确为市一级,诉前应设置诉讼成本评估程序以解决成本收益问题;诉讼费可免交,且应赋予检察机关更长的举证时限,举证期间可另行规定,败诉后由国家赔偿。认为检察机关所享有的权利义务包括:调查核实权、有限的撤诉权与和解权、对法院判决享有抗诉权、承担相关诉讼费用、负有举证责任,且公益诉讼案件只有本诉,没有反诉。①

有学者从公益诉讼的原告资格出发,认为当作为"沉默的大多数"的规制受益人的利益没有得到恰当代表的时候,公益诉讼便应运而生,这是因为由规制受益人提起的公益诉讼能够破解对其"普遍利益"保护的司法困境。认为公益诉讼作为规制型法律的私人实施机制,决定了公益诉讼起诉资格的私人性;公益诉讼的代表诉讼性质则决定了其功能的补充性。一言以蔽之,公共利益的保护要仰赖于规制主体的公共实施,只有在公共实施力所不逮的情况下,规制受益人才能代位规制主体提起公益诉讼。检察机关之所以不能享有公益诉讼起诉资格,是因为公益诉讼起诉资格的私人性所致,且在实践中,即便赋予检察机关公益诉讼起诉资格,检察机关也难以堪当此任。为此,各种"法律规定的机关"不应具有公益起诉资格,相互竞争的社会团体理应享有公益诉讼起诉资格,最应该授予公益诉讼起诉资格的则是私人。②

有学者从消费者权益保护的角度出发,认为消费者权益具有整体性和社会公共性,垄断行为对消费者权益的侵害必然涉及对社会公共

---

① 杨金顺:《检察机关提起民事公益诉讼若干问题探析》,载《宁夏社会科学》,2015年第5期,第57—61页。
② 陈承堂:《公益诉讼起诉资格研究》,载《当代法学》,2015年第2期,第77—86页。

利益的侵害，建立反垄断民事公益诉讼对消费者权益予以救济具有正当性。且公益诉讼符合反垄断法保护公共利益的宗旨，是对"利害关系人"式诉讼机制的有效补充。认为应从社会公共利益到消费者剩余来判断反垄断民事公益诉讼的受案范围，以"消费者的自由选择和公平交易权是否受到侵害"作为判定"消费者剩余减损"的具体标准，明确规定最高限额转售价格的行为、以不公平的低价购买商品的行为、短期内以低于成本价格销售商品的目的落空行为不属于反垄断民事公益诉讼受案范围的垄断行为。对于起诉资格而言，以相关性和效果性来考量具体的起诉人资格，认为检察机关、适格的消费者协会、消费者个人可以成为反垄断民事公益诉讼人，反垄断行政主管机构不能作为反垄断民事公益诉讼人。对于诉讼请求而言，以禁令和认定合同无效为主，同时兼顾损害赔偿。在损害赔偿方面，应当坚持三倍损害赔偿及判决前利息的惩罚性赔偿制度。①

简言之，在当前反垄断公共实施难以全面落实、私人实施救济困难的情况下，在反垄断领域引入公益诉讼制度，既符合反垄断法的立法原则，又有利于保障反垄断法权威性的落实。我国《反垄断法》的立法目的之一就是保护社会公共利益，公益诉讼制度的落实是《反垄断法》立法目的的具体体现。一般的诉讼通常以私人或国家的利益为主，甚少关注社会公共利益，而公益诉讼的启动以一国范围内不特定多数公民的合法利益受到侵害为前提，涉及的是社会公益和公序良俗。且在反垄断领域，经营者实施的垄断行为具有损害的广泛性和受害者的不确定性特征，受损害主体可能与案件不具有直接的利害关系。如果还在反垄断领域坚持民法规则上原告适格②，则无法有效保障间接受害者的合法权益，这与《反垄断法》的立法初衷相悖。在反垄断民事

---

① 陈云良：《反垄断民事公益诉讼：消费者遭受垄断损害的救济之路》，载《现代法学》，2018年第5期，第130—144页。
② 所谓原告适格是指当事人对于作为诉讼标的的特定的权利或法律关系可以实施诉讼并请求本案判决的资格。参见高桥宏志著，林剑峰译：《民事诉讼法制度与理论深层分析》，北京：北京法律出版社，2003年版，第206页。

公益诉讼中，受害个体一般损失不大，但是受害群体受损总额很大，如果此时仍然坚持适格当事人理论，则很有可能导致很多受害者放弃维权、民事私益及社会公益都得不到应有的保护，反而让实施垄断行为的行为人受益。因此，在反垄断民事诉讼中，应突破传统的适格当事人理论，引入更为合理的公益诉讼制度。且相较于一般的诉讼，公益诉讼的价值更加多样化，除打破传统"不诉不理"的诉讼机制（检察机关可依法提起诉讼）外，更有利于实质公平理念的落实。相较于普通的民事救济途径，诉讼是最为有效的权利救济途径，在反垄断领域也不例外。一方面，反垄断民事公益诉讼是对反垄断法诉讼制度的有效补充，能够保障司法体系的完整性，增加合法权利救济的途径，并能使民众相信存在普遍适用的法律标准，防止因腐败或其他因素影响的公共执法懈怠现象的出现；另一方面，基于反垄断领域原被告双方地位的不对等和信息交流的不对称而言，反垄断公益诉讼为指控方提供了更多的选择。总之，在反垄断领域引入公益诉讼制度既符合反垄断法的基础理论要求，又有实践经验的支撑，具有现实可操作性，还符合国家战略的要求，有利于维护《反垄断法》的权威，促进市场经济的健康发展。

第九章 相关新领域

近年来,随着中国产业结构的不断调整,经济增长方式发生了重大转变,服务产业比重不断提升,依托信息技术的新产业模式不断涌现。在此背景下,平台经济模式应运而生。平台经济是依托互联网网络所进行的经济活动总和,它关系到了人们日常生活的方方面面。平台经济依托于互联网技术,通过互联网技术赋能实现市场供需对接,最大程度上促成交易完成,为双边交易行为带来最大收益。因此,平台经济模式的实质是对经济生产方式和组织方式进行重塑,代表着更高水平的生产力。平台经济运行逻辑与传统经济运行逻辑有着根本性区别,在信息技术赋能和交叉网络外部效应影响下,平台经济是独立于现实市场发展出一套新的市场机制。例如,在定价机制方面,平台能根据客户偏好采取倾斜定价策略或在大数据技术赋能下实现动态定价,使资源在紧缺情况下得到最大化利用;在交易保障机制方面,平台所创造出的评价机制更为透明,通过用户的使用信息多维度对产品描述,有助于消费者了解更多产品的准确信息,减少市场信息不对称问题。此外,平台经济基于信息技术赋能还具有广泛的通用性与开放性,从根本上改变了传统经济资源配置方式及企业生产交易行为,具有较强拓展性,能不断催生出新商业模式或新业态。然而,平台模式发展的内生网络外部性决定了平台必须要不断扩充市场规模,以容纳更多生产者和消费者。因此，平台模式发展到一定阶段后必然会出现高市场集中度的问题，朝向垄断发展演进。

2020年中央经济工作会议要求"强化反垄断和防止资本无序扩张"，具体包括健全数字规则、完善相关法律规范、加强规制等。2021年中央政府工作报告再次提出，要"强化反垄断和防止资本无序扩张，坚决维护公平竞争市场环境"。这表明，互联网平台经济领域的垄断问题已经到了必须要着力解决的阶段，应对互联网平台经济现象（问题）的相关理论与制度建设必须及时跟上。就现有研究而言，多边市场理论普遍观察到互联网平台的中介作用，以及互联网平台扩大用户规模的竞争优势，然而较少从资本、数据、用户规模等出发，系统深入探究互联网平台经济的竞争机理、无序扩张及面临反垄断指控的深层次原因。目前的反垄断理论仍囿于单一商品市场的反垄断理论框架，与当前的实践样态存在较大偏差，为此，需要构建围绕互联网平台经济的反垄断新框架。就制度建设而言，国家市场监督管理总局于2020年1月2日、11月10日分别发布《修订草案》《关于平台经济领域的反垄断指南（征求意见稿）》，2021年2月7日国务院反垄断委员会印发《关于平台经济领域的反垄断指南》。这在一定程度上表明，互联网平台经济领域的反垄断规制正在积极探索之中。互联网平台企业自由放任、野蛮生长的状况随着反垄断制度的完善可能会有所好转。为更好地实施有效监管，必须从健全数字规则、制止和处罚不正当竞争行为与垄断行为等方面出发，全方位地建立起法律法规和政策体系，有效应对信息数据保护、滥用市场支配地位行为认定与经营者集中审查等问题。而其后公布的《修正草案》也在此基础上，进一步加强了对平台经济的监管，第10条要求"经营者不得滥用数据和算法、技术、资本优势以及平台规则等排除、限制竞争"，第22条也明确了具有市场支配地位的经营者利用数据和算法、技术及平台规则等设置障碍，对其他经营者进行不合理限制的，构成滥用市场支配地位的行为。进一步从立法层面强调了数据和算法等技术因素对于认定垄断行为的重要性,并明确相关行为可能构成滥用市场支配地位的行为。可以预见,平台经济领域的执法在未来仍是重中之重,处罚的行为类型也将更为广泛。

　　欧盟和美国对互联网经济领域的反垄断都进行了积极探索,但二者采取的策略并不相同。欧盟实行严格规制的策略,对巨头互联网平台企业频频开出巨额罚单,而美国采取了审慎规制的策略。欧盟在互联网平台经济领域的反垄断规制比较严苛,较为重视市场竞争和注重保护弱势群体的利益。当然,这与欧洲本土缺乏像微软、亚马逊这种超大的互联网经济平台的现实有关。在法律制度方面,《欧盟运行条约》《欧盟小企业法案》《通用数据保护条例》等诸多法律都强调对中小企业、消费者利益的保护。近年来,欧盟对超大互联网平台企业采取严格的反垄断措施。在经营者集中、跨界传导的滥用市场支配地位等案件中,最后大都开出巨额罚单,如欧盟对谷歌、脸书、亚马逊的巨额罚单。欧盟将隐私保护等也纳入反垄断执法中,2018年欧盟出台了《通用数据保护条例》,严苛的隐私保护和高额的罚款是其总体特征。《通用数据保护条例》不仅对个人用户在隐私数据方面享有的权利作了非常详尽的说明,而且对企业在处理个人数据方面也作出了非常细致的规定。在此之外,欧盟高度关注数据驱动型并购、数据收集和处理行为对竞争的影响等。欧盟委员会高度关注数据集中引发的竞争问题,以及消费者福利受损、隐私被侵犯等问题。美国对互联网垄断主要采取审慎监管的策略,重视保护创新和消费者利益,为互联网平台企业发展提供了较大的成长空间,某种程度上造就了微软、脸书、苹果、亚马逊、谷歌等一批超大型互联网平台企业。美国普遍认为数字经济条件下的反垄断法无须过多修改,只需要通过执法和司法层面进行调整。总体上,美国的监管策略主要采用行为主义立场,坚持合理原则,维持动态竞争效果。同时,在惩罚方式上采取行为主义,不仅可以有效遏制优势互联网平台企业滥用市场支配地位,而且可以给中小互联网平台企业留下发展空间。

我国应当充分借鉴欧美发达国家在立法或执法层面及时性和灵活性的做法,要及时梳理应对思路,通过执法或司法积极有效地回应反垄断领域的新问题。当然,欧美修订法律较少,并不意味着我国不需要修订法律。按照我国的立法传统及其法治路径,立法与司法、执法应是并行不悖的。

第一节 平台经济

数字经济(Digital Economy)最早由唐·塔斯考特(Don Tapscott)在其1996年出版的《数字经济》一书中提出。他认为,在传统经济中,信息流是以实体方式呈现的,在新经济中,信息以数字方式呈现,因此数字经济基本等同于新经济或知识经济。后来数字经济发展为以数据为生产要素、以信息载体升级(由硬件设施及软件技术共同驱动的现代信息网络)为全要素生产率提升的手段,通过广泛参与生产、交换、分配及消费等过程,重构商品与服务价值,促进实体经济效率提升与结构优化的新型经济生态。中国战略规划部门则从顶层设计层面出发对大数据进行界定:"大数据是以容量大、类型多、存取速度快、应用价值高为主要特征的数据集合,正快速发展为对数量巨大、来源分散、格式多样的数据进行采集、存储和关联分析,从中发现新知识、创造新价值、提升新能力的新一代信息技术和服务业态。"[①] 通常而言,数字经济具备三个主要特征:第一,非竞争性。经济主体对数据的使用不会提高其他经济主体使用该数据的边际成本。数据在空间和时间上均有非竞争性,同一时空可有多人使用同一数据,但这仅是针对数据本身属性而言,拥有数据优势地位的企业仍可利用优势地位,限制数据的流通。第二,数字产品生产的边际成本很低甚至趋于零,数字经济拥有巨大的规模效应。传统制造业的规模效应有限,当

[①] 《国务院关于印发促进大数据发展行动纲要的通知(国发〔2015〕50号)》,http://www.gov.cn/zhengce/content/2015-09/05/content_10137.htm。

产能得到充分利用后,增加产量需要新的投资,边际成本随之上升。第三,正外部性。数据的边际价值随着数据使用量的扩大而提高,并不断自我强化。这对应数字经济中的平台经济,使用社交平台、电商平台的消费者越多,平台本身的价值也会越大,更容易吸引新消费者的加入。数据驱动型经济是我国经济体系的重要组成部分,大数据产业也是国家重点扶持的新兴产业,为此,我国先后出台了《促进大数据发展行动纲要》和《大数据产业发展规划(2016—2020年)》两个文件。然而,"越是国家产业政策鼓励发展的产业和领域,就越需要引入竞争机制。"数字经济在给生活带来便利的同时,数字科技巨头们带来的垄断问题也在不断困扰着人们。

有学者认为,平台经济是数字经济的重要组成部分,作为一种新的经济业态与生产组织方式具有优化资源配置、推动经济多元融合、促进产业升级与跨界融通发展的重要作用。平台企业在高速发展的同时也形成了垄断隐忧,妥善处理数字经济的创新发展与规制平台垄断行为的关系是全球反垄断司法辖区亟待解决的问题。平台的算法行为是企业为实现利润最大化而做出的明智的单方市场应对行为还是竞争者间非法合谋的结果,是数字经济中尤为突出的难题。数字经济的发展使平台的滥用行为既有传统反垄断法所规制的滥用行为的新表现,也有新型滥用行为。同时,大型数字科技公司的零存活区策略,以及大型公司对初创企业的收购对竞争的影响亦值得反垄断法关注。从垄断协议、滥用市场支配地位和合并控制等角度看,应加强平台竞争监管,在现有反垄断法分析框架和体系下对平台竞争垄断进行规制,通过对立法、执法、司法的技术完善和更新来适应数字经济的特点和发展变化。在加强对平台竞争监管的同时,更要顺应数字经济的发展规律,创新对平台竞争监管的方式,构建公平有序的竞争环境,促进相关技术的革新与进步,推动平台经济与实体经济的深度融合,从而实现经济效率与社会总福利的提升。此外,应优化竞争分析框架,构建包含消费者福利、用户数据及隐私保护、平台的产品或服务质量等因素的多元分析框架,改进市场调查等竞争政策工具。①

有学者认为独特的数据集合对市场竞争具有重要的影响。第一,数据集合经过定义、脱敏、信息提取和价值分析,可以转化成具有交换价值的交易标的。这种信息资产作为竞争产品,可以给数据控制主体带来直接的产品收益和市场优势。第二,动态、实时的数据集合配合算法分析技术,有助于企业分析市场趋势和识别消费者需求,在相关产品市场上获得独特的竞争优势。第三,如果企业所持有的数据集合的种类、规模和范围达到竞争对手无法复制或超越的程度,就可能形成并加强企业的市场支配地位,凭借这种地位企业可以在上下游市场获取竞争优势。②

有学者认为网络平台的合作治理涉及政府、平台企业、网络平台用户等多方主体。但是,网络平台用户和其他私主体在治理的框架中角色相对被动,网络平台治理的核心角色仍然集中在政府和平台企业这两类主体上。对二者之间关系的不同定位,直接影响网络平台治理的方向和路径。从目前的实践来看,政府与平台企业之间的关系主要有三种类型:政府作为管理主体、平台企业作为管理对象的管理型,政府主导、平台企业参与的协助型,政府、平台企业共治的合作型。在三种理想类型基础上,把握好必要的政府监管、利用好网络平台私权力,才能实现网络平台善治。申言之,网络平台的善治,应当在维持社会底线安全和秩序的基础上,实现权利保障的最大化。围绕平台善治的目标,政府与平台企业都有其使命;实现或不断接近这一目标,也需要二者在"理想类型"框架下不断改进治理机制。具体而言,首先,全面理解权利保障:第一,权利的保障应当是全面而均衡的,应当在平台生态的整体范围内来考虑权利保障,平衡拟保护的特定主体

---

① 林子樱、韩立新:《数字经济下平台竞争对反垄断规制的挑战》,载《中国流通经济》,2021年第2期,第26—36页。
② 詹馥静、王先林:《反垄断视角的大数据问题初探》,载《价格理论与实践》,2018年9期,第37—42页。

的权利与受该治理手段影响的其他主体的权利;第二,权利的保障不是静止的,而应是发展的;第三,权利的保障应当是及时的;第四,公权力与平台私权力间既合作又对峙的状态,更有利于权利的保障。其次,把握好必要的政府监管:第一,发展好平台经济是整个社会的共同利益,也是政府监管的基本出发点;第二,政府要不断研究平台经济,提高监管能力和水平,找准监管的具体问题;第三,政府监管要遵循比例原则,针对不同风险的平台商业模式分类设计有针对性的措施;第四,政府监管要完善正当程序。最后,利用和规范好网络平台私权力:第一,按照最多信息、最大能力、最小成本原则发挥网络平台私权力的正外部性作用;第二,限制网络平台私权力的负外部性作用。①

有学者认为网络平台的核心特性是数据性,由于规模经济、网络效应和转化成本的存在,网络平台在收集、分析和使用数据的过程中会产生数据竞争优势,从而可能在数据相关市场中形成市场支配地位并引发滥用行为。规制滥用市场支配地位行为的起点是界定相关市场,应当将替代性分析作为界定数据相关市场的关键方法,根据网络平台服务的不同特性及地域性因素进行市场划分。认定网络平台在数据相关市场中的市场支配地位时,鉴于行业的特殊性,首先需要格外注意对市场动态性的考量;其次需要对不同数据进行分类考察,在数据用于交易的情形下,可以通过计算传统的市场份额来认定其市场支配地位,在数据没有被用于交易的情形下,则可以通过其独占某类数据而他人无法开发或获得来推定,也可以通过计算其数据收集数量来认定其市场支配地位。②

有学者认为互联网服务具有不同于传统实体经济的新特点,如双

---

① 周辉:《网络平台治理的理想类型与善治——以政府与平台企业间关系为视角》,载《法学杂志》,2020年第9期,第24—36页。
② 李世佳:《网络平台的市场支配地位认定——以数据相关市场为中心》,载《研究生法学》,2020年第2期,第130—144页。

边市场特征、免费属性、网络效应和锁定效应,以及动态竞争性市场结构,从而决定了需要对反垄断法的市场支配地位认定规则进行变革。通过管窥欧盟和美国的互联网行业反垄断案例,能够为我国市场支配地位认定规则的完善提供以下有益借鉴:服务的免费属性不是否定市场支配地位的合理解释,一边市场的支配地位不能推断出另一边市场的支配地位,市场份额的计算要考虑销售量(额)之外的其他因素,如网站访问量和浏览量,搜索引擎的搜索请求量等,市场进入障碍的分析要以网络效应为基础。[①]

有学者认为,现如今以网络平台为基础的众多经营者已经成了影响经济发展的重要市场主体。虽然我国已经出台《禁止滥用市场支配地位行为暂行规定》,完善了《反垄断法》的相关规定,但在调整网络平台市场竞争时仍然存在针对性、适用性不足,立法缺位等困境。究其原因,主要是从单边市场到双边市场的市场模式变革影响到了网络平台市场竞争要素的变革。比较网络平台的双边市场发展模式与传统单边市场发展模式可以发现,用户数量成为网络平台市场控制能力关键因素、算法成为维持用户数量与开展有效竞争的重要工具。因此,在《禁止滥用市场支配地位行为暂行规定》第11条确定的认定网络平台市场支配地位要素中,用户数量应当具有优先适用性,将其作为推定条款进行重点突出;以用户时间占有比作为量化平台经营者持续占据、维持用户的指标,认定网络平台经营者是否具有持续占有市场支配地位能力。基于算法工具属性,对占据明显用户数量与用户时间比的网络平台经营者的算法进行备案以完善对网络平台滥用市场支配地位行为的规制方式。[②]

有学者认为,反垄断立法和司法实践表明,非结构因素和结构因

[①] 张素伦:《互联网服务的市场支配地位认定》,载《河北法学》,2013年第3期,第168—173页。

[②] 张骏、张立森:《网络平台市场支配地位的认定》,载《华侨大学学报(哲学社会科学版)》,2020年第5期,第101—112页。

素在认定市场支配地位中同样重要。但在互联网行业,市场份额等结构因素适用性减弱,非结构因素作用因而凸显。就其外延而言,关键设施、创新能力、转移成本最具典型性。互联网接入服务、技术标准或知识产权、互联网平台最有可能成为关键设施。互联网企业控制这些设施能够使相对人产生交易依赖,体现企业对市场的纵向控制能力。竞争性垄断市场结构下,竞争被创新发起或抑制,垄断靠创新实现或突破。看似矛盾的产业发展规律实则证明创新能力对于企业的重要性。转移成本的存在不仅成功地实现了对消费者的锁定,而且对潜在进入者构筑起较高壁垒。因此,互联网企业的市场支配地位可通过关键设施认定、创新能力的衡量或通过计算转移成本来认定。当然,非结构因素本身是个开放性范畴,认定互联网企业市场支配地位也不局限于关键设施、创新能力和转移成本因素。非结构因素的外延范围并不重要,重要的是,通过对非结构因素的研究,可以明确这些因素对互联网企业市场支配地位的影响机制,进而拓展市场支配地位认定的思路,有益于陷入迷思的反垄断司法实践。[①]

有学者认为,平台兼具企业和市场两种性质,同时还具有"跨边网络外部性","一家独大"是平台市场结构的一个重要特征,但这并不影响市场的正常竞争。多归属的存在让占据了高份额的平台企业不敢轻易为所欲为;跨边网络外部性在带给平台企业野蛮生长的动力的同时,也给它们带来了更为严酷的竞争威胁;跨界竞争的普遍存在,导致平台之间竞争的空前激烈;技术的迅速迭代令"熊彼特式创新"频繁发生,这令平台企业即使占有了高市场份额也难以长期保持市场力量。平台特有的特征导致我们在过高定价问题进行分析时,除了要考虑成本状况、行业平均利润等一般性因素外,还必须对平台的市场属性,以及由此决定特有的商业模式予以关注。除此之外,在对一些特殊的平台的过高定价问题进行分析时,还应注意到价格作为一种治

[①] 杨文明:《论互联网企业市场支配地位认定的非结构因素》,载《河北法学》,2014年第12期,第161—171页。

理手段的作用。在分析平台的价格歧视行为时，应综合考虑多方面因素，例如多归属对平台的限制有多强、平台创造出的消费者福利与攫取的消费者福利究竟孰大孰小、社会的总福利究竟有没有因价格歧视行为而降低等。在发现平台的低价行为时，不应简单将其定性为掠夺性定价并加以禁止，而应该仔细分析整个平台的价格结构，以及定价的动态影响后再作出相关判断。对于平台使用搭售模式的一个前提是，应当保证消费者的知情权。对于那些利用，甚至人为制造信息不对称，暗中搭售的平台，应当予以严肃的处理。[1]

有学者认为，从现行反垄断法基本原理和施行逻辑出发，以相关市场界定、市场支配地位认定，以及滥用市场支配地位行为及其限制竞争效果的判定为基本的分析框架和研究路径，对平台封禁行为是否构成滥用市场支配地位展开规范性和实证性研究而非主观推断，已成为当前亟待回应的焦点。在界定相关市场时，应以争议行为所指向的目标商品为出发点，围绕此相关商品市场进行需求（供给）替代分析，注意辨识市场力量的源泉市场和限制竞争效果的发生市场。在认定平台是否具有市场支配地位时，应接受市场份额在判定市场支配地位上作用被不断弱化的事实，增强对用户基数、网络效应、规模经济、锁定效应、掌握和处理相关数据的能力等行业特征与竞争特性因素的综合考察，重视反向推演的方法补强施行封禁行为的平台是否具有市场支配地位的分析工具。在判定封禁行为是否构成滥用市场支配地位时，应充分考虑互联网"动态竞争性（垄断）结构"的特征，坚持以合理规则作为评估行为效果的基本规则，动态权衡封禁行为对行业竞争秩序和作为消费者的用户权益造成的正负效应，在坚持包容审慎的前提下，科学合理地对平台封禁行为的反竞争属性作出研判。[2]

---

[1] 陈永伟：《平台反垄断问题再思考："企业-市场二重性"视角的分析》，载《竞争政策研究》，2018年第5期，第25—34页。

[2] 陈兵、赵青：《互联网平台封禁行为的反垄断法解读》，载《法治现代化研究》，2020年第3期，第95—107页。

有学者认为网络平台是虚拟网络与交易实体相结合的运营平台，在运作过程中受到传统经济规律和网络经济规律的共同作用，双边市场作用、网络的外部性效应及网络定价机制是网络平台寡头垄断形成的主要原因。而我国的网络平台不仅拥有市场集中程度高、进入壁垒高、信息不畅通、服务差异程度低等显著的寡头垄断特征，而且采用了强制性低价（高价）和捆绑销售两种典型的约束竞争的手段和形式。为此，我国应尽快按照"基础设施原则"[①]建立和完善网络反垄断措施，为企业营造公平的竞争环境。具体而言，应拆分网络中的数据，明确各类数据的涵盖范围；以立法形式确立匿名数据的"基础设施"身份；提供修改、删除及"移植"身份数据和匿名数据的路径；赋予用户解除网络支付捆绑功能的权力。[②]

申言之，随着互联网经济的快速发展，互联网平台企业基于用户规模、数据与资金等优势实施垄断行为的问题日益突出。巨头化的互联网平台企业一旦实施垄断，对相关企业、用户、市场会带来严重危害，也会抑制社会创新。互联网平台经济作为一种新型的经济形态，在反垄断领域还存在一些问题。在滥用市场支配地位的认定方面，现阶段还存在立法滞后问题。无论是《反垄断法》还是《指南》都没有及时关注到互联网平台经济的双边市场化、数字化特征。在数字经济条件下，对相关市场界定存在滞后性。在单边市场下对商品市场、时间市场、地域市场的界定，在双边市场中出现了不适应性，传统单边市场的界定方法并不适用于双边市场。并且，平台经济独特的竞争环境也导致了传统的市场支配地位界定理论难以适用。互联网经济的市场竞争程度高、周期短，在某一阶段中被淘汰较为常见，也是正常现象。这种动态特征决定了市场份额推定法在认定方面会受到较大限制。

[①] 基础设施原则（Essential Facilities Doctrine，EFD），又被称为"必需原则"，源于美国的《谢尔曼法》，它是指拥有市场支配地位的企业如果控制了竞争者必需使用的基础设施，且该基础设施不能够被合理地重新建设，那么支配企业负有允许竞争者使用该设施的责任。

[②] 冯然：《竞争约束、运行范式与网络平台寡头垄断治理》，载《改革》，2017年第5期，第106—113页。

而学术界对大数据经营者滥用市场支配地位行为的研究还处于起步阶段。学者们主要从宏观层面研究了反垄断规制面临的挑战、分析思路和规制路径,对大数据市场竞争的特殊性缺乏准确认识,对相关市场的界定、市场支配地位和滥用行为的认定等尚未进行深入研究。因此,国家市场监督管理总局 2019 年 6 月 26 日公布的《禁止滥用市场支配地位行为暂行规定》第 11 条也明确了认定互联网等新经济业态经营者具有市场支配地位,可以考虑相关行业竞争特点、经营模式、用户数量、网络效应、锁定效应、技术特性、市场创新、掌握和处理相关数据的能力及经营者在关联市场的市场力量等因素。此外,国家市场监督管理总局 2020 年 1 月 2 日所公布的《修订草案》第 21 条第 2 款也指出认定互联网领域经营者具有市场支配地位在现行《反垄断法》第 18 条的考虑因素之余,"还应当考虑网络效应、规模经济、锁定效应、掌握和处理相关数据的能力等因素"。《修订草案》则强调重视数据、算法、技术、资本优势及平台规则的竞争影响。

第二节 数据垄断

以个人信息为代表的数据作为驱动数字经济发展的重要资源,成为大型平台竞相争夺的主要对象。2020 年国务院印发的《关于构建更加完善的要素市场化配置体制机制的意见》指出,数据已成为第五大生产要素,对于社会经济的发展具有重要作用。针对数据能否构成垄断,学界还未达成共识,然而在现实中,数据垄断行为早就屡见不鲜。如 2017 年美国加州北区联邦地方法庭就认为领英(LinkedIn)公司利用其垄断地位,技术限制了 HIQ 公司数据的收集与利用,阻碍了正常的数据流通;同年,欧盟委员会针对谷歌公司滥用数据优势不正当影响消费者的购买选择对其进行了天价罚款;2019 年 2 月德国联邦卡特尔局认定脸书公司在收集、处理和利用用户数据时滥用市场支配地位,应当受到相关法律的制裁;2020 年 10 月,美国司法部联合 11 个州的检察长对谷歌公司通过反竞争手段,维护其在搜索引擎市场和线上广告领域的垄断地位进行了反垄断诉讼。其实数据本身是一个抽象的概念,是对客观事物或现象的逻辑归纳,本质上是对事实、活动进行观察和分析后形成的数字化记录,其存在目的是探究被记录事实、活动的内在规律。① 数据特征具有多样性,代表性观点有"3V"特征(规模性、多样性和高速性),"4V"特征(增加了价值性),"6V"特征(增加了准确性和有效性)等。广义上的数据包括市场主体的采集、分析、处理、利用等有关的一切数据,狭义上的数据仅包括原始数据。

有学者认为互联网领域垄断争议频发,其特殊性令《反垄断法》适用存在困难。《修订草案》新增的互联网条款对其特殊性予以规定,有利于解决现有困境,从实证研究和比较研究角度解构该条款的实践来源并进行理论重构具有价值性和必要性。解构发现,一方面,该条款以部门规章的互联网条款为蓝本,草案制定者立法思路的连贯性导致继承自《禁止滥用市场支配地位行为暂行规定》的互联网条款继续规定在滥用市场支配地位规定部分,存在体系性问题。同时,吸收中、美相关司法案例的有益经验,借鉴中、欧相关反垄断执法的分析要素,相关分析对该条款的未来运用指明了方向。另一方面,互联网条款具体表述的增加过程显示出锁定效应、数据能力、网络效应均具备坚实基础,也表明存在增加其他考虑因素的立法空间;而规模效应则缺乏有力支撑,条款表述上仍有可商榷之处。对此,应当保留数据能力、网络效应和锁定效应表述,考虑删去规模效应表述,代之以范围经济表述。②

有学者认为,大数据市场竞争本质上是"零价格"竞争,主要手段是质量竞争,市场竞争的危害具有隐蔽性,导致反垄断执法机构在

---

① 王秀哲:《大数据时代个人信息法律保护制度之重构》,载《法学论坛》,2018年第6期,第115—125页。
② 王安康:《反垄断法修订草案互联网条款的实践解构与理论重构》,载《竞争政策研究》,2020年第4期,第54—62页。

处理滥用大数据市场支配地位案件时常常会引起较大争议。大数据的应用有两种形式：一是大数据作为产品或服务的输入要素；二是作为单独的数据产品或服务。在界定相关市场时，替代性分析容易出现相关市场边界不清晰的问题，且基于价格上涨的假定垄断者测试存在局限性。因此，建议在相关市场的定量分析上，可以采用基于质量下降或成本上涨的假定垄断者测试作为基于价格上涨的假定垄断者测试的改进方法，但须解决质量和成本量化难题。大数据经营者滥用市场支配地位的认定，同样需要采取行为主义的控制模式。认为在市场支配地位的认定上，市场份额推定标准依然具有较强的适用性，或者综合考虑大数据的竞争属性、经营者控制能力、竞争效应、经营者在关联市场的市场力量等因素。滥用市场支配地位的判定，需要证明经营者在无抗辩事由的情形下实施了滥用行为且造成了竞争损害。对大数据经营者滥用市场支配地位行为的规制，在遵循回应型法律规制路径的前提下，应重视大数据在赋予经营者市场势力中的作用，建立健全以质量、成本为主要工具的分析范式，完善《反垄断法》规则，促进我国大数据产业和数据驱动型经济的健康发展。①

有学者认为，在大数据语境下，数字市场支配地位的认定应纳入数据集合、数据控制能力、"云"②的支配能力等多维考察内容。而从各大竞争法域的研究和实践来看，数据的互操作性障碍、不公平的商业条款与限制、数据的不当抓取与歧视性供应等排他性或剥削性行为，则可能触发反垄断法对数字市场的监管和审查。数字市场发展日新月异，市场竞争样态多元，短期内形成融贯统一的规制框架并不切合实际。在欧盟、美国等不同法域的比较分析之外，应立足于中国视角，结合数字市场的发展特征和本土法律实践对相关问题展开探讨，从而

---

① 殷继国：《大数据经营者滥用市场支配地位的法律规制》，载《法商研究》，2020年第4期，第73—87页。
② "云"是指集成的远程处理和信息存储服务。企业在使用"云服务"过程中生成、创作、存储的信息、数据保存于"云服务"提供商的服务器中，换言之，它们还充当第三方数据中心的角色。

为中国数字市场的竞争执法与监管提供更为妥适的指导思路。具体而言,从本质上看,数据的采集并不具有独占性,可以从多个渠道采集,具有很高的可及性。但数据控制能力强的企业往往可能拒绝向其他企业开放数据的访问和利用,从而形成独有的市场竞争优势。而"云"作为数据生成或捕获工具而存在,具有数据存储或仓储中心、数据处理和分析平台的作用,受益于云端大数据所带来的规模经济和范围经济效应,对"云"的支配将给市场主体带来难以估量的竞争优势和市场力量。对此,可以借鉴欧盟、美国的执法经验,二者在滥用行为的表现形式方面存在不同,拒绝供应数据在欧盟竞争法下可能构成排他性滥用,而美国几乎从未认定拒绝交易违反反垄断法,数据领域亦是如此。二者对"是否通过不合理交易获取利益"的判定思路不同,对"隐私保护是否应纳入竞争法分析框架"持不同意见。不同规制理念的借鉴,对于我国的数据反垄断规制具有指引作用,通过部门规章来体现数字经济时代的规制需求,也是一种明确的指向,即数据相关的垄断行为已成为竞争执法当局的重点关注对象,未来可能通过数据优势评估企业的市场力量,进而分析企业是否滥用大数据优势排除、限制市场竞争。[①]

有学者认为,近年来平台经济领域的反垄断呈现出监管常态化与执法严厉化的全球趋势。平台垄断问题对反垄断法的理论(动态创新的回应不足)、制度(垄断行为的类型拓展)与实践(执法机构的能力匮乏)均带来新的挑战,但现行反垄断法的基本分析框架并未被彻底颠覆,其在互联网领域仍然可以适用。在此过程中,我国反垄断执法机构应秉持包容审慎理念下的依法监管原则,给予互联网平台创新发展的空间,避免从不监管、松监管的极端走向过度监管、过严监管的另一个极端。同时,可通过加强数字市场调研与竞争评估,引入平台企业反垄断合规监管等举措,强化平台经济领域的事前监管。目前

[①] 詹馥静:《数字市场中的单方排他性和剥削性行为——中国的视角》,载《竞争政策研究》,2019年第5期,第65—75页。

各国正加速推进适应数字经济发展的反垄断法修订,欧盟甚至启动了反垄断法的"现代化"改革,我国也应稳步推进数字经济维度的《反垄断法》修订和配套规章指南的完善,对平台垄断的突出问题作出必要的回应。我国《反垄断法》的修订可在以下方面体现对平台经济的考虑:一是在垄断协议规制度中适当考虑算法共谋问题,将其作为协同行为加以规制;二是增加经营者市场支配地位认定的考虑因素,基于互联网平台企业的特点,将网络效应、锁定效应、市场创新、数据掌握和处理能力等因素纳入考虑范围;三是完善经营者集中申报标准制度,在目前营业额标准的基础上引入交易额标准,加大数字市场并购交易的审查力度。[①]

有学者认为,通过法律规制平台经济的过程,其实质是在治理平台经济发展带来的负面性问题。借助法律多元主义理论视角分析平台经济发展的制度供给,会发现国家法律与平台规则共同构成平台经济发展的制度约束与保障,同时也是平台治理的重要制度资源。任何一项制度资源的投入会随着制度实施的环境条件,以及制度执行者的价值观念变化而产生制度成本与效益的边际效应,这就为国家法律与平台规则的功能范围设定了制度边界,因而需要优化配置制度资源的投入和组合。而国家法律和平台规则的互嵌性,以及国家法律与平台规则在服务于平台经济创新发展的目标耦合性,也就决定了国家法律和平台规则之间存在制度合作的空间。因此在平台经济治理中,通过审慎评估国家法律在平台经济领域的实施效果,有效吸纳平台规则的治理优势,优化政府监管执法资源投入,可以有效形成合作治理的平台经济秩序。申言之,国家法律与平台规则之间的制度资源配置是否达到最优配置、是否形成合作治理的平台秩序、是否鼓励平台经济的创新发展是判断国家法律实施效果的基本标准。在评估国家法律的实施效果时,不能只看某部法律或者某个法条实施后的制度收益和成本,

---

① 王先林、方翔:《平台经济领域反垄断的趋势、挑战与应对》,载《山东大学学报(哲学社会科学版)》,2021年第2期,第87—97页。

而应该结合平台企业运行的实际及其给社会带来的福利收益,重点评估国家法律的制度投入边界问题。需要建立平台企业和国家执法、司法部门良性的互动平台,充分发挥平台企业创新平台治理规则的积极性,不断为国家修订和完善法律制度提供决策建议和意见支持。政府需与平台企业进行充分互动,并针对不同类型的问题建立规则衔接机制,类型化处置不同企业在不同时期的法律规制问题,充分利用平台企业在规则治理过程中的信息技术优势。①

有学者认为,反垄断既是市场经济的内在要求,也是各国的普遍做法。目前在全球范围内呈现出反垄断不断强化的趋势,并且主要集中在平台经济领域。反垄断法非常有必要在平台经济领域适用,当然平台经济领域反垄断并不意味着国家对平台经济鼓励、支持的态度有所改变。恰恰是为了更好规范和发展平台经济,引导、促进其健康发展,以期为中国经济高质量发展作出更大贡献。但是平台经济的特点使得这种适用面临不少挑战,平台在组织形式和商业模式等方面的特殊性质又限制了传统反垄断法的适用性。我国平台经济领域反垄断应当秉持在包容审慎理念下的依法监管原则以达到创新与竞争的平衡,并且积极回应平台经济领域反垄断中的若干疑难问题,包括在特殊情况下相关市场界定可以做模糊处理但不宜直接跳过,充分考虑平台本身的特点进行市场力量的评估,运用多种手段准确识别和认定算法共谋,以及控制大型平台企业对创新型初创企业的无序并购等。②

关于大数据市场要不要反垄断?针对这一问题,国外学界存在两种针锋相对的观点,反对论者普遍认为,数据的普遍性和可及性决定企业既可以自己生成数据,也可以从很多渠道获取数据,数据在收集、存储、分析和使用环节均无市场进入障碍,其不会构成企业可持续竞

---

① 王裕根:《迈向合作治理:通过法律规制平台经济的制度边界及优化》,载《河北法学》,2021年第1期,第2—14页。
② 王先林:《论反垄断法对平台经济健康发展的保障》,载《江淮论坛》,2021年第2期,第1—9页。

争优势的来源,该领域无适用反垄断法之必要。若是适用反垄断法,有可能损害消费者利益或者相关领域的研发、创新。例如,有学者批驳了"大数据必须引起反垄断法重视"的观点,认为大数据广泛存在并且具有普遍性和非竞争性,大数据几乎不会成为反垄断法项下的一个重要议题,动辄适用反垄断法将使消费者利益遭受侵害或者有被侵害之虞。① 有的学者基于管理学的视角,从不可及、稀有、有价值和不可替代四个企业资产构成竞争优势来源的要件出发,对大数据无法构成企业的可持续竞争优势来源进行了论证,从而阐明该领域缺乏适用反垄断法的正当理据。② 有学者认为,大数据具有非竞争性、普遍性等经济特征和多宿主现象,大数据不仅不会形成进入壁垒抑或给其控制者带来持续性的竞争优势,反而可能提高商品或服务的质量及经营者的创新能力,为消费者享受免费产品或服务提供交叉补贴。③ 还有学者认为大数据引起反垄断法问题这样的说法是有误导性的,因为大数据的普遍性和可及性决定大数据的来源是广泛和多元的,无法构成市场进入障碍。④ 有学者认为,在大数据领域,没有价格就没有市场,没有市场就不存在市场力量,也没有消费者福利损害,因而没有反垄断规制的必要。⑤

针对上述观点,不少学者进行了回应和反驳,认为大数据领域并非反垄断的法外之地。有学者指出,数据驱动型并购的激增已证明企业对大数据拥有排他性需求,这说明大数据并非无处不在和随手可及,

---

① Darren S. Tucker and Hill Wellford,"Big Mistakes Regarding Big Data", https://ssrn.com/abstract=2549044.
② Anja Lambrecht and Catherine E. Tucker,"Can Big Data Protect a Firm from Competition?", https://ssrn.com/abstract=2705530.
③ D. Daniel Sokol and Roisin E. Comerford,"Antitrust and Regulating Big Data", https://ssrn.com/abstract=2834611.
④ Giuseppe Colangelo and Mariateresa Maggiolino,"Big Data as Misleading Facilities", https://ssrn.com/abstract=2978465.
⑤ David S. Evans,"The Antitrust Economics of Free", *CPI Journal*, Vol.7,2011.

数据控制者有动机和能力阻碍竞争对手获取相关数据资源。① 再者，针对既有论者对大数据反垄断提出的十点质疑②，他们逐一进行了驳斥，证明大数据领域实施反垄断法存在必要性和合理性。③ 有学者在反垄断法语境下省思了大数据的概念，指出已有文献或者研究报告未能正确理解或阐释何谓大数据，这导致人们提出了"蛋生鸡还是鸡生蛋"的疑问，如果大数据被界定为"快速采集和处理包含大量的、多样的信息的数据集合的能力"，则有关该领域是否为反垄断法调整的争议将不复存在。④ 有学者认为即便广泛采集、分析和应用数据有利于消费者，也并不必然排除大数据有可能构成相关市场的进入壁垒，抑或给予控制者市场势力。⑤

简言之，持反对说者认为大数据市场的进入壁垒很低，大数据市场并不存在垄断问题，反垄断规制缺乏存在的基础；⑥ 持肯定说者认为，数据是经营者市场力量的重要来源，经营者可以运用大数据排除、

---

① Allen P. Grunes and Maurice E. Stucke, "No Mistake About It: The Important Role of Antitrust in the Era of Bi Data", https://ssrn.com/abstract=2600051.

② 十点质疑包括：隐私法与竞争法服务于不同的目标；竞争机构现有的分析工具足以解决所有的大数据问题；自由市场运行可以解决隐私问题；数据驱动型在线产业免受网络效应的影响；数据驱动型在线产业的准入门槛较低；数据的普遍性、可及性和低成本决定大数据缺乏竞争意义；因为垄断者无法排除小企业获得重要数据，抑或运用数据赢得竞争优势，所以大数据之于市场竞争的意义不大；考虑到竞争总是有意想不到的来源，竞争机构不应当关注数据驱动型产业；竞争机构不应当关注数据驱动型产业，理由在于消费者总是可以从免费产品或者服务中获益；对于使用免费产品或者接受免费服务的消费者而言，它们对于隐私保护没有任何合理的期待。

③ Maurice E. Stucke and Allen P. Grunes, *Big Data and Competition Policy*, Oxford: Oxford University Press, 2016.

④ Xavier Boutin and Georg Clemens, "Defining 'Big Data' in Antitrust", *Comptition Policy International*, Vol. 1, No. 2, 2017, pp. 22-28.

⑤ N. P. Schepp and A. Wambach, "On Big Data and Its Relevance for Market Power Assessment", *Journal of European Competition Law & Practice*, Vol. 7, No. 2, 2016, pp. 120-124.

⑥ Darren S. Tucker and Hill B. Wellford, "Big Mistakes Regarding Big Data", *Antitrust Source*, 2014; Joe Kennedy, "The Myth of Data Monopoly: Why Antitrust Concerns About Data Are Overblown", http://www2.itif.org/2017-data-competition.pdf.

限制市场竞争,因而大数据市场的反垄断规制不可或缺。[1] 关于数据驱动的网络效应能否构成市场进入壁垒,支持者认为,网络效应并不总是对消费者不利,但在某些情况下,网络效应会使某些公司主宰整个行业。[2] 反对者认为,数据驱动型市场的典型特征是低进入壁垒,即便是在社交网络和即时通信等直接网络效应显著的领域,创新也足以颠覆市场,而网络效应一次又一次被证明不足以阻止新进入者打破已确立的市场主导地位。[3] 对于新进入者而言,网络效应可能成为一道难以逾越的市场进入壁垒。除了网络效应,收集大量数据、使用人工智能等新兴技术、能吸引更多的用户,以及网络效应的扩展所引起的产品功能的改进可能导致更强大的规模经济和范围经济,这将使得数据市场的新进入者变得更加困难。[4] 综上,对于大数据市场是否应该进行反垄断规制,各国学者还争论不休,但是从各国的立法、执法实践来看,都对数据市场的滥用垄断行为进行了规制。

第三节 数据垄断调查

随着大数据拓展领域加深,数据带来的市场优势价值凸显出来,企业利用大数据实施垄断行为的可能性也随之增加。在国外,对于大数据领域是否需要进行反垄断干预的问题仍存在不小的争议。而现实中,企业对大数据的不当利用催生出大数据的反竞争效果,创新需要

---

[1] Daniel L. Rubinfeld and Michal S. Gal, "Access Barriers to Big Data", *Arizona Law Review*, Vol. 59, 2017; Robert Mahnke, "Big Data as a Barrier to Entry", *Antitrust Chronicle*, Vol. 12, 2015; Allen P. Grunes and Maurice E. Stucke, "No Mistake About it: The Important Role of Antitrust in the Era of Big Data", *Antitrust Source*, 2015.

[2] Maurice E. Stucke and Allen P. Grunes, *Big Data and Competition Policy*, Oxford: Oxford University Press, 2016, pp. 6-7.

[3] Darren S. Tucker and Hill B. Wellford, "Big Mistakes Regarding Big Data", *Antitrust Source*, 2014; D. Daniel Sokol and Roisin Comerford, "Antitrust and Regulating Big Data", *George Mason Law Review*, Vol. 23, pp. 1148-1149.

[4] "Report of Study Group on Data and Competition Policy", https://www.jftc.go.jp/en/pressreleases/yearly-2017/June/170606_files/170606-4.pdf.

的呼应与反垄断法规制特点的适配性反映出大数据领域反垄断规制正当性,数据驱动型并购、算法共谋、滥用数据市场支配地位行为的危害,体现出大数据领域反垄断规制的必要性。为维护竞争优势,数据控制者往往会采取不当行为设置市场壁垒,颠覆数据的非排他性,且大数据的高处理成本、传导优势与用户锁定效应,打破了低准入门槛、价值递减规律与多归属性,为初创企业带来的形成强市场竞争力的可能性有所降低。因此,数据经营者的行为不应游离于反垄断法的规制范围之外,大数据市场的反垄断并不是一个虚妄的概念。

有学者认为,卡特尔反垄断规制的起点是发现协议、决定或协同行为的证据。传统的发现范式由内部瓦解和外部突破两方面构成,该等制度基础由实体和程序规则构成,前者是由内部瓦解和外部突破共享一组垄断协议认定标准及其配套的证据规则,后者则发展出宽大制度和调查制度两套不同的程序性规定。当前,主要法域对宽大制度依赖深重,造成卡特尔发现范式的结构失衡。大数据时代的到来,促使对因果关系和相关关系的重估,因果推断则需通过数据所反映的相关关系还原因果关系,导致反垄断法实施中证据的搜集需要将基于因果关系搜集证据开放至基于相关关系的证据挖掘。从静态来看,卡特尔发现的分析层次进化,由相关关系与因果关系共同连接;从动态来看,卡特尔发现的分析过程深化,由数据驱动与模型驱动有机结合。从而导致卡特尔发现范式的变迁,进而为外部突破路径的优化带来契机。据此,法律的适用应当在三个层次展开:一是在市场竞争状况筛查层面,作出市场竞争总体状况的评估;二是在企业行为数据归集层面,通过企业行为的动态观测和数据挖掘作出证据相关性的分析,作为确立因果关系的基础;三是在市场情境层面,设计异常数据信号预警机制,初筛符合条件的案件。具体而言,在卡特尔发现中充分融合因果关系与相关关系的思维、有效汇聚数据驱动与模型驱动的动能,进而确立"市场信号的大数据筛查""企业行为的数据归集""市场构造刻画"三个层次构成的外部突破分析维度,可以赋予卡特尔发现的常规模式以新的活力。对于"市场信号的大数据筛查",重心在于通过大数据对较弱的相关关系进行分析。筛查的方法包括寻找非概然事件、运用对照组。"企业行为的数据归集"主要从三个方面进行:一是通过分析参加投标决策的关联度,初步筛查出可能的串标企业,进而通过建立成本和市场力量的模型来筛查具有持续、高度关联的投标,圈定非概然性事件背后的涉嫌违法企业;二是价格与成本之间的偏离也被作为企业之间直接协调的筛查工具;三是基于数据对市场份额进行筛查,市场份额长期保持稳定,或者特定市场内企业的市场份额呈负相关,都可以作为筛查的指标。"市场构造刻画"应聚焦于市场透明度的提升,识别限制竞争的便利性手段。同时,竞争筛查还可以促进卡特尔宽免的跟进。一旦宣布开展行业调查或就具体的相关市场进行竞争筛查,即使只获得了相关性的数据而尚未确立起因果关联,也将会提高卡特尔被发现的概率,从而影响卡特尔成员对于继续从事卡特尔行为的风险评估,进而激发宽免的申请。①

有学者认为,优化营商环境需要加强反垄断执法,而滥用支配地位执法是反垄断执法的薄弱一环,因此支配地位认定条款的重塑是优化数字经济下营商环境的重要环节。反垄断执法因对法律条文具有较强的依赖性而面临较大挑战,我国《反垄断法》第 18 条规定了认定经营者具有市场支配地位的因素,但该条款以静态的市场结构为出发点分析问题,重视市场份额的作用,对于动态的数字经济竞争状况并不适用。市场份额不是数字经济下支配地位认定的主要因素,市场壁垒作为数字经济下支配地位认定因素存在争议,用户数量作为数字经济下支配地位认定因素还需要研讨。因此,建议在数字经济背景下,通过修改《反垄断法》支配认定条款来指引反垄断执法机构认定数字经济下的支配地位。具体而言,应当重新考量支配地位的影响因素,经营者拥有一定规模的网络流量和用户数量可以作为市场力量的一个要

---

① 江山:《大数据语境下卡特尔发现的范式转换》,载《当代法学》,2019 年第 2 期,第 93—102 页。

素，可以结合网络流量和用户数量必须达到一定的规模，且这样的市场规模必须持续一定时间，并且作为一个要素不能单独确定形成市场力量来进行考量；将数据的掌握和处理程度纳入市场力量的考量，分析获得数据的成本、掌握数据的范围、获得数据的质量和处理数据的能力等几方面；考虑经营者提供的产品或服务用户的转换成本，关注经营者对于转换成本的态度，并且转换成本可能发生在消费者身上也可能发生在竞争者身上；结合经营者掌控市场力量的持续时间，全面考察数字经济的动态性及其带来的市场力量的变化。①

有学者认为，数字经济新业态已成为新时代我国经济社会高质量发展的重要支点，受到社会各界的广泛关注，其不仅为社会主义法治经济赋予了新内涵，带来了新挑战，更扩充了具体领域的新的实践样态。围绕市场在资源配置中起决定性作用与更好发挥政府作用之间的动态平衡关系、探索保护和激励创新、自由公平竞争及消费者保护三者的共融共进，是数字经济高质量发展的关键。而算法技术通过实现数据资源及数据思维的融合，造就了如今的大数据时代，打破了传统的经营者、消费者、监管者三者之间的关系。在比较域外经验的基础上，明确我国在法治经济下规制算法的基本逻辑，强调"法律+科技"的模式，充分利用现行市场规制法体系，主要包括《反不正当竞争法》《反垄断法》《消费者保护法》等法律法规，积极响应算法运行的规制需求，实现国家利益、社会利益及个体利益的共生共长，在现有制度框架下协调、引入及整合各项具体制度，构建适宜算法健康合规运行的市场规制法系统。具体而言，有关数据爬取的算法之争，归根到底是时代变化中的各种利益博弈。为此，一方面仍需加大对科技创新的支持力度，通过科技进步引导市场有序竞争，实现良性发展；另一方面从算法本身的设计入手，实现算法与内容的统一，注重商业价值与

---

① 郜庆：《优化数字经济营商环境背景下支配地位认定条款之重塑》，载《行政法学研究》，2020年第5期，第77—90页。

社会价值的统一。①

有学者认为,网络产业中的市场支配地位受到不同于传统产业的一系列因素的影响,诸如网络效应、产品兼容、用户锁定、知识产权,以及技术标准等都在网络产业市场支配地位的形成与维护中扮演重要角色。与之相适应,网络产业中的市场支配地位认定也面临一系列新问题:相关地区市场的界定在网络产业中变得更加复杂,传统的"假定垄断者测试法"面临质疑与挑战;市场份额对垄断力的影响在网络产业中相对减小,其计算方法与数值功能在网络产业中需要重新调整与评估;市场进入壁垒对垄断力的影响在网络产业中相对提升,传统壁垒减弱而新型壁垒增强。与这种变化相适应,传统产业中市场份额的计算方法在网络市场中需要重新调整,强调销售数量与安装基础在网络产业市场份额计算中的意义;传统产业中市场份额的数值功能在网络产业中需要重新评估,更加关注包括市场进入壁垒在内的"其他因素"在市场支配地位认定中的作用;而网络效应、锁入效应、知识产权、技术标准等网络产业中特有的影响市场进入的因素,应在分析网络产业中市场进入壁垒及确定市场支配地位中予以充分考虑。将纯粹网络市场与混合市场予以区分、对"盈利模式测试法""产品性能测试法""销售方式测试法"等的尝试,以及对由网络效应及其作用下的用户锁定、知识产权、技术标准等因素引发的新型市场进入壁垒的关注,则为解决这些新问题提供了具有建设性意义的新思路。②

有学者认为互联网软件搭售作为滥用市场支配地位的典型表现,天然受到反垄断法的规制。但随着实践经验的积累与理论研究的深入,事实判断认定构成的学理缺陷与适用弊端逐渐凸显,普适性能不断弱化。极端动态市场对市场结构判断的颠覆及价格控制能力的不适应性,

---

① 陈兵:《法治经济下规制算法运行面临的挑战与响应》,载《学术论坛》,2020年第1期,第11—21页。
② 吕明瑜:《网络产业中市场支配地位认定面临的新问题》,载《政法论丛》,2011年第5期,第51—62页。

反映了高速技术革新对市场支配力认定的冲击。对传统判断标准的訾议和产业通行商业模式的挑战，更使得传统认定模式的工具价值和功能状态大打折扣，难以完成单一软件产品判断。鉴于此，有必要对我国互联网软件搭售行为事实判断的逻辑结构进行分解完善，优化市场支配地位中的结构性要素认定，将市场份额维持时间与核心技术的影响力两因素纳入市场份额推定法的考量范畴，并将创新研发能力与市场进入壁垒作为市场支配地位综合推定的补充。同时，改进单一软件产品判断要件，拓展传统判断规则，增设基于消费者福利的判断标准，以实现科学认定互联网软件搭售事实判断的最终目标。①

有学者认为大数据已成为企业的核心资产，经营者之间的数据竞争变得日趋激烈，数据垄断案件日渐增多。现实中，数据一定程度的排他性、质量和价值的差异性、高昂的收集成本、锁定效应和转换成本及网络效应等实然属性均会提高大数据市场的进入壁垒，强化主导经营者的市场地位，进而使经营者可能实施违法垄断行为。反垄断规制是实现更大范围的数据效率和数据创新、维护数据正义的重要途径。认为大数据市场的反垄断规制需要适度平衡数据共享与数据专享，合理设定反垄断规制的限度，实现反垄断法分析范式的转型，采用以《反垄断法》为主、其他法律为辅的综合规制路径，促进并规范大数据市场的有序竞争。具体而言，第一，应科学确定大数据市场反垄断规制的目标，当务之急是要合理划分各方的数据权益，及早明确数据权益规则和数据经营规则。第二，合理设定大数据市场反垄断规制的限度，在判断大数据经营者是否具有市场支配地位时，需要综合考虑大数据的应然属性和实然属性、特定数据市场的进入壁垒、获取数据的难易程度、数据替代情况、需求者对数据的依赖程度，以及对市场竞争和创新的影响等因素进行综合判断。在判断大数据经营者是否滥用市场支配地位时，需要运用合理原则权衡数据共享与数据专享、数据

---

① 黄真真：《互联网软件搭售事实判断之认定》，载《经济法论丛》，2019年第1期，第123—151页。

保护与数据创新、数据效率与数据正义、市场机制与政府机制四对关系,确保反垄断规制的适度性。反垄断执法机构要充分权衡创新与风险的关系,建立创新友好型的规制模式,运用合理原则对数据竞争行为进行谦抑、审慎和动态的规制,确保数据驱动型创新。在规制手段上,建议采用"落日条款"和"实验性规制"等规制技术确保反垄断规制的适应性和灵活性。第三,实现大数据市场反垄断法分析范式的转型,需要修正传统的价格中心主义分析范式,建立以质量、创新等非价格竞争作为主要评估工具的分析范式。第四,采用《反垄断法》为主、其他法律为辅的综合规制,民法需要界分用户、数据经营者的权利义务,界定清晰的初始数据权利是数据经营者实施数据行为的前提,是实现数据驱动型创新和数据驱动型效率的基础。《消费者权益保护法》的目的是赋予消费者知情权和选择权,以保护消费决策机制的完整性。《反垄断法》让数据经营者和竞争对手能够公平竞争,也因其相对强大的执行机制,让消费者或者用户不受非法行使的市场权力的影响。[①]

有学者认为,大数据是数据流通市场的重要原料,也是数据驱动商业模式下互联网行业的重要生产要素。而数据持有者滥用数据市场支配地位,主要体现为拒绝交易和价格歧视两种排他性行为。并且现行的反垄断法分析模型难以适用于数据市场:第一,营收规模标准难以适用于数据驱动企业的并购审查;第二,基于算法分析的企业共谋越发隐蔽化和技术化,数字化卡特尔的识别和认定更加困难;第三,滥用数据优势实施拒绝交易、价格歧视等行为对市场秩序和竞争格局的具体影响有待进一步考察。为此,首先,在对大数据优势与滥用市场支配地位的认定中应认识到大数据规模并不必然导致市场支配力量,具体个案中应结合数据价值、种类和有效性等多个维度考察企业基于数据优势所产生的市场力量。其次,关键必要数据不得拒绝提供,当

---

① 殷继国:《大数据市场反垄断规制的理论逻辑与基本路径》,载《政治与法律》,2019年第10期,第134—148页。

上游市场的数据输入构成关键组成部分，没有其下游产品就无法进行生产或销售时，数据持有者拒绝提供数据就构成反垄断法上的滥用市场支配地位。最后，辩证看待"大数据杀熟"等价格歧视行为，在当前的反垄断法框架内规范大数据价格歧视，需要结合不同情形和个案做更加细致的经济学分析，才能得出相应结论。①

有学者认为从工业经济时代的"生产大爆炸"到数字经济时代的"交易大爆炸"的转型过程中，数字经济平台利用其数据和算法等的综合能力、激发数据生产要素潜力的同时，也对基于工业经济的反垄断法带来基础理论和规制体系的挑战。需基于平台、数据、算法三元融合的规制原理，以鼓励创新与隐私保护重构反垄断法立法目的和价值体系。建议在反垄断法的立法目的和价值体系中引入鼓励创新条款，在立法目的条款"维护消费者利益"中增加隐私和个人信息数据保护的内容，把《电子商务法》第35条吸收到反垄断法中，正式成为《反垄断法》的滥用市场优势条款之后，进一步参考日本法的经验，把平台内经营者改为交易相对人，即可解释为消费者，从而达到直接保护消费者包括隐私、个人信息数据保护的目的。构建市场支配地位和相对优势地位双层规制模式，将《电子商务法》第35条滥用相对优势地位行为规制内容引入《反垄断法》。重构相关市场分析框架，第一，针对数字经济平台的相关市场界定，需要分析具体个案所处市场的相关服务和数据的收集替代性等情况；第二，结合个案，合理划分相关市场，综合运用SSNIP法、SSNDQ法、SSNIC法界定相关市场。界定方法将修正后的必要设施原则成文法化，建议《反垄断法》的修订中引入必要设施原则，并扩大适用范围，既包括上下游的纵向关系，也包括横向的有竞争关系的情形；跳出市场支配地位框架规制流量垄断，《电子商务法》第22条已绕开了相关市场界定，将技术优势、用户数量（其实是数据）和依赖关系等作为市场支配地位认定的新标准体系，

---

① 詹馥静、王先林：《反垄断视角的大数据问题初探》，载《价格理论与实践》，2018年第9期，第37—42页。

建议将其纳入《反垄断法》;以监管科技强化事前事中监管范式弱化事后处罚机制,构建价格和质量并重、法律和技术共治的反垄断法体系,助力增强我国数字经济的国际竞争力。①

第四节 算法"黑箱"

有学者提出了"算法合谋"的概念,并论述在更加透明的市场环境下,算法将带来极高的合谋风险。② OECD 针对算法合谋问题开展了最为全面的研究和讨论,其发布的专题报告《算法与合谋:数字时代的竞争政策》详细梳理了与算法合谋相关的法学与经济学研究成果。③ 麻省理工学院在其出版的一部著作中对算法概念的描述得到 OECD 的认可,作者认为,"算法是一种精确的简单操作列表,它们被机械地、系统地应用于一套令牌(Tokens)或对象中(例如下棋步骤、数字演算、蛋糕成分配置等)。这些令牌最初的状态是输入,最终的状态是输出。"④ 人工智能带来的自主学习能力使得算法的工作能力不再局限于处理重复性工作,算法独立分析、预测、决策的功能将在不久的将来得到广泛应用。⑤ 算法的定义不是一成不变的,它的概念会随着技术的进步不断发生改变。在当前技术背景下,算法的功能主要是在重复运算和数据分析的基础上完成对复杂问题的估算和预测。算法技术通过实现数据资源及数据思维的融合,造就了如今的大数据时代,

---

① 杨东:《论反垄断法的重构:应对数字经济的挑战》,载《中国法学》,2020 年第 3 期,第 206—222 页。

② Ariel Ezrachi and Maurice E. Stucke, "Two Artificial Neural Networks Meet in an Online Hub and Change the Future (Of Competition, Market Dynamics and Society)", *Social Science Electronic Publishing*, No. 4, 2017.

③ OECD, "Algorithms and Collusion: Competition Policy in the Digital Age", www.oecd.org/competition/algorithms-collusion-competition-policy-in-the-digital-age.htm.

④ Robert A. Wilson and Frank Keil, *The MIT Encyclopedia of the Cognitive Sciences*, Cambridge: MIT Press, 1999.

⑤ Ariel Ezrachi and Maurice E. Stucke, "Artificial Intelligence & Collusion: When Computers Inhibit Competition", *Social Science Electronic Publishing*, No. 5, 2017.

打破了传统的经营者、消费者、监管者三者之间的关系。① 数据与算法的线上融合治理模式在填补了传统机制下海量数据浪费与计算力低下的空白、对生产力进行创造性转化的同时，更多地实现了逐步从赛博空间向物理世界的生产控制。②

算法合谋有狭义与广义两种界定。狭义的算法合谋行为是指由人工智能算法独立实施的合谋行为，这种合谋由算法程序完全自主实施，是一种最为彻底的算法合谋行为；广义的算法合谋行为是指在算法参与下所发生的所有合谋行为，即算法在合谋行为的发生中扮演了某种角色，其发挥作用的自主程度、运行模式因使用者及算法技术发展的不同而相应改变。算法合谋与传统垄断协议相比，具有多样化、智能化、隐蔽化三大主要特征。

OECD 报告中指出算法具有四种类型，即监测类算法、平行算法、信号类算法及自主学习类算法。③ 监测类算法是指主动跟踪和抓取各类市场数据，并对数据进行监控的一类算法。监测类算法可以被有效地运用于合谋行为的执行和监督。平行算法是指可以实时跟随市场数据变动，采取相应策略调整数据的一类算法。平行算法的使用可以帮助经营者确立动态定价机制。因此，通过运用平行算法，有竞争关系的经营者可以更加便利地、更加隐蔽地达成和实施合谋行为。企业也可以以市场中的某一经营者为目标采取跟随定价的策略。信号类算法是指不断发出瞬时的、复杂的程序信号，只有经过同样程序设计的算法才能接收和解读该信号的一类算法。因为信号类算法传递信息的方式更加隐蔽，不易发现，所以可以被用于发布合谋行为的要约。自主学习类算法是指采用神经网络技术，通过机器学习和深度学习，具备了

---

① 维克托·迈尔-舍恩伯格、肯尼思·库克耶著,盛杨燕、周涛译:《大数据时代:生活、工作与思维的大变革》,杭州:浙江人民出版社,2013 年版,第 69 页。
② 胡凌:《超越代码:从赛博空间到物理世界的控制/生产机制》,载《华东政法大学学报》,2018 年第 1 期,第 6—21 页。
③ OECD, "Algorithms and Collusion: Competition Policy in the Digital Age", https://www.oecd.org/competition/algorithms-collusion-competition-policy-in-the-digital-age.htm.

自主学习能力的一类算法。当前技术条件下，这种算法已经在一定技术领域内诞生，在商业决策中出现这种算法已经具备理论和技术上的可能性。①

大数据的运用被认为是解决信息不对称和增加社会透明度的重要途径，但经营者的大数据行为也引发了新的信息不对称。用户并不清楚数据尤其是个人隐私数据的真实收集、分析、处理和保护状况，大数据可能成为数据经营者作恶的工具，"数据黑箱"问题开始引起人们的关注。对于以大数据作为输入的算法，对于大多数人来说，算法和运算过程犹如"天书"，尤其是人工智能和深度学习技术的发展，可能会产生算法"黑箱"乃至算法"独裁"问题。无处不在的大数据以及数据"黑箱"、算法"黑箱"的存在，让整个社会变成了"黑箱社会"②，对传统的公平正义价值和法律规则形成了挑战。

消费者在很多时候无奈地面临着"买得更多，买得更贵"的窘境。一方面，在数字经济背景下，数据、信息井喷，不再匮乏，消费者的身份数据、行为数据和关系数据都聚集在经营者手中。基于强大的数据挖掘、分析、处理能力，经营者与消费者之间存在着数据井喷背景下的信息不对称。信息的严重不对称和不断优化的算法，致使"大数据杀熟"的现象司空见惯，"完全价格歧视"的理论假设成为现实。另一方面，在数字经济条件下，经营者之间，无论是竞争关系抑或交易关系，随着信息对称状态的改善，均可以及时甚至即时调整自身的策略和行为，以适应相关市场竞争状况的动态变化。第一，算法从根本上影响市场状况，导致价格相关因素的透明度提升、交易频率提高，使得经营者能够快速、积极地作出预测和反应，从而使共谋策略变得

---

① 柳欣玥：《垄断协议规制中算法合谋分类研究》，载《竞争政策研究》，2019 年第 5 期，第 10—41 页。
② 帕斯奎尔认为，"黑箱社会"改变了评分和投注规则，引发经济分离和不平等现象，算法这一隐性权力成为"黑箱社会"的沃土，无谓的数字化军备竞赛和不正当竞争更加激烈。参见弗兰克·帕斯奎尔著，赵亚男译：《黑箱社会：控制信息和金钱的数据法则》，北京：中信出版集团，2015 年版，第 259—264 页。

更加稳定;① 第二,通过为经营者提供强大的自动化机制来监控价格、实施共同策略、发出市场信号或利用深度学习技术增加共同利润,算法比人类能够更好地治理和维持共谋结构。② 算法会导致与传统寡头默示共谋极为相似的问题——算法默示共谋,即经营者能够在没有任何正式协议、沟通交流、意思联络或人际互动的情况下通过算法达成并维持共谋。

个性化定价(算法价格歧视)与共谋定价(算法共谋)在一定程度上是相互对立的。霍温坎普教授曾指出:价格歧视是寡头在对寡头垄断价格进行欺骗,从而进行竞争。《罗宾逊-帕特曼法》谴责价格歧视行为,实际上是在支持寡头共谋定价。在数字经济中,如何对两种看似矛盾的反垄断法关注——算法价格歧视和算法共谋——作出兼容性的解释呢?对此,有两种可能解释:第一,企业可能达成了市场划分协议,即同意不进入对方的细分市场,因而每个企业可以利用其保留市场中的消费者偏好信息,以此实施算法价格歧视;第二,所有企业都拥有类似的信息,这要么是因为消费者的个人偏好很容易计算出来,要么是因为所有企业都参考一个公共数据库和类似的数据分析工具。换言之,在这种情况下,企业平行定价方案在某种程度可能是价格歧视计划的一部分。③

有学者认为随着互联网和互联网经济的深度发展,人工智能算法和算力的水平已被看作衡量互联网企业核心竞争力的重要组成部分,企业在投入大幅度的科技研发成本不断优化算法的同时,也带来了一系列的算法合谋问题,主要可分为两类:一类是算法只是作为相同问题的不同表达形式,现有反垄断规制理念和方法仍可适用;另一类则

---

① OECD, supra note 8.
② Salil K. Mehra, "Antitrust and the Rober-Seller: Competition in the Time of Algorithms", *Minnesota Law Review*, Vol. 100, 2016, p. 1340.
③ Germán Oscar Johannsen, "Conscious Parallelism and Price Discrimination in the Era of Algorithms: A Case of Collective Abuse of Dominance?", https://papers.ssrn.com/sol3/papers.cfm?abstract_id=3203292.

是算法通过机器深度学习的方式颠覆了现行反垄断法规制框架与具体方法,对反垄断法适用产生了强烈冲击。具体表现为：一方面,市场上的企业会因精准的算法提升数据的挖掘能力,使数据的获取能力大幅提升,减少数据获得成本；另一方面,算法会使企业快速预警市场潜在威胁,实施预防性打击。对此,我国的《反垄断法》规制应倡导多元共建共治的平衡理念,找寻政府审慎规制、社会合作规制、企业积极自制的结合,建立精准规制、科学规制的长效机制。在实践中对合法合规的算法,应建立有效的保护措施,防止不正当的算法窃取行为,激励企业科技创新。同时,对具有反竞争目的的算法形式,要建立有效的算法问责机制,通过多种控制系统的合作,确保应用者在使用中能够从"透明度""可归责性""可解释性"等方面检验算法是否依据意图工作,并对算法潜在的危害进行识别与矫正。需要特别注意的是应严格区分不同的算法合谋形式,是否对反垄断法制度的基本框架结构造成了实质的冲击,仅对不能适应现实需求的部分作出适度修正,而并非颠覆性的全盘否定。①

有学者认为大数据对数字经济领域的市场秩序和竞争格局带来重大影响。大数据优势有助于提升企业的市场力量,产生防御性合并、价格合谋和滥用市场支配地位等垄断隐忧。在现有的反垄断法律框架下探讨大数据垄断的规制问题,必须结合大数据的经济特征和市场竞争的现实情况做出具体分析。大数据产业处于起步阶段,反垄断执法机构需应技术发展,提高执法专业化水平,加强反垄断执法的国际合作与交流。与此同时,针对大数据的反垄断执法应秉持谦抑审慎的执法原则,谨防落入反垄断规制万能主义的窠臼。具体而言,数据算法"黑箱"主要有以下几方面的特征：第一,大数据企业共谋具有隐蔽化和技术化的特点,企业可以通过使用同一特定的定价算法和历史定价数据协调定价,达成价格合谋后,企业还可以利用实时数据监控一项

---

① 陈兵:《法治经济下规制算法运行面临的挑战与响应》,载《学术论坛》,2020年第1期,第11—21页。

卡特尔的实施。第二，企业之间进行数据的选择性共享，即部分共享其各自拥有的大数据，可以向其他经营者传递一种隐性信号，使得数据共享后产生市场分割。第三，企业可能利用人工智能、机器深度学习等实现算法改进，间接促成默示合谋。因此，基于大数据和算法分析形成的动态定价机制，使得企业间达成价格合谋越发隐蔽和技术化，识别和认定数字化卡特尔，要着重关注以下几种行为：一是基于算法初始设计达成的价格协调；二是基于算法自主学习达成的价格协调；三是基于动态数据的价格平行行为。[①]

有学者认为算法共谋仍可能构成垄断协议，主张对于算法明示共谋直接适用垄断协议的相关制度，但是，对于算法默示共谋，则不宜纳入垄断协议的制度框架处理。在域内外的主流理论和执法实践中，"沟通/交流""意思联络"始终是垄断协议的定义基准。在数字经济背景下，一方面，对寡头市场的算法默示共谋进行规范的必要性、迫切性显而易见；另一方面，共同市场支配地位制度对寡头市场的算法默示共谋进行规范的优势得以显现：不仅可以在事前的经营者集中控制中预防共同市场支配地位（协同效应）的形成或强化，还可以弥补我国现行禁止垄断协议和滥用市场支配地位两大制度的刚性要件导致的不足，为这两大制度建立起并行不悖、呼应交集的机制，从而使得反垄断法律制度可以周延地适用于寡头之间基于算法的默示共谋乃至更一般意义上的默示共谋滥用其市场优势的排除、限制竞争的行为。[②]

有学者认为个性化定价算法对消费者支付意愿的精准评估和预测可以在特定的市场环境中产生强化竞争和扩大产出等一系列积极效果，但也可能产生"大数据杀熟"等导致竞争扭曲的垄断行为。对个性化定价算法的规制应结合传统价格歧视理论，从歧视对象、歧视行为及

[①] 詹馥静、王先林：《反垄断视角的大数据问题初探》，载《价格理论与实践》，2018年第9期，第37—42页。

[②] 时建中：《共同市场支配地位制度拓展适用于算法默示共谋研究》，载《中国法学》，2020年第2期，第89—107页。

实施效果等方面加以分析。对于不同类型的个性化定价算法应做区分处理，而对个性化定价实施效果需从发生场域、判断标准及证明程度等方面加以评估。虽然囿于算法运算能力、算法函数设计等客观的技术瓶颈，个性化定价算法带来的系统性风险目前还未真正涌现，但个性化定价算法对消费者的剥削是潜在且可确定的。鉴于此，中国反垄断法律实践还需从法律适用的角度探究规制个性化定价算法的合理框架。具体而言，个性化定价算法赋予了经营者分析与评估市场信息的能力，强化了经营者对消费者剩余的攫取，但同时算法扩展了经营者实施价格竞争策略的多样性，可能导致相关市场的公平竞争被破坏，算法对市场信息的深度挖掘和分析也可能会损害消费者的隐私保护，诱发消费者对市场定价机制的不信任。与此同时，个性化定价算法实施的剥削性滥用，其损害效果与"二线损害"较为相似，不能直接将"竞争劣势"的判断标准套用到个性化定价算法滥用案件中。因此，应规制个性化定价算法的规则调适，保障个性化定价算法的行为救济。规范数据的搜集和利用，促进竞争对手间的用户数据共享，提升个性化定价算法的透明度，给予消费者退出的选择权。同时，规制好个性化定价算法治理的制度衔接。一方面，对于不同的歧视性价格设定、优惠计划或其他销售计划可以选择适用《反垄断法》其他条款来规制个性化定价行为；另一方面，竞争执法部门还可以根据个性化定价的实施是否违法诚实信用原则与公认的商业道德来选择适用《反不正当竞争法》进行规制。①

有学者认为算法技术在实现数据价值的同时也存在歧视消费者的阴暗面。算法技术在信息采集、特定推送和个性定价三个阶段，以信息输入、数据整理、算法决策与幕后控制等运行环节为切入点，对消费者实施多阶段、多环节的"显性歧视"或"隐性歧视"。算法歧视消费者使算法技术偏离工具理性，损害消费者权益，破坏市场竞争秩

---

① 周围：《人工智能时代个性化定价算法的反垄断法规制》，载《武汉大学学报（哲学社会科学版）》，2021年第1期，第108—120页。

序。认为要查明具体场景中算法歧视消费者的权益冲突与规制困境，糅合消除差别待遇的"个体公平"价值和差别性影响的"结果正义"价值，实现算法参与主体权益平衡是规制算法歧视消费者的核心要义。同时，要脱离单维度规制路径，鼓励规制的多方参与：从消费者维度赋予消费者选择退出权，激励其挑战算法决策；从企业维度设置算法顾问，进行数据透明化处理和算法解释，破除算法"黑箱"；从行业协会维度进行算法审查，预防算法歧视；从执法维度实施算法监管，严惩算法歧视。第一，在确定监管对象上，如同《公司法》中"刺透法人面纱"的法人人格否定制度一样，算法监管也应当穿透算法"黑箱"的层层"黑幕"，将监管的对象直指算法幕后的控制人，准确定位监管对象，确定真正责任主体。第二，在选择监管手段上，当算法决策对市场竞争秩序产生不利影响时，除禁令禁止和罚款等传统处罚措施之外，还可以通过行政约谈的方式对算法应用进行政府有限干预。第三，在明确监管职责上，首先，监管机构应当制定互联网企业设计和使用算法应遵循的基本准则，进行底线把控。其次，监管机构应当定期协同行业协会审查企业所使用的算法是否合乎预期的运行及是否产生不良后果，并将审查结果向公众披露，提升行业协会审查结果的权威性。最后，可通过政府公开招标采购程序，面向市场征集采购可以监控算法歧视的算法程序。[①]

有学者认为大数据时代，人类的数字化生存为数据平台算法权力的形成和扩张提供了空间。算法不可解释性（"黑箱"）掩盖了数据权力的弊端，催生了数据歧视并导致权利侵害问题。对算法的法律规制不应忽视其"共同善"的维度。"共同善"是基于大数据技术发展所催生的网络公共空间，旨在克服算法的技术偏私。在考察现有调整举措的基础上提出，"共同善"具有两种含义：伦理意义上"共同善"要求算法透明并构建道德算法，构成规制算法的内在、事前路径；公

[①] 李丹:《算法歧视消费者：行为机制、损益界定与协同规制》，载《上海财经大学学报》，2021年第2期，第17—33页。

共利益意义上的"共同善"要求设置算法解释请求权,构成规制算法的外在、事后路径。由此在"共同善"这一哲学基础上构建立体的适应数据技术发展的法律规制体系。申言之,在算法内在设计中加入"共同善"的考量,构成算法规制的内在路径。另外,在"共同善"的要求下,赋予数据生产者请求解释算法的权利,构成算法规制的外部路径。如此方能呼应人工智能时代网络法体系发展要求,建构具有哲学根基,且事前事后配合、内外路径协调又富于弹性的规制体系。[①]

简言之,大数据时代,算法通过其程序及运算规则作出决策。相对于传统决策领域,其对人工干预的需求甚少,但在算法实际运用的过程中,智能算法因其特殊编码所有的自主数据分析机制,会加速并放大现存的价值偏好、歧视认知,使得数据在经算法编码程序分析后形成的决策附有"算法歧视",导致不公现象产生,从而会对社会秩序造成冲击。相比传统的机器学习通过特征提取、判定进行推理得出结果的程式,算法深度学习是通过剖析事物原始特性并进行归纳总结之后得出的结果,是一种更为高级的认知方式。正是这一种从原始特征出发的认识范式,存在着我们无法洞悉的隐层,即算法"黑箱"。这里的"黑箱"不仅意味着不能观察,还意味着即使计算机试图向我们解释,面对晦涩的代码链条我们也无法理解。由于算法"黑箱"的存在,其运行过程变得愈加模糊,可能通过不成比例的数据联结出相关性,带来令人不安的隐形歧视。因此,我们有必要对算法"黑箱"进行规制,这要求我们建立一个公开透明的算法监管体系。

我们应当明晰算法歧视法律规制的技术环节,在样本数据建立初期,通过对源头数据大规模的筛选,保证样本数据多样化与数据内容的非导向性,才能在算法程式运算源头有效避免不公现象的产生。通过可被理解的方式解释算法、提高算法的透明度,以使其运行得更加公开公正。在数据出现纰漏或是算法权重设置有误时,及时提供救济。

[①] 王聪:《"共同善"维度下的算法规制》,载《法学》,2019年第12期,第66—77页。

为避免数据失真,歧视决策可能带来的不利影响,以及分配责任模糊等问题,有关算法透明性、可解释性需要得到法律的回应。申言之,首先,应明确筛选训练数据的标准化制度。通过保护数据提供者的平等权,保证各个群组、各种类型的信息毋论大小、多寡经过公正筛选之后,都能够充分地参与到算法样本数据中来,在算法决策中得以体现。其次,建立算法透明性和可解释性的审查机制。随着数据时代的到来,或大或小的算法程式只会越来越多,对每一条算法进行监管是不现实的。因此通过实现权利主体的知情权和选择权来实现权利保护的内容。由于算法程式的特殊性,权利主体的知情权、选择权往往由于技术或者其他因素的限制怠于实现,通过法律系统的积极回应,实现算法程式、内容及输出结果的透明化和可解释性以保障主体权利的实现。也可适当准入第三方机构对算法内容、输出结果中的技术性内容进行审查,通过设置相关的技术性机制对算法训练样本、内置性编码凝视等问题进行筛选和解释,并由公权力主体进行主导和监督,即通过技术手段,对算法运行机制中的筛选标准和最终结果进行解释,以此最大程度地推进算法公平在三方之间的实现。最后,完善算法问责机制。权利救济是对算法疏于监管的现状作出的积极调整,通过算法问责制的构建给予权利主体可靠的救济途径而促使算法程式的不断完善。明确算法歧视的责任主体,主要是那些注入歧视因子或有义务却未能及时排除歧视因子的主体;完善事前责任和事后责任,通过设置警示、惩罚机制,通过定期整改、罚款、停用等规制措施,对具有纰漏的算法进行规制。在事后责任方面可以引入"纯粹经济损失"原则,能最大限度地拉长损害赔偿的因果关系链条,最大程度地避免用户权利、利益受到侵害后的投告无门。

第五节　强制"二选一"

电子商务是指卖方和买方通过互联网平台中介进行交易的活动,

实践中最常见和对消费者影响最大的电子商务是 B2C，即产品或服务的零售。电子商务可以使很多卖方同时在一个平台销售产品或服务，消费者不仅可以有多种选择，而且价格透明，还可享受免费送货服务，因此，越来越多的消费者依赖电子商务购物，互联网中介平台成为商户和消费者进入电子商务的准"看门人"。据媒体报道，我国电子商务当前面临的一个大问题，是有些电商平台强迫商户在平台之间"二选一"：如果商户在 A 平台销售产品，就不能进入 B 平台；如果在 B 平台销售产品，就得退出 A 平台。① 随着政府明确提出"严禁平台单边签订排他性服务提供合同，保障平台经济相关市场主体公平参与市场竞争"，② 如何有效规制电商平台的"二选一"行为，就成为我国竞争法学界和实务界当前白热化研讨的一个问题。"二选一"行为本质上是独家交易。独家交易是商事活动中广泛运用的纵向限制，即两个企业间订立协议，其中一方对另一方承诺，在某个市场或者某个领域只与对方进行交易，而不与对方的竞争对手进行交易。独家交易在很多情况下有助于提高企业的效率，如改善商品流通，扩大产品销售。对中小企业来说，独家交易在很多情况下是进入市场的有效方式，有时甚至是唯一方式。但独家交易是排他性行为，根据反垄断法的观点，参与独家交易的一方或者双方在相关市场的份额占到 30% 以上，这种独家交易就会封锁相当大范围的市场，产生严重限制竞争的问题，应当受到反垄断法的规制。

有学者认为互联网产业中出现的"二选一"行为在性质上属于排他性交易行为，根据行为人的不同，可以区分为排他性销售协议和排他性购买协议两种类型。其调整方法的复杂性主要是由于人们对反垄断法原理缺乏深入挖掘，没能探明纵向协议的正确分析方法，将"纵

---

① 王健：《电商"二选一"进入 2.0 时代》，https://www.chinacourt.org/article/detail/2019/08/id/4410102.shtml。
② 中华人民共和国国务院办公厅：《关于促进平台经济规范健康发展的指导意见》（国办发〔2019〕38 号）。

向协议"与"垄断协议"等同起来,而没有原理层面的追问。与其他垄断协议一样,互联网平台排他性交易的分析同样需遵循两个步骤:首先进行垄断行为的认定,然后允许当事人合理性抗辩。在第一个步骤上,与传统理论认识不同,排他性交易协议不会构成垄断行为,但可以成为一方当事人支配地位滥用行为的载体,或充当一方当事人与其竞争者之间垄断协议的手段。排他性购买协议所影响的,主要是生产商之间的竞争,因此在识别垄断行为时,应判断其是否滥用市场支配地位,判断标准只用达成以下标准之一即可:一是传统标准,按照美国反托拉斯法上的表达,称为"有利可图地提高价格"标准;二是有些情况下,如果需求转向成本过高,则消费者根本没有转向的自由,便同样只能接受行为人的涨价而别无选择,这同样使行为人拥有支配地位。在第二个步骤上,排他性交易主要可能产生三种积极效果,即防止搭便车、防止套牢及维护经营模式的统一性与企业形象。在个案的审理中,应依托这样的框架与思路,对具体案情进行分析。[①]

有学者认为除了电子商务领域市场支配地位认定这一困难外,滥用市场支配地位条文的适用还存在"无正当理由"证成依据缺失的问题。"二选一"行为作为一种常见的商业安排,除了可能排除、限制竞争外,还可能存在诸多经济合理性,而这有可能成为经营者从事该等行为的正当理由,进而并不构成对反垄断法的违反。在我国现行法的框架下,对电子商务领域"二选一"行为的竞争法规制看似有法可循,实则无法可依。一方面,《反垄断法》关于滥用市场支配地位制度的适用门槛过高,需要证明行为人具有市场支配地位及从事"二选一"行为"没有正当理由",而纵向垄断协议兜底条款的适用则面临条文适用本身受限、适用主体严格限定、执法积极性不高等现实困难;另一方面,《电子商务法》《反不正当竞争法》存在与此相关的条文,但相关规定或缺乏相应的理论基础,或原则性强而可操作性低,或与该等行

[①] 许光耀:《互联网产业中排他性交易行为的反垄断法分析方法》,载《中国运用法学》,2020年第1期,第37—48页。

为的特征不符,实际约束力偏弱。对此,可行的破解途径是:其一,对《电子商务法》第 35 条予以纠偏,以消除《反垄断法》中相关制度被架空的风险,构筑起《反垄断法》和《反不正当竞争法》对该等行为的二元规制格局;其二,完善竞争法中的相关制度,包括细化电子商务领域判定经营者市场支配地位的考量因素、明确行为人无从事"二选一"行为正当理由的分析因素,将独家交易协议解释为纵向垄断协议兜底条款的适用情形;其三,以滥用相对优势地位理论为基础,对《电子商务法》第 35 条的适用范围和适用条件作限缩解释。①

　　有学者认为与传统经济一样,数字经济背景下的强制性"二选一"行为不是"本身违法",但如果行为人使用这种手段,严重损害竞争对手实现最低规模经济的能力,或者阻止新企业进入市场,就会在很大程度上妨碍市场竞争。考虑到进入市场存在经济、技术、数据等各种障碍,特别是网络外部效应,我国电商平台已经高度集中。为了维护市场的竞争性,使商户和消费者充分感受电子商务的好处和便利,竞争执法机关应当保证平台商户的多归属,即任何平台经营者都无权强迫商户只能在一个平台上交易。同时,考虑到电子商务的特点和中小商户对平台中介的依赖性,我国有必要制定规范中介平台与商户之间交易关系的专门法,并完善《电子商务法》第 35 条。具体而言,考虑到原告需要界定市场,以证明被告占市场支配地位,然后才能举证证明被告存在滥用市场支配地位的行为,这个举证责任对一般商户负担太重,因此建议我国《电子商务法》第 35 条借鉴欧盟《为商户提供互联网公平和透明中介服务的条例》中就电商平台对其商户的不公平交易行为制定专门法。一是充分考虑互联网中介平台和入驻商户的特点,保护中小商户;二是要求平台中介就其与商户之间的法律关系作出明确规定,这在双方出现争议后比较容易理解什么是不合理限制,什么是附加不合理条件,什么是不合理的费用,从而大大提高了平台经营

---

① 袁波:《电子商务领域"二选一"行为竞争法规制的困境及出路》,载《法学》,2020 年第 8 期,第 176—191 页。

者"合规"或者"不合规"的透明度;三是在平台内部建立争议解决机制,既有助于提高平台经营者的自律性,自觉避免和减少针对商户的不公平交易行为,包括强制性"二选一",又有助于提高中小商户的自律性,帮助他们在心理上防范平台经营者滥用市场势力的行为。①

有学者认为如果电商平台在市场中具有相对优势或者平台用户对电商平台的依赖程度较高,抑或是在相关市场上,该电商平台用户转向其他电商平台缺乏足够、可预期的可能性,都可说明该电商平台具有优势地位。对优势电商平台"二选一"行为进行评价时,应当考量消费者利益。"二选一"行为对消费者造成了损害,严重限制了消费者的自主选择权,增加了消费者支出的成本,降低了消费者的收益,并导致消费者福利的减损。域外在互联网领域的竞争执法注重考察消费者利益是否受到损害,其对我国的启示是:在判断"二选一"行为是否损害消费者利益时,应当以有效竞争标准和创新标准作为主要依据。应尽快针对电商领域"二选一"行为展开行政执法和司法审查,从而为相关市场主体提供行为标准,保障消费者权益免受损害。首先,申言之,不应基于"二选一"行为短期内可能不会导致商品或者服务价格的升高,甚至会带来更低的价格,而否认其违法性。其次,"二选一"行为通过强化电商领域双边市场的外部性限制了有效的竞争,进而损害了消费者的利益。再次,当一个优势电商平台的行为降低了其竞争者产品或者服务的互用性和兼容性,该行为就损害了创新,也就减损了消费者的福利。综上,以认定电商平台"二选一"行为,损害了消费者的权益,属于限制竞争的滥用市场优势地位的行为。②

有学者以互联网外卖平台"二选一"为例,认为以"二选一"为表现的独家交易作为平台厂商常用的竞争策略正越来越多地受到反垄

---

① 王晓晔:《论电商平台"二选一"行为的法律规制》,载《现代法学》,2020年第3期,第151—165页。

② 苏号朋:《优势电商平台"二选一"行为中的消费者权益保护》,载《法律适用》,2021年第3期,第16—24页。

断执法机构的关注。但受制于双边市场交叉网络外部性和较高的竞争动态性等因素，如何识别独家交易的竞争效果成为监管的重点和难点之一。从我国互联网外卖平台实际情况出发，运用博弈论方法构建理论模型，定量比较和分析平台实施独家交易对双边用户及社会总福利的影响，发现社会总福利呈现出先上升后下降趋势，并采用案例分析方式对理论结论加以验证。认为互联网外卖平台独家交易协议对市场竞争的影响要具体问题具体分析，在遵循传统监管方法基础上还需进一步强化竞争分析和法律论证，重点关注独家交易协议框架下的滥用市场势力行为，推动社会共治维护互联网平台的竞争秩序。一方面，平台企业通过签署《互联网平台企业关于维护良好市场秩序促进行业健康发展的承诺》，声明"不强制要求平台内经营者进行'独家合作'"，强化平台企业自律作用，有利于维护公平竞争的市场秩序；另一方面，第三方机构、消费者、商家应积极参与对平台企业的监管活动，通过对平台企业行为的监督和制约，约束和激励平台企业恪守行业自律公约，营造公平竞争的市场环境，激发企业创新活力。①

第六节 数据型企业并购

在全球数字经济市场，数字平台的并购活动一直处于活跃状态。某种意义而言，并购已经成为数字平台的发展战略。自2007年开始，脸书对社交媒体市场的潜在竞争对手和邻近市场的企业发起了一系列并购，这无疑推动了脸书的快速成长与发展。苹果公司首席执行官蒂姆·库克曾在2019年5月接受媒体采访时表示，仅在过去的六个月里，苹果收购了约20至25家公司，平均每两到三周就收购一家公司。由于被收购公司规模很小，苹果公司通常不会公布这些交易，其收购目的主要在于整合目标公司的人才和知识产权。谷歌公司在2001年至

---

① 乔岳、杨锡：《平台独家交易妨碍公平竞争吗？——以互联网外卖平台"二选一"为例》，载《山东大学学报(哲学社会科学版)》，2021年第2期，第98—109页。

2018年间，平均每个月就会收购约一家公司。同样的，国内数字平台也在2015年前后进入到并购的白热化阶段。阿里巴巴公司在电商新零售、媒体娱乐、物流、生活服务及健康等五大领域推进一系列投资并购，其通过多轮投资的手段，实现了对高德、银泰、优酷土豆、UCWeb、饿了么等企业的全资收购与私有化。腾讯公司则聚焦于娱乐、媒体领域的投资并购，目前已成为美团、京东、蔚来、58同城、虎牙直播等公司的第一大股东。此后，两大数字平台及其"代理人"在更多垂直领域和细分市场展开并购，旨在将分裂的小众市场整合到平台的生态系统之中。究其原因，激烈的"动态竞争"使得互联网平台面临着生存危机，在可能的情况下，互联网平台存在着谋求垄断地位的倾向与动力。因此，在对互联网平台的反垄断措施中，应特别加强对平台企业有关并购、合并等结构性行为的规制，防止平台企业通过对与其存在直接或潜在竞争关系的企业收购，从而维持其垄断性的市场地位。

有学者认为在企业并购中，如果数据的种类、规模和范围达到竞争对手无法复制或超越的程度，企业就可能形成并加强市场支配地位，并滥用这种地位对上下游市场造成壁垒和进入障碍。因此，有必要对其进行规制，但现有的反垄断审查机制并不适合分析数据型企业并购。一方面，如果只以营收规模为标准而不考虑交易价值（收购价格），数据市场的很多并购交易都无法落入竞争审查范围；另一方面，目前对数据市场的并购审查，缺乏实质性的竞争评估审查标准。为此，首先，修订并购申报标准，识别出存在竞争问题的数据资产并购。可以适当考虑将交易价值纳入申报标准范围内，通过设定合理的交易价值门槛，防止数据驱动的创新型小微企业被吞并和消除。其次，对拟议并购交易的竞争评估，应区分大数据在行业中的角色和功能定位。如果数据是市场上直接销售的商品，合并双方或其中一方需承诺合并后不会对其他市场主体获得数据造成影响。最后，数据集中可能给合并双方带来较强的市场优势，应重点审查合并是否可能造成数据市场供应的切断或封锁。①

有学者认为,滴滴、优步的合并是否应当主动申报,引发了大家关于互联网双边市场及经营者集中申报标准的思考,从中我们可以窥见,我国现有的单一经营者集中申报标准在复杂的经济发展过程中似乎并不能适用于所有的产业。因此,一方面,在对互联网经营者集中申报进行考察时,应考量互联网双边市场因素,申报标准应反映该互联网企业盈利的决定因素,需明确互联网产业申报规则和裁量需要反映网络外部性、锁定效应、技术创新和知识产权等对企业支配力的影响;另一方面,细化申报标准的具体操作规定。保持公权力的"谦抑性",设立兜底条款强制企业自主申报、引入商谈程序、并给予政府有关部门以自主审查权。规范化商谈程序,引入申报标准调整机制。同时,引入行业系数标准。在定量标准涵摄不足时,将网络经济特性、知识产权、技术标准等非定量标准纳入申报标准体系,引导自由裁量权在个案中规范行使。将"盖然性"市场份额标准引入申报体系,在操作层面对市场份额标准加以改良,以兼顾申报的效率要求。②

有学者认为慑于假阳性规制错误,当前我国反垄断制度框架过度依赖事后管控规则,纵容了数字内容平台版权集中行为。与网络效应和用户黏性相比,数字内容平台真正的市场力量源于受版权法排他权保护的版权集中壁垒。自然垄断效应的削弱与事后监管工具的全面失灵要求反垄断法转向竞争导向型的监管思路,在单一卖方平台建立绝对垄断地位前,予以结构性调整。对于那些不作结构性干预则不可逆的版权集中,通过设定合理的经营者集中申报审查标准、引入版权控制人关键设施开放义务、扶持替代性公共选项三种救济模式,能以较低成本维持数个平台有限竞争的市场结构,在兼顾版权集中规模效率

---

① 詹馥静、王先林:《反垄断视角的大数据问题初探》,载《价格理论与实践》,2018年第9期,第37—42页。

② 蒋璐璇:《互联网双边市场经营者集中申报标准之困境》,载《东南大学学报(哲学社会科学版)》,2017年第S1期,第21—26页。

的同时,重拾竞争益处。分析我国典型数字内容市场可以发现,在线音乐和电子学术期刊市场版权集中的反竞争效应强于流媒体视频和电子书市场,此种情况应引起反垄断监管部门警惕。①

有学者认为初创企业并购并不具有反竞争性,但随着时间推移,这种持续性的并购会强化大型数字平台的市场支配地位,对市场的潜在竞争和创新造成损害。在现行反垄断法的制度框架下,如何识别、分析和规制可能具有反竞争效应的初创企业并购,存在诸多现实困境。对此,反垄断执法机构应秉持审慎的监管理念,调整并购审查门槛,协同推进对初创企业并购的事前审查与事后调查。反垄断执法机构有必要调整并购申报门槛,在当前营业额标准的基础上引入能够有效筛查具有反竞争效应的并购的其他适当标准,如交易额条款;根据并购交易动机与被收购产品的不同特征,构建分类审查的基本模型,实现执法工具的革新。借鉴以色列竞争管理局(ICA)探索出的并购交易分类审查模型,将并购交易区分为"绿色"和"黄色"两个类别,根据不同的类别,实行不同的审查标准。通过采用综合性的损害分析框架,改进损害证明责任制度,有效扭转当前的执法困局。②

有学者认为随着数据变成商业中的重要资产,越来越多的领域数据化,数据的收集和集中正在大规模发生,而且不断发生平台违规收集和共享用户数据、通过拒绝使用设置市场进入壁垒、降低隐私条款、大数据杀熟等事件。其实数据垄断并不是指数据本身的独占,更多情况下是指基于数据优势进一步扩张市场垄断地位,所以,面对经营者集中时,要谨慎审查科技巨头们的并购行为,要评估其对竞争对手或新进入者获取数据是否产生约束,确定该项合并是否属于垄断行为。为此,应完善数据驱动型经营者集中的审查。首先,在分析竞争效果

---

① 王伟:《数字内容平台版权集中的法律规制研究》,载《政治与法律》,2020年第10期,第134—147页。

② 方翔:《数字市场初创企业并购的竞争隐忧与应对方略》,载《法治研究》,2021年第2期,第138—148页。

时，需重视经济效益和消费者福利原则。反垄断法在关注"数据效率"的同时也在维护"数据正义"，数据驱动型合并对消费者产生的实际影响包括在很大程度上无视他们的意愿，肆意使用用户画像对他们进行更"精准"的剥削，消费者们不应忍受有反竞争效果的数据驱动型合并带来的丧失选择、创新和隐私保护降低产生的损失。其次，完善大数据的相关市场界定。需要依照数字经济特性探索全新分析工具，"免费"不应该成为不适用传统价格界定理论的抗辩理由，已有证据证明损害时可淡化相关市场界定。再次，大数据必要设施原则的适用，必须满足企业拥有排他的数据控制权和数据优势、数据拥有者通过拒绝使用设置市场进入壁垒、必要设施原则仅适用于下游的间接竞争等条件。还有，申报门槛标准需多元化，可以考虑借鉴市场支配地位中的市场结构理论，增加"市场份额"的标准，可以考虑增加"并购交易额"作为申报标准。最后，善用附加条件批准的效果，通过案例分析，可以发现现有的反垄断工具确实可以识别合并中数据集中后可能带来的竞争损害，并且可以提前设立禁止性条件来约束当事人的行为，是非常适合新兴数字市场的灵活工具。①

有学者认为互联网服务行业有着不同于传统行业的明显特征，决定了其在竞争效果评估、救济措施选择及其实施三个阶段的适用中与传统行业大相径庭。"市场决定论"蕴涵了政府干预的"谦抑理念"；互联网服务行业适用经营者集中救济，在执法原则上宜确立"谦抑理念"实现包容审慎监管。在第一阶段的竞争效果评估中，宜弱化市场份额因素，加强市场进入和效率等因素的考量；在第二阶段的救济措施选择中，市场结构上天然具有"冒尖效应"的互联网服务行业，应当优先选择行为性救济；在第三阶段的救济措施实施中，应开放网络平台和关键基础设施、持续信息披露、引入监督受托人；最后，当行为性救济实施过程中出现法律争议时，除了传统的诉讼和调解外，可

---

① 傅晓：《警惕数据垄断：数据驱动型经营者集中研究》，载《中国软科学》，2021年第1期，第56—87页。

优先考虑适用仲裁机制。①

有学者认为反垄断监管之所以会在互联网领域出现未依法申报经营者集中的被动局面,一是出于互联网行业的自身特性;二是出于营业额指标的自身弊端。因此,建议从申报标准、惩处力度、审查态度及权力实施四个方面寻找合适的解决方案。一是对申报标准的补正——在营业额申报标准基础上附加交易额标准,而出于鼓励交易、保护创新的考虑,在设置交易规模标准作为补充时,应秉持更加包容的态度,避免因采用过低的门槛而加重经营者的负担。二是对惩处力度的补正——依据营业额比例提高对未依法申报的处罚力度,对于罚款金额的设置,需要充分考虑罚款可能产生的威慑效果,综合权衡经营者的市场势力、交易规模、申报成本、主观故意程度、配合调查的情况、既往违规史等多方因素进行考量。三是对特殊结构经营者集中审查困境的补正——明确对互联网领域,在监管方面,不仅要求慎重审度互联网领域外资准入的限制标准,还要求涉及外商投资监管的各个部门采取审慎的执法态度,做到有效的沟通协调,统一执法标准,早日破除 VIE 架构的监管僵局。而通过给予互联网企业在准入限制领域更多的融资渠道支持,更可以帮助互联网企业从根本上解决搭建 VIE 架构的现实困境。四是执法机构权力实施的补正——充分发挥及适度行使自由裁量权,应明确自由裁量权的实施要求充分考虑个案特点,综合权衡各方利益。并且自由裁量权可能因行使的积极程度不同而带来不同的执行效果,应当尽可能确保自由裁量权的适度行使,避免因自由裁量权的权力滥用或权力怠用对互联网领域未依法申报经营者集中的监管产生负面效果。②

---

① 孙晋:《谦抑理念下互联网服务行业经营者集中救济调适》,载《中国法学》,2018 年第 6 期,第 151—171 页。
② 陈肖盈:《互联网领域未依法申报经营者集中的执法困境及其解决方案》,载《中国社会科学院研究生院学报》,2020 年第 1 期,第 46—52 页。

第七节 双边市场

传统的商业模式一般是由经营者提供商品或服务，消费者支付价款获取商品或服务，参与交易的通常只有买卖双方，这样的市场即为单边市场。20世纪90年代以来，随着以信息技术革命和经济全球化为动力的新经济崛起，以双边平台为核心的新型商业模式得到迅猛发展，平台企业通过策略性行为向商品或者服务的买卖双方提供差异化商品或服务，进而促进交易双方在该平台达成交易，如传媒企业、大型购物中心、银行卡企业、电信企业、电子商务企业等，其经营模式不同于传统市场，体现了双边市场的特征。双边市场指的是存在两组不同性质的用户通过平台进行交易，其中一组用户数量的多少能够直接影响另一组用户在交易过程中所能够获得的收益，平台通过调整对两组用户的收费形成最优定价结构以维持两组用户的数量，同时保障平台运营所形成的市场。双边市场具有以下三个核心要素：一是交叉网络效应，即任何一边的用户数量都将影响到另一边用户的数量和交易量；二是价格结构具有非对称性，平台企业的收费策略并不简单的遵循成本定价原则，而是根据实际情况对网络外部效应较强的一边低于边际成本的价格进行收费，而对另一边进行高收费以维持其自身的运转；三是相互依赖性和互补性，双边用户对相互之间提供的产品或服务同时具有相互依赖性和互补性，只有一方有需求或双方均无需求，那么平台企业和双边市场将无从产生。双边市场的特性使得传统的相关市场界定理论难以适用，尤其是针对平台经济领域的相关市场界定，其又有与其他双边市场不同的自身特点。

有学者结合"3Q案"认为，互联网产业及双边市场的特点给《反垄断法》带来了挑战，应对挑战的方法不是对反垄断法理论进行改造，而是对其原理进行更深层的挖掘。具体而言，相关市场的界定仍应以"需求替代性"为标准，但在双边市场情形下由于存在三种需求，需同时界定三个市场,如"3Q案"中便存在互联网广告市场、通信服务市场和安全软件市场,三个市场上的消费者需求互不相同,三种服务之间不具替代性,因而应同时界定三个市场。因此在支配地位的认定、竞争效果的分析上,均需要考察这三个市场间的关联。认为互联网产业所带来的特殊性主要在于市场力量的来源不同于传统产业,由于互联网服务的边际成本几乎为零,传统的以市场份额为中心的支配地位认定方法不能适用,网络效果、锁定效果所造成的转换成本成为使消费者别无选择的主要原因,因而可以构成支配地位的主要认定依据。具体而言,第一,在考虑互联网网络效果、锁定效果的基础上,分析消费者需求替代的转换成本,同时为进一步提高司法效率,可对排斥行为人所在的服务市场进行结构性考察,只有该市场上用户数量最多的经营者才能因排斥而净获益,其他经营者从事排斥行为只会使广告业务流向这个用户最多的经营者,而不是自己,从而同时在两个市场上恶化自己的相对竞争地位。第二,还应对当事人行为的合法性进行分析。结合《反垄断法》第17条规定,证明行为人存在滥用支配地位的行为,然后由涉嫌当事人证明其行为具有"正当理由"。[①]

有学者认为,传统市场下制定的反垄断法适用于新型市场时将遭遇相关市场主体的"经营者"资格模糊不清、能否适用抑或限制适用,以及现行反垄断分析工具是否有效等困境,反垄断法具有适用于新型市场的正当性与合理性。认为认定市场主体所从事的"经济活动"是判断反垄断法适用于改革类新型市场的关键要件,需要通过制定反垄断指南来破解反垄断法与行业法的协调适用与重复适用难题,反垄断法同样适用于行业法规制的限制竞争行为,针对行业法中涉及竞争的条款,可以考虑不予规制或者注明依据反垄断法规制来解决。对于由改革所诞生的公益事业、网络基础设施领域(市场)等从自然垄断转化来的竞争型市场,如果该市场接近于自然垄断市场,那么行业法的

[①] 许光耀:《互联网产业中双边市场情形下支配地位滥用行为的反垄断法调整——兼评奇虎诉腾讯案》,载《法学评论》,2018年第1期,第108—119页。

适用范围相对宽泛，可重点适用行业法；如果该领域经过改革大部分引入了竞争，实行了市场机制，则《反垄断法》的适用范围相对较大，可重点适用反垄断法。互联网新型市场下需要利用双边市场理论，分析平台企业的商业模式与产品特征及竞争状况等因素来破解界定相关市场之难题，在详细分析平台的商业模式与产品特征的基础上，分析平台企业所面临的竞争领域与竞争者，进而确定与案件相关的所有市场。考量互联网市场的锁定效应、技术创新、用户数量、数据保有量、用户改进平台营业额、市场份额的计算方法与审查程序，注重评估市场竞争状况以及对消费者利益、技术创新的影响，审慎控制互联网新型市场中的经营者集中行为等是新型市场下反垄断法适用困境之破解路径。①

有学者认为，互联网平台是以追求经济规模与多边效应等为目标的多边市场。数据争夺是互联网平台竞争的核心要素。互联网平台市场支配地位认定应以数据控制力与延展性为核心。在规制互联网平台的市场支配地位方面，现行规则忽视了其双边市场特征，忽略了平台的数据控制力对竞争的影响，导致在互联网平台市场力与行为反竞争效果认定上存在偏差。互联网平台经济的相关市场应为数据市场，平台经济反垄断机制的构建需关注行为对数据市场的影响，应回归结构主义范式，重视市场结构变化对竞争的影响。在反竞争效果认定上，需重视平台的开放性与延展性特征，对掠夺性定价、搭售及拒绝交易等行为的反竞争效果需结合互联网平台的双边市场特征及商业模式现状进行分析。②

有学者认为，互联网平台作为一种技术架构和商业模式，使得互联网平台企业能够利用市场力量的杠杆作用开展跨市场竞争，但这也

---

① 高重迎、于良东：《新型市场下反垄断法的适用困境与破解》，载《河南财经政法大学学报》，2019 年第 4 期，第 87—96 页。
② 曹阳：《数据视野下的互联网平台市场支配地位认定与规制》，载《电子知识产权》，2018 年第 10 期，第 89—97 页。

为互联网反垄断执法带来许多挑战。通过最高人民法院肯定了可以将认定经营者实施的"排除或妨碍竞争的直接证据"作为分析起点,为认定互联网平台企业滥用市场支配地位行为提供了一个新的切入角度。以"3Q案"为例,分析了在何种情况下平台企业利用市场力量的杠杆作用实施搭售和限制交易行为可能作为排除或妨碍竞争的直接证据。在平台企业进攻性地利用市场力量的杠杆作用情况下,如果平台企业搭售的产品缺乏可赢得竞争优势的产品优点并获得不成比例的市场份额,或者平台企业未能通过平台包络①行为为消费者带来显著的规模效益等社会福利,那么前述两种情形都可能成为排除或妨碍竞争的直接证据;而在平台企业防御性地利用市场力量的杠杆作用情况下,如果平台企业占据了对市场竞争十分重要的关键资源,并出于防止其他竞争者进入市场的目的而实施限制交易行为,那么这一行为本身就可能成为排除或妨碍竞争的直接证据。另外,为了保护个人投资,我们对经营者排除或妨碍竞争的直接证据的认定应当坚持个案分析方法,在理论上加强研究在互联网平台企业跨市场竞争情况下,相关经营行为究竟属于市场力量的合理利用还是属于市场支配地位的非法滥用,并通过更多的反垄断执法和司法实践进行验证和支持。②

有学者认为随着互联网经济的不断发展,平台包络现象与多功能策略已成为平台竞争的主要趋势。然而,就在各个平台企业如火如荼进行市场开拓时,市场间优势传导的利用成为平台竞争的普遍化行为,但对于此类行为的反竞争风险却一直未获得足够的关注。通过分析发现,互联网经济弱化了相关市场边界的界定,并且统一了不同市场竞争优势的衡量标准,由此证成了优势传导的现实可能性。优势传导的

---

① 所谓"平台包络",是指平台企业将其他平台市场中的平台功能与自身的平台功能进行整合形成一个"多平台束"(Multi-Platform Bundle),通过排除在位企业接近用户的机会和利用两个平台共同的用户,削减原先为在位企业免于竞争威胁提供保护的网络效应、增强己方"多平台束"的网络效应。

② 李思羽:《互联网平台企业滥用市场力量的杠杆作用认定——以"奇虎诉腾讯滥用市场支配地位案"为例》,载《科技与法律》,2018年第2期,第21—30页。

两面性、利用行为的普遍性，以及市场边界理论适用上的不适应性和逻辑断裂问题等则进一步论证了引入适用具有现实必要性。由于优势传导理论是舶来品，由此需要分析域外的经验，而欧盟执法当局态度，以及谷歌案、微软案和亚马逊双重身份案的处理实践具有重要的参照意义。对于我国优势传导理论的适用，应当事先明确优势传导本身的客观性和事实性，进而明确优势传导理论功能定位上的辅助性，并重在揭示垄断行为方式、反竞争效果。在具体适用中，应当注意优势传导效应上的双面性，对优势传导的正反两方面效果均进行充分分析。需要分析和论证经营者传导的市场优势与新市场内竞争状况的改变之间的因果关联程度，并分析经营者的竞争势力及其他客观情势与新市场内竞争状况的改变之间的因果关联程度，以此进一步明确优势传导在反竞争效果中原因力大小，进而确定经营者的利用行为是否具有产生足够的反竞争效果，以准确认定利用行为的违法性和应受惩罚性。具体到垄断行为的认定，还应注意使用优势传导理论对传导涉及的两个市场上的反竞争效果进行综合评价，主市场中发生的市场支配滥用行为或称优势传导行为的认定和规制应当同时立足于两个市场，主市场和新市场中的反竞争性质及反竞争效果也都应进行评价、认定和规制，以保证论证和规制上的完整性和合理性。①

第八节 共享经济

共享经济，又称"分享经济"，是在网络时代背景下产生的一种新型经济形态和资源配置方式，短时间内成为影响全球的经济现象、学术研究的热点。共享经济得到了国家层面的高度重视，先后出台了《关于促进共享经济发展的指导性意见》等一系列支持性政策，在"十四五"规划中将促进共享经济健康发展列为国家层面的发展战略。

---

① 张一武：《论互联网平台竞争案件中优势传导理论的适用——以滥用市场支配地位案例研究为视角》，载《中国价格监管与反垄断》，2019年第11期，第42—49页。

近年来，中国企业在其中扮演了越来越重要的角色，业已成为共享经济在全球的引领者。根据2017—2020年《中国共享经济发展年度报告》和2019年《胡润全球独角兽榜》的数据，在独角兽企业数量上，2017年中国成为世界第一，其中一半具有共享经济属性。其中滴滴出行和美团点评等企业进入了前十名，近年来又有多家共享经济型企业进入独角兽行列。由此可见，共享经济及其引领的一系列商业实践已经成为重要的中国现象。基于组织生态学"选择–适应–保留"的理论分析框架，共享经济组织是新兴的特殊平台组织模式，区别于传统层级组织，能够同时实现交易成本与组织成本的降低。从组织内部来看，"资源编排性""自组织性""多元补偿性"的融合是共享经济组织区别于其他新组织形式、实现快速成长的动因。而反垄断学界主流观点认为监管者对共享经济存在过度监管的问题，严重制约了相关细分行业的发展。有论者建议应当全面放松管制，为共享经济创造宽松的监管氛围；亦有论者认为政府应当放弃或让渡一部分监管职权，要充分相信市场的自愈能力和自律监管的力量。

有学者认为共享经济是在"互联网+"行动计划实施与大力推进下得以快速发展的经济新业态，顺应了互联网时代的发展要求，优化了资源配置，提高了资源使用效率。与此同时，也引发了监管上的困难，主要表现为信息共享与信息安全之间可能引发的冲突，共享经济野蛮生长与合规竞争之间的平衡，以及共享经济引发的社会治理困难。为此，从共享经济的属性和特征入手，认为信息法治构成了共享经济发展的基础，竞争法治成为共享经济发展的抓手，多元共治是保障共享经济健康发展的手段，以此回应共享经济发展中出现的各类问题。具体而言，必须重视平台运营者对用户信息的保护与滥用，一方面敦促平台加强自律，合法使用用户信息；另一方面加强外部性制度监管，加强信息监管执法，包括安全执法和竞争执法，尤其是防止平台运营者利用其信息优势地位从事违法竞争活动。可以通过"行业标准+负面清单"的模式，尝试建立透明的和正当的使用标准。在加强对享用者个人信息保护的前提下,也需要在一定的情况下允许平台运营者或政府相关部门合理使用有关信息,合法行使对共享经济资源所有者和运营者正当利益的保护,支持和激励共享经济的和谐发展。并且,对于参与共享经济的各类经营者而言,应尽快敦促其建立行业自律体系,与地方政府协商建立适合当地实际情况的行业规范,从行业标准的角度合规运营;对于广大的终端消费者来说,他们是共享经济的直接享用者和受益者,对共享经济运营中出现的各类问题最具发言权,能够也理应对实践中的各类问题作出最及时有效的反馈;要提升政府在共享经济中的治理能力和规制水平,主导共享经济的发展方向。①

有学者认为共享经济的高速发展带来了一系列的监管难题。中国监管者面对这一业态创新时,陷入了"路径依赖",将适用于传统工业经济的事前监管类比套用于共享经济领域,导致监管过度。但是,在促进网约车全国范围内合法化的立法中,共享经济的监管模式迎来了第一次转型,从路径依赖型监管转向创新友好型监管。共享经济被认为是一种创新经济而受到了更多的尊重和礼遇,但与此同时,具有破坏性特征的共享经济也引发了诸多限制竞争问题。遗憾的是,监管者很大程度上受到了垄断促进创新的熊彼特假设②的影响,滥用市场支配地位、算法共谋、野蛮并购、行政性垄断等问题得不到有效监督和及时救济。因此,应当推动共享经济领域的监管创新,实现第二次监管转型,建构竞争导向型监管,并将保护竞争秩序和竞争过程的反垄断政策内置于监管框架的核心。具体而言:第一,应当弱化相关市场的概念。应当明确界定相关市场的最终目的在于判断市场支配地位存

---

① 陈兵:《助力共享经济发展的法治之维》,载《学术论坛》,2017年第5期,第9—13页。
② 约瑟夫·熊彼特认为垄断才能够促进创新。参见:Joseph Schumpeter, *Capitalism, Socialism, and Democracy*, Harper and Brothers,1942,pp. 81-106。与之相对,肯尼思·阿罗在《经济福利与发明的资源配置》一文提出一个对立的主张——竞争才能促进创新。参见:Kenneth J. Arrow, "Economic Welfare and the Allocation of Resources for Invention", in National Bureau of Economic Research, eds. *The Rate and Direction of Inventive Activity: Economic and Social Factors*, Princeton:Princeton University Press,1962,pp. 609-626。

与否，而且其也只是众多判断手段中的一种。第二，应积极规制共享平台滥用市场支配地位的行为。尽管市场支配地位本身并不违法，但是诸多滥用市场支配地位的行为应当是"竞争导向型"监管框架的重点规制对象。第三，经营者集中事前申报中，除了"刚性"的营业额标准，还应当引入其他"柔性"标准。借鉴德国竞争法的修改经验，引入一项新的标准——交易价值。第四，建立促进竞争的数据分享机制。通过对用户数据的类型化作业来缓解数据分享与用户隐私保护之间的紧张关系。第五，应注意算法共谋的问题。竞争执法机构还应当制定一定的原则规范算法的设计过程，引导和督促共享平台展开算法创新和算法竞争，推陈出新、精益求精，设计出更为公平且不会窒息价格竞争的算法。第六，应当注意网约车行业的行政垄断问题。新兴的网约车市场，需要政府转变角色从垄断的缔造者变为垄断的控制者。[①]

有学者认为，共享经济作为基于互联网及智能设备产生的新型经济模式，是以信息技术、定位导航系统、移动支付等创新技术的高度整合为基础，结合共享理念，并付诸商业实践的市场新形态。相较于传统经济模式具有高技术性、信用依赖性、非占有性的特点，对竞争政策在共享经济领域的适用带来新挑战。在此背景下传统行业的转型与新型行业或领域的兴起，使整个市场中竞争状况发生巨大变化。应从实践角度多方面剖析共享经济企业的实际竞争状况，以共享经济交通行业和共享旅游住宿行业为例，归纳共享经济的行业分布情况与企业数量，分别解析共享交通出行行业的平台模式和分时租赁模式的企业数量与产品差异程度，并根据波特竞争模型阐释共享经济行业的整体市场竞争环境。从共享经济的目标功能出发，分析共享经济的定价机制，阐述共享经济中的掠夺性定价行为、横向合并行为、独家交易行为等限制竞争行为的现状和表现形式，提出共享经济视野下竞争政

[①] 孙瑜晨:《互联网共享经济监管模式的转型：迈向竞争导向型监管》，载《河北法学》，2018年第10期，第16—33页。

策的具体完善措施：转变竞争政策实施思维，明确竞争政策的优先地位；综合运用竞争政策工具，尤其是公平竞争审查制度的适用；从执法"零容忍"和构建竞争软文化两方面出发，推动竞争执法的常态化；构建合理有效的定价机制，以调动共享经济各方的积极性。①

有学者认为促进数据流动、共享和再利用成为发展数字经济的趋势和必要，当数据共享行为包含互惠因素时，即可被称为"数据池"②。"数据池"对提高经济效率、鼓励创新、增进消费者福利、促进竞争具有积极的推动作用，但是大规模的数据集合也将为市场竞争带来挑战和不确定性。经营者可能会通过"数据池"进行敏感数据信息的交换，促进卡特尔共谋的达成和实施，将数据优势限定在少数成员手中造成数据封锁，从而限制、排除相关市场上的竞争。"数据池"共享行为可能产生的竞争隐患多来自垄断协议。因此，考虑到"数据池"的复杂性，在评估"数据池"共享行为的竞争效果时，应在一般垄断协议分析框架的基础上，重点分析"数据池"成员间的竞争关系，充分考虑相关行业与市场的结构和特点，灵活地对当事人之间的竞争关系进行分析。重点分析"数据池"共享的数据种类，依用户数据收集的方式不同，用户数据可分为用户主动提供的数据、观察数据和推测数据，通过"数据池"集中共享主动提供的数据对市场竞争造成损害的可能性极低。当"数据池"成员集中共享的是观察数据时，这种共享行为可能在一定程度上具有反竞争的效果。由推测数据构成的"数据池"往往会对市场竞争产生极大负面影响而被反垄断法所禁止。重点分析"数据池"约定的分析工具，特别是注意算法的作用。重点分析"数据池"的开放程度，分析利益相关方的参与条件、是否会限制数据流、"数据池"对其成员的控制程度等因素。重点分析"数据

---

① 丁国峰：《共享经济视域下竞争政策的完善路径》，载《中国流通经济》，2021年第3期，第44—53页。
② "数据池"是指两个或两个以上数据控制者或持有者同意将他们关于特定市场、特定产品或服务于消费者、使用者或是数字生态系统的各种数字化信息通过某种形式相互共享或共同分享给第三方的一种协议安排。

池"的消费者损害等因素。①

有学者认为数据要素政策的提出将推动以数据为中心的商业模式转变,随着数据驱动型企业对数据获取与使用的需求与日俱增,以"最大范围"的获取数据满足经营所需的限制或排除竞争行为也呈蔓延之势,使得隐私保护是否应纳入反垄断规制框架成为争议的焦点。结合各国数据隐私保护与竞争法适用进程的分析与借鉴,我国对于数据企业使用消费者数据形成的新型滥用行为规制,仍应坚持以反垄断法作为滥用市场支配地位界定的理论依据,而涉及隐私部分则交于数据保护规则进行规制,以保护数据市场竞争的稳定性并推进以完善数据要素市场为主的法律体系的构建。具体而言:第一,明确数据要素市场中的反垄断规制目标。反垄断规制的主要目的在于维护数据市场健康有序发展,如要保障数据的自由流动,则数据主体合法权益的有效维护是前提。第二,依数据行为形成的支配地位滥用以反垄断规制为主。一些互联网平台的剥削性滥用、排他性竞争等行为,虽然与传统意义上的"垄断"不太吻合,但本质上仍是利用规模优势和数据霸权来试图直接"定义规则"。在判断经营者是否具有市场支配地位时,需要综合考虑特定数据市场的进入壁垒、经营者的网络效应、需求者对数据的依赖程度等对市场竞争秩序有影响的因素进行综合判断。在判断数据经营者是否滥用市场支配地位侵犯隐私时,需要引用比例原则权衡数据流通与数据保护之间的关系,合理设定数据要素市场中的反垄断规制的限度。第三,依反垄断法分析范式推进竞争评估方式转型。在《反垄断法》修订之际应明确数据隐私保护在数字市场具有基础价值,反垄断规范目的旨在调和数据利用的利益衡量问题,并引入质量评估体系,弥补免费产品或服务与用户数据之间缺乏可以精准衡量的市场交易价格,修正传统的价格中心主义分析范式,建立以质量等非

---

① 时建中、王煜婷:《"数据池"共享行为的竞争风险及反垄断法分析》,载《江淮论坛》,2021年第2期,第123—130页。

价格竞争作为主要评估工具的反垄断法分析范式。第四，推进完善数据要素市场的新型市场监管改革。在传统监管基础之上，引入科技监管手段，以适应数据市场中的双边市场特殊性。亦要鼓励科技创新，利用监督算法定向排除不正当竞争行为，构建行业间的监管规则，重而在系统内部形成一个反馈循环，有效地利用科技治理科技，提升市场监管措施的科技含量，助力数据要素市场的完善。①

有学者认为在数字经济时代下，个人信息保护与垄断行为规制已经产生了联系，虽然传统的反垄断法理论以市场价格为基础，个人信息难以与其对应。但在数字经济条件下，个人信息已具有重要的反垄断法属性。个人信息不仅通过影响质量而间接地影响到产品的价格，而且很多时候个人信息就是在线服务的直接对价。并且在很多领域，个人信息不再附属于价格，而是与价格具有同等重要的地位，如绝大多数的平台型企业都以用户的信息付出为对价"免费"向用户提供产品。显然，个人信息已成为一项独立的消费者福利内容，因此，将个人信息保护纳入《反垄断法》的调整范围，既有必要，也有可能，即反垄断法应当实现从"关注价格"向"关注个人信息保护"的制度转型。首先，应当让反垄断法适度担起个人信息保护之责，首要的便是将个人信息保护合谋规定在反垄断法中，即在横向垄断协议条款增加一项内容——"固定或变更个人信息保护水平"。其次，企业间的个人信息保护合谋与支配地位企业的个人信息剥削应被视为新型垄断行为。在进行《反垄断法》修订时可考虑将价格剥削扩展为总体性的交易条件剥削，或者将个人信息剥削专门规定下来。最后，数据驱动型集中的竞争损害分析应更多关注个人信息的损害。考察集中后的个人信息保护水平是否会降低，集中是否排斥了个人信息保护水平更好的其他

---

① 国瀚文：《滥用市场支配地位隐私权保护研究——以完善数据要素市场为背景》，载《商业研究》，2020年第10期，第144—152页。

企业，用户个人信息转移是否违背绝大多数用户意愿等因素。①

综上所述，现阶段反垄断学界对共享经济的研究，已由最初的共享经济特征研究转向共享经济规制研究。其实，共享经济是互联网经济从虚拟物品向实体物品转型的产物，共享经济利用移动互联网和大数据算法技术，将熟人社会的分享经济雏形塑造成为大规模陌生人社会的共享模式。新技术解决了大规模陌生人社会的信任和信用问题，塑造了市场主体之间相对稳定的联结方式，并且极大地降低了交易成本。并且不同于之前已经存在的信息和知识共享模式，共享经济的要害在于将分享的对象从虚拟物扩展到了实物，从而彻底融合了网络空间和现实空间。但是，我们必须认识到，共享经济并非简单的非物质生产。简单来说，当我们利用平台的服务而不付费的时候，我们就间接地同意平台使用我们的数据去赚钱（通常通过"用户协议"授予平台使用数据的权利）。在这个过程中，用户本身已经被平台商品化，并且平台凭借数据优势开始逐渐获得凌驾于服务提供者和服务享受者之上的控制权，甚至宰制权。从这个角度来看，共享经济仍掌握在少数私人主体手中，它在打破传统经济产业等级制结构的同时，也在塑造新的等级制和中心化结构。在这个体系中，最终权力掌握在投资人和管理层手中，而工程师和管理人员则具体负责算法和操控，用户的人身财产安全及服务提供者的劳动保障都处于不确定的状态。并且特定平台公司还在特定行业中获得了事实上的垄断地位，从而事实上排除了市场竞争。因而，无论在平台内部还是在行业内部，新等级制都已经明显建立起来，并为社会公众所感知。如何对其进行监管成为当下《反垄断法》实施的难题。

需要说明的是，虽然共享经济本身已经日渐出现各种社会问题（如安全赤字），对其的规制却并不是回到前互联网时代的模式，或将

---

① 焦海涛：《个人信息的反垄断法保护：从附属保护到独立保护》，载《法学》，2021年第4期，第108—124页。

新型的平台纳入传统产业进行管理,而是必须明确规制的新目标,并专门为其创造新的概念和范畴。① 因此,从实质公平的角度来看,应在促进共享经济发展的同时,通过适度监管,尽可能削弱分享经济模式再等级化的趋势,减少数字鸿沟在新兴经济模式中对"沉默的大多数"的权利侵害。但我们应当注意到,相较于快速发展的新经济业态,法律由于其天然的保守性而显得缓不济急,但是这并不妨碍规制部门在法定自由裁量权的范围内主动探索有效的规制模式。具体而言,仍要发挥《反垄断法》"事前监管+事后规制"的作用。从监管主体来看,政府部门应该在观念上调整事前监管的思维,更多采取事中和事后监管相结合的数据化、技术化监管体系。同时,由于共享经济的特殊性,政府监管部门难以进行全面监管。为此,监管部门一方面可进行竞争倡导,通过促进和激励的政策来影响市场主体做出合理选择以实现自我规制;另一方面,可以通过合法授权专业机构进行监管,"专业人作专业事",防止监管权力的滥用和误用。

第九节 区块链

区块链技术的研发和应用潮流势不可挡,正在日益渗透到我们的日常生活中。区块链技术是一种去中心化的由各个参与节点验证存储、不可篡改、可以追溯、具有集成性的分布式账本技术。区块链技术支持下的交易只能在一个已有区块且仅能添加新区块的数据库中按时间顺序被验证记录并被盖上"时间戳",然后向公众开放并随时供查阅和验证。② 易言之,区块链是一种特殊的革命性数据记录技术,数据库内发生的所有动态交易都会加入不可篡改的数据库并随时提供查阅和验

---

① 史蒂芬·布雷耶著,李洪雷等译:《规制及其改革》,北京:北京大学出版社,2008年版,第8页。
② 高薇:《互联网争议解决中的执行问题——从司法、私人到去中心化数字执行》,载《法商研究》,2018年第6期,第134—145页。

证。在区块链中,每一个区块就像电影胶片中的一帧,当区块链变长时,其能够"演绎"交易详情并可以无限反复"展示"交易事实的全过程。区块链作为新一轮技术变革再次给互联网争议解决带来深刻影响,无论是交易平台、担保机制还是争议解决机制都呈现出新的面貌。特别是,区块链技术及智能合约的应用实现了更为彻底的自我执行、数字化执行。其不仅使司法介入困难,与目前互联网上的私人争议解决相比也有更强的自治性。区块链几乎可以做计算机所能做的任何事情,但区块链是去中心化的,依赖于不可停止的代码,且区块链是匿名的、不可变的,这样的特点扩展了争议解决程序,限制了中心化司法机构的地位,实现了更为民主化的争议解决。虽然区块链技术及其应用目前仍然处于发展早期,但随着技术成熟及应用的普及,技术将有能力帮助人们建立新的规则。美国网络法学者莱斯格提出的"代码即是法律"的论点得到了进一步印证。互联网的法律体系正在从"信息法"向"密码法"发展。[1]

有学者认为区块链技术的"去中心化"与"激励机制"决定了其广泛应用能够在一定程度上实现市场竞争的公平、充分、有效。但应引起警惕的是,随着区块链技术的高速发展与广泛应用,部分经营者极有可能利用区块链技术的"隐匿性"特征实施技术标准垄断或是促成垄断协议的达成。同时,为谋求长远的竞争优势,区块链行业的产业整合势必为相关市场带来新的竞争困扰。即区块链技术并非"万能",其广泛运用存在着促进市场竞争的可能,亦有着限制排除竞争的风险。为此,有必要关注区块链应用的不同类型,并以此回应区块链技术应用给反垄断执法机构在行为认定及责任归属方面带来的技术挑战。即每个区块链都能构成独立的相关市场,难以界定出合理法市场范畴;区块链技术运用致使企业的市场支配地位更难认定,且由于区块链的法律权属仍未明确,反垄断法的责任归属问题亦变得扑朔迷离。

---

[1] Aaron Wright and Primavera De Filippi, "Decentralized Blockchain Technology and the Rise of Lex Cryptographia", https://ssrn.com/abstract=2580664.

对此,"谦抑理念"① 是"市场决定论"下新兴市场政府干预理念成为最优选择,明晰相关市场界定步骤、考量反竞争效果评估中的矫正因素、优化行为性救济的适用等措施,能够在保障经济创新发展的同时合理控制经济创新带来的法律风险,理应为区块链行业的反垄断监管所适用。具体而言,在界定相关市场时,首先,应对区块链平台进行分类;其次,在众多市场中对损害行为发生的市场作出判断;再次,需多方考虑以综合适用界定方法。在进行竞争评估时,反垄断监管部门应当在结合我国基本国情的基础上,考量经营者行为可能为消费者福利和社会总体福利带来的增进效果,从而综合判断其实质损害竞争效果。此外,相较于传统领域,区块链技术更新更为迅速,技术创新带来的"优胜劣汰"效应更为明显,时间因素、技术因素、供给替代等矫正因素亦应当得到反垄断监管部门的重视。在确定区块链经营者集中开放救济的条件时,需要根据未参与集中的其他经营者所提供的同类或相似产品之水平来确定,还需要综合考虑集中前和集中后同类产品的市场普遍价格水平和条件。②

有学者通过对数字货币发展和竞争过程中潜在的反竞争行为与反垄断风险进行研究,基于货币信用的不同来源,将数字货币划分为加密数字货币和央行数字货币,并将前者进一步划分为公链数字货币和联盟链数字货币。研究发现:对于公链数字货币,虽然其标榜"去中心化"的货币系统,但其内生的激励机制将导致算力集中,并进一步引发矿池共谋风险。对于联盟链数字货币,由于区块链一般由少量验证节点维护,节点之间较容易达成共谋,一些节点也可能通过搭售、限定交易等方式排挤其他数字货币和支付渠道。由于加密数字货币的

---

① "谦抑理念"最早由日本刑法学者提出,刑法中的谦抑性是指,立法者应当力求以最小的支出——少用甚至不用刑法刑罚(而用其他刑罚替代措施),获取最大的社会效益——有效地预防和控制犯罪。参见陈兴良:《刑法的价值构造》,北京:中国人民大学出版社,2006年版,第292页。
② 孙晋、袁野:《区块链技术应用的反垄断隐忧及应对》,载《学习与实践》,2019年第9期,第81—90页。

矿池与验证节点分散于全球各地，一旦共谋产生，将为当前分散的反垄断执法体系带来极大挑战。而对于央行数字货币，各国央行可能在技术架构、基础设施、接入技术和互连四个方面实施行政垄断。对此，中国央行应在坚持技术中性的同时坚持竞争中性原则，以提升中国央行数字货币的竞争力，促进中国数字货币行业健康发展。①

有学者认为可根据区块链技术内部结构的不同，将之分为公有链、私有链与联盟链三种类型。首先，公有链的发展必须受到严格控制，应将数字货币和区块链通证这类区块链资产区分开来，禁止发行和流通那些没有实体项目支撑的数字货币。而对用于实体项目融资的通证这类区块链资产应该承认其合法地位，在不扰乱金融秩序或违反其他法律法规的情况下，没有否定其存在的必要和理由。此外，政府首先应该制定公有链的技术标准，以去伪存真，同时积极参与区块链技术国际标准的制定，争取国际话语权。其次，对私有链要针对其应用领域和法律关系进行监管。用户在上传身份信息时可能会涉及个人隐私，金融机构使用这些信息时必须经过用户的授权或同意。私有链的运行对其内部用户和参与者必须公开透明，保障用户的知情权。并且政府机关、企事业单位如果使用私有链为客户提供服务，不得额外增加客户的经济负担。最后，对联盟链则应实施穿透式监管。联盟链的每个中心节点的区块链技术既要符合区块链信息管理方面的监管规定，也要根据其应用的领域，接受所属行业监管部门的监管。②

有学者认为，区块链技术的应用在促进金融创新发展的同时，也给金融监管带来多重挑战。在区块链技术下，金融监管面临监管理念滞后、监管无力和监管留白的困境。面对区块链新技术，一方面，金融监管需要转变监管理念，重构监管逻辑，实现从纯监管到监管治理

---

① 钟洲、郝芮琳：《数字货币反垄断问题研究》，载《技术经济》，2021年第1期，第91—98页。
② 赵磊：《区块链类型化的法理解读与规制思路》，载《法商研究》，2020年第4期，第46—58页。

一体化，由体外被动监管转为内嵌式主动监督；另一方面，需要借鉴国外"沙箱监管"经验，并对金融机构、金融产品、服务渠道在内的监管制度进行全面更新。申言之，重构监管逻辑应遵循以下监管原则："适应性"原则、"功能性"原则、"包容性"原则、"实验性"原则和"协调性"原则。实现从监管到监管治理一体化可从以下方面着手：第一，转变监管目标，尝试向压制风险与促进发展并行转变；第二，转变监管模式，向功能监管转变；第三，丰富监管工具，综合多种监管工具，将传统的单一监管工具向社会共治转变，以达到监管治理一体化的理想状态。采用内嵌式主动监督可从以下措施入手：一是建立金融领域区块链技术应用标准；二是平衡干预与自由的关系；三是建立大数据分析和预警机制。监管理念的转变最终需具体落实到监管制度上，需要监管制度的配套改革，因此需从以下几方面创新监管制度：第一，借鉴"沙箱监管"经验，在对区块链技术的发展现状及其在金融领域的现有应用进行全面细致的摸底评估，把握现状的基础上对区块链技术的发展趋势和在金融领域的可能应用进行分析预测，预判未来，对潜在应用纳入总体监管框架，对潜在风险设计相应处置方案，预防风险。第二，明确金融机构定位：从信用中介到链上参与者。第三，确定金融产品性质：从"合规"到"合链"，在金融产品设计之时运用区块链技术，将相应的监管措施内嵌于程序之中，利用智能合约自动执行并实时反馈信息，减少金融投机和风险积累。第四，规范服务渠道方式：从中心化到平台化。一方面，基于机构监管转为功能监管的理念，监管重点应由监管机构转为监管行为，即侧重对链上金融服务行为的监管；另一方面，要严格平台对用户真实身份的审核，用户一旦上链即被认为参与交易实现从源头把控风险。[1]

有学者认为区块链作为下一代全球信用认证和价值互联网基础协议之一，各国均积极部署争夺标准制定权。相较于传统互联网的 TCP

---

[1] 顾功耘、邱燕飞：《区块链技术下金融监管的困境及法制进路》，载《南昌大学学报（人文社会科学版）》，2020年第2期，第56—66页。

或 IP 协议，区块链的共识算法机制与自动执行规则，在信任的锁定、社区的共识和交易的公开上，法律很难介入。区块链的技术进步和广阔应用前景给反垄断监管体系带来了巨大的挑战和冲击。现有的竞争规制手段在行为主体的核定、救济方式的甄选、规制对象的确定及执法合作的协调上存在法律适用的困难。为此，应在明确包容审慎的反垄断监管理念基础上，优化区块链反垄断分析工具和执法思路，突破工具理性的视角束缚，构建多元主体的协同治理机制。通过制度构建和有效监管兼顾各方利益的平衡，为推进区块链技术与产业融合提供良好的法律保障体系。申言之，在价值目标层面的设计，应构建竞争-创新动态平衡的机制，反垄断监管应坚持"鼓励创新、事后规范"的原则；在行为主体层面的设计，应构建区块链信息服务提供者识别机制，反垄断机构应在区分区块链上的开发者、用户和矿工三个关键角色基础上，结合平台控制力、对区块链经济价值的干扰力和区块链协议的影响力有效识别垄断行为主体；在救济方式层面的设计，应构建弹性多元的救济机制，将监管措施嵌入区块链治理中，即在"法律即代码"和保护区块链关键特性的需求之间达成平衡，通过承诺及和解制度纠正区块链市场的垄断行为；在规制对象层面的设计，应构建事前-事后结合机制，事前监管制度主要体现在对区块链信息服务实施备案管理，事后监管制度的目的是借助反垄断分析工具对区块链限制竞争行为进行认定并追究行为主体的法律责任；在协调机制层面的设计，应构建反垄断监管的协同治理机制。第一，推进信息共享，培育竞争执法机构、市场主体和社会主体间的协同治理机制；第二，培育区块链系统及软件开发者的内部治理机制，发挥行业协会的规制优势。[①]

有学者认为立法并未对区块链中的数据权属作明确规定，应当在区分公有链、联盟链和私有链的基础上分别确定区块链中数据的权属。首先，对于公共区块链而言，任何节点或用户对于区块链上记载的、

[①] 蔡莉妍:《基于区块链技术应用的反垄断法律规制研究》，载《大连理工大学学报(社会科学版)》，2021年第42卷第4期，第105—112页。

非自己上传的数据均不享有任何民事权益，否则，将对公共区块链的发展产生严重的法律障碍。其次，在联盟链和私有链中，可以由参与成员对区块数据的权属与利用方式进行约定，但各个成员仅能对自己所有的数据进行约定，且不能违反法律法规，不得侵害他人隐私权、个人信息等。最后，政务机关在履行法定职责的过程中，依照法律规定直接或者通过第三方服务所获取和制作的各类政务信息资源，无论是否上传至区块链中，都应属于国家所有。[①]

区块链技术自诞生伊始，就被视为突破传统市场交易模式的有效手段。近几年随着应用范围的逐渐扩大，区块链技术更是在更多人面前崭露头角。区块链技术本质上是一种去中心化的、点对点的、共识别的分布式账本，它通过共识机制和可信时间戳技术来保障区块中数据信息的真实性及不可篡改性，并使用非对称加密算法来进行信息加密，确保信息安全性。区块链之所以被视为推动市场交易安全化、自由化的一个有力工具，原因在于其自身特性能够有效激发市场竞争的充分实现。而学界关于区块链技术的研究主要集中于区块链基本内涵和运用的研究，基于去中心化的程度，区块链可以分为公共区块链（公有链）和私有区块链，而私有区块链可以根据许可主体进一步划分为私有链和联盟链。公有链是指一个完全分散、开放、去中心化的区块链平台，也是最符合区块链技术基本定义的区块链模式。只要能够提供工作量证明，任何人都可以对平台进行读写操作。在区块链技术的基础上，出现了"私有链"与"联盟链"。私有链是一个相对封闭的系统，写入权限掌握在某个组织手里，其具有高效、封闭的特点。联盟链与私有链相类似，但写入权限归属于经过授权或被选定的参与者们。这种去中心化程度的差异使得公共区块链和私有区块链在运行时产生的垄断风险和监管难点有所不同。市场的开放性和准入门槛的高低将对市场内竞争是否充分造成较大影响。对于诸多私有区块链而

---

① 程啸：《区块链技术视野下的数据权属问题》，载《现代法学》，2020年第2期，第121—132页。

言，本身的封闭性为垄断提供了滋生土壤。因此在分析区块链具体垄断风险时对公共区块链和私有区块链分而述之，有利于规制推演的精细化。尽管区块链能够最大程度的避免结构性垄断的出现，但无法阻止垄断者或市场支配主体的利用区块链实施诸如达成垄断协议、滥用市场地位等垄断行为。质言之，区块链需要纳入反垄断监管范围中。而反垄断执法机构也必须直面由于区块链技术的分散性、去中心性带来的难题，从相关市场和支配地位的准确界定入手，通过将反垄断法代码化实现对区块链的系统性监管，并以构建统一的兼容性技术标准的方式避免大型经营者借此垄断竞争优势，构建良好的区块链市场发展生态。同时，为了保障创新的自由发展，反垄断监管在涉及技术标准时有必要引入沙盒模式和替代技术豁免的手段来弥补不足。区块链与反垄断法并非相互对立，只有在反垄断法的约束下，区块链才能实现良性健康发展，更大程度的发挥促进市场竞争的效益。

第十节 知识产权

知识产权包括专利权、著作权、商标权等。一方面，保护知识产权可以促进创新，从而降低生产成本，为市场消费者带来所需的新产品，发展新技术，促进社会经济发展；另一方面，知识产权的专有性和排他性使得知识产权人拥有一定的市场支配力，其滥用权力排挤竞争对手，就有可能触犯反垄断法。我国《反垄断法》第55条明确规定了滥用知识产权排除、限制竞争的行为属于反垄断法规制的范畴。对于知识产权是否有利于提高经济效率和促进市场竞争，相当程度上取决于相关企业在市场上的地位，也就取决于他们是否存在市场竞争的压力。对于知识产权领域经营者是否具有市场支配地位，可以从以下几方面进行考虑：一是知识产权的替代性，从知识产权的特性、价格及用途等因素出发，判断知识产权是否相似或者具有可替代性，如果某项知识产权是唯一的甚至是技术标准，那么该知识产权人具有较强的市场力量；二是判断下游市场对知识产权所依赖的程度，依赖程度直接决定了知识产权对下游市场的支配力量；三是判断交易相对人对知识产权人的制衡能力，交易相对人手中的资金、技术和市场份额等，可以转化为对上游市场知识产权人的制衡能力；四是考虑标准必要专利（SEP）领域的反垄断规制。标准必要专利是指为实施技术标准而必须使用的专利。一旦专利技术成为标准必要专利，依赖此标准专利的相对人必须获得专利权人的许可，才能使用该标准必要专利，标准必要专利人的市场地位得到提高，具有市场支配地位的可能性较一般专利权人更高。

有学者认为技术专利的无形性、许可的零边际成本、需求方规模经济等"新经济"的特征，使得专利许可的反垄断司法实践面临诸多挑战。根据《反垄断法》第17条的规定，可以将"无歧视"专利许可定义为对同等条件的交易相对人给予相同待遇。再结合"华为诉互联网数据中心（IDC）"一案，认为"新经济模式"下近乎为零的边际成本，使得技术专利的许可无法适用价格与边际成本之比来计算回报率；由于"网络外部性"的存在、零边际成本的特征，成本对定价的影响远不及需求对价格的作用；垄断和标准化使得需求更赋有"刚性"，反过来更增进了专利的价值，使得难以通过价格与边际成本之比的公式计算出不同定价的回报率。因此，建议通过此案构建中国《反垄断法》的价值对歧视性许可的规制。具体而言，"无歧视"专利许可体现了公平和效率的价值冲突。如果仅以效率的价值判断，许可费的差异似乎是合理的；如果以公平的价值评判，许可费的差异则应当考虑浮动费率的可获得性和产业的发展阶段。认为这种随产量增加而递减的许可收费可能造成下游市场的"市场分割"，使得浮动费率不具有可获得性，因而损害竞争的公平性。在此基础上，建议对《反垄断法》第17条的价格歧视条款在专利诉讼中的适用作如下解释：所谓"条件相同"是指，使用相同组件且处于竞争关系中的被许可人；所谓"相同待遇"是指，被许可人之间的许可费差异不至于造成"市场分割",据此,"无歧视"专利许可应当作出不同于既有解释的反垄断法适用。①

有学者认为,不同于一般意义上的独家交易,专利独家许可的客体是具有专有性特征的专利技术。传统的私法难以规制专利独家许可行为,反垄断法成为最优的规制路径选择。因此,结合专利独家许可的双重效应,考察专利独家许可对竞争的抑制作用是否超越促进作用,是分析专利独家许可是否违犯反垄断法的前提。在探讨专利独家许可是否构成滥用市场支配地位时,应在评价专利权人是否拥有市场支配地位的前提下,评估该专利技术是否构成相关市场的关键设施,然后比较专利独家许可产生的双重效应,认定该行为是否违法。具体而言,判断专利独家许可中专利权人在相关市场上是否拥有支配地位,应考量专利技术所占的市场份额、可替代程度和对竞争的损害程度三方面的内容。分析专利技术是否构成相关市场的关键设施,应考察该技术是否具有专有性,是参与相关市场竞争所必不可少的,在现有条件下具有不可替代性。判断专利独家许可是否产生损害竞争的后果,应从动态竞争的角度对专利独家许可可能产生的积极效应和消极效应进行比对,分析其价值走向,运用经济分析的方法对其利弊进行权衡,分析其是否产生(或者可能产生)排除、限制竞争的后果。最后,明确是否存在安全港抗辩的情形。②

有学者认为,从成本、质量、技术等角度综合考虑,标准化组织选择受专利保护的技术显然是符合产业发展的最优选择。然而围绕标准必要专利的纠纷也越来越多。标准必要专利垄断包括标准制定中的欺骗行为和标准实施中的限制竞争行为。而标准必要专利纠纷往往涉及经营者的单方行为,很少涉及经营者之间的共谋行为,因此从反垄

---

① 李展颂:《"无歧视"专利许可与反垄断法释义——华为诉 IDC. 案再思考》,载《法律适用》,2019 年第 24 期,第 31—40 页。

② 宁立志、杨妮娜:《专利独家许可的反垄断法分析》,载《中州学刊》,2019 年第 4 期,第 45—51 页。

断法角度考虑，此类纠纷一般适用滥用市场支配地位规则。因此，需要界定标准必要专利的市场力量。首先，在界定相关市场时，应从两方面考虑：第一，在标准制定过程中，不同专利技术持有人为争取自己的专利技术成为标准必要专利，在彼此之间展开竞争，由此构成一个相关技术市场；第二，在实施标准的过程中，因标准已经确定，故如何界定标准必要专利的相关市场就更为重要，需要考虑相关标准是否还有与之相竞争的其他标准，符合相关标准的产品是否还有与之相竞争的没有采纳该标准的其他产品。其次，反垄断法规制标准必要专利垄断的基本思路如下：第一，规制欺骗行为需将该行为与此后的滥用市场支配地位行为结合起来，将欺骗行为作为滥用市场支配地位行为的从重情节加以规制；第二，运用"关键设施理论"建构拒绝许可行为的分析模式；第三，评估标准必要专利授权价格尚未形成统一的方法，因此需要结合案件的具体情况，选择合适的方法；第四，基于专利授权谈判的动态过程，需要综合考虑专利权人和标准实施者的行为，以界定专利权人滥用禁令救济的条件。①

有学者认为专利联营主要涉及专利使用许可，是企业推广技术标准、获取经济效益的重要工具；前者为"体"，后者为"用"。在信息技术行业中，围绕共同技术标准形成一个专利池相对简单，并且可以确定哪些专利对于标准是必要的。在生物技术和制药方面，恰恰由于技术标准难以精确定义，因此专利池的形成往往更加困难。标准组织并不鉴别必要专利和非必要专利，但入池专利的必要性的标准是专利池最重要的标准之一，也是专利联营据以决定专利权人许可费的依据所在。竞争专利、障碍专利、互补专利三类性质的专利的彼此需求程度强弱不同，对市场竞争的影响也差异明显。当专利池参与者形成竞争关系时，专利池很可能会限制相关市场中的有效竞争。虽然知识产权法也关注反竞争的限制行为，但其关切对象应该更加广泛，包括即

---

① 李剑：《论反垄断法对标准必要专利垄断的规制》，载《法商研究》，2018年第1期，第73—82页。

便不违反反垄断法但削弱这些知识产权政策的行为。反垄断法仅旨在确定特定类型的危害,无法解决所有专利政策问题,不应该以反垄断法界定滥用法则的调整范围。与专利池相关的滥用市场支配地位行为包括垄断高价、拒绝交易、搭售、回授条款、过期专利的专利许可费、歧视性条款和不质疑性条款。①

有学者认为在涉及标准必要专利的情况下,为避免专利劫持现象,保障标准实施者使用标准的机会,德国联邦最高法院在"橘皮书标准"案的判决中引入了反垄断抗辩制度。鉴于此,在标准必要专利的情形下,专利权人的禁令救济在一定条件下得以限制。但反垄断抗辩的软肋在于,并不是所有的标准必要专利权人都在相关市场拥有支配地位。对于一部分可能不具有相关市场支配地位的标准必要专利权人而言,反垄断抗辩并不对他们适用。而中国选择从专利法内部创设规则以限制标准必要专利权人的禁令救济路径,则完全避开了这一问题,适用的对象范围更加周延。最高人民法院倾向将不给予禁令救济与标准必要专利权人在专利许可的过程中具有恶意相挂钩,而标准实施者在此过程中是否秉持善意则未纳入考虑范围之内。但这种"单边考量"的模式,对标准实施者(许可需求方)的要求过低,不利于标准必要专利权人。而且解释也缺乏对如何判断权利人"恶意"的具体标准,实际操作性较弱。而欧盟法院就"华为诉中兴"案所提出的给予禁令救济的标准则奉行了"双边考量"的方法,不仅要求标准必要专利权人作为,还要求标准实施人的不作为,采取了一种更为公允的"中间路线"。认为欧盟法院就"华为诉中兴"案所作出的先行裁决,提出的

---

① 张世明、胡洁:《专利联营滥用市场支配地位类型学分析》,载《内蒙古师范大学学报(哲学社会科学版)》,2020年第1期,第31—50页。

"五步骤+三保留"原则①为双方进行合理磋商提出了具体的程序指南,符合业界的实际操作,对我国的标准必要专利反垄断抗辩具有重要的借鉴意义。②

有学者认为反垄断法通常以构成滥用市场支配地位为由对标准必要专利权滥用的行为进行规制。实际上,滥用标准必要专利权并非都可以适用反垄断法。单独标准必要专利的许可市场不应直接推定为独立相关市场,标准必要专利持有人更不必然拥有市场支配地位。大量无效、非必要及过期专利充斥在技术标准之中也对相关市场,以及持有人市场支配地位的认定产生直接影响。认为滥用标准必要专利权最主要表现是专利劫持导致的不公平高价行为,对此行为反垄断应采取比较谨慎和温和的态度,只适用于对市场竞争和技术创新产生重大影响等非常特殊的情形。从法律效果和法律功能上看,仅仅依靠反垄断法规制滥用标准必要专利权案件还会存在对被劫持者关注不足的问题,并可能导致对权利人威慑过度进而引发反向劫持的风险。在肯定反垄断法在规制滥用标准必要专利权上的重要作用的同时,也要意识到专利法作为内部限制所具备的优越性,以及反垄断法之外,其他属于外

---

① "五步骤":步骤一,标准必要专利权人在向法院起诉之前,必须向标准实施者发警告信,告知被侵权的标准必要专利及具体的侵权行为。在标准实施者表达了愿意在遵守FRAND条件的基础之上就缔结许可合同进行协商以后,由标准必要专利权人向标准实施者提出一个具体的、书面的要约,该要约必须符合权利人之前所作的FRAND承诺,有明确许可费的数额并告知该数额是如何计算出来的。步骤二,在标准实施者表达了愿意在遵守FRAND(是国际标准组织对标准的专利权利的限制中公平、合理、不带歧视性条款的简称)条件的基础上就缔结许可合同进行协商后,由标准必要专利权人向标准实施者提出一个具体的、书面的要约,该要约必须符合权利人之前所作的FRAND承诺,有明确许可费的数额并告知该数额的计算方式。步骤三,针对标准必要专利权人的要约,标准实施者必须根据该领域交易惯例和善意原则进行勤谨的回应。步骤四,如果标准实施者的反要约被权利人拒绝,则此后标准实施者对标准必要专利的继续使用,必须要提供适当的担保。步骤五,在标准实施者的反要约被拒绝之后,双方不能就具体的FRAND许可费达成一致的,可以在双方同意的情况下,立即交由独立的第三方来决定合适的许可费率。"三保留":在整个协商过程中,标准实施者都可以对诉争专利的有效性、专利对标准的必要性及其使用是否构成相关专利的侵权这三个问题交相关机构处理,或保留在将来对此类问题提出异议的权利。

② 魏立舟:《标准必要专利情形下禁令救济的反垄断法规制——从"橘皮书标准"到"华为诉中兴"》,载《中外法律评论》,2015年第6期,第83—101页。

部限制法律规范的补充作用。①

通常情况下,处理知识产权反垄断案件,需要依据国务院反垄断委员会颁布的《指南》对所涉及的知识产权的相关市场进行界定,既要评估界定相关的商品和地域市场,还要界定相关技术市场,根据个案情况的不同,还可以考虑行为对创新、研发等因素的影响。在界定相关技术市场时,可以参考以下因素却不仅限于以下因素:技术的属性、用途、许可费、兼容程度、使用期限、可替代性成本等。在考虑可替代性时,不仅要考虑当前技术的应用领域,还要考虑其潜在的应用领域。而在标准必要专利领域,由于标准必要专利为技术标准所需要,不能被其他的专利所替代,且产业链下游的企业必须使用该专利,不存在可替代的专利技术标准,因此在执法实践中,通常认为每一项标准必要专利在其范围内即可以构成一个单独的相关市场。如高通案中,法院就认为高通公司所拥有的标准必要专利构成独立的相关市场集合束。需要说明的是,当前学界与实务界基本达成共识,拥有知识产权本身并不等于拥有市场支配地位,在认定知识产权的市场支配地位时,除遵循认定市场支配地位的一般标准外,还需要考虑到知识产权的特殊性。知识产权不仅在形成特定市场份额和市场结构,控制市场的能力、财力和技术条件,其他经营者的依赖关系等方面具有重要作用,而且很可能构成市场进入障碍,排除其他市场经营者的竞争。

知识产权所具有的专业性意味着其含有排他性,原则上,知识产权的排他性在知识产权本身(无论是知识产权技术,还是以知识产权为基础加工的产品)使用并不会产生任何疑义,但是如果拥有市场支配地位的知识产权权利人企图利用知识产权的排他性将其扩展到相邻市场或其他产品上时,就可能构成滥用行为。拥有市场支配地位的知识产权权利人获得支配地位的原因可能有很多,但绝大多数企业都是

---

① 魏德:《反垄断法规制滥用标准必要专利权之反思》,载《北方法学》,2020年第3期,第149—160页。

因其掌握了核心的、具有不可替代的技术，从而掌握了相关市场的支配地位。需要说明的是，滥用知识产权并不等于滥用知识产权支配地位，只有在知识产权直接导致知识产权权利人具有市场支配地位时，滥用行为才会产生排除、限制竞争的垄断行为。根据我国《关于知识产权领域的反垄断指南》规定，涉及知识产权的典型滥用市场支配地位的行为包括不公平高价许可知识产权、拒绝许可知识产权、涉及知识产权的搭售、涉及知识产权的附加不合理交易、涉及知识产权的差别待遇等行为，在分析是否构成滥用市场支配地位时，应当结合具体的情形，综合考虑多种因素。